国家社会科学基金重大项目

工业反哺农业

的理论与实践研究

柯炳生⊙主编

Agricultural Support Policy in China:
Practice and Options

课题组成员

主持人：柯炳生

第一专题主持人：郑有贵
第二专题主持人：武力
第三专题主持人：张照新
第四专题（案例）主持人：余佶

课题参加人员：
董志凯　焦红坡　陈华宁
董彦彬　吴仲斌　陈艳丽　蒋芳
温锐　赵云旗　程连升　黄志钢

人民出版社

责任编辑:茅友生
版式设计:陈　岩
责任校对:吕　飞

图书在版编目(CIP)数据

工业反哺农业的理论与实践研究/柯炳生 主编. -北京:人民出版社,2008.6
ISBN 978 - 7 - 01 - 007104 - 6

Ⅰ.工…　Ⅱ.柯…　Ⅲ.工业经济-关系-农业经济-经济发展-研究-中国
Ⅳ.F424;F323

中国版本图书馆 CIP 数据核字(2008)第 085428 号

工业反哺农业的理论与实践研究
GONGYE FANBU NONGYE DE LILUN YU SHIJIAN YANJIU

柯炳生　主编

人民出版社 出版发行
(100706　北京朝阳门内大街 166 号)

北京瑞古冠中印刷厂印刷　新华书店经销

2008 年 6 月第 1 版　2008 年 6 月北京第 1 次印刷
开本:710 毫米×1000 毫米 1/16　印张:19.5
字数:350 千字

ISBN 978 - 7 - 01 - 007104 - 6　定价:39.00 元

邮购地址 100706　北京朝阳门内大街 166 号
人民东方图书销售中心　电话 (010)65250042　65289539

目　　录

前　言

　　工业反哺农业,既是一个重大理论命题,也是一个重大实际政策问题。"三农"问题的全局性和重大性,决定了对工业反哺农业问题研究的重大意义。从理论和实践上,需要回答三个主要问题:第一,为什么要实行工业反哺农业方针? 第二,目前中国是否具备了工业反哺农业的能力? 第三,如何落实工业反哺农业的方针?

　　本研究从多角度来回答这三个主要问题。

　　第一章"宏局大势:事关全局的'三农'问题与反哺要义",概括了农业、农村和农民问题的六大方面本质内涵,分析了"三农"问题的全局性重大意义,对"三农"问题的现状进行了客观判断,讨论了政府在解决"三农"诸方面问题中的职能和责任,阐述了工业反哺农业的本质要义。对这些重大问题的认识,是思考、研究和解决"三农"问题的基础,也是探讨工业反哺农业理论与实践的基础。

　　第二章"仁智互见:关于工农关系的理论观点纵览",阐述了马克思主义经典作家和历届中央领导集体对于工农关系与城乡关系的论述,讨论了国内外学者有关方面的理论观点。这些见仁见智的理论观点,是本项研究的理论背景和出发点。

　　第三章"鉴史知今:新中国工农关系政策的演变",描述总结了新中国成立以来有关工农关系政策的演变历程。几十年的历史道路,是新形势下实行工业反哺农业方针的政策实践背景。

　　第四章"他山之石:国外农业支持政策的得失分析",介绍分析了国外一些国家支持农业和农村发展的做法、经验与教训。案例国家的选取,有发达国家,也有中等发达国家。准确地把握和分析国际经验,有助于澄清一些认识方面的误区,同时在研究工业反哺农业的必要性、可能性和最佳方式方面,提供一些借鉴和启示。

　　第五章"取予比较:现阶段国家财政支农与农民贡献",对于目前中国的工农关系与城乡关系进行量化分析。分析的目的在于弄清中国现在的实际"反哺"关系,包括国家真正用于"三农"的投入水平如何,农民对国家的财政贡献如何。从国家财政支农支出与农民实际贡献的比较,可以看出加大反哺的必要性和迫切性。

第六章"水涨库盈:工业反哺农业的宏观经济条件分析",对于中国宏观经济和国家财政收入的发展历程和未来走势进行了分析,重点是国民总收入、就业和国家财政收入。这方面的分析,既有助于理解过去农业哺育工业发展的宏观背景条件,也直接回答未来中国加大工业反哺农业的可能性和可行性。

第七章"有的放矢:工业反哺农业政策体系的构建",提出新形势下构建中国工业反哺农业政策的目标、原则和重点领域。"三农"问题是一系列复杂的问题,政府在不同的问题领域中担负的具体职责是不同的。本章阐述了如何密切地围绕"三农"政策目标,遵循有关原则,确定重点领域,明确工业反哺农业的方向和方式,从而具有直接的政策实践意义。

第八章"利器善事:工业反哺农业的体制改革保障",系统地讨论分析了一系列体制与政策改革问题,包括管理体制、投入体制、土地与经营制度、户籍与就业、推广与培训、金融支持、社会保障等。这些领域方面的深化改革,是落实工业反哺农业方针的重要保障,是提高国家财政支农资金使用效率的体制条件。

第九章"八仙过海:不同地区工业反哺农业的实践探索",选取了八个县(市、区)作为案例,介绍了这些地区在贯彻工业反哺农业方针,支持农业和农村发展方面的一些做法和经验。八个案例的选取,考虑到了各地经济发展水平和财政能力的不同,涵盖了东中西部三大地区,尽量做到有代表性。这些案例地区的做法和经验,对于探索如何发挥地方基层政府的积极性,实行工业反哺农业,解决"三农"问题,推进社会主义新农村建设,具有较好的启示性意义。

本报告各章的写作分工是:第一章(柯炳生),第二章(翟雪玲),第三章(郑有贵),第四章(柯炳生),第五章(柯炳生),第六章(武力、董志凯、温锐、赵云旗、程连升、黄志钢),第七章(柯炳生、张照新),第八章(焦红坡、张照新、郑有贵、董彦彬、陈华宁、吴仲斌、陈艳丽),第九章(余佶)。全书由柯炳生、郑有贵统稿。

课 题 组

2007 年 8 月

第一章 宏局大势:事关全局的"三农"问题与反哺要义

　　"三农"(即农业、农村和农民)问题,并不是新问题;对"三农"问题的关注,也不是新现象。只是,在新形势下,"三农"问题表现出了新的特点,对"三农"问题的关注采取了新的视角,对于解决"三农"问题的措施提出了新思路。工业反哺农业、城市支持农村方针,就是新形势下解决"三农"问题新思路的关键基础。这既是一个重大理论问题,也是一个重大实践问题。这个方针的落实情况,直接影响着中国解决"三农"问题的进展。

一、"三农"问题的全局性重大意义

　　"三农"问题一直长期存在,这是一个常识性问题。马克思主义经典作家和中共几代中央领导集体对"三农"问题高度关注。马克思主义经典作家从历史唯物主义的观点出发,指出农业"是一切社会的基础"、"是一切历史的第一前提";强调建立和巩固工农联盟直接关系到社会主义革命和建设事业的成败,必须正确处理好农业、农村和农民问题。毛泽东在革命战争年代提出中国革命的问题说到底是农民问题,新中国成立后则反复强调农业的基础地位,提出了以农业为基础、工业为主导的方针。① 邓小平领导的改革开放,最早从农村开始,并且通过一系列改革措施打破了城乡之间的森严壁垒。中共十一届三中全会后,邓小平在总结经验教训的基础上提出:

---

　　① 参见"中国共产党第八届中央委员会第十次全体会议公报"(1962 年 9 月 27 日),载《人民日报》1962 年 9 月 29 日。

"中国经济能不能发展,首先要看农村能不能发展。"①江泽民提出没有农民的小康就没有全国人民的小康,没有农业的现代化就没有全国的现代化,没有农村的稳定就没有整个社会的稳定,②把"三农"问题置于一个新的历史背景中。以胡锦涛为总书记的党的中央领导集体,高度重视"三农"问题,全面继承了革命导师和党的三代领导人的重要思想,并且适应新形势、新情况和新条件的变化,实事求是,与时俱进,有了重大的深化和发展:在"三农"理论上有重大创新,提出了把解决好"三农"问题作为全党工作和全部工作重中之重,提出了"两个趋向"的重要论断,提出了中国已经进入了"以工促农、以城带乡"发展阶段的重大判断,提出了"工业反哺农业、城市支持农村"和"多予、少取、放活"的重大方针。在"三农"工作内容上有重大拓展,全面地提出了"生产发展、生活宽裕、乡风文明、村容整洁、管理民主"的建设社会主义新农村的目标要求,全方位地部署了建设新农村的主要任务:推进现代农业建设、促进农民持续增收、加强农村基础设施建设、加快发展农村社会事业、全面深化农村改革和加强农村民主政治建设。在解决"三农"问题措施上有重大突破,取消了有2600多年历史渊源的农业税,出台了一系列前所未有的补贴措施,大大加强了国家财政支持"三农"的支出力度,同时在保障农民尤其是进城务工农民权益方面采取了一系列重大措施,取得了重要进展。

中共中央、国务院之所以高度重视"三农"问题,主要是因为"三农"问题是事关全局的重大问题,正如胡锦涛总书记所指出的那样,"三农"问题始终是关系党和人民事业发展的全局性和根本性问题。"三农"问题的重大性是由于其全局性影响所决定的。"三农"问题绝不仅仅是农业本身、农村内部和农民自己的事情,而是关系到中国经济社会发展、关系到全面小康社会建设、关系到现代化建设、关系到和谐社会构建的全局性问题。建设新农村,解决好"三农"问题,也就绝不仅仅是"惠农"的问题,而是整个社会发展的需要,是全面落实科学发展观的需要。

正确地理解和把握"三农"问题的全局性重大意义,需要准确地理解和把握"三农"问题的本质。

---

① 《邓小平文选》第3卷,人民出版社1993年版,第117页。
② 《江泽民文选》第1卷,人民出版社2006年版,第257—277页。

农业、农村和农民问题是一系列彼此密切相关但又有所不同的问题。(1)农业问题,是发展农业这个产业所要解决的问题,主要表现为两个方面:农产品的供给数量和农产品的质量。当前农业方面的问题可能很多,表现在各个方面,但是,归根到底是农产品生产数量不足和农产品质量不高。(2)农村问题,是农村区域中所涉及和需要解决的问题,主要也包括两个方面:农村的社会公共服务(水电路等基础设施,教育、卫生、文化和社会保障等社会事业)和生态环境保护问题。农村问题不仅仅是农民的问题,在城乡一体化程度较高的国家和地区,农村不仅仅是农民生产和生活的空间,而且是大量的在城镇和工业中工作的人的居住和生活空间,也是城市居民的重要休闲场所。农村二、三产业的发展,也直接制约于农村基础设施与公共服务水平。(3)农民问题,是与农民切身利益直接相关的问题,也表现为两个方面:农民的经济收入和政治权利。其中,农民的收入决定了农民的吃穿住用行等方面的生活消费水平。政治权利涉及农民是否受到公平平等的政治与社会待遇,也涉及农民的平等就业权利等。

农业问题是涉及十几亿人口吃饭的问题,始终是经济社会发展的基础。中国作为一个大国,农产品供给尤其是粮食安全不能过于依赖进口,而必须立足国内实现基本自给。农业问题的全局性在于:当农产品供给不足时,受损害的首先是城市消费者和工业企业。粮食等农产品供给数量的不足,或者供给价格的过高,都会对整个社会经济和社会心理发生很大的影响,会引起社会矛盾的加剧。农产品质量方面的问题,如违禁农药的使用、农药残留的超标、禽流感等动物疫病的流行,更是直接影响到城市消费者的身体健康,也是具有全社会影响的重大问题。在建设社会主义新农村的任务中,建设现代农业被放在首要地位,其意义就在于此。

农村问题的影响也远远超出农村区域和农村人口的范围。就农村基础设施而言,国外的经验表明,如果在工业化和城市化发展加快时,及时把农村的基础设施建设好,就会大大有助于走健康的城市化发展道路,实现大中小城镇协调发展、城乡人口分布均衡、城乡高度一体化、社会稳定、生态良好的发展模式。欧盟和韩国在这方面都提供了一些成功的经验。反之,如果忽视农村的基础设施建设,城乡的发展就会失衡,农村落后凋敝,产业和人口就只能会日益向大中城市集聚,出现过度城市化和贫民窟问题。巴西等拉美国家的情况,就是值得警醒的实例。巴西2002/2003年度政府用于农业和农村基础设施建设的财政投入只有6000万美元。农村基础设施差,农村和中小城市就缺乏就业机会,同时土地私有制导致了快速的土地兼并,结果使得农村大量的失地、失业人口都向大城市集中,巴西的城市化率已经达到了82%。这种人口向城市的过度集中超过了城市就业的增长,从而在城市中形成了生活条件极为恶劣的贫民窟和大量的城市贫民。巴西2000年有3905个贫民窟。一些严重的社会问题,也由此而产生。社会不稳定必然制约经济发展。据世界银行数据,巴西2000年的人均国民生产总值为3600美元,而到了2004年降低为3000美元。这种状况一旦形成,就会积重难返,形成所谓的"拉美陷阱"。所以,加快发展农村基础设施,绝不仅仅是对农民的"恩惠",更是整个国民经济社会和谐健康发展的需要。农村教育是另一个重要领域,如果农村青年不能受到良好的基础教育,则不仅他们的个人发展前途受到极大的局限,更重要的是会严重影响整个国民素质的提高,影响到现代化建设的进展。而且,文盲必然是法盲,农村教育发展不好,也必然影响到整个和谐社会的建设。基础教育具有不可逆性,一旦错过了基础教育的年龄段,就难以进行弥补。农村的社会保障尤其是最低生活保障和养老保障,也同样具有重大的全局性意义。没有全国城乡统筹的最低生活保障制度,中国城乡分割的户籍制度就无法真正取消;没有可靠的养老保障制度,农村的计划生育在一些贫穷落后地区就会继续面临难以控制的局面。农村的生态与环境问题,更是具有全局性影响。1998年的长江大洪水,每年冬春北方地区的沙尘暴等,都是一些突出的反面例子。而陕北高原退耕还草对生态环境的改善,各地兴起的生态农业和旅游农业等,则是一些突出的正面例子。

农民问题也同样事关整个经济发展与社会安定的大局。农民收入问题直接关系到全面小康社会的建设问题。农民的收入水平较低,增长不快,直接制约着农民在吃穿住用行等方面的生活消费水平。中国确立到2020年实现全面的小康社会,是一个惠及十几亿人口的小康社会;全面建设小康社会的重点和难点都在农村,如果9亿多农村人口不能够快速提高收入和生活水平,全面小康社会的目标就难以实现。农民问题也直接关系到国民经济的发展问题,2005年农村人口在全社会商品零售额中所占的比重,只有22%。农民消费购买力不高,是制约经济发展的重要瓶颈,其一方面直接导致了国内消费需求不足,导致了城市工业产能过剩,吸取就业的能力受到了限制;另一方面,形成了经济发展对外贸依赖的程度很高,2005 年中国外贸依存度(进出口/国内生产总值)高达 64%。过度的出口竞争,也频频引起国际贸易摩擦,进口国的反倾销行动不断发生。农民问题的另一个方面是政治权利问题。在很多方面,农民仍然不能享受到与城市居民同等的待遇。这种情况的形成,有着复杂的历史原因。随着现代媒体的发达、社会透明度的提高、人口流动性的增强,人们对社会不平等的容忍度大大降低。农民的平等权利问题如果不能获得很好的解决,既不符合公平公正的社会主义原则,也直接影响着社会的和谐与稳定,制约着和谐社会目标的实现。如果不把农民的问题解决好,不仅农村社会的稳定会有问题,城市的社会稳定就更无法保证。

有一种比较流行的观点和说法:"三农"问题的核心是农民问题,农民问题的核心是收入问题。看起来好像是突出"以人为本",实际上是把极为复杂的"三农"问题简单化、片面化,把具有全局性和根本性意义的"三农"问题窄化、弱化。这既不符合中共中央、国务院的精神,也完全违背中国的现实。

二、科学判断当前的"三农"形势

对于当前"三农"的形势,需要进行实事求是的判断,并进行科学的概括,理清需要解决的具体问题。

人们容易有一种思维定式:凡是国家重视和加以强调的事情,必然是问题突出和严重的事情。近年来对待"三农"问题,也有一种论点,或明或隐,认为以前"三农"问题不突出乃至不存在,而近年来越来越突出,认为现在的"三农"问题比 20 世纪 90 年代之前更为恶化。这是具有很强迷惑性的谬误,很容易为媒体和一般大众接受。按照这样的观点,再往前进一步,就可以推出这样的结论:农村的改革政策是失败的。这完全与事实不符。事实上,改革开放以来,中国在解决"三农"问题的所有方面都取得了举世公认的巨大成就。我们只要按照以上对"三农"问题的分解,查看一下具体的数据和事实,就可以明白无误地得出这样的结论。(1) 在解决农业问题方面:从 1978 年到 2006 年,全国粮食生产增加了 63%,肉类生产增加了 8.3 倍,水产品增加了 10 倍,水果和蔬菜的产量也大幅度增加。① 在质量方面,也有了全面的提高。(2)在解决农村问题方面:农村的基础设施和社会事业,也有了很大的进展。仅仅就农村道路一项,2003—2005 年新建改建了 30 万公里,相当于以前 53 年的总和。在农村电力、饮水等设施方面,也有突出的改进。(3)在解决农民问题方面,成就更为突出。农民的收入在过去的 28 年中有较大幅度增加,扣除通货膨胀因素,增加了 5.7 倍,平均每年增加 7%。② 农民在吃穿住用行各个方面的生活消费水平大大提高。在吃的方面,细粮和畜产品占的比重不断提高;在穿的方面,数量和质量都有明显改善;在住房方面,也是同样,2005 年与1990 年相比,农民人均住房面积由 18 平方米增加到 30 平方米,其中钢混结构与砖木结构占的比重由 61% 提高到 83%;在耐用品拥有率方面,农民家庭更是实现了从无到有、从少到多的巨大飞跃,例如 2005 年摩托车的拥有率为 40%,彩电的拥有率为 84%,移动电话的拥有率为 50%。与此同时,农民的权利状况也发生了巨大的改善,至少在四个方面获得了前所未有的重大权利:自主进行生产决策的权利,自由进行市场交易的权利,自主进行择业和进城务工的权利,民主选举村民自治组织领导的权利。这些方面的权利,在改革开放之前都是不可想象的。尤其需要指出的是,自中共十六大以来,农业生产出现了新的转机,粮食生产连续三年大幅度增长,农民收入连续三年保持较高增长速度,农民各项权利得到明显改善,农村教育等社会事业发展条件得到重大改善,农村基础设施建设进程加快,农村各项改革进一步深化。充分认识改革开放以来和中共十六大以来"三农"工作的重大成绩,对于认识农村改革政策的正确性,坚持农村基本经营制度不动摇,切实贯彻统筹城乡发展的重大方略,具有重大意义。

中国目前的"三农"问题,具有突出的相对性、局部性和发展性特点。"相对性",是指与过去相比,有了很大的进步,但是与城市化的快速发展相比,与国民经济发展的需要相比,与全面建设小康社会、建设现代化的要求和构建社会主义和谐社会的要求相比,农业、农村和农民都仍然有相当的差距。"局部性",是指在总体改善的情况下,还有一些地方发展很不平衡,不仅东中西部存在较大的差异,东部发达省份的内部也存在着突出的地区发

---

① 《中国统计年鉴》,中国统计出版社 2005 年版。

② 《中国统计年鉴》,中国统计出版社 2006 年版。

展水平差异。"发展性",是指有些问题,是改革开放过程中才出现的,但是,与改革开放前相比,还是一种进步,其解决的出路,不是回到老路上去,而是在进一步的发展和改革中解决。农民工问题,是现在农民问题的焦点之一,就是这类性质的问题。在农村改革前的计划经济时代,没有农民工问题,因为城乡被严格地分割着,农民根本无法逾越其间的壁垒。解决农民工问题,要靠继续深化改革,不断改善农民工的待遇,而不是把农民工赶回到土地上。

以科学发展观作为指导,按统筹城乡发展的要求,来审视当前和未来一个时期中国"三农"的形势,可以判断出"三农"问题的重大挑战和突出表现,主要是城乡与工农之间在一系列问题上的不平衡和不平等。其中尤其是:农产品供求的不平衡,城乡收入的不平衡,城乡公共服务的不平等,城乡居民权利的不平等。造成不平衡的因素较多,其中既与政策与体制有关,但是还有其他种种复杂因素;而造成不平等的因素,主要是政策与体制的不合理,是在计划经济的历史条件下形成的。

农产品供求的不平衡,表现在数量和质量两个方面。中国的农业生产尽管已经取得了举世瞩目的重大成就,但是与快速发展的国民经济需求相比较,仍然面临着巨大挑战。正如2006年政府工作报告指出的那样,中国的"粮食安全存在隐患"。(1)当前农产品供给缺口不小。近两年来,中国粮食连续大丰收,粮食增产1336亿斤,但目前国内粮食生产仍然是供不应求,产需之间有200亿—300亿斤左右的缺口。2006年中国大豆进口2828万吨,相当于国内生产总量1.8倍,棉花进口354万吨,相当于国内生产总量的54%。[①] 仅仅这些产品的进口,如果靠国内生产来满足的话,需要3亿亩的播种面积,相当于全国作物播种总面积的13%。此外,还进口了732万吨食用植物油等。(2)需求发展压力不断增大。未来一个时期,随着人口总量的不断增加,人均收入水平的不断增加,对农产品和食物供给的需求将不断增加。据有关部门测算,平均每年粮食的需求要增加1%左右;纺织工业等部门的迅速发展,大幅度增加了对棉花、羊毛等农产品原料的需求,近几年以两位数的增加幅度增长,据纺织业发展的速度初步测算,中国到2010年棉花的国内供给缺口将在450万—650万吨之间。此外,已经在河

---

① 《中国海关统计月报》2006年第12期。

南、安徽、东北三省的全境以及其他省份的部分地区推行燃料酒精,也需要大量的粮食作为原料。随着石油价格的升高,燃料酒精工业的发展也将加快,会进一步加大对粮食等农产品的需求。对粮食、畜产品和工业原料的需求增长,呈现出很强的刚性、持续性和不可逆性的特点。如果这些需求得不到很好的满足,对人民生活、社会安定和工业经济发展乃至外贸出口,都将发生重大而深远的影响。(3)资源条件约束日益突出。从1998年到2006年,全国耕地面积减少了1.24亿亩。随着工业化、城市化和现代化的发展,耕地继续下降的趋势是不可避免的。如果中共中央、国务院制定的耕地保护政策落实得好一些,下降的幅度可能小一些;如果一些地方执行这些政策打折扣的话,耕地减少的速度就会更快一些。尤其是东部经济发达地区的高产稳产粮田,将会更多地被占用。此外,水资源的短缺问题也将日益突出,一方面,水资源供给总量减少,尤其是一些地方利用深层地下水灌溉,是不可持续的,地下水位逐年下降;另一方面,工业和生活用水需求量日益增大;必将挤占可用于农业的水资源数量。中国已经无法通过增加更多的自然资源来增加农产品的生产,而只能通过提高资源利用效率来实现。根据"十一五"规划,到2010年粮食生产目标是1万亿斤,即在2005年的基础上再增加320亿斤。按中国的粮食平均单产水平,这需要增加5000万亩耕地。而根据"十一五"规划预测,耕地面积不仅不能增加,反而会减少3000万亩以上。到2020年,耕地可能减少8000万亩到1亿亩。增加中国粮食生产的出路只能是增加单产。(4)大国的粮食安全不能过于依赖进口。由于耕地资源短缺,适当进口一定数量的粮棉油,来满足国内需求增长的需要,是必要的。但是,这种进口,只能是补充性的。中国是有13亿人口的大国,无法过于依赖国际市场来满足农产品供给与食物需要。中国目前的大豆和棉花的进口数量已经超过了世界贸易总量的1/3。中国大米需求的10%就相当于世界出口总量的一半。一方面世界市场容量有限,不可能都提供给中国,另一方面中国大量进口也会引起世界市场价格大幅度上涨,对进口不利。此外还有港口和内陆运输能力与运输成本的限制,也不可能大量进口。中国大量进口粮食还会引起一些发展中国家的不满。因此,必须加强国内的农业生产能力,确保全国农产品尤其是粮食基本自给。如果农业生产发展不力,农产品发生短缺,受到不利影响的首先不是农民,而是城市消费者和城市工业。从农产品市场规律看,短缺对农民是有利的,因为短缺必然引起价格上涨,而价格上涨对农民收入的增加具有非常明显的作用。如果粮食价格每斤上涨一角,全国农民就可以增加收入 1000 亿元。(5)农产品质量方面的问题,如违禁农药的使用、农药残留的超标、动物疫病的流行,更是直接影响到城市消费者的身体健康,也是具有全社会影响的重大问题。中国目前和未来相当长的一个时期内,小规模经营将在种植业和养殖业中占据主导地位,这使得食品质量安全的控制尤其不易。而工业和城市消费者对农产品质量的要求日益提高。

城乡收入的不平衡,突出地表现在农民收入水平较低,增长速度较慢,城乡差距较大并且呈不断扩大的趋势。(1)2006 年全国农民人均纯收入水平为 3587 元,仍然不高,其中人均收入不到 683 元的绝对贫困人口有 2148 万,人均收入不到 958 元的低收入人口将近 5700 万。这相当于欧洲一个大国的人口,也相当于中国一个较大省份的人口。(2)按照全面建设小康社会目标要求,2020 年人均 GDP 要达到 3000 美元。如果农业人均 GDP 的要求水平低一半,即为 1500 美元,则从 2000 年算起,农业人均 GDP 需要以年增 8.4% 的速度,才能在 2020 年实现。如果 2020 年农民人均收入为 8000元,则需要保持每年增长 7% 的速度才能达到。这是非常高的要求。(3)2006 年中国城镇居民收入与农民收入之比为 3.28:1。改革开放以来,城乡居民收入差距总体上呈现不断扩大趋势。近年来,中共中央、国务院出台了一系列重要的支农措施,但是,城乡收入差距扩大的趋势并没有得到根本转变。从理论上讲,城乡收入差距的变化曲线是倒 U 字形的,但是从目前的发展趋势看,还看不到这种差距会发生转变的明显迹象,也不知道中国城乡居民收入差距扩大到什么程度之后,才会开始缩小。影响收入不平衡的因素很多,有自然、经济和个人因素,也有体制性因素,主要包括农业劳动生产率水平较低,农村劳动力素质不高,非农业就业机会不足,城乡同工不同酬等。

城乡公共服务的不平等,突出地表现在城乡在水电路等基础设施建设方面和教育、卫生、文化以及社会保障方面的重大差别。中国的许多大中城市发展很快,基础设施的建设水平快速向发达国家水平靠近,而农村的情况却明显缓慢。以至于有外国人形象地说:中国的城市像欧洲,中国的农村像非洲。这尽管是夸张的比喻,但也的确反映出了城乡在公共服务方面的差距情况。从国民收入分配的角度看,政府对居民收入差别难以从根本上改变,也就是说某些群体和个体之间的收入差别将是永远存在的,因为这属于一次分配差别;但是政府在提供公共服务方面,却可以使得全体社会成员享受到大体相等的水平,因为这些方面的差距属于二次分配差距,完全可以通过政府二次分配的财政手段加以解决。城乡在基础设施和社会事业方面的差别,究其历史根源,也正是由于以往政府在财政支出结构上,重点倾向了城市,而农村获得的较少,从而造成了重大差异。而社会性投入由于市场利益机制的作用,在此基础上又进一步放大了。建设社会主义新农村,将改善农村基础设施和大力发展农村社会事业作为重要目标,就是要借此全面缩小城乡在公共服务方面的差别,进而全面缩小城乡差别。

城乡居民权利的不平等,是以城乡分割的户籍制度为基础,农民在就业机会、就业福利、子女入学、养老保障、最低生活保障等方面受到了种种限制,不能与城市居民享有同等的权利。随着进城务工农民数量日益庞大,社会透明度不断提高,人们的平等意识迅速加强,城乡居民权利不平等所导致的社会矛盾和问题变得日益突出。这方面有一种表面化的"悖论":社会越是进步,政策越是开放,人们的民主诉求就越强烈,对不平等的容忍程度就越低。在一些媒体、社会舆论乃至一些专家的观点中,对城乡居民不平等现象抨击最烈,以至于把这个问题当作了"三农"问题的核心甚至全部。解决城乡居民之间的诸多不平等问题,尽管是一个非常复杂的任务,但也是一个非常急迫的任务。

三、政府在解决"三农"问题方面的职责

如何发挥好政府在"三农"方面的职能与职责,自改革开放以来进行了一系列重大探索和实践,可以概括为三个方面:一是改革。以20世纪80年代的五个一号文件为主要标志,改革实现了全面的突破,基本完成了农业和农村经济从计划体制向市场体制的转变,这是带有根本性的转变。政府从计划经济体制下的无所不管改变为有限政府,把原来的大部分职能交给农民和市场机制,例如生产经营权、市场交易权和价格制定权等。二是调控。在放开市场的过程中,发现市场机制是有缺陷的,有些问题靠市场机制是"解决不好"的。调控就是要限制市场机制的作用范围,在有些方面不让市场机制发挥作用,因为如果完全靠市场机制发挥作用的话,就会形成公共利

益的损害。对于垄断的限制、对于某些价格的限制、对于资源利用的限制、对于市场过度波动的平抑等,就属于这方面的范畴。三是服务,或者叫支持。这在中共十六大之后表现得最为突出,以近年的四个一号文件为主要标志。这个阶段的一系列重大举措的认识基础是:对于市场机制的缺陷,仅仅靠强制性的调控是不够的,政府还需要提高大量的服务,以公共服务和财政支持来弥补市场机制的不足,解决仅仅靠市场机制"解决不了"的问题。服务与调控的区别在于:调控是解决市场"作用过度"的问题,需要对市场的作用进行适当限制;而服务是解决市场"作用不足"的问题,服务并不限制市场机制的发挥,而是允许市场机制发挥作用,政府还实行一些扶持和支持政策,以弥补市场机制作用的不足。

"三农"问题,涉及很多方面。在每一个问题领域,政府都承担着重要职能;同时在不同的问题领域,需要政府发挥的具体职能也是不尽相同的。按对政府职能要求的不同,解决"三农"问题亦即新农村建设问题领域可以分为三大类:政府为主,城乡统筹;合作为主,政府扶助;个人为主,政府服务。

"三农"问题中的许多方面,是要以各级政府为主体来加以解决的。主要原因是,这些问题具有很强的公益特征,对于经济社会的发展意义重大,但是仅仅依靠市场机制又干不了,或者干不好。有些事情,在所有国家都是以政府为主;有些事情,在发达国家不是以政府为主,但是在中国,由于国情的不同,需要以政府为主;还有一些事情,在城市中不是以政府为主,但是在农村需要以政府为主。这些需要政府为主体加以解决的问题,至少包括以下几个方面:农村基础设施建设,包括道路、电力、饮水、电信、电视网络等;社会事业,包括基础教育、社会保障、卫生设施等;农业基础设施,如田间道路、水利工程、梯田建设、中低产田改造等;政府服务体系,包括农业科研和推广、动植物重大疫病防治、农产品质量安全体系、农产品市场信息等;扶贫济困救灾工作等。

有一些农村问题,无法完全依赖政府为主体解决,也不是一家一户的农民个体所能解决的。这就需要农民(村民)集体通过合作的方式,共同努力解决。这主要是涉及村庄内部和村庄周边的一些问题。例如,从乡间公路到村庄的进村公路,村内的道路、沟渠,村边的水塘、河道,村内的环境治理和垃圾处理,等等。解决这些问题的主体是农民和村民集体,通过村民出劳出工乃至适当地出资来解决。是否设立项目,设立什么样和什么档次的项目,主要是靠村民集体商议决定。政府提供一些指导、扶持和服务,但是不宜过多干预。政府在这方面的重要职责是:一方面,可以适当提供一些扶持。但是这些扶持只能是引导性的,辅助性的,带有鼓励和奖励性质的;另一方面,政府也要提供有关服务,例如规划服务、培训服务、技术服务(如提供有当地特色而又经济适用的住房图纸和式样)、示范服务,等等。

"三农"问题中,也还有一些问题,主要靠农民的自身努力加以解决。例如,增加收入问题,主体只能是农民自己。同一地区中,农民的收入水平往往很不相同。无论是在发达地区的村庄中,还是在不发达地区的村庄中,都有村民之间的贫富差别很大的情况。同一村庄中的自然条件、外部经济条件、政策环境等均是相同的,而收入的较大差别主要是由于农民个人本身的情况不同所造成的。具体原因可能是勤奋程度、创业精神、身体状况、家庭负担等。每一个具体的农户要想提高收入,主要途径都是发挥农业内部的潜力如进行结构调整,从事二、三产业,或者外出务工等。而这些途径实现的程度如何,主要靠农民自身的努力。

除了农民自身的努力之外,政府对于促进农民增收,也担负着重要的职能。只是,这些职能是为农民自己的努力创造一个更好的外部环境,而不能取代农民自身的努力。政府在解决农民收入方面的职能,主要表现在两个方面:一是为农民创造平等的就业政策环境,如保障农民工合法权益的各种政策。通过这些措施,促进农民从农业和农村向外部的转移。二是为农民增收提供各种促进性的服务,例如上述的各种促进农业生产发展的措施,尤其是农业基础设施和农业科技创新与推广服务,提高农民自我发展能力的教育和培训,提供小额信贷等金融服务,等等。此外,也可以对农民进行直接补贴。目前各类直补占农民收入的比重在1%左右。中国现在从总体上已经进入了"以工促农"阶段,而与欧盟、日本和美国那样大幅度的"以工补农"阶段相比,还有一定差距。

四、工业反哺农业的本质要义

落实工业反哺农业、城市支持农村的方针,在本质上,是调整国家财政分配的格局,加大对"三农"的投入。落实工业反哺农业、城市支持农村的方针,就是强化国家的支持"三农"政策。这在中共中央、国务院的文件中,在政府工作报告中,都有明确的表述。

工业反哺农业、城市支持农村,表达的是一个思想,不是两件事。在有关问题的讨论中,有人从字面意思出发,游戏文字,一定要分清楚工业如何反哺农业、城市如何支持农村。这是对工业反哺农业、城市支持农村的误解。使用工业反哺农业、城市支持农村这样一种说法,主要是从中国的历史情况出发,把思想表达得更有针对性。这里的工业和农业,城市和农村,都是特定的历史性和概括性概念,工业和城市指的是一回事,农业和农村指的也是一回事。长期以来,中国为了工业化的发展,一直要求农业和农村为工业和城市的发展提供积累,实行了一系列向工业和城市倾斜的政策。在计划经济条件下,突出地表现为工农产品的价格剪刀差;在转型为市场经济之后,突出地表现为各种农业税费负担和征地等。中国的工业化和城市化进程,长期以来一直受着农业和农村的"哺育",也就是受着农民的"哺育":广大农民一直在为国家的工业化和城市化发展的资金积累做着重大贡献。近年来提出工业反哺农业、城市支持农村,就是要在工业化和城市化发展到一定程度之后,改变这种政策取向,减少从农业和农村的"取",加大对农业和农村的"予",对农业进行"反哺"。

这种"反哺"的实现方式,主要是通过二次分配的方式,是通过国家财政来进行的,即国家把来自工业和城市经济部门的财政收入,通过国家财政支出,更多地用于"三农"。至于各种社会企业和个人,通过捐助慈善等方式,拿出资金支持"三农",当然也可以视为属于"反哺"的方式,但是,这只是个例情况,不是普遍规范。在数额上,这与国家财政的支出幅度不可相比;在体制上,只能是个体自愿行为,国家不能直接用政策干预。至于各种涉农企业在市场机制下,在农村开展的各种经济活动,尽管对解决"三农"问题有重要乃至重大的促进作用,但是,那是一种企业与农民的互惠行为,不能算作"反哺"。

基于上述原因,本项课题对于工农关系与城乡关系的研究,主要着眼点就是国家财政与"三农"的关系。本报告中以工业反哺农业或者反哺,来代指工业反哺农业、城市支持农村。

第二章　仁智互见:关于工农关系的 理论观点纵览

　　在工业化和城市化发展的进程中,如何认识和处理好工农关系与城乡关系,一直是重大的社会经济与政治问题。马克思主义经典作家和历届中央领导集体,都从所处的时代背景出发,提出了一系列重大的理论观点;国内外的学术界,也对这个问题进行了长期的探索和讨论。探讨工业反哺农业的理论与实践,需要继承有关经典理论,吸取前人学术思想,并在此基础上进行发展与创新。

一、马克思主义经典作家论工农关系与城乡关系

　　马克思、恩格斯、列宁都从农业的一般规律出发,充分强调农业在国民经济中的基础性地位。同时,他们十分注意对资本主义时代工农关系和城乡关系及其发展趋势的分析,特别注意从无产阶级革命需要出发研究工农联盟问题。

(一)马克思

1.从农业基础地位和工农联盟角度,强调农业的重要性

　　马克思指出:农业生产是人类生存和"创造历史"的首要条件。"我们首先应当确定一切人类生存的第一个前提,也就是一切历史的第一个前提,这个前提是:人们为了能够'创造历史',必须能够生活。但是为了生活,首先就需要吃喝住穿以及其他一切东西。因此第一个历史活动就是生产满足这些需要的资料,即生产物质生活本身"。①

---

　　① 《马克思恩格斯选集》第 1 卷,人民出版社 1995 年版,第 78—79 页。

2.工农业的差别随着经济的发展终究会消失的

在谈到农业和工业的关系时,马克思认为,农业劳动生产率制约着农业和工业之间社会分工的发展程度。农业劳动特别是生产食物的农业劳动是其他一切劳动得以独立存在的自然基础和前提,农业劳动必须要有足够的生产率和提供足够的剩余产品,才有可能使农业和工业之间实行巨大的分工。农业劳动生产率决定着农业人口向城市和非农产业转移的速度和规模。马克思认为超过劳动者个人需要的农业劳动生产率是一切社会的基础。社会用于农产品生产的时间越少,用于其他物质的生产或精神的生产的时间就越多。财富的增长和文明的进步通常都与生产食品的劳动和费用的减少成相等的比例。

马克思很早就认识到在不同的发展阶段工业和农业关系的变化趋势。他在《资本论》中提出,"最初,农业劳动和工业劳动不是分开的;后者包含在前者中。农业氏族、家庭公社或家庭的剩余劳动和剩余产品,既包含农业劳动,也包含工业劳动。二者是同时并行的。……一部分工业劳动也会物化在用作农业工人和非农业工人的必要消费资料的产品中。工业劳动的一部分和农业劳动的必要部分一样也是必要劳动。它只是以前和农业劳动自然结合在一起的一部分工业劳动的独立形式,是现在已经和它分离的纯农业劳动的必要的相互补充"[1]。

马克思在《剩余价值理论》中提出,"在农业中,手工劳动相对地说还占优势,而使工业的发展快于农业则是资产阶级生产方式所固有的。不过,这是历史的差别,是会消失的。工业供给农业的生产资料,总的说来,价值下降,而农业供给工业的原料,总的说来,价值提高;因此,在很大一部分加工工业中,不变资本的价值相对地高于农业。"[2]

基于对这种关系的认识,马克思提出"把农业同工业结合起来,促使城乡之间的差别逐步消灭"[3]。并认为"城乡关系的面貌一改变,整个社会的

---

① 《资本论》第3卷(1894年),《马克思恩格斯全集》第25卷,人民出版社1974年版,第713—714页。

② 《剩余价值理论》(1861—1863年),《马克思恩格斯全集》第26卷(Ⅱ),人民出版社1973年版,第96页。

③ 《共产党宣言》(1847—1848年),《马克思恩格斯全集》第4卷,人民出版社1958年版,第490页。

面貌也跟着改变"①。

(二)恩格斯

恩格斯对工农关系进行了探讨和研究,主要的思想包括以下几个方面:

1. 工农、城乡的分离会阻碍社会的进一步发展

恩格斯在《共产主义原理》中提出,"乡村农业人口的分散和大城市工业人口的集中只是工农业发展水平还不够高的表现,它是进一步发展的阻碍,这种阻碍在目前已经深深地感到了"②。并且认为"城市和乡村的分离,立即使农村人口陷于数千年的愚昧状况,使城市居民受到各自的专门手艺的奴役。它破坏了农村居民的精神发展的基础和城市居民的体力发展的基础"③。

2. 工农差距、城乡隔离终究会消失的

恩格斯在勾画未来的公民公社时提到,"未来的公民公社将从事工业生产和农业生产,将结合城市和乡村生活方式的优点而避免二者的偏颇和缺点。""从事农业和工业劳动的将是同样的一些人,而不再是两个不同的阶级。单从物质方面的原因来看,这已经是共产主义联合体的必要条件了。""由社会全体成员组成的共同联合体来共同而有计划地尽量利用生产力,把生产发展到能够满足全体成员需要的规模;消灭牺牲一些人的利益来满足另一些人的需要的情况;彻底消灭阶级和阶级对立,通过消除旧的分工,进行生产教育、变换工种、共同享受大家创造出来的福利,以及城乡的融合,使社会全体成员的才能得到全面的发展,——这一切都将是废除私有制的最主要的结果。"④从中可以看出,恩格斯认为未来的公民公社只有农民和工人、城市和农村充分融合,才能使社会全体成员的才能全面发展。

---

① 《政治经济学的形而上学》(1847 年),《马克思恩格斯选集》第 1 卷,人民出版社 1972 年版,第 123 页。

② 《共产主义原理》(1847 年),《马克思恩格斯选集》第 1 卷,人民出版社 1972 年版,第 220—224 页。

③ 《反杜林论》(1876—1878 年),《马克思恩格斯选集》第 3 卷,人民出版社 1972 年版,第 330—336 页。

④ 《共产主义原理》(1847 年),《马克思恩格斯选集》第 1 卷,人民出版社 1972 年版,第 220—224 页。

　　他认为消灭城乡对立并不是空想,但是会经历较长的时期。在《论住宅问题》中,他提到"消灭城乡对立并不是空想,正如消除资本家与雇佣工人间的对立不是空想一样。消灭这种对立日益成为工业生产和农业生产的实际要求。李比希在他论农业化学的著作中比任何人都更坚决地要求这样做,他在这些著作中的第一个要求总要人把取自土地的东西还给土地,并证明说城市特别是大城市的存在阻碍了这一点的实现。当你看到仅仅伦敦一地每日都要花很大费用,才能把比全萨克森王国所排出的更多的粪便倾抛到海里去,当你看到必须有多么巨大的建筑物才能使这些粪便不致弄臭伦敦全城,——那么你就知道消灭城乡对立的这个空想是具有极实际的基础了。甚至较小的柏林在自己的秽气中喘息至少也有 30 年了。另一方面,像蒲鲁东那样想改革现代的资产阶级社会而同时又保持农民本身,才真是十足的空想。"①"大工业在全国的尽可能平衡的分布,是消灭城市和乡村的分离的条件,所以从这方面来说,消灭城市和乡村的分离,这也不是什么空想。的确,文明在大城市中给我们留下了一种需要花费许多时间和努力才能消除的遗产。但是这种遗产必须被消除而且必将被消除,即使这是一个长期的过程。"②

(三)列宁

　　列宁对工农问题的研究主要从两个方面着手:一是从社会发展的规律出发,指出工农分工是一个普遍的规律;二是探讨了工农之间的关系和工农关系的发展趋势。

　　1. 随着社会经济的发展,工农分工是一个普遍规律

　　列宁在《农业的资本主义》中指出,"城市人口(一般地说是工业人口)由于农村人口减少而增加,不仅是目前的现象,而且正是反映了资本主义规律的普遍现象。这个规律的理论基础,正如我在另一个地方已经指出的,第一,在于社会分工的发展使愈来愈多的工业部门脱离了原始农业,第二,耕种一定面积的土地所需的可变资本一般地说是

---

　　①　《论住宅问题》(1872—1873 年),《马克思恩格斯选集》第 2 卷,人民出版社 1972 年版,第 542—543 页。

　　②　《反杜林论》(1876—1878 年),《马克思恩格斯选集》第 3 卷,人民出版社 1972 年版,第 330—336 页。

减少了。"①并且认为"农业的发展落后于工业,这是一切资本主义国家所固有的现象,是国民经济各部门间的比例遭到破坏、发生危机和物价高涨的最深刻的原因之一"②。

2. 工农之间的关系是相辅相成的,工农之间的差异最终会消失的

在关于工农关系方面,他认为,在工农发展到一定阶段时,农业开始处于弱势,但工业和农业的发展是相辅相成的。他在《关于粮食税的报告》中提到,"如果在一个农民占多数的国家里发生了工人革命,因而工厂和铁路都转到工人阶级手中,那么工农之间经济关系的实质应该是什么呢?显然,这种关系的实质应该是:工人在今后已经属于自己的工厂中,为国家因而也是为占人口多数的农民生产一切必需品,并通过自己的铁路和船舶运送给农民,同时从农民那里取得全部剩余的农产品。"③"资本主义建立了大生产,产生了竞争,同时也糟蹋了土地的生产力。人口集中于城市,使土地无人耕种,并且造成了不正常的物质交换。土地的耕作没有得到改善,或者说没有得到应有的改善。"④"它(指美国——编者注)有极发达的工业,这就给农业开辟了市场,并且促进了农业的集约化。"⑤因此,列宁提出要"合理地分布俄国工业,使工业接近原料产地,尽量减少原料加工、半成品加工一直到产出成品的各个阶段的劳动力的损耗"⑥。

以上这些论点都解释了工业和农业的发展是相互影响的,不管忽略哪一方面,另一方面都会受到影响。

他同时又指出这种工农之间的对立最终是要被消除的,没有什么东西能够妨碍城乡对立的消灭。他提到,"鉴于城乡对立是农村经济和文化落

① 《农业中的资本主义》(1899年),《列宁全集》第4卷,人民出版社1958年版,第132页。

② 《关于农业中资本主义发展规律的新材料》(1915年),《列宁全集》第22卷,人民出版社1958年版,第9—10、84页。

③ 《关于粮食税的报告》(1921年),《列宁全集》第32卷,人民出版社1958年版,第274页。

④ 《对欧洲和俄国的土地问题的马克思主义观点》(1903年),《列宁全集》第6卷,人民出版社1959年版,第310—311页。

⑤ 《关于农业中资本主义发展规律的新材料》(1915年),《列宁全集》第22卷,人民出版社1958年版,第9—10、84页。

⑥ 《科学技术工作计划草稿》(1918年),《列宁全集》第27卷,人民出版社1958年版,第296页。

后的最深厚的根源之一,……消灭这种对立是共产主义建设的根本任务之一。"①"社会主义的任务是使工业和农业接近并且统一起来。"②"既然没有什么东西能够妨碍城乡对立的消灭(当然,也不能设想这种对立的消灭是一蹴即成的,而是要采取一系列的措施),这就决不只是'美学感情'的要求。在大城市中,用恩格斯的话来说,人们都在闻着自己粪便的臭味,凡是力所能及的人,都要定期跑出城市,呼吸一口新鲜的空气,喝一口清洁的水。工业也在向各地疏散,因为工业同样需要清洁的用水。利用瀑布、运河和江河来发电,将进一步推动'工业的疏散'。最后,为了合理地利用对于农业十分重要的城市污水特别是人的粪便,也要求消灭城乡的对立。"③

二、毛泽东、邓小平、江泽民、胡锦涛 关于工农城乡关系的论述

(一)毛泽东

在中国社会主义建设时期,以毛泽东为代表的中国共产党领导集体高度重视"三农"问题,深入实际调查研究,继承和发展了马克思主义"工农"关系理论,借鉴了苏联在处理"工农"关系方面的经验和教训,提出了中国在经济建设中如何协调工农关系的理论。毛泽东有关工农关系的思想,概括起来有以下几个方面:

1.明确提出农业是国民经济基础,确立了农业的战略地位,并将其作为指导中国经济发展的重要方针

毛泽东在调查研究的基础上系统总结了农业在国民经济发展中的地位和作用,指出农业生产是经济建设工作的第一位。他在《在省市自治区常委书记会议上的讲话》(1957年1月27日)中指出:

"全党一定要重视农业。农业关系国计民生极大。要注意,不抓粮食很危险。不抓粮食,总有一天要天下大乱。

---

① 《俄共(布)党纲草案》(1919年),《列宁全集》第29卷,人民出版社1956年版,第114页。

② 《生产宣传提纲》(1920年),《列宁全集》第31卷,人民出版社1958年版,第366页。

③ 《土地问题和"马克思的批评家"》(1901年),《列宁全集》第5卷,人民出版社1959年版,第132—133页。

首先,农业关系到五亿农村人口的吃饭问题,吃肉吃油问题,以及其他日用的非商品性农产品问题。这个农民自给的部分,数量极大。比如,去年生产了3600多亿斤粮食,商品粮包括公粮在内,大约是800多亿斤,不到四分之一,四分之三以上归农民。农业搞好了,农民能自给,5亿人口就稳定了。

第二,农业也关系到城市和工矿区人口的吃饭问题。商品性的农产品发展了,才能供应工业人口的需要,才能发展工业。要在发展农业生产的基础上,逐步提高农产品特别是粮食的商品率。有了饭吃,学校、工厂少数人闹事也不怕。

第三,农业是轻工业原料的主要来源,农村是轻工业的重要市场。只有农业发展了,轻工业生产才能得到足够的原料,轻工业产品才能得到广阔的市场。

第四,农村又是重工业的重要市场。比如,化学肥料,各种各样的农业机械,部分的电力、煤炭、石油,是供应农村的,铁路、公路和大型水利工程,也都为农业服务。现在,我们建立了社会主义的农业经济,无论是发展轻工业还是发展重工业,农村都是极大的市场。

第五,现在出口物资主要是农产品。农产品变成外汇,就可以进口各种工业设备。

第六,农业是积累的重要来源。农业发展起来了,就可以为发展工业提供更多的资金。

因此,在一定的意义上可以说,农业就是工业。要说服工业部门面向农村,支援农业。要搞好工业化,就应当这样做。"

2. 提出工农城乡兼顾、协调发展的思想

毛泽东在全国刚刚解放时,就提出应该工农并举,共同发展。

他在《在中国共产党第七届中央委员会第二次全体会议上的报告》(1949年)上提出:"城乡必须兼顾,必须使城市工作和乡村工作,使工人和农民,使工业和农业,紧密地联系起来。决不可以丢掉乡村,仅顾城市,如果这样想,那是完全错误的。""在革命胜利以后,迅速地恢复和发展生产,对付国外的帝国主义,使中国稳步地由农业国转变为工业国,把中国建设成一个伟大的社会主义国家。""中国的工业和农业在国民经济中的比重,就全国范围来说,在抗日战争以前,大约是现代性的工业占百分之十左右,农业和手工业占百分之九十左右。这是帝国主义制度和封建制度压迫中国的结果,这是旧中国半殖民地和半封建社会性质在经济上的表现,这也是在中国革命的时期内和在革命胜利以后一个相当长的时期内一切问题的基本出发点。从这一点出发,产生了我党一系列的战略上、策略上和政策上的问题。"

毛泽东根据新中国成立前后,城市与农村发展现状,还特别强调"我们的经济政策就是处理好'四面八方'的关系,实行公私兼顾、劳资两利、城乡互助、内外交流的政策"。①

在《实行增产节约,反对贪污、浪费和官僚主义》(1951年12月)中,毛泽东又提道:"从一九五三年起,我们就要进入大规模经济建设了,准备以二十年时间完成中国的工业化。完成工业化当然不只是重工业和国防工业,一切必需的轻工业都应建设起来。为了完成国家工业化,必须发展农业,并逐步完成农业社会化。"

1955年在《关于农业合作化问题》中提出:"我们对于工业和农业、社会主义的工业化和社会主义的农业改造这样两件事,决不可以分割起来和互相孤立起来去看,决不可以只强调一方面,减弱另一方面。"

1956年4月毛泽东在《论十大关系》中论述"重工业和轻工业、农业的关系"时指出在工业化过程中必须协调好重工业、轻工业和农业的关系,否则整个社会就会出现问题。他指出:"重工业是我国建设的重点。必须优先发展生产资料的生产,这是已经定了的。但是决不可以因此忽视生活资料尤其是粮食的生产。如果没有足够的粮食和其他生活必需品,首先就不能养活工人,还谈什么发展重工业?所以,重工业和轻工业、农业的关系,必须处理好。"

在1949年《论人民民主专政》中进一步提出,"没有农业社会化,就没有全部的巩固的社会主义。农业社会化的步骤,必须和以国有企业为主体的强大的工业的发展相适应。人民民主专政的国家,必须有步骤地解决国家工业化的问题"。要"以农业为基础,以工业为主导"②。

随后,他在多次讲话中又进一步强调了这一问题。在《关于正确处理

---

① 参见陶鲁笳:《毛主席教我们当省委书记》,中央文献出版社1996年版,第128页。

② 参见《中国共产党第八届中央委员会第十次全体会议公报》(1962年9月27日),载《人民日报》1962年9月29日。

人民内部矛盾的问题》(1957 年 2 月 27 日)中,他指出:"这里所讲的工业化道路的问题,主要是指重工业、轻工业和农业的发展关系问题。我国的经济建设是以重工业为中心,这一点必须肯定。但是同时必须充分注意发展农业和轻工业。""我国是一个大农业国,农村人口占全国人口的百分之八十以上,发展工业必须和发展农业同时并举,工业才有原料和市场,才有可能为建立强大的重工业积累较多的资金。大家知道,轻工业和农业有极密切的关系。没有农业,就没有轻工业。重工业要以农业为重要市场这一点,目前还没有使人们看得很清楚。但是随着农业的技术改革逐步发展,农业的日益现代化,为农业服务的机械、肥料、水利建设、电力建设、运输建设、民用燃料、民用建筑材料等等将日益增多,重工业以农业为重要市场的情况,将会易于为人们所理解。在第二个五年计划和第三个五年计划期间,如果我们的农业能够有更大的发展,使轻工业相应地有更多的发展,这对于整个国民经济会有好处。农业和轻工业发展了,重工业有了市场,有了资金,它就会更快地发展。这样,看起来工业化的速度似乎慢一些,但是实际上不会慢,或者反而可能快一些。"

在《关于整风、两类矛盾等问题的谈话》(1957 年 9 月 19 日)中谈到"农业是工业的基础,没有农业就没有基础,许多轻工业大部分甚至全部都要靠农业。……两只手,一手抓工业,一手抓农业,现在要好好搞农业"。

在《关于农业问题》(1957 年 10 月 9 日)中提到,"讲到农业与工业的关系,当然,以重工业为中心,优先发展重工业,这一条毫无问题,毫不动摇。但是在这个条件下,必须实行工业与农业同时并举,逐步建立现代化的工业和现代化的农业。过去我们经常讲把我国建成一个工业国,其实也包括了农业的现代化"。

在《读斯大林〈苏联社会主义经济问题〉谈话记录》(1958 年 11 月 9—10 日)中讲道:"我们现在的提法是:在优先发展重工业的前提下,发展工业和发展农业同时并举,以及其他几个同时并举。这就是我们常说的两条腿走路的方针。"

以上这些讲话中,毛泽东同志都强调工农要协调发展的思想。

尽管以毛泽东同志为代表的第一代中国共产党人对工农关系有着正确的认识,但在当时快速实现工业化的时代背景下,工农关系还是不可避免地发生了偏差。

(二)邓小平

以邓小平为代表的第二代中国共产党人,不仅继承和发展了毛泽东的"三农"思想,而且根据经济状况的变化及时调整工农关系政策。邓小平关于工农关系的思想概括起来主要有以下几点:

1.工农发展必须协调

邓小平在多次谈话中提到工农关系,主要的观点是工农发展必须协调。他在1957年中共八届三中全会(扩大)关于整风运动的报告中就指出:"中国是一个有六亿多人口的大国,农村人口又占总人口的80%以上,如果不发展农业,不但影响最大多数人的生活,影响工农联盟和人民的团结,而且也不可能迅速地发展工业。"并且认为,"农业搞不好,工业就没有希望,吃、穿、用的问题也解决不了"①。

2.强调工业应该支援农业,工业越发展,越要重视农业

邓小平在工农关系上,强调农业是基础,工业应该支援农业。他在1962年7月7日《怎样恢复农业生产》中指出:"农业要恢复,要有一系列的政策,主要是两个方面的政策。一个方面是把农民的积极性调动起来,使农民能够积极发展农业生产,多搞点粮食,把经济作物恢复起来。另一个方面是工业支援农业。"在1975年8月国务院讨论国家计委起草的《关于加快工业发展的若干问题》时指出:"城市可以帮助农村搞一些机械化的养鸡场、养猪场,这一方面能增加农民的收入,另一方面能改善城市的副食品供应。要是工人没有菜吃,没有肉吃,工业怎么能搞得好?工业支援农业,农业反过来又支援工业,这是个加强工农联盟的问题。我给四川的同志写过信,告诉他们工业越发展,越要把农业放在第一位。"②

中共十一届三中全会前后,邓小平在总结经验教训的基础上提出:"中国经济能不能发展,首先要看农村能不能发展。"③"农业搞不好就要拖工业的后腿。"④"工业的发展,商业的和其他的经济活动,不能建立在百分之八

---

① 《邓小平文选》第1卷,人民出版社1994年版,第322页。
② 《邓小平文选》第2卷,人民出版社1994年版,第28—29页。
③ 《邓小平文选》第3卷,人民出版社1993年版,第77—78页。
④ 《邓小平文选》第2卷,人民出版社1994年版,第32页。

十的人口贫困的基础上。"①以上这些谈话均表述了工业越发展,越要重视农业的思想。中国的改革开放从农村开始,也是这种思想在实际政策中的具体体现。

在乡镇企业和农业的关系上,他指出:"长期以来,我们百分之七十至八十的农村劳动力被束缚在土地上,农村每人平均只有一两亩土地,多数人连温饱都谈不上。一搞改革和开放,一搞承包责任制,经营农业的人就减少了。剩下的人怎么办?十年的经验证明,只要调动基层和农民的积极性,发展多种经营,发展新型的乡镇企业,这个问题就能解决。乡镇企业容纳了百分之五十的农村剩余劳动力。同时,乡镇企业反过来对农业又有很大帮助,促进了农业的发展。"②并且认为,"农业和工业,农村和城市,就是这样相互影响、相互促进"③。

(三)江泽民

在建立和完善社会主义市场经济体制的过程中,以江泽民为代表的中国共产党人继承了毛泽东、邓小平的工农思想,针对新时期中国工业和农业出现的新情况、新问题,根据"三个代表"重要思想,创造性地提出了一系列解决工农发展不协调的新思路和新办法,对指导中国工农业协调发展、城乡协调发展做出了重要贡献。江泽民关于工农关系的思想,概括起来主要有以下几方面:

1. 工农业的协调是国民经济稳定发展的前提条件

江泽民高度重视工农业的协调发展,在多次讲话中都强调要重视农业,要加强对农业的投入,要加强工业对农业的支援,并强调工农业的协调发展是整个国民经济稳定发展的前提条件。

他在庆祝中华人民共和国成立 40 周年大会上的讲话中提道:"我国广大农民历来是工人阶级的天然同盟军,是社会主义制度和党的领导的坚定拥护者。我们要进一步加强工业对农业的支援,加强城市对农村的支援,从政治、经济、教育、科学、文化等方面,不断采取切实措施,在新的基础上巩固

---

① 《邓小平文选》第 3 卷,人民出版社 1993 年版,第 117 页。
② 《邓小平文选》第 3 卷,人民出版社 1993 年版,第 251—252 页。
③ 《邓小平文选》第 3 卷,人民出版社 1993 年版,第 376 页。

工农联盟。这是国家和社会稳定的根本条件。"

1990年6月19日在农村工作座谈会上的讲话中,江泽民指出:"工农联盟是我们国家政权的基础。巩固和发展工农联盟,是我们党的一个重要方针,也是我们党的一大政治优势。巩固、发展、加强工农联盟,无论过去、现在还是将来,都是一项非常重大的任务。"

1991年11月29日在中共十三届八中全会闭幕时的讲话中,他谈道:"在新的国际国内形势下,进一步加强农业和农村工作,对于推进整个国民经济的发展,巩固工农联盟,加强人民民主专政,抵御和平演变,更具有重大意义。"

1992年12月25日他在武汉主持召开安徽、江西、河南、湖北、湖南、四川六省农业和农村工作座谈时的讲话中谈道:"没有农业的牢固基础,就不可能有我国的自立;没有农业的积累和支持,就不可能有我国工业的发展;没有农村的全面进步,就不可能有我国社会的全面进步;没有农村的稳定,就不可能有我国整个社会的稳定;没有农民的小康,就不可能有全国人民的小康;没有农业的现代化,就不可能有整个国民经济的现代化。"

2. 主张通过强有力的宏观调控缩小工农业差距

在缩小工农业差距的思路方法方面,江泽民认为在社会主义市场经济体制下,需要有强有力的宏观调控措施。1993年10月18日在中央农村工作会议上的讲话中他谈道:"在发展社会主义市场经济的过程中,如果没有强有力的宏观调控,单纯靠市场调节,工业和农业发展速度差距、城乡居民收入的差距、发达地区与欠发达地区经济发展的差距将会日益拉大。如果这样发展下去,不但工业和整个经济的发展会失去支撑,而且经济和社会生活中的矛盾会更加突出,还可能引发出一些新的矛盾和问题,那就会严重影响政权的巩固和社会的安定。对此,我们切不可掉以轻心。""要真正地而不是表面地,实际地而不是口头地,全心全意地而不是半心半意地加强农业这个基础。建国初期实行依靠农业积累发展工业的战略是必要的。现在条件不同了,应该调整结构,包括调整基本建设投资、财政预算内资金、信贷资金结构。宁肯暂时少上几个工业项目,也要保证农业发展的迫切需要。特别要保证主要农产品的生产和供给,保证农业基础设施建设不断增强,保证贫困地区的开发和建设有较快的进展。在确保农业持续稳定发展的前提下,安排整个国民经济的发展规模和速度,安排工农业两大部类资金投放的比例。不仅中央要坚持这样做,各个地方也要坚持这样做。上下共同努力,力争明年农业有一个新的发展,并且长期这样做。"

1994 年 3 月 23 日他在中央农村工作会议上的讲话又就此问题谈道:"如果农业长期得不到应有的发展,工业早晚也要掉下来,最后不得不进行大的调整。""我们一定要处理好工、农业两大部类的关系。""各级都要在确保农业持续稳定增长的前提下,安排好国民经济发展的规模和速度,安排好一、二、三产业资金投放的比例。宁可少上几个项目,放慢一点工业发展速度,也要保证农业发展的需要。这对保持大局的稳定至关重要。""我国市场大,大就大在农村。农民购买力上不去,工业的发展就要受到严重制约。""农民收入增长缓慢,城乡之间、地区之间收入差距扩大,成为我国经济发展的一个突出问题,也是导致民工潮规模越来越大的一个重要原因。尽快扭转这种状况,使农民随着生产的发展收入有较大的增长,是农业和农村工作的一项根本任务。农民收入上不去,最终会影响农产品供给。因此,在农村经济工作指导上,要把增加农民收入同保证农产品有效供给放在同样重要的地位,千方百计做到增产增收。"

江泽民主张在保证国民经济平稳发展的基础上,调整工农两大门类资金投放的比例。他在 1995 年 2 月 27 日在中央农村工作会议上的讲话中指出:"市场经济越发展,工业化程度越高,越需要加强对农业的保护和扶持。这是历史已经证明的客观规律。""在建立社会主义市场经济体制的历史条件下,加强宏观调控,大力保护和扶持农业,促进工业与农业、城市与农村、东部与中西部经济协调发展,关系我国改革、发展、稳定的全局,关系整个现代化建设的成败,关系社会主义政权的巩固。对此,小平同志曾给我们多次告诫。对这个重大问题,全党同志特别是党的高中级干部,务必要从全局的高度,进一步统一认识,统一意志,统一行动,真正地而不是口头地强化农业这基础,动员各行各业的力量,采取坚决有力的措施,促进农业的发展、农民的富裕和农村社会的进步,实现既定的奋斗目标。否则,我们就会犯历史性的错误。""我们要在确保农业持续稳定发展的前提下,安排整个国民经济的发展规模和速度,安排工农业两大门类资金投放的比例。""在计划安排上,切实把农业摆在第一位,确保农业必需的发展速度。在资金投放上,首先保证农业的需要。部署工作,首先安排好农村工作。检查经济工作,首先看农业和农村经济搞得如何,如果'米袋子'、'菜篮子'抓不上去,农民收入不能增加,工业速度发展再快、城市搞得再漂亮,也不算是合格的领导。"

　　1995 年 8 月 28 日他还在《正确处理社会主义现代化建设中的若干重大关系》中要求,"各级党委和政府要切实加强对农业的指导、组织和服务工作,建立健全农业社会化服务体系,引导第二、第三产业加强对农业的支持,形成以工补农、以工建农、以工带农的机制"。

　　在 1997 年中央农村工作会议上他进一步指出:"把农业放在经济工作的首位,不是一个短期的方针,而是一个必须长期坚持的方针。这是由我们的基本国情决定的,由农业在我国国民经济中的地位和作用决定的。即使将来工业高度发展,农业所占比重进一步下降,也不能改变农业的基础地位。因此,在经济工作的布局上,不论遇到歉收和丰收年景,都要把主要精力摆在首位。"

　　保证农民收入持续增长。这不仅关系到农村小康目标的实现,而且关系工业品的销售市场,关系国民经济持续、快速、健康发展。

(四)胡锦涛

　　以胡锦涛为总书记的中共中央在马克思列宁主义、毛泽东思想、邓小平理论和"三个代表"重要思想指导下,始终坚持全面贯彻科学发展观,从中国经济社会发展进入新阶段的实际出发,站在社会主义现代化建设的全局,顺应历史发展潮流,顺应经济社会发展趋势,在处理工农关系、城乡关系问题上,提出了一系列新的论断、新的思想理论、新的指导方针和新的政策措施。

　　1. 完整、系统地提出了科学发展观

　　胡锦涛在中共十六届三中全会上指出,"坚持以人为本,树立全面、协调、可持续的发展观,促进经济社会和人的全面发展",明确提出了科学发展观的战略思想。他提出了"五个统筹"的任务和要求,即"要统筹城乡发展、统筹区域发展、统筹经济社会发展、统筹人与自然和谐发展、统筹国内发展和对外开放,促进生产力和生产关系、经济基础和上层建筑相协调"[①],从而完整、系统地提出了科学发展观。科学发展观是指导发展的世界观和方法论的集中体现,揭示了中国经济社会发展的客观规律,是马克思主义发展理论的重大创新。以胡锦涛为总书记的中央领导集体在科学发展观思路指

----

　　① 摘自胡锦涛 2004 年 9 月 16 日在中国共产党十六届四中全会第一次全体会议上的讲话。

导下,根据新形势新任务提出了一系列解决工农问题的重要思想。

2. 提出了工农、城乡关系发展"两个趋向"的重要论断

胡锦涛深入考察工农、城乡之间关系的发展历史,在 2004 年 9 月召开的中共十六届四中全会上提出工农、城乡之间关系发展存在"两个趋向"。他说:"纵观一些工业化国家发展的历程,在工业化初始阶段,农业支持工业、为工业提供积累是带有普遍性的趋向;但在工业化达到相当程度以后,工业反哺农业、城市支持农村,实现工业与农业、城市与农村协调发展,也是带有普遍性的趋向。"在 2004 年 12 月召开的中央经济工作会议上,胡锦涛再次强调:"我国现在总体上已到了以工促农、以城带乡的发展阶段。我们应当顺应这一趋势,更加自觉地调整国民收入分配格局,更加积极地支持'三农'发展。""两个趋向"的重要论断是对马克思主义经典作家和三代党的领导集体关于工农、城乡关系思想的重大发展,为中国新时期实行工业反哺农业、城市支持农村、制定新的"三农"工作思路和措施,奠定了重要的思想理论基础。

3. 提出了工业反哺农业、城市支持农村的重大方针

城镇化是经济社会发展的必然趋势,也是工业化、现代化的重要标志。中国正处在城镇化发展的关键时期。胡锦涛提出要坚持大中小城市和小城镇协调发展,逐步提高城镇化水平。他指出,中国人口多、底子薄,发展很不平衡,必须贯彻落实科学发展观,坚持走中国特色的城镇化道路。

胡锦涛强调,在城镇化过程中必须"坚持统筹城乡发展,充分发挥城市对农村的辐射和带动作用,充分发挥工业对农业的支持和反哺作用,逐步建立有利于改变城乡二元经济结构的体制,稳定、完善和强化对农业的支持政策,加快农业和农村经济发展,努力实现农民收入稳步增长,促进城乡良性互动、共同发展"。① 他在 2003 年 1 月 8 日在中央农村工作会议上的讲话中谈道:"统筹城乡经济社会发展,发挥城市对农村的带动作用。农村经济和城市经济是相互联系、相互依赖、相互补充、相互促进的。农村发展离不开城市的辐射和带动,城市发展也离不开农村的促进和支持。统筹城乡经济社会发展,就是要充分发挥城市对农村的带动作用和农村对城市的促进作用,实现城乡经济社会一体化发展。这既是解决'三农'问题的重大战

---

① 胡锦涛:"在省部级主要领导干部提高构建社会主义和谐社会能力专题研讨班上的讲话",载《人民日报》2005 年 6 月 27 日第 1 版。

略,又是增强城市发展后劲的有效措施。"①并且指出,"加大对农村的支持和保护力度,是统筹城乡经济社会发展的必然要求。国家对农业进行支持和保护,是国际上较为普遍的做法。……可以说,尽管存在世贸组织规则的约束,但各国实行农业保护的立场并没有改变,改变的只是保护的方式。加强对农业的支持和保护,关键是要增加投入。随着国力的增加,我们要进一步调整国民收入分配结构和财政支出结构,增加对农业的投入,逐步形成国家支农资金稳定增长的机制。国家对农业的投入要优化结构、保证重点。"②

胡锦涛在对农业的工作方针方面提出了"多予、少取、放活",为中国农业农村工作提供了正确的思路和方法。2003年10月14日他在中共十六届三中全会第二次全体会议上的讲话中谈到,"要继续把解决好'三农'问题作为全党工作的重中之重,大力促进农业和农村经济发展,尤其要坚持'多予、少取、放活'的方针,在增加农民收入上狠下工夫。通过推进农业和农村经济结构调整、发展农业产业化经营和乡镇企业、加强农村基础设施建设、发展农村社会事业、推动农村富余劳动力向非农产业和城镇转移、减轻农民负担等综合措施,努力增加农民收入。"

同时,他还指出,积极引导农业富裕劳动力有序转移是改变城乡二元经济结构的战略举措。他在2003年11月27日在中央经济工作上的讲话中提出:"促进城乡、区域、经济社会的协调发展。充分认识解决城乡差距拉大、区域发展不平衡、经济社会发展不协调问题的重要性和紧迫性,切实把解决好'三农'问题作为全党工作的重中之重,尽快形成促进区域经济协调发展的机制,加快扭转社会发展相对滞后的局面。……农业富余劳动力过多,是农民收入水平低和增长缓慢的重要原因。必须按照统筹城乡发展的要求,加快城镇化步伐,积极引导农业富余劳动力有序转移,这是逐步改变城乡二元经济结构的战略举措,也是增加农民收入的重要途径。一方面要推进乡镇企业改革和调整,大力发展县域经济,为农业富余劳动力就地就近转移创造更多的机会。另一方面要改善农业富余劳动力进城就业的环境,保护他们的合法权益,妥善解决他们子女受教育的问题。"

2006年2月14日他在省部级主要领导干部建设社会主义新农村专题

---

① 摘自胡锦涛2003年1月8日在中央农村工作会议上的讲话。
② 摘自胡锦涛2003年1月8日在中央农村工作会议上的讲话。

研讨班上的讲话中谈道:"加快推进现代化,必须妥善处理工农城乡关系。统筹城乡发展,是贯彻落实科学发展观的必然要求。只有实现农业和农村经济的可持续发展,实现农村经济社会全面发展,实现工业与农业、城市与农村协调发展,逐步缩小城乡差距,才能实现全国经济社会全面协调可持续发展,真正把科学发展观落到实处。""解决好农业和农村发展、农民增收问题,仅靠农村内部的资源和力量已经不够,必须在继续挖掘农村内部的资源和力量的同时,充分运用外部的资源和力量,推动国民收入分配向农业和农村倾斜,依靠工业的反哺和城市的支持。"

2006年7月10日他在全国统战工作会议上的讲话中又提出:"要推进社会主义新农村建设,促进农业和农村发展,加强农村社会主义民主法制建设和精神文明建设,不断改善农民生活,积极培育造就有文化、懂技术、会经营的新型农民,使工农联盟在新形势下切实得到巩固和发展。"他还指出:"'十一五'时期是我国改革发展的关键时期,也是我国农业和农村发展的重要机遇期,我们必须下更大的决心、拿出更多的投入、进行更扎实的努力,推动现代农业建设迈出重大步伐,在构建新型工农城乡关系方面取得突破性进展,为建设社会主义新农村打下坚实基础。"①

三、学术界关于工农城乡关系的理论概述

(一)国外研究综述

关于工农关系,西方经济学家主要从结构转换和资源转移的角度入手,考察经济发展过程中工业和农业关系的不同发展阶段、各自的作用及在发展过程中应当采取的政策取向等。比较有代表性的包括刘易斯的"二元经济"理论、费景汉—拉尼斯二元经济论、乔根森二元结构模型和哈里斯—托达罗模型。

1.刘易斯的"二元经济"理论

从对经济思想史的考察看,最早将"二元结构"概念运用分析人类社会经济现象的是荷兰经济学家和社会学家伯克。他在对荷兰政府于1860年企图在其属地东印度推行经济自由政策而遭失败的反思中发现,当时的印

---

① 摘自胡锦涛2006年7月10日在全国统战工作会议上的讲话。

度社会是一个典型的二元结构社会——殖民主义输入的现代"飞地经济"与资本主义社会以前的传统社会并存。随后美国发展经济学家、诺贝尔经济学奖得主刘易斯通过对印度、埃及等发展中国家的研究,于1954年、1955年先后发表了《劳动力无限供给下的经济发展》和《经济增长理论》等著作,提出了发展中国家经济发展过程的"二元经济结构"理论。他提出,发展中国家的经济结构是典型的二元经济结构,传统落后的农业部门与现代的工业部门并存。他认为,在不发达经济的两个部门中,只有现代化的城市工业部门是增长的主导部门,农村中的传统农业只是被动起作用。工业部门是经济发展的主导,农业生产率的提高是工业化的前提条件,农村对经济发展的主要贡献只是为工业扩张提供无限丰富的劳动力。他将经济发展过程分为两个阶段,在第一个阶段中,由于工业资本不多,无力吸收全部剩余劳动,因此无论对劳动力需求怎样扩大,总能在不变的低工资水平上源源不断地得到劳动供给。这样工业总产值中利润部分的增长速度将大大超过工资部分增长的速度,于是进入第二阶段,出现一个资本加速积累和迅速吸收剩余劳动的增长时期。直到传统农业部门中的剩余劳动力被完全吸收到现代工业部门中,二元结构也就变成了一元结构,也就完成了不发达经济的发展问题。这就是刘易斯"二元经济结构"的核心内容。但随着世界工业化的不断发展,农业和工业的劳动生产率差距扩大,产生了农业贫困问题,农民收入水平持续下降成为社会不稳定的一个根源。发展经济学家开始进行反思,主张工农平衡发展。刘易斯也在20世纪70年代发表的论文中对过去重工轻农的观点作了明显修改,主张工业和农业应平衡发展。

2. 费景汉—拉尼斯二元经济论

20世纪60年代,费景汉和拉尼斯在运用微观经济学基本理论和计量经济学方法的基础上,将刘易斯的"二元结构模型"进行了修正。他们把二元结构的演变分为三个阶段:第一个阶段与刘易斯模型基本相同,农业部门存在着隐蔽失业,劳动边际生产率为零或接近于零,劳动力供给弹性无限大;第二、第三个阶段中,农业部门也逐渐出现了剩余,可以满足非农业生产部门的消费,从而有助于劳动力由农业向工业的移动。因此,他们认为,农业促进工业增长的作用,不仅是消极地输送劳动力,而且还积极地为工业部门的扩大提供必不可少的农产品(首先是粮食)。基于此,他们认为,工业化过程中必须保持农业生产率的同步提高,以此来增加农业剩余和释放农业劳动力。与刘易斯模型相比,费景汉和拉尼斯认为,工业和农业两个部门平衡增长对避免经济增长趋于停滞是很重要的。

3. 乔根森二元结构模型

乔根森模型对刘易斯—费景汉—拉尼斯模型的农村剩余劳动力转移的假设提出质疑,构建了一个纯粹的新古典主义框架,探讨工业部门的增长是如何依赖农业部门的增长。乔根森认为,为了使经济持续发展和避免陷入低水平均衡陷阱,工业部门积累资本是必要的。但是,其先决条件是正的农业剩余。由于农业剩余的出现,现代部门的发展才有可能,即农业产出达到了人口最快增长时所需要的农产品数量,农业部门就会出现剩余劳动力。这部分剩余劳动力是需要转移的,而农业劳动力向工业部门转移的速度取决于农业剩余的增长速度。同时,还取决于工业部门的技术进步状况。工业部门的技术进步越快,其储蓄率就越高,劳动力增长越快,经济也就增长越快,最终完成二元经济结构的转化。

4. 哈里斯—托达罗模型

20 世纪中期,很多欠发达国家都存在一个矛盾的现象,一方面城市存在普遍的失业,另一方面乡村人口却又不断地向城市移民。哈里斯—托达罗为了解释这种现象,提出了哈里斯—托达罗假说,即在被分割的、但是同质的劳动市场上用预期工资的均等取代工资的均等。哈里斯—托达罗认为,农村劳动力之所以会向城市转移,并不像经典模型所设想的那样,是由于农业剩余劳动力的边际生产率为零,而是因为城市与农村之间的预期收入存在着极大的差异。哈里斯—托达罗模型表明,当预期的城市工资收入超过农村的工资收入时,农村劳动力向城市的转移将不可避免地持续下去。基于这种认识,他同时指出,发展农村经济,提高农民收入是解决城市失业和"城市病"及"农村病"的根本途径。

5. 剩余理论

工业反哺农业是与剩余理论密切相关的概念。所谓剩余,是超出劳动者个人需要的生产量,剩余是积累和社会发展的前提和基础。这是从马克思的剩余价值论基础上发展来的。发展经济学家将剩余价值理论与社会经济发展联系起来,考察在经济发展过程当中不同经济部门之间的关系。纵向研究世界不同国家的经济社会发展历史,存在一个普遍的规律,即在一个社会经济发展的过程中,一定的社会经济部门往往与剩余之间呈现两种关系:剩余流失与剩余输入。假定一个社会只有工业和农业两个经济部门,一般情况下,工农业的共生发展往往要经历三个阶段:第一个阶段是工业汲取农业剩余借以启动、发展阶段。主要形成农村支持城市、农业支持工业的"以农补工"模式。第二阶段是工农业均依靠自身积累发展阶段。第三阶段为工业反哺农业阶段。这一阶段资本流动的特征是工业剩余回流农业,工业部门为净剩余流失部门,农业部门为净剩余输入部门。

此外,基姆安得森和速水佑次郎在《农业保护的政治经济学》中,从政治经济学的角度对发达国家普遍采取支持农业的政策而发展中国家普遍采取剥削农业的政策的现象进行了解释。他认为在发达国家尽管农业人口较少,但正是由于人口较少才使得这些人紧密团结,形成强大的利益共同体,从而可以游说政府,争取自己的利益,促使政府出台有利于农业的政策。而在发展中国家,由于农业人口太多,居住过于分散,马克思形容就像"一堆马铃薯",难以形成利益共同体。而发展中国家的城市居民由于在教育水平、居住环境、工作性质等方面相比农民都处于优势,使得他们很容易通过各种形式反映本集团的利益。因此,在发展中国家一般都倾向于采取剥削农业的政策。

(二)国内关于工农关系研究综述

21世纪之前的半个多世纪,由于中国正处于工业化初期阶段,急需农业剩余支援工业发展。因此,尽管中央领导集体和专家学者也意识到工农业发展不协调会带来危害,但在当时的时代背景下,对工农关系、城乡关系的调整,仍然是在农业养育工业这一大背景下进行的,对农业"取"大于"予"。正因为如此,城乡差别较大,"三农"问题突出。自20世纪90年代开始,工农关系、城乡关系成为全社会关注度最高的问题之一。

从国内文献看,对工农关系的研究主要集中在两个方面,一是中国是否到了工业反哺农业的阶段,二是对农业、农村支持的重点、方式与途径。

关于中国是否到了工业反哺农业阶段展开较早研究的是冯海发。冯海发和李微在1993年首次计算了新中国通过工农价格"剪刀差"形式从农业中剥夺的剩余[①]。并且根据经济发展过程中工农业关系处理得相对较好的

---

① 冯海发、李微:"我国农业为工业化究竟提供了多少资金积累",载《调研世界》1993年第4期。

美国、日本和中国台湾地区进入工业反哺农业的经济特征①,提出了包括农业在国内生产总值中的份额、农业在工农业增加值中的份额、农业就业份额、城市人口份额、人均 GNP 等量化指标。并根据这些指标,预测中国 21 世纪初即进入工业反哺农业阶段。主要的理由有:(1)经济发展过程中表现出来的反哺农业的国际事实,不只是一个现象,而是一个规律(冯海发,1994 年)。(2)农业哺育工业是效率问题,工业反哺农业是公平问题,当工业化发展到一定阶段时,必须解决公平问题,实行工业反哺农业政策。(3)农业生产率与工业生产率有很大差距,随着科技进步,这种差距还会拉大。在这种背景下,仅凭市场难以解决"三农"问题,至少说解决不会及时,将使"三农"问题变得更为严重。鉴于此,主张政府对经济进行干预,实行工业反哺农业,以解决"三农"问题。根据国际经验提出判断进入工业反哺农业阶段的依据的学者还有马晓河、蓝海涛、黄汉权(2005 年)等②。

柯炳生③(2005 年)认为,实行"工业反哺农业",既是解决好"三农"问题的必然要求,也是落实科学发展观,促进整个国民经济社会发展的必然要求。他通过对国家财政收入和财政支出情况的分析得出两点看法:一是中国目前已经具备了相当的"反哺"能力;二是中国目前的"反哺"程度还很不够。首先他通过各种指标来反映中国的"反哺"能力:(1)人均 GDP 为 1275 美元,步入了中等收入国家行列。在 10 个东部沿海省市,人均 GDP 超过全国平均水平一倍以上。(2)农业在 GDP 中比重大幅度下降到 15%,东部 10 省市平均 8%,同中等发达国家相当接近。(3)恩格尔系数大幅度下降。城镇居民的恩格尔系数降低到了 37%,也进入了属于中等发达程度的阶段。(4)城镇人口比重提高到了 42%,非农业就业 53%。(5)国家财政收入大幅度提高。21 世纪 90 年代初期以来,中国财政总收入的增长速度接近每 4 年增加一倍。仅就 2004 年看,全国财政收入 26356 亿元,比上年增加 4641 亿元;其中,中央财政收入 14476 亿元,比上年增加 2611 亿元。

尽管从 2004 年以来中国增加了对"三农"的投入力度,但柯炳生通过

---

① 冯海发:"反哺农业的国际经验及其我国的选择",载《经济问题》1994 年第 4 期。

② 参见马晓河、蓝海涛、黄汉权:"工业反哺农业的国际经验及我国的政策调整思路",载《管理世界》2005 年第 7 期。

③ 参见柯炳生:"工业反哺农业:经济社会发展的新阶段",载《农业发展与金融》2005 年第 3 期。

分析认为目前的"反哺"程度还远远不够。按照有关部门统计,2004年中央财政支农资金总额为2626亿元,占中央财政收入的18%。但是,他认为相比农村人口比例、扣除税费转移支付、粮棉流通补贴、大江大河防洪、生态与天然林保护等部分,真正支援"三农"的比例仍然较低。从以上两方面分析,他提出应该进一步加大对"三农"的"反哺"。

韩俊①(2005年)则从工业化发展的程度来判断中国是否已经到了工业反哺农业阶段。他认为,目前中国人均GDP已超过1000美元,农业与非农产业的产值结构大约为15∶85,农业与非农产业的就业结构大约为50∶50,城镇化水平为40%。这四项指标表明,目前中国已进入工业化中期阶段,国民经济的主导产业由农业转变为非农产业,经济增长的动力主要来自非农产业。根据国际经验,这时应采取相应措施,以工业反哺农业。

林毅夫(2003年)认为中国还没有到工业反哺农业阶段,理由主要有4点:(1)中国目前的财政收入无法支持这样大的补贴。(2)如果我们对农业进行补贴会导致农产品过剩,产生一系列棘手的问题。(3)如果我们对农业开始进行补贴,就很难取消掉,因为取消补贴往往会引发政治问题。(4)对农产品进行补贴,在执行上非常困难。林毅夫的观点一出,即引起学术界的热烈反响,反对多于支持。柯炳生经过论证,认为工业反哺农业的条件还不成熟的认识之所以是错误的,首先是将反哺与补贴混为一谈,将反哺等同于补贴,而实际上工业反哺农业方针的核心是调整国民收入分配格局,加大国家财政对农业和农村经济发展的各种支持和服务,而绝不仅仅是补贴;其次是没有把是否实行反哺与反哺的程度区别开来;担心工业反哺农业会造成过剩的认识,是把反哺误认为补贴,且没有分析中国的国情;认为工业反哺农业会影响工业的发展的认识,这与事实恰恰相反(2005年)。

杜鹰(2005年)认为,中国已经到了调整工农两大关系的关键时期。主要理由有:(1)20世纪后中国农业发展进入了一个新阶段,农产品供求结构发生了根本性的转化,由以往的长期短缺转为供给平衡、略有剩余。(2)中国农业正处于加速上升阶段。(3)经过50多年的工业化,工业部门已经成为自我发展的部门,无须再从农业提取积累了,不是新中国成立之初的时候了。(4)中国的国力大大增强。比如2005年中国财政收入达到2600多亿。

---

① 韩俊:"工业反哺农业,城市支持农村",载《农村 农业 农民》(B版)2006年第8期。

（5）未来 15—20 年既是战略机遇期，又是矛盾凸显期。

蔡昉①（2006 年）则从政治经济学的角度分析了中国是否到了"反哺"农业的阶段。他在"工业反哺农业，城市支持农村的经济学分析"一文中指出，城乡关系是一种制度现象，它反映着政府作为政策制定者与农民作为制度需求者之间的博弈。制度变革是否发生，最终取决于接受新的制度安排所带来的政治收益是否大于这种制度安排所导致的政治成本。换句话说，政治经济学的道理支配着这种制度的存在和消亡。他从分析中国农村改革的历史出发，认为当中国城乡居民收入差距扩大到 1978 年的水平时，制度改革的临界点就要到了（2003 年）。此外，他还从劳动力市场长期供求关系的变化预测制度变革的时机。他从对国外工农政策发展演变的规律出发，认为随着劳动力市场长期供求关系的变化，相应地带来不同群体对政策影响力的方式从"数量悖论"到"供求法则"的变化，从而城乡关系的均衡也发生变化。

第二个研究重点集中在工业反哺农业的重点、途径与方式。这是对工业反哺农业、城市支持农村政策的深入讨论。国内学术界分别从反哺次序、反哺手段、反哺途径和反哺机制等多视角进行了研究。

在反哺次序方面，主要有以下观点：

马晓河等人认为，工业反哺农业首先应遵循循序渐进的原则，要有重点地实施对农业的补贴。现阶段农业补贴的目标主要是以保障粮食（农业）安全为主，并以安全目标带动农民收入增加。补贴的力度只能是有重点地逐步增加，即对重点品种（小麦、玉米、稻谷、大豆）、重点地区（粮食主产区）和重点人群（种粮农民）进行补贴。在此基础上，如果财力允许，可进一步加大对农村公共产品的财政支出，给农民提供更多的公共产品。特别是提高对落后地区和弱势人群基本公共产品的供给水平，满足他们最基本的生存和发展需要。当工业化进入到发达经济阶段后，随着国家经济实力的进一步加强和农村人口的大幅度减少，农业补贴的目标即可转为农业发展和农民收入多重目标，补贴的力度可加强，范围可更大，面可更广。

曾祥炎在总结美国、德国、日本等发达国家工业反哺农业的经验后，提出工业反哺农业的次序理论。认为中国工业反哺农业应先关注农村人力资

---

① 参见蔡昉："工业反哺农业，城市支持农村的经济学分析"，载《中国农村经济》2006年第 1 期。

本的增长以及农产品价格维持，其次是创造农户成为市场主体的各种条件以及农村经济增长的物质基础，最后才是如何确保农民收入，防止城乡差距过大，并刺激农村社会的消费。

洪磊等人提出工业反哺农业要"坚持造血原则"。中国工业反哺农业的政策必须注重培养和增强农业的"造血"功能，坚持"造血"型反哺，不能也不应把非农产业的剩余回归农业，变成简单的对农业的"输血型"保护。他提出，要调整农业发展的国内政策，使偏重于价格保护和补贴的政策尽快转向更注重改善农村生产和生活的基础设施、市场条件及更多地支持农业科技进步、提高农民素质等方面，将有限的财政资金大幅度增加到科技、教育及农业基本建设上，从而提升农业综合生产能力，强化农业内在竞争力，培养农业的"造血"功能。

还有学者提出，工业反哺农业要分三步走：一是政策反哺和制度反哺；二是技术反哺和产业反哺；三是收入反哺。

在反哺的途径和手段方面，也形成了很多不同的观点：

卢锋①（1998年）认为，通过对外国农业保护政策演变过程的考察，回答中国是否应当进行农业保护政策。这里的农业保护政策指的是针对市场经济的基本原则而言，其根本特征在于通过政府的国内价格干预和边境控制手段，替代和扭曲市场机制作用的政策。他认为，这种农业保护政策，由于大规模利用政府干预经济手段超越和扭曲市场机制作用，经济代价巨大，远远超过其成效。农业保护政策使农民得到短期利益的同时，也使他们失去对市场变动的反应和调节能力，经营素质下降。从长期来看，这对他们是根本不利的。因此主张中国政府应当致力于农业科研和农民教育，保护产权关系，维护生产经营秩序，提供信息服务，在环境、卫生、质量等方面进行监督和管理。

柯炳生认为，工业反哺农业可以表现为对农民的补贴，但更多的是表现为对农业的各种支持，利用财政支出为农民提供各种公益性服务。实行工业反哺农业，还包括改革和消除所有歧视农民的政策，更加公平地对待农民，因为任何歧视都意味着利益的损失（2005年）。从操作层面出发，他还提出了十种反哺措施：财政支农资金增长机制、加快农业税减免进程、完善直接补贴机制、完善最低收购价格制度、加强基础设施建设和生态保护建设、加强政府服

---

① 卢锋："我国是否应当实行农业保护政策"，载《战略与管理》1998年第6期。

务职能、改革农村基础教育投入机制、加强农村卫生和社会保障制度建设、加快农村劳动力转移与城市化进程、加强农业科研推广和农民培训等。

杜鹰(2005年)提出,要注意处理好以工哺农的公平目标与发展经济、转移劳动力的效率目标之间的衔接。据此,他提出工业反哺农业,大体要分两个阶段:第一个阶段的重点应该是产业支持,而不是收入支持。这个阶段大体要延续到农业就业比重下降到30%以下,这可能需要15—20年。第二个阶段,农村剩余劳动力问题大体上解决了,那个时候反哺农业的政策就可以而且应该从产业支持拓展到收入支持。

蔡昉(2006年)提出,实施反哺农业和支持农村的战略,并不意味着实行对农业的保护政策,而是顺应经济发展规律的要求,创造良好的劳动力流动的环境,建立有保障的资金向农业、农村流动的机制,增强农业基本资源和生产条件的可持续性,提高农村的社会发展水平,形成一个和谐、平衡的城乡关系格局。从具体措施方面,他提出,首先,通过改革户籍制度、发育劳动力市场和创造更多的非农就业机会,推进劳动力在城乡之间的流动,加快城市化步伐;其次,通过加大对农业科研的投入、改进农业生产环境、保护水和耕地等农业基本资源,提高农业综合生产能力;第三,按照反哺农业、支持农村的政策原则,重新塑造财政和金融体制,为金融资源从非农产业和城市向农业和农村流动构造机制、疏通渠道;第四,把农村教育、卫生事业和社会保障体系的建设作为社会主义新农村建设的核心,提高农村的社会发展水平。

朱晓峰提出反对工业反哺农业的"一刀切"的原则。他认为中国幅员辽阔,东西部经济发展不平衡,存在着巨大的差距。在这样的情况下,对东西部地区采取相同的工业反哺农业的方式,对当地农民产生的反哺效果也会明显不同。所以,他主张在工业反哺农业的过程中,政府切忌采用"一刀切"的方式,应对经济落后地区及粮食主产区进行重点补贴扶持。同时,应吸取发达国家工业反哺农业的经验,因地制宜,对中国农业进行创新性的反哺。

马晓河等人指出,实现中国工业反哺农业,必须加强制度建设,为工业反哺农业和经济结构调整提供制度保障。现阶段必须重点抓好以下制度建设。第一,改革户籍管理制度。要按照公平的原则,改革户籍制度及相关的上学、就业、住房、医疗等一系列福利政策,使城乡居民都能够享受到同样的权益。第二,深化农村金融体制改革。要建立与工业反哺农业阶段相配套的金融制度和政策安排,改善农村金融服务普遍供给不足的状况,缓解农民贷款难问题。第三,完善农村土地征占用制度。通过明确界定土地征用范围、提高补偿标准、加强社会监督、完善土地占用审批管理等方式,保护失地农民的合法权益。第四,改革城乡社会保障制度,使城乡社会保障制度一体化。

贾连峰指出,工业反哺农业要坚持适度运用财政支农政策,以培养农业的自生能力为主的原则。短期内最有效的反哺农业的方式莫过于通过运用财政支农政策。但哺农一定要遵循财政负担能力原则、市场经济原则、WTO"绿箱"原则和培养自生能力原则。一是财政支出要适度、稳定和有效。二是改变原来财政支农资金的分配办法,尽量减少交易成本,以建立和扶持合作组织载体为主,提高支农资金利用效率。三是要符合市场经济原则和WTO规则要求,以培养农业的自生能力和农民市场意识、风险意识为目标,促进农业生产的发展。在谨慎利用"黄箱政策"的同时,充分运用"绿箱政策",增强农业的比较优势,提高国际竞争力。

罗贞礼认为从促进农村经济发展、农业经济增长的要素来看,工业反哺农业必须从资金反哺、人才反哺、科技反哺、制度反哺和文化反哺五个方面着手。

周立群、许清正在对众多学者提出的工业反哺农业的重点、途径和方式总结评判的基础上,提出起始的反哺应以产业支持为主,以政府财政转移为主导,综合社会和企业的力量,培育农业和农村的"造血"功能,有重点地挖掘农业的生产潜力,依靠组织创新,培育和构建农工商一体的产业链和产品链,提高农业工业化程度,实现传统农业向现代农业的转变,并在此过程中保持农民收入的持续稳定增长。

综上所述,在如何实施工业反哺农业问题上,学术界及实际部门做了多视角的有益研究和探讨。正是这些研究引导着中国工业反哺农业、城市支持农村的具体政策的选择。2004年以来,中国加大了支持农业、农村的力度,出台了多项支农惠农政策,提出了建设社会主义新农村的战略构想,进一步完善城乡一体化机制。随着支农力度的加强和各种惠农政策的出台,新的问题不断出现。例如,如何在惠农的同时协调各方利益(如良种补贴政策中的农民与种子企业);如何完善市场经济体制下的农业补贴政策体系,充分发挥补贴政策引导农户合理配置资源的作用;如何进一步提高支农资金的效率;如何通过政策支持推进产业组织创新,打造现代化的农业产业组织,培养农业、农村的"造血功能",等等。这些问题都需要在今后的研究中不断探索和深入。

第三章 鉴史知今:新中国工农
关系政策的演变

工农关系政策,核心是资源在工农业两大部门间的配置关系政策。新中国成立以来,在工农关系方面形成了农业是国民经济的基础、"两个趋向"的论断、"多予、少取、放活"、统筹城乡经济社会发展等重大指导思想和方针;进入工业化中期后,开始了农业养育工业政策向工业反哺农业政策的转变,也开始了城乡二元结构向统筹城乡发展的转变。

一、工农关系政策的选择是新中国的重大课题

实现国家工业化与解决好"三农"问题是历史赋予新中国的双重使命。在由农业国向工业国跨越的历史进程中,处理好工农关系,既促进工业化发展,又解决好"三农"问题,是新中国的重大课题,也是经济政策调整的轴线。

(一)国家工业化与解决"三农"问题的双重使命

综观世界各国现代化的历史,实质是从农业文明向工业文明转变的历史。实现工业化既是世界经济发展的趋势,也是中国的必然选择。

新中国成立初期,中国与其他发展中国家一样,有着与发达国家不同的结构性特征,面临着大规模的经济变动和重大结构改进,其中最迫切的就是实现工业化。早期发展经济学认为发展中国家要摆脱贫穷,赶上发达国家,必须加速工业部门的发展,提高工业在国民经济中的比重。

新中国成立前,中国共产党即对实现工业化的紧迫性有了充分的认识。早在1945年4月召开的中共七大上,毛泽东即分析了中国实现工业化的必

要性,他说:"没有工业,便没有巩固的国防,便没有人民的福利,便没有国家的富强。"①1949 年 3 月,中共七届二中全会对此进一步分析指出:中国的工业和农业在国民经济中的比重,就全国范围来说,在抗日战争以前,大约是现代性的工业占百分之十,农业和手工业占百分之九十。这是在中国革命的时期内和在革命胜利以后一个相当长的时期内一切问题的基本出发点。如同许多国家一样,中国由穷国变成富国,就必须实现国家工业化。

实现国家工业化与解决"三农"问题的双重使命,既相辅相成,又相互矛盾。相辅相成之处在于,国家工业化是解决"三农"问题的前提,没有国家的工业化,就没有农业的现代化,没有农民向工人的转变,农村也不可能享有工业物质文明;农业发展是工业化的基础,如果"三农"问题得不到很好解决,工业化没有农业提供的物质基础,工业化也没有农业的市场拉动,城乡差别过大也会导致社会的不和谐。相互矛盾之处在于,在发展中国家,工业化的原始积累需要由农业提供,如果农业剩余过度向工业转移,会导致工农业发展失衡,城乡居民收入差距拉大,城乡社会事业发展发展水平差距拉大。

对于中国这样一个发展中国家,既要促进工业化发展,又要解决好"三农"问题,其难度是相当大的。

经过 50 多年的努力,中国经济实力显著增强,建立起独立的现代工业体系。2006 年,中国经济总量进入 20 万亿人民币的高平台,国内生产总值 20.94 万亿元,列世界第四位。当然,中国人均经济水平仍较低,居世界 110 多位。中国的"三农"事业也实现快速发展,但与工业、城市和城市居民相比,"三农"问题仍较突出,农业仍是弱质产业,农村仍是弱势区域,农民仍是弱势群体,这些都与工业化和城市化发展的要求不相适应。

(二)工农关系政策的调整是国民经济政策调整的轴线

早期发展经济学强调资本积累和国家计划。经济学家们认为,发展中国家的劳动力资源丰富,资本最为稀缺,也是制约经济增长的主要因素;增加资本积累对于加速经济发展至关重要,因为没有资本积累就不可能实现工业化;没有政府对经济的干预和计划安排,仅靠市场的自发调节,不可能

---

① 《论联合政府》,《毛泽东选集》第 3 卷,人民出版社 1991 年版,第 1080 页。

迅速地积累尽可能多的资本和促进工业部门的扩张。早期发展经济学之所以主张发展中国家实行国家计划,是因为发展中国家市场体系尚不完善,市场机制还不能很好地发挥作用,因而主张政府对经济进行积极干预,只有这样才能调动有限资源,在较短时间内赶上发达国家。

中国在实施国家工业化战略的政策选择上,与早期发展经济学的思想不谋而合。围绕国家工业化目标,新中国选择了赶超型发展战略和政府主导型发展模式,通过国家计划,并通过国民收入的一二次分配政策的调整,实现了工业化的资本积累和有限资源向工业化的配置和整合,工农关系政策也成为政府对国民经济政策进行调整的轴线。

围绕工农关系,国家还做出了一系列重大方针政策和制度安排。新中国成立初期至改革开放前的工业化初期,包括农业生产合作化、人民公社化、农产品统派购、城乡二元户籍制度等,都是服从于国家工业化战略目标而做出的制度安排。改革开放以来,特别新世纪开始,针对工农、城乡发展的失衡,形成了统筹城乡发展的方略和"多予、少取、放活"的方针,对工农关系、城乡关系政策做了一系列调整,将农业养育工业政策调整为工业反哺农业政策,并开始了城乡二元制度向一元制度的转变。

总之,新中国成立以来,国家工业化与解决"三农"问题交织在一起,工农关系政策调整也呈现出阶段性特征。

二、工农关系政策的阶段性演变

在农业国向工业国转变的进程中,中国工农关系政策大体经历了三个阶段。在工业化初期,中国选择了农业养育工业的政策。进入新世纪,中国步入工业化中期阶段,开始了农业养育工业政策向工业反哺农业政策的转变。中国的工业化,在中共十一届三中全会之前是在计划经济体制下运行的,之后是在市场化改革的体制下运行的。

(一)1953—1978年计划经济体制下的农业养育工业政策

在工业化浪潮席卷全球的国际经济背景下,新中国成立之初即启动了国家工业化战略。早在1945年,毛泽东就提出:"在新民主主义的政治条件获得之后,中国人民及其政府必须采取切实的步骤,在若干年内逐步地建立重工业和轻工业,使中国由农业国变为工业国。"①1951 年毛泽东进一步提出:"从一九五三年起,我们就要进入大规模经济建设了,准备以二十年时间完成中国的工业化。完成工业化当然不只是重工业和国防工业,一切必要的轻工业都应建设起来。"②1953 年中国开始实施以 156 项工业建设项目为核心的"一五"计划,标志着国家工业化战略的启动。

中国工业化起步时的经济发展水平较低,人均 GNP 仅有约 60 美元,而工业化先行国家起步时人均 GNP 达 200—300 美元。同时,中国工业化起步之际的经济发展水平与发达国家存在着较大差距,在历史上反复重演的弱肉强食、特别是 1840 年鸦片战争至抗日战争胜利前饱受"落后就要挨打"的切肤之痛之后,中国有着加速工业化进程的冲动。在这种冲动下,中国选择了优先发展重工业的工业化发展路径和与之相配套的"高积累、低消费"政策。在当时的国际环境下,工业化的积累只能主要依靠国内而难以获得大量国外资本;而农业又是国民经济的主要产业,选择农业养育工业的政策成为历史的必然。

1. "多取"

在计划经济体制下,农业向工业提供资本积累,主要是通过两条路径得以实现的。

其一,通过低价收购农产品,获取工农产品价格"剪刀差",为工业提供积累。到 1978 年,国家从农业中汲取的积累,据专家测算大约为 6000 亿元或 8000 亿元以上。③改革前在农村建立农业生产合作社,特别是之后建立政社合一的人民公社,以及实行农产品统派购、城乡二元户籍制度等制度安排,保障了工业所需农产品原料的供给和工农产品价格"剪刀差"的顺利获取。

其二,通过财税政策,直接为工业化提供积累。在财政收入上,延续了 2000 多年来实行的征收农业税的做法,并于 1958 年由全国人大常委会正式通过《农业税征收条例》。

2. "少予"

---

① 《论联合政府》,《毛泽东选集》第 3 卷,人民出版社 1991 年版,第 1081 页。
② 《实行增产节约,反对贪污、浪费和官僚主义》(1951 年 12 月),《毛泽东文集》第 6 卷,人民出版社 1999 年版,第 207 页。
③ 陈锡文主编:《中国农村公共财政制度》,中国发展出版社 2005 年版,第 3 页。

在财政对农业的支出上,量较小,且资金来源渠道和投向都比较单一。20世纪50年代初期财政资金主要是用于支持恢复农业生产;人民公社时期安排了少量资金改善生产条件。1978年之前大规模兴修水利和农田基本建设,电力、道路、通信等能源和农村基础设施建设,以及教育、卫生、文化等农村社会事业发展,财政投入都较少,主要是依靠人民公社的组织保障,并通过行政手段和政治动员,组织农民出劳和整合农村集体经济积累。换言之,以推进工业化为政策目标,在计划经济体制下逐步形成了城乡二元财税体制:城市基础设施和社会事业主要由财政负担,而农村基础设施和社会事业主要由农民负担,包括在乡村公路等公共产品上也采取农民自力更生为主、国家支援为辅的政策。

农业养育工业政策的实施,农业剩余大量向工业转移,快速推进了工业化的发展。到1978年,中国已建设形成了独立的工业体系,工业总产值占工农业总产值的比重,由1949年的30%上升到1978年的75%。工业化的发展,也为农业的发展提供了大量的农业机械、化肥和农药,"绿色革命"的兴起又为农业的发展提供了技术支撑,加上大兴水利和农田基本建设,使得农业综合生产能力有了较大的提高。

农业剩余大量转移到工业,农业自我积累少,也削弱了农业自我发展的能力,加上农村人民公社体制不适合农业的特点和生产力水平的要求,严重挫伤了广大农民的积极性,导致农业综合生产能力没有能够充分发挥出来。同时,全国人口快速增长,由1952年年底的57482万人增加至1978年年底的96259万人,增长了67.46%,年递增2%。工业化快速的推进和人口的快速增长双重力量,形成对农产品需求的快速增加,使得农产品供给严重不足,进而使对城乡居民实行严格的凭票供应局面愈演愈烈。相对而言,农村情形更为严重,1978年全国乡村人口每人平均消费粮食(贸易粮)199公斤、食用植物油1.1公斤,分别比1957年的205公斤和1.9公斤还减少了3%和42%。更为严重的是,1978年全国农村尚有2.5亿人没有解决温饱问题,占农业人口总数的30%以上。农民人均纯收入增长十分缓慢,1978年仅有133.6元,比1957年的74元只增加59.6元,即21年间平均每年每人只增加2.8元,还有近1/4的生产队年人均分配在40元以下。工农业发展失衡,农业成为制约国民经济发展的瓶颈,农村的状况危及整个社会的稳定。1978年12月10日,陈云在中共十一届三中全会之前召开的中央工作会议东北组发言时分析说,"建国快三十年了,现在还有讨饭的,怎么行呢?要放松一头,不能让农民喘不过气来。如果老是不解决这个问题,恐怕农民就会造反,支部书记会带队进城要饭"。有鉴于此,他提出,"我们不能到处都紧张,要先把农民这一头安稳下来。农民有了粮食,棉花、副食品、油、糖和其他经济作物就都好解决了。摆稳这一头,就是摆稳了大多数,七亿多人口稳定了,天下就大定了"①。

穷则思变。改革从农村开始成为历史的必然。

(二)1978—2001年市场化改革进程中的农业养育工业政策

中共十一届三中全会开始至世纪之交,农业养育工业的政策框架依旧,但与改革前相比有显著变化,即随着经济的发展和市场化改革的不断推进,一方面在改革中对"三农"实行"放活"政策,从局部解构城乡二元结构;另一方面,逐步增加对"三农""予"的数量。

1. 中共十一届三中全会:开始扭转国民收入分配中不断强化对农业"少予"的政策

针对"三农"危局,中共十一届三中全会果断决定加强农业,通过了《中共中央关于加快农业发展若干问题的决定(草案)》这一历史性重要文献。这次全会从国民收入分配层面对工农关系政策进行了重大调整。第一,调整国民收入初次分配政策,大幅度调整工农业产品比价。规定:"粮食统购价格从一九七九年夏粮上市起提高百分之二十,超购部分在这个基础上再加价百分之五十。棉花、油料、糖料、畜产品、水产品、林产品等的收购价格,也要分别情况,逐步作相应的提高。农业机械、化肥、农药、农用塑料等农用工业品,在降低成本的基础上降低出厂价格和销售价格,在1979至1980年降低百分之十到十五,把降低成本的好处基本上给农民。农产品收购价格提高后,粮食销价一律不动;群众生活必需的其他农产品的销价,也要坚决保持稳定;某些必须提价的要给予消费者以适当补贴。今后,我们还要根据国民经济的发展情况和等价交换的原则,对工农业产品的比价,继续进行必要的调整。"第二,调整国民收入二次分配政策,增加财政对农业的投入。规定:"今后三五年内,国家对农业的投资在整个基本建设投资中所占的比

---

① 《陈云文选》第三卷,人民出版社1995年版,第236页。

重,要逐步提高到百分之十八左右;农业事业费和支援社队支出在国家总支出中所占的比重,要逐步提高到百分之八左右。地方财政收入应主要用于农业和农用工业。"第三,减少农产品征购基数,多进口粮棉等农产品,让农民休养生息。规定:"在今后一个较长的时间内,全国粮食征购指标继续稳定在1971年到1975年'一定五年'的基础上,并且从1979年起减少统购五十亿斤,以利于减轻农民负担,发展生产。水稻地区口粮在四百斤以下的,杂粮地区口粮在三百斤以下的,一律免购。绝对不许购过头粮。"

在20世纪80年代初,这些政策中,增加财政投入的政策没有得到落实,但提高农产品收购价格和减少农产品征购基数的政策得到了很好的落实。1984年全国农产品收购价格总水平比1978年提高53.6%,明显高于同期农村工业品零售价格总水平上升7.8%的幅度。有的学者研究测算:1979—1984年农业增长中,提高粮食收购价格对粮食增产的贡献份额为32.2%。这次全会对国民收入分配政策的大幅调整,扭转了国民收入分配中不断强化对农业"少予"的政策,初步改善了国家与农民的利益关系。

同时,在农村改革中实行家庭承包经营、逐步减少农产品统派购品种和放开农产品市场、发展农村多种经营、允许农民进城务工经商、大力发展乡镇企业等"放活"政策,极大地解放和发展了生产力,农业实现了高速发展,工农业总产值增长速度比,由1953—1978年的4:1改善为1979—1984年的1.2:1;农民收入高速增长,人均纯收入由1978年的133.6元增加到1984年的355.3元,按可比价格计算,年均增长15.6%,城乡居民收入之比由1978年的2.57:1,到1984年缩小到1.84:1。

中共十一届三中全会尽管没有从根本上改变农业养育工业的政策框架,但在国民收入分配上进行的大调整,增加了对"三农""予"的数量,扭转了长时期对"三农""少予"政策取向不断固化发展的态势,或者说是对"三农""予"的政策的拐点。换言之,党的十一届三中全会对国民收入分配政策的调整,其实质是对"三农""取"、"予"政策取向的大调整。

2. "予":呈增加态势

改革开放以来,随着计划经济向市场经济改革的不断深化,中国财政体制也进行了改革。20世纪80年代初,将高度集中的统收统支的财政体制改为财政包干体制,并明确中央财政和地方财政在农业、农村方面的支出重点,将农业基础设施建设的小型农田水利资金包干给地方,农村教育、卫生等支出责任也主要由地方财政承担。1994年实行的分税制改革,使中央财政本级收入占全部财政收入的比重,由1993年的22%提高到2000年的52.2%,2003年进一步提高到54.6%。这就为中央财政支农资金的增加奠定了基础。从2000年起构建财政支出改革、税费改革和公共财政框架:在财政支出改革方面,重点是规范预算的编制和支出的管理;在税费方面,主要是启动农村税费改革试点;在公共财政方面,提出了建立公共财政制度框架,并在财政收支上逐步向公共财政的方向调整。

随着经济的发展和财政实力的增强,政府在对"三农""多予"方面做了积极的努力。

一是开辟支持农业的新的财政来源渠道。为改变20世纪80年代中后期农业发展后劲不足而徘徊的局面,国家开征了耕地占用税,并以此为主要来源建立了农业发展基金,实施大规模的农业综合开发。"九五"时期,国家财政相继设立了水利建设基金和粮食、棉花等主要农产品风险基金。为应对1997年的亚洲金融危机,扩大内需,从1998年起国家开始实施积极的财政政策,通过发行特别建设国债,支持包括重要水利工程设施建设在内的农业基础设施建设。这一政策实施后,国债资金一直占年度中央预算内基建投资的70%以上,使中央预算内基建投资大幅度增加。到2005年,相机调整并顺利实现了财政政策由积极向稳健转变。尽管在增加农业财政投入方面做了多方面的努力,但农业财政投入稳定增长的机制仍未建立起来。1993年7月2日第八届全国人民代表大会常委会第二次会议通过的《中华人民共和国农业法》规定:"国家逐步提高农业投入的总体水平。国家财政每年对农业总投入的增长幅度应当高于国家财政经常性收入的增长幅度。"但是,这一规定在实践中没有得到很好执行。1998年以来,财政支农资金的主要来源是国债资金,国债资金占年度中央预算内农业基建投资的70%以上,正常的年度预算内农业基建投资不足30%。中国不能长期靠发行国债资金为农业筹集资金。换言之,这一时期尽管财政用于农业、农村支出有所增加,但还缺乏一个稳定的内在增长机制。

二是财政用于农业支出逐步增加。"六五"时期,农业财政支出总量比"五五"时期略有减少,其原因是,在农业基本建设和小型农田水利补助费包干给地方的财政制度下,受工业项目财政增收效果明显而农业项目主要是社会效益的影响,况且农业产业化经营又尚未发展起来,往往是农业大省

(县)、财政穷省(县),因而地方政府重视工业发展而忽视农业,使得农业基本建设支出和支援农村生产支出减少。从"七五"时期开始,国家财政用于农业基础设施投资、支援农村生产支出、农林水气等部门事业费、财政扶贫支出快速增加。到"九五"时期,国家财政农业支出 4938.88 亿元,比"五五"时期的 693.41 亿元增长了 6.12 倍。

三是初步改善财政支农结构。这一时期对财政支出结构进行了调整,主要是向符合市场经济发展要求和公共财政原则靠近,加强了对农业农村基础设施建设、农业科技进步、农业抗灾救灾、农村扶贫开发、生态建设和农村改革特别是农村税费改革的支持。

四是财政支农方式不合理的格局依旧。到"九五"期间,中国农业补贴主要包括农村开荒补助费、草场改良保护补助费、造林补助费、林木病虫害防治补助费以及退耕还林还草粮食补贴等与保护环境有关的补贴、贷款贴息补贴以及农业生产资料补贴和粮棉等农产品生产流通补贴。农业补贴主要集中在农产品流通环节,包括国家储备糖利息补贴、国家粮油差价补贴、粮食风险基金、国家储备粮油利息费用补贴、粮食财务挂账消耗款、出口粮食亏损补贴、棉花发展补贴款、国家储备棉花利息费用补贴、棉花差价补贴和销售棉花定额补贴等 13 个补贴项目。1998 年以来,每年用于粮、棉、油、糖流通的补贴在 500 亿—700 亿元之间,约占财政支农支出的 30%。发达国家对农业一直实行高补贴,近年来由于多边贸易谈判的要求和国内因素的影响,逐渐从价格补贴为主,转向以收入补贴为主,从与生产挂钩的收入补贴,转向不挂钩的收入补贴。在发达国家农民收入中,政府的补贴一般要占到 1/3。据 OECD 最新测算,中国的生产者支持估计(PSE),2000—2003年平均为 6%,比 OECD 国家的平均值 31% 低 25 个百分点,更远低于日本和韩国(分别是 58% 和 64%)①。

3."取":渠道呈多元化态势

在农村人民公社体制下,统一经营、统一分配的农村集体经济组织承担了各种税费,这就使得农民负担问题隐形化。1978 年农村改革以来,面向"三农"的各种税费,开始直接向农民收取,农民负担问题显性化。中共中

---

① 经济合作与发展组织:《中国农业政策回顾与评价》,中国经济出版社 2005 年版,第103—104 页。

央、国务院十分重视减轻农民负担问题,不断采取措施,包括:1985年中共中央、国务院发布了《关于制止向农民乱派款、乱收费的通知》。1990年国务院发布了《关于切实减轻农民负担的通知》。1991年年底,国务院又发布了《农民承担费用和劳务管理条例》,将此项工作纳入法制管理的轨道。1992年7月,国务院办公厅发出《关于进一步做好农民承担费用和劳务监督管理工作的通知》,进一步做出了坚决贯彻落实《农民承担费用和劳务管理条例》的工作部署。1993年3月和7月,中共中央办公厅、国务院办公厅先后发布《关于切实减轻农民负担的紧急通知》和《关于涉及农民负担项目审核处理意见的通知》,取消了中央和国家机关的37项集资、收费和基金项目、43项达标升级活动,并纠正了10种错误收费方法。1995年8月,中央又提出"约法三章",即:(1)坚决把不合理的负担项目压下来,停止一切不符合规定和不切合实际的集资、摊派项目;(2)暂停审批一切新的收费项目,禁止一切需要农民出钱、出物、出工的达标升级活动;(3)已命令取消的项目,任何地方和部门都无权恢复,国务院规定的提留统筹费不超过上年农民人均纯收入5%的比例限额不得突破。这在一定程度上抑制了农民负担的反弹。

1996年12月,中共中央、国务院又作出《关于切实做好减轻农民负担工作的决定》,进一步完善了减轻农民负担的政策规定。中共十五届三中全会通过的《中共中央关于农业和农村工作若干重大问题的决定》,把"坚持多予少取,让农民得到更多的实惠"作为农民负担政策的方针,对农民负担的具体政策进行了改进,规定:"合理负担坚持定项限额,保持相对稳定,一定三年不变",这改变了原来农民负担以上年农民纯收入为基数、一年一定的办法,对于农民负担加重的矛盾,起到了减缓作用。尽管如此,农民负担重的问题没有从根本上得到解决。在农村税费改革前,农民在向国家缴纳农业税、农业特产税和屠宰税的同时,还要向乡镇、村缴纳提留统筹费,支付一些其他的集资和摊派,无偿提供义务工和积累工。就负担水平而言,农民说的"头税轻、二税重、三税是个无底洞",则是对实际情况的生动反映。据统计,1998年农民缴纳的各项农业税收总额为300亿元左右,农民直接缴纳的"三提五统"和其他各种费用达900亿元左右,相当于农民缴纳各项农业税的3倍。中国农民税费负担重,不仅是影响农村稳定的重要因素,而且也影响了农产品的价格竞争力。之所以农民负担难以从根本上减轻而日益困扰各级政府,是因为地方政府特别是县乡政府承担了太多的上面交办的各种职能,但财权与事权又不匹配,特别是1994年分税制改革后,县乡财政收入急剧减少,县乡政府及有关部门不得不通过各种名目向农民收费,这成为农民负担重的体制性因素。

在工业化和城市化进程中,还形成了向"三农""取"的新渠道①。一是低价向农民征地。据专家测算,通过这种价格差,农民利益损失2万亿元以上。二是农民工与城市职工同工不同酬的工资差。据有关单位调查,农民工月平均工资与同类城镇职工月平均工资比较,2004年相差500—800元,按进城务工农民1.2亿人计算,仅工资差一项社会一年就节省1万多亿元,而且城镇职工享受的福利待遇还未包括在内。三是农村资金通过金融存贷大部分流向城市。2005年年底,农业贷款余额仅占金融机构贷款余额的7.8%,乡镇企业贷款余额仅占金融机构贷款余额的4.4%,均低于其在国民经济中的份额。

改革开放以来至世纪之交,由于农村改革中实行"放活"政策,解放和发展了生产力,加上逐步加大对"三农""予"的力度,从而促进了农业和农村经济的发展。到20世纪90年代末,农业和农村经济进入新的发展阶段,其显著标志是农产品供给从总量不足向供需基本平衡,并出现结构性和区域性过剩。尽管如此,由于农业养育工业的政策没有根本改变,城乡二元财税体制依然没有改变,还形成了向"三农""取"的新渠道,在经过20多年改革与发展之后,城乡差距不但没有缩小,反而有所扩大。城市居民可支配收入与农村居民人均纯收入之比,由1978年的2.57∶1扩大到2001年的2.9∶1。同时,城市居民在住房、社会保障、公共卫生和教育等方面享有国家的补贴,把这些因素计算在内,城乡居民收入实际差距约为5.6∶1。受农产品需求制约越来越明显而来自农业的增收减少、农业与非农产业的劳动生产率的差距拉大、农村富余劳动力在非农产业就业的难度增大等多方面的影响,农民增收难度日益增大。要遏制城乡收入差距扩大的态势,必须实现农业养育工业政策向工业反哺农业政策的转变,这既是国际经验所揭示一般规律,也是中国进入工业化中期后国民经济和社会发展的内在要求。

———

① 万宝瑞:"关于建设社会主义新农村的思考",在合作经济学会论坛上的发言稿,2006年4月22日。

（三）21世纪初农业养育工业政策向工业反哺农业政策转变

进入工业化中期后，根据胡锦涛总书记"两个趋向"的论断，中共中央科学地做出了中国已经进入工业反哺农业、城市支持农村阶段的判断，并调整工农业关系政策，开始了农业养育工业政策向工业反哺农业政策的转变。

工业反哺农业政策的启动，其显著标志是明确提出和实施"多予、少取、放活"的方针。实现工业反哺农业的路径是调整国民收入分配结构和财政支出结构。2003年1月召开的中央农村工作会议提出，各级党委和政府在制定国民经济发展计划、确定国民收入分配格局、研究重大经济政策的时候，要把解决好农业、农村和农民问题放在优先位置，使城市和农村相互促进、协调发展，实现全体人民的共同富裕。要随着经济的发展和国家财力的增强，进一步调整国民收入分配和财政支出的结构，增加对农村经济和社会事业的支持，逐步形成国家支农资金稳定增长的机制。2004年中央1号文件提出，解决"三农"问题，必须进一步调整国民收入分配结构和财政支出结构。通过2004年1号文件《中共中央国务院关于促进农民增加收入若干政策的意见》、2005年1号文件《中共中央国务院关于进一步加强农村工作提高农业综合生产能力若干政策的意见》、2006年1号文件《中共中央国务院关于推进社会主义新农村建设的若干意见》、2007年1号文件《中共中央国务院关于积极发展现代农业扎实推进社会主义新农村建设的若干意见》，"多予少取"政策框架初步形成。

1."予"：公共财政扩大农村覆盖范围

中共十六大以来，财政支农资金总量、支持范围、支持方式都发生了重大变化。

一是着力建立"三农"投入的稳定增长机制。继《中华人民共和国农业法》对农业投入规定之后，在建立"三农"财政投入的稳定增长机制上又做了新的探索和规定。2004年中央1号文件规定，新增教育、卫生、文化支出主要用于农村。2006年中央1号文件做出"三个高于"的规定，即国家财政支农资金增量要高于上年，国债和预算内资金用于农村建设的比重要高于上年，直接用于改善农村生产生活条件的资金要高于上年。还规定："提高耕地占用税税率，新增税收应主要用于'三农'。""土地出让金用于农业土地开发的部分和新增建设用地有偿使用费安排的土地开发整理项目，都要将小型农田水利设施建设作为重要内容。”"从水电、矿产等资源的开发收益中,安排一定的资金用于企业所在地环境的恢复治理,防止水土流失。" 2007年中央1号文件进一步规定:"各级政府要切实把基础设施建设和社会事业发展的重点转向农村,国家财政新增教育、卫生、文化等事业经费和固定资产投资增量主要用于农村,逐步加大政府土地出让收入用于农村的比重。要建立'三农'投入稳定增长机制,积极调整财政支出结构、固定资产投资结构和信贷投放结构,中央和县级以上地方财政每年对农业总投入的增长幅度应当高于其财政经常性收入的增长幅度,尽快形成新农村建设稳定的资金来源。2007年,财政支农投入的增量要继续高于上年,国家固定资产投资用于农村的增量要继续高于上年,土地出让收入用于农村建设的增量要继续高于上年。建设用地税费提高后新增收入主要用于'三农'。"

二是财政支持"三农"资金总量快速增加。2003—2006年的4年,中央财政大幅度增加了对"三农"的投入,中央财政和国债建设资金用于"三农"的投入11123亿元,其中2006年达到3397亿元,比2002年增加1472亿元,增长了77%。

三是开始实施公共财政覆盖农村政策。包括把农村教育、卫生、文化等社会事业纳入财政支持范围,国债资金加大对农村公共基础设施建设的投入。2006年国家固定资产投资用于直接改善农村生产生活条件的投入有所增加,其中发展农村沼气安排25亿元,比上年增加15亿元;解决农村饮水安全问题安排40亿元,比2005年翻一番;每年安排137亿元对库区移民进行后期扶持。在农村教育上,最重大的政策变化是实行了"国务院领导下,由地方政府负责、分级管理、以县为主"的农村义务教育管理体制,并明确国家今后每年新增教育事业经费主要用于农村。近年来,中央财政安排支持农村义务教育资金,用于全国实施中小学危房改造工程、国家西部地区"两基"攻坚计划、农村中小学现代远程教育工程、农村中小学生布局调整等项目,中央和地方各级财政安排"两免一补"(农村义务教育阶段贫困生免书本费、免杂费和补助寄宿生生活费)专项资金。2006年,全国财政安排农村义务教育经费1840亿元,比2002年的941亿元增长了95.5%;全部免除了西部地区和部分中部地区农村义务教育阶段5200万名学生的学杂费,为3730万名贫困家庭学生免费提供教科书,对780万名寄宿学生补助了生活费。2007 年,全国农村将全部免除义务教育阶段的学杂费,这一举措将使受益的农村中小学生由 2006 年的 5200 万扩大到 1.55 亿。在农村卫生事业上,重点推进新型农村合作医疗制度试点工作。2003 年下半年起,中国启动了新型农村合作医疗试点工作。2006 年,中央要求用 3 年时间(到 2008 年)基本普及新型农村合作医疗制度;中央财政对参加新型农村合作医疗的农民补助标准由每人 10 元提高到 20 元,中央财政为此安排补助资金 42.7 亿元,地方财政也相应增加支出;新型农村合作医疗试点范围扩大到 1451 个县(市、区),占全国总数的 50.7%,有 4.1 亿农民参加;启动了农村卫生服务体系建设,中央财政安排 27 亿元国债资金用于县、乡、村三级医疗卫生基础设施建设。新型农村合作医疗制度的实行和农村医疗卫生服务能力的提升,使参加合作医疗的农民就诊率和住院率均明显提高,就医经济负担有所减轻。2007 年,新型农村合作医疗制度试点范围将从 2006 年提出的覆盖全国 40% 的县扩大到 80% 以上,中央财政安排补助资金比 2006 年增加 58 亿元。在农村社会保障上,开始探索养老、最低社会保障制度,2007 年中央 1 号文件提出要在全国范围建立农村最低生活保障制度。

四是改变财政支持方式。最显著的变化是启动了对农民实行直接补贴的政策。2002 年启动的对农民直接补贴政策,到 2006 年已有种粮农民直接补贴、良种补贴、农机具购置补贴和农业生产资料综合补贴政策。“十五”期间,中央财政对农民的直接补贴超过 11000 亿元,占中央财政支农资金总量的比重达到 10%。对农民的直接补贴政策,获得了较好的绩效,如 2002 年启动的良种补贴政策,到 2006 年,良种补贴涵盖大豆、小麦、水稻、玉米四大粮食作物,共为 5800 多万农户补贴 40 多亿元,补贴面积达 3.67 亿亩,粮食作物的品质得到大幅提升。

2.“少取”:取消农业税

中国历史上多次出现农民负担“重——减——重”的周期循环,这被称为“黄宗羲定律”。进入工业化中期,为走出“黄宗羲定律”奠定了坚实的经济基础。但是,走出“黄宗羲定律”,从根本上解决农民负担重的问题,还必须有制度安排作为保障。2000 年,农村税费改革这场深刻的变革开始启动。按照中央的设想,农村税费改革分两步进行。第一步改革主要是正税清费、治理“三乱”和取消“三提五统”,将农民缴纳的税费规范为农业税和农业税附加,把过重的农民负担减下来。第二步改革是在规范农村税费制度的基础上,按照完善社会主义市场经济体制的要求,取消专门面向农民征收的各种税费,建立覆盖城乡的公共财政制度,建立精干高效的基层行政管理体制和运行机制,建立农民增收减负的长效机制,促进城乡经济社会协调发展。

经过6年多来的试点,2005年十届全国人大常委会第十九次会议审议通过废止《农业税条例》,从2006年1月1日起,征收了2600多年的农业税从此退出历史舞台。这是具有划时代意义的重大变革,标志着国家与农民之间的传统分配关系格局发生了根本性变化。6年多来,取消面向"三农"的各种收费,包括取消、免收或降低标准的全国性及中央部门涉农收费项目150多项,取消农村"三提五统"、农村教育集资等收费项目;减免涉及"三农"的税收,除免征农业税外,还对农机、化肥、农药实行免税政策,制定实施了与农产品有关的进口税收优惠政策,并较大幅度地提高了农民从事个体经营活动时按期(次)缴纳增值税、营业税的起征点。与农村税费改革前的1999年相比,农民共减免税费负担1200多亿元,每年人均减负120多元①。

"多予少取"政策取向的确立,改变了农业养育工业的政策取向,但支农资金尚不足,工业反哺农业政策体系的建立还需要较长时间。从"多予"政策看,城乡二元财政体制开始向一元体制转变,但城乡二元财政体制尚未根除,农业财政支出虽实现快速增加,财政对农业的支持总量仍是低水平的。按照WTO协议计算口径,把支持贫困地区发展的财政支出、粮棉油糖价格补贴计算在内,1996—2000年,中国农业支持总量分别是1083亿元、1267亿元、1826亿元、1709亿元和2200亿元,分别占当年农业总产值的4.9%、5.3%、7.4%、7%和8.8%。按照相同口径,发达国家的支持水平为30%—50%,巴基斯坦、泰国、印度、巴西等发展中国家约为10%—20%。在WTO规则允许的12种"绿箱"政策措施中,中国仅使用了政府的一般服务支出、食物安全储备、国内食物援助、自然灾害救助、生态环境保护和地区发展援助等6种。同时,"黄箱"支出允许占农业总产值的8.5%,尚有较大空间。从"少取"政策看,农业税被取消了,但通过低价征地、农民工低工资

---

① 金人庆:"扩大公共财政覆盖农村范围建立支农资金稳定增长机制",载中共中央党校《报告选(2006年增刊)》,第51页。

和农村资金向城市流动等新的渠道向"三农""取"的问题又日益凸显,这也是建设社会主义新农村必须解决好的重大课题。

三、工农关系政策演变反映出的一般规律

中国这样一个发展中国家,有着独特的工业化进程,20 世纪 50 年代初至改革前在传统计划经济体制下形成城乡二元结构并不断固化,改革初期至世纪之交则在"放活"中局部打破城乡二元结构,新世纪起统筹城乡经济社会发展政策体系的建立开始启动。中国工农关系政策的演变,为关于发展中国家的研究提供了难得的案例,既反映出农业文明向工业文明发展的一般规律,也反映出中国特有的问题。

(一)工农业必须协调发展

工业与农业相互促进,又相互制约,实现工农业的协调发展是国民经济持续健康发展的前提和必然要求。

新中国的决策者们,对工农业协调发展做了多方面的论述。在工业化初期,毛泽东提出了农业是国民经济的基础的论断,并主张工农并重。他指出:"讲到农业与工业的关系,当然,以重工业为中心,优先发展重工业,这一条毫无问题,毫不动摇。但是在这个条件下,必须实行工业与农业同时并举,逐步建立现代化的工业和现代化的农业。过去我们经常讲把我国建成一个工业国,其实也包括了农业的现代化。"①在现代工业体系建立之后,如何处理好工农关系成为新的重大课题。邓小平指出:"工业越发展,越要把农业放在第一位。"②江泽民指出:"沿海经济发展较快的地区,二、三产业比较发达,农业的比重相对小一些,但农业的基础地位没有变,也不能变。越是二、三产业发展快,越需要牢固的农业基础提供有力的支持"。"加强农业也就是支持工业和第三产业,为农业作贡献也就是为国民经济作贡献"。2004 年 9 月 19 日胡锦涛在中共十六届四中全会上提出了"两个趋势"的论断。这些论述成为制定工农关系政策的重要指导思想。

---

① 《关于农业问题》,《毛泽东文集》第 7 卷,人民出版社 1999 年版,第 310 页。
② 《邓小平文选》第 2 卷,人民出版社 1994 年版,第 29 页。

　　新中国成立以来,特别是改革开放前,在赶超战略下,工业化偏斜运行。
工农业发展速度比值反映了资源在工农两个产业部门之间的配置关系,它
是工农关系政策的结果。因此,工农业发展速度比值被视为衡量工农业是
否协调发展的重要指标之一。据一般国际经验,工农业发展比值应保持在
一定的范围,在不同的工业化阶段也有一些差异。在工业化初期以及中前
期阶段,工农业的发展比值可以相对高一些,绝大部分国家在大多数年份
里,两个产业发展速度比值约为3:1,只有少数国家在个别年份里,其比例
关系超过3:1。到了工业化的中期阶段,或者说当经济增长进入人均 GNP
800—2000 美元之间,工农业发展比值开始明显下降,基本保持在2:1左
右①。新中国成立以来至新世纪之前,工农业发展比例呈周期性波动(见表
3—1),国民经济运行总体趋势是向工业倾斜,1952—2005 年工业增加值年
平均增长 11.5%,农业增加值年平均增长 3.3%,两者之比为 3.5:1,其中
1952—1978 年为 5.5:1,1979—2005 年为 2.5:1。可见,中国工农业发展速
度比值大于国际上的一般水平。

表3—1　工农业发展速度比

年份	农业增加值年递增率(%)	工业增加值年递增率(%)	比例关系(以农业为1)
1949—1952	14.1	34.8	2.5:1
1953—1957	4.5	18	4:1
1958—1961	−6.8	9.7	—
1962—1965	9.9	8.2	0.83:1
1966—1978	2.9	10.5	3.6:1
1979—1984	7.8	8.8	1.1:1
1985—1988	3.1	14	4.5:1
1989—1991	4.1	7.5	1.8:1
1992—1995	4.6	18.5	4:1
1996—2000	3.5	10.2	2.9:1
2001—2005	3.9	10.8	2.8:1

　　资料来源:根据历年《中国统计年鉴》计算整理。

---

　　① 农业部软科学委员会办公室:《农业发展战略与产业政策》,中国农业出版社 2001 年
版,第 87 页。

工业化偏斜运行,严重影响了农业现代化进程的顺利推进,导致国民经济的波动与调整交替发生。新中国经济有3次大波动和3次大调整。第一次大波动发生在20世纪50年代末期,1960年9月中共中央在批转国家计委《关于1961年国民经济控制数字的报告》时,提出了对国民经济实行"调整、巩固、充实、提高"的八字方针,开始了新中国成立后的第一次经济大调整。第二次大波动发生在"文化大革命"期间,1979年年初召开的中共中央政治局会议和中共中央工作会议,决定从同年3月起用3年时间对国民经济进行调整,明确提出了"调整、改革、整顿、提高"的新八字方针,开始了第二次国民经济大调整。第三次大波动发生在20世纪80年代中后期,1988年中共十三届三中全会提出了"治理经济环境,整顿经济秩序,全面深化改革"的方针,开始了第三次国民经济大调整。3次大波动的共同起因是工农业发展失衡,农业现代化滞后,农业支撑不了工业化快速推进和国民经济的正常运行,并通过国民经济的传导和放大机制的作用,对工业本身和整个国民经济的发展带来了一系列负面影响,国民经济不得不进行调整;3次大调整共同的措施是,放慢工业发展速度,在宏观政策上加强对农业的支持,以促进农业的发展,克服农业这一基础产业对国民经济的瓶颈制约。可见,在推进国民经济现代化进程中,必须把农业现代化作为战略任务来高度重视,做到工农业协调发展,这也是建设现代农业首先要具备的宏观政策条件。

(二)实现工农业协调发展必须处理好国民收入分配政策

处理好国民收入在工农业两个部门的分配关系,这是实现工农业协调发展的前提。

在国民收入初次分配政策上,确保农产品价格处在合理水平上。改革开放前的20余年间,在传统计划经济体制下,工农产品价格由国家定价,总体而言国家对农产品实行低价收购政策,价格被扭曲,收入分配恶化,仅在20世纪60年代初和70年代初对农产品收购价格进行过两次幅度相对较大的上调,工农业产品"剪刀差"较大。直到改革初期国家大幅度提高农产品收购价格后,长时期实行的农产品低价收购政策才得以初步扭转。80年代中期至90年代初,在经济体制转轨中出现了"一低一高一重"问题,即国家定购粮食价格过低、农业生产资料价格过高、农民负担过重,进而导致农业丰产而不能增收,严重影响了农民的积极性。在市场经济体制下,在价格政策上做出安排,使工农产品价格比价处于合理水平也是必然选择。近年来实施的农业生产资料价格综合补贴政策和对重点地区的重点粮食品种实行最低收购价政策,有利于工农产品价格比价保持在相对合理的水平上,有利于控制农业生产成本的快速增长,有利于保障农民的最低收益,进而有利于实现农业的持续发展。

在国民收入二次分配上,处理好财政在工业与农业两大部门的分配关系。1956 年毛泽东在《论十大关系》中就提出要处理好工农业投资关系,指出:"我们现在的问题,就是还要适当地调整重工业和农业、轻工业的投资比例,更多地发展农业、轻工业。……这里就发生一个问题,你对发展重工业究竟是真想还是假想,想得厉害一点,还是差一点?你如果是假想,或者想得差一点,那就打击农业轻工业,对它们少投点资。你如果是真想,或者想得厉害,那你就要重视农业轻工业,使粮食和轻工业原料更多些,积累更多些,投到重工业方面的资金将来也会更多些。……我们现在发展重工业可以有两种办法,一种是少发展一些农业轻工业,一种是多发展一些农业轻工业。从长远观点来看,前一种办法会使重工业发展得少些和慢些,至少基础不那么稳固,几十年后算总账是划不来的。后一种办法会使重工业发展得多些和快些,而且由于保障了人民生活的需要,会使它发展的基础更加稳固。"[①]改革开放以来,对"一靠政策、二靠科学、三靠投入"和加大对农业的支持保护力度等形成共识。50 多年来,财政对农业的支出总量呈逐步增加态势,但农业支出占财政总支出的比重和农业基本建设支出占基建总支出的比重较低,且波动较大(见表 3—2)。财政对农业支持的力度不足,这是工农业发展失衡、农业现代化进程缓慢、"三农"问题依然严峻的重要原因。

实现工农业协调发展,必然要求在进入工业化中期阶段后及时将农业养育工业的政策转变为工业反哺农业的政策。美国以 1933 年出台《农业调整法》为标志,通过对农业进行价格支持,来保护和反哺农业。日本则以1961 出台的《农业基本法》为契机,通过成本与收入补偿、最低保护价格、水利建设补贴、农地整治补贴、机械设备补贴、基础设施建设补贴、农资利息补贴等一系列价格和补贴制度,实现其增加农民收入和提高农业劳动生产率的政策目标。韩国在快速推进国家工业化和城市化后,面对当时农业萎缩、

---

① 毛泽东:《论十大关系》,《毛泽东文集》第 7 卷,人民出版社 1999 年版,第 24—25 页。

表3—2　各时期国家财政农业支出及比例

单位:亿元、%

时期	农业支出		基本建设支出		
	总计	占财政总支出比重	支出	占财政总支出比重	占基建总支出比重
经济恢复时期	15.97	4.4	3.84	1.0	4.5
"一五"时期	99.58	7.4	40.91	3.0	8.1
"二五"时期	283.65	12.4	126.62	5.5	12.0
调整时期	176.98	14.7	68.16	5.7	18.8
"三五"时期	230.45	9.2	98.45	3.9	10.1
"四五"时期	401.22	10.2	174.75	4.5	11.1
"五五"时期	693.41	13.2	238.03	4.5	11.9
"六五"时期	658.48	9.5	158.57	2.3	7.6
"七五"时期	1139.17	8.2	223.71	1.6	6.9
"八五"时期	2271.95	9.32	427.49	1.94	15.06
"九五"时期	4938.88	8.66	1533.45	2.69	20.37
"十五"时期	9579.88	7.48	2486.96	1.94	15.01

资料来源:根据历年《中国统计年鉴》计算整理。

农村衰退、社会颓废的状况,在20世纪70年代开始实施了新村运动,有效促进了农业和农村的发展,使工业与农业、城市与乡村协调发展。也有一些国家在农业和农村发展上走过弯路。例如,20世纪70年代,拉美一些国家与韩国处在相似的发展阶段,人均国内生产总值都在1000美元左右,但由于缺乏支撑国民经济发展的产业体系,农业不能得到有力支持,放任城乡居民收入差距扩大,社会公平失衡,整个经济没能保持持续稳定增长。1965—1998年间,拉美经济年增长率仅3.5%,不仅低于亚太地区发展中国家7.5%的水平,甚至低于低收入国家5.9%的水平,与韩国发展形成巨大落差,丧失了步入发达国家行列的历史机遇。可见,在进入工业化中期阶段后是否及时将农业养育工业的政策转变为工业反哺农业的政策,不仅事关农业的发展,也事关工业及国民经济的可持续发展。

(三)实现工农业协调发展必须实行有利于农业富余劳动力向工业和城市转移的政策

中国工农、城乡发展严重失衡,除了长时期工业偏斜运行和对"三农"

实行"多取少予"政策外,还因为实行城乡二元户籍管理和就业制度,阻隔了农业富余劳动力向工业的转移。工业化是结构转换与资源转移过程。西蒙·库兹涅茨就把工业化过程阐释为"产品的来源和资源的去处从农业活动转向非农业生产活动"。因而城市化率和劳动力在一二三产业的就业结构被列为衡量一个国家现代化水平的重要指标。中国广大农民在 20 世纪 50—70 年代贡献了大量的廉价农副产品,为工业化做出了巨大的贡献,但却未在工业化进程中得到直接的就业机会,由此导致了就业结构转换严重滞后于产值结构的转换。工业化先行国的产值结构转换和劳动力向工业转移基本上是同步的。例如,农业劳动力份额的下降和农业产值份额的下降速度之比,英国在 1801—1961 年间为 1∶1.1,美国在 1839—1965 年间为 1∶1.6,加拿大在 1870—1965 年间为 1∶1.4。而中国在工业化过程中,城市在集聚和生长现代生产力的同时,抑制了农业富余劳动力的转移:农业占工农业总产值的比重,由 1949 年的 70% 下降到 1978 年的 25.6%;而农业劳动力由 1952 年的 17317 万人增加到 1978 年的 29426 万人,增长 69.9%,农业人口占总人口的比例由 1952 年的 85.6% 变为 1978 年的 84.2%,20 多年内几乎没有变化。在经济结构的重心早已转移到城市、转移到工业的情况下,仍然保持如此之众的农业人口,这在世界工业化进程中绝无仅有。这种产业结构转换与就业结构转换不同步的非典型增长,把大量人口留在农村,把大量劳动力留在农业,农业规模经营难以发展,导致农业劳动生产率难以提高,以致农业现代化进程缓慢、农民增收难、农村社会事业发展滞后,使"三农"问题日益严重。

在农村人口和富余劳动力众多的条件下,实现农业富余劳动力向非农部门的顺利转移和农村人口的非农化,使农民享受工业化的成果,抑制农业经济的更加细小化并有可能逐步改变经营规模过小的问题,才有利于农民增收、现代农业的发展,才有利于实现工农协调发展和城乡统筹发展。因此,应当从根本上改变城乡居民二元就业和发展政策,形成城乡劳动者平等就业的制度,并建立起城乡统一开放、竞争有序的劳动力市场,促进农业富余劳动力向工业和城市的顺利转移。

第四章　他山之石:国外农业支持
政策的得失分析

农业、农村和农民问题,是各国带有普遍性的问题。国外没有"三农"问题的提法,但同样存在"三农"问题。国外一般以农业问题泛指"三农"问题,以农业政策泛指"三农"政策。无论是发达国家还是发展中国家,都高度地关注农业与农村发展问题。在发达国家,农业在 GDP 中的比重、农业劳动力在社会就业中的比重、农业人口在总人口中的比重,都已经很低,但是,对农业、农村和农民问题的重视程度却并没有因此而降低,而是恰恰相反。在新一轮世贸组织谈判中,欧盟与美国由于在农业问题上僵持不下,导致了谈判的停顿,就是一个明显的例子。

国外市场经济国家中,基本经济和经营制度长期以来没有变化,因此,国外现在的农业政策,基本都不涉及基本体制改革问题,而主要是政府财政如何支持农业与农村发展。实际上,在市场经济体制下,政策就是国家拿钱办的事。国外的农业政策尤其是较发达国家的农业政策,就是国家为了既定的政策目标,以中央政府和地方政府的财政支出,为农业、农村和农民花钱的行动。

研究国外的支农政策,重点是研究政策的目标体系、框架结构、投入力度和具体政策的设计与执行。

一、国外农业与农村发展政策的目标体系

纵观世界各国农业与农村发展政策目标,既有共同之处,也有不同之处。在同一国家的不同发展阶段,对不同问题的关注程度也有不同,各个农业政策目标的优先次序也有所变化。各国的农业政策目标之所以有相同之

处,是因为农业和农村在国民经济中的重要地位具有普遍性;各国的农业政策目标之所以有不同之处,是由于各国具体的国情条件具有很大的差异,尤其在自然资源禀赋、经济发展水平和农业结构特点方面。总体上看,各国农业与农村发展的总体政策目标有:促进农业生产率提高,促进食品质量安全保障,促进农村区域发展,促进农业多功能性发挥,提高农产品国际竞争力。

如果按照"三农"的具体领域,国外农业政策关注的重点目标与中国既有相同之处,也有不同之处。主要特点可以归纳如下:

(一)对农业问题的关注重点:农产品供给的数量和质量

这是农业问题的核心,也是各国都高度关注的共性问题。不过,各个国家的强调重点也有所不同。一般说来,发达程度越低的国家(如非洲、南亚等),对数量问题的关注程度越高,因为这些国家的农业生产水平通常较低,农产品供给数量仍然不足,在一些最不发达国家中,粮食安全问题突出,饥饿与营养不良问题普遍,提高粮食等农产品生产数量是最为急迫与重要的农业政策目标。与此相对照,在一些发达程度较高的国家中,农业生产水平很高,生产的农产品数量足以满足本国的需求乃至有过剩问题(如欧洲、美国等),或者虽然有所不足(如日本),但是由于经济实力强大,可以通过进口满足国内生产的不足部分,因此,对农产品生产总量的强调程度要低一些,而对农产品质量问题的关注程度很高,尤其是在食品安全质量方面,要求越来要高,不断提高农产品检验标准。就全球农业和农产品系统而言,目前的突出问题主要表现为:(1)供求严重不平衡,发达国家过剩,发展中国家不足,仍然有8亿饥饿和营养不良人口;(2)食品质量安全问题日益凸显,包括农药残留、转基因产品、动物疫病(疯牛病、禽流感等);(3)土地资源、水资源、生态环境方面的压力日益增大。

(二)对农民问题的关注重点:农民收入

这是所有国家(不论是发达国家还是发展中国家)农民问题的核心。收入问题有种种表现,包括绝对贫困(温饱问题没有解决)和相对贫困(城乡差距与地区差距)。农民收入问题是存在于世界各国的普遍性问题。即便是在美国这样高度发达、农业经营规模很大的国家中,城乡之间仍然存在着明显的收入差距。根据资料,美国所有50个州的农业就业者的平均收入都低于非农业就业者的平均收入,差距大体上在20%上下。造成城乡收入的原因是多种多样的,其中最重要的原因在于:由于恩格尔定律的作用,随着人均收入水平和生活水平的提高,消费者家庭用于食品等农产品的消费支出比例将不断下降;这使得农业在国内生产总值的比重不断下降;而如果农业劳动力不能够以足够的速度向外转移,就会出现农业就业在社会就业中的比重高于农业在国内生产总值中的比重的情况。也就是说,较大份额的农业劳动力创造了较小份额的财富,从而其所能够分享到的财富比例也较小,从而出现了农业劳动力与非农业劳动力的收入差距。实际情况正是如此:几乎在所有国家,农业就业在全社会就业中的比重都高于农业在GDP中的比重。例如,美国农业就业占的比重为2.6%,而农业在GDP中的比重为2%,日本农业就业占的比重为5.1%,农业在GDP中的比重为2%,德国的数字相应为2.8%和1%,俄罗斯为12%和6%,韩国为11%和4%,巴西为23%和9%,印度为60%和28%。

(三)对农村问题的关注重点:公共服务设施和生态环境

农村公共服务设施和生态环境是农村与城市差别的主要方面。越是发达的国家,城乡一体化的程度越高,在上述方面的差距越小;反之则越大。在一些最发达国家和地区中,例如欧盟和日本等,城乡之间在基础设施上几乎没有什么差别。越是发达国家,越重视农村生态环境问题。近年来,一些发达国家突出加以强调"农业多功能性",实际上也属于对农村问题的关注。

二、国外财政支农政策的框架结构特点

从不同的角度,对于国外财政支农支出可以做出不同的类别划分:按世贸组织规则,可以分为黄箱政策、蓝箱政策、绿箱政策;按政策目标和作用效果,可以分为保障农民收入政策、促进生产发展政策、保护生态环境政策;按实施方式和操作方法,可以分为市场政策、直接补贴、政府公益服务、基础设施建设等。以下从实施方式和操作方法的角度,分析不同类别支农政策的特点。

(一)市场政策

市场政策主要是指政府通过保护性收购价格政策,来抬高农产品收购

价格,使得农产品价格保持在关于市场均衡价格的水平上。各国的具体价格政策的名称可能很不相同,但是基本原理是相同的。这种政策有双重效果:一是保护农民的收入,防止由于市场价格下降而造成农民收入下降;二是促进生产,因为较高的价格可以刺激农民的生产积极性。国家财政用于这类政策的支出主要表现在:收购资金及利息,储藏费用,储藏损失与品质下降损失,购销价格倒挂损失等。按照世贸组织规则,这类政策属于黄箱政策,因为实行这类政策使得农产品价格偏离市场均衡价格,对市场具有直接的扭曲作用。因此,属于世贸组织谈判中要限制和削减的对象。

发达国家如欧盟和美国以前长期实行这类市场价格政策,只是在 20 世纪 90 年代以来,逐步地减少了对市场价格的使用。主要原因有二:一是欧美农产品过剩问题日益突出,刺激生产发展已经不是主要目标;二是世贸组织谈判要求削减黄箱政策,尤其是对市场具有直接明显作用的保护性价格收购政策。在这样的背景下,美国和欧盟都先后做了重大调整,不断降低了国内的价格政策支持水平,同时实行直接补贴政策,对于农民由于价格下降而造成的收入损失予以补偿。

(二)直接补贴政策

这是国外农业补贴政策的一大类别。在英语中,补贴(subsidy)的内涵更为广泛,指国家的各种财政性扶持政策,包括价格支持政策和出口补贴政策等在内。而直接补贴,是从 direct payment 翻译过来的,更准确的翻译是"直接支付"。之所以称为直接补贴或直接支付,是相对于间接补贴而言。以前欧美国家以价格支持政策为主,来保障农民收入。后来由于种种原因,对价格政策进行了改革,一方面降低支持价格水平,另一方面对农民进行"直接支付"。直接支付的最初含义,仅仅是指因为支持价格变化而对农民进行的补贴。后来直接支付的概念被扩大,也包含了各种其他属于补助、救助和援助性质的政府支出,只要农民直接从国家那里拿到补贴钱款,例如自然灾害救济、生态环境保护补贴等。出于中国的习惯用法,本报告使用直接补贴来代替直接支付的概念。

直接补贴有各种不同的类型。从不同的角度,可以有不同的分类。按世贸组织规则,分为黄箱政策、蓝箱政策和绿箱政策三类。(1)属于黄箱政策的直接补贴:与当年面积、产量或者价格相挂钩的直接补贴。美国的贷款差价支付政策就是这样的直接补贴。其原理是：事先根据农业法制定了贷款率，相当于中国的最低收购价格；如果实际市场价格低于贷款率，政府并不按贷款率进行收购，而是根据贷款率与市场价格之差，对农民直接进行补贴。（2）属于蓝箱政策的直接补贴：与当年面积相挂钩的直接补贴，但是有对面积、牲畜头数或生产总量有限制。欧盟2004年改革之前，所实行的主要就是这种方式的直接补贴。（3）属于绿箱政策的直接补贴：与当年的面积、产量或者价格无关。例如，美国实行的脱钩支付(decoupled payment)政策，就属于这类直接补贴，因为农民享受到的补贴额的多少，只与以前某一基期的情况有关，而与当前的生产情况和价格情况没有直接关系。此外，对于农民实行了良好的生态环境保护政策而给予的补贴、灾害救济、农民提前退休补贴等，也属于这种类型的直接补贴。

如果按直接补贴的目标和实际效果看，也可以将直接补贴分为三类：促进农民收入，促进农业生产，促进生态环境保护。严格地讲，所有的直接补贴政策都有使农民增收的效果。但是，从补贴的主要目的和主要效果出发，还是有很大区别的。（1）促进农民增收的直接补贴政策：实行这类直接补贴的目的不是别的，就是为了促进农民收入。此外再无别的目的和效果：既不要求环境保护，也不要求发展生产。美国的脱钩支付是这方面最典型的例子。农民获得这种补贴，原因不是别的，就是因为从事农业生产。政府对农民实行这种直接补贴，原因是：农业是事关国计民生的基础产业，必须发展巩固好；而农业产业同时又是弱质产业，仅仅靠市场机制，不足以使得农民获得足够的收入。因此，政府就用纳税人的钱，补贴农民，使得农民获得适当的收入水平，安心于农业生产，为保障国家粮食安全和提供工业原料做贡献。由于不是以促进生产发展为目的，因此，这种直接补贴与当年生产情况无关，而只是以历史基期的土地情况和种植情况为基础，一旦确定了每个农场享受补贴的计算基数，就不再发生变动。这类似于中国的税费改革时的计税面积和常年产量。这种方式的直接补贴，无论叫什么名称，性质上就是直接增加农民收入。（2）促进农业生产的直接补贴政策。发达国家现在面临着农产品过剩问题，因此，在促进农业生产方面，直接补贴政策的类别不是很多，但是，也还是有一些。例如，欧盟对于农民平整土地、购买农机具和建造农业生产建筑等方面的补助，就属于这一类别。这类补贴，属于"一事一议"性质的，即按照事先确定的补贴规则和标准，符合标准的农民都可以申请,然后根据具体情况,按个案批准并发放补贴。这类的直接补贴,目的是促进农业基本生产条件的改善,促进农业的现代化。在欧盟向世贸组织通报的表中,上述的直接补贴项目中就含有"通过补贴或贴息扶助农场现代化"(Aid for farm modernization granted through subsidies or equivalent interest concessions)字样。政府之所以给予补贴,是考虑到如果不进行补贴,农民依靠自己的能力,不足以实现生产条件的改进,从而农业生产的竞争力就会比较低,竞争力低,就会在国际经济一体化的进程中处于不利地位。这在世贸组织谈判中表现得最为明显:越是竞争力相对弱的国家如欧盟,越是采取守势。所以,尽管国内生产过剩,但是欧盟仍然很注重提高农业生产条件的改善和农业现代化程度的提高。而农业生产条件的改善和农业现代化程度的提高,必然会导致农业生产能力的增强。在实际操作上,政府的补贴属于补助性质,仅仅是能够弥补农民投资的一部分,而不是全部。如果农民没有改善生产条件的愿望和实际投资计划,那么就不能获得这种补贴。

(3)促进生态环境保护方面的直接补贴政策。近些年来,发达国家在这些方面的政策措施比较多,具体做法不同,但是总的方向是在特定的一些区域上,按照保护生态环境的需要,对农民提出一些农业生产或者工程建筑方面的要求,然后给予直接的补贴。这类直接补贴,也同促进生产方面的直接补贴一样,个案申报审查批准。以生态环境保护为目标的直接补贴,道理比较简单:农民为了保护生态环境,或者是出了力气,或者是牺牲了部分生产,因此,国家应当给予补偿。如果农民不参加有关的生态环境保护计划,也就没有资格获得这种补贴。中国现在的对种粮农民的直接补贴和综合补贴,均属于第一种形式的直接补贴;中国的农机具购买补贴,属于第二种形式的直接补贴;而退耕还林补贴,则属于第三种直接补贴。

(三)政府公益服务

政府在农业方面的公益服务包括农业科研、农业推广咨询服务、培训服务、动植物疫病防治、农产品检验与质量控制、市场促销与认证服务等。政府用于这些领域中的财政支出,主要用于两个方面:一是支付从事这些活动的人员工资;二是进行这些活动的业务费用。通过提供这些政府公益服务,主要是提高农业的生产效率,降低农民的生产成本,确保农产品的质量安全等。在这些公益性服务方面,国外各国尤其是发达国家高度重视,形成了一个相当完备的体系。按照世贸组织的规则,政府在这些方面的财政支出,对市场没有直接的扭曲影响,因此属于绿箱政策,不受约束,不需要进行削减。

(四)基础设施建设

这主要是指利用国家财政资金直接投资进行项目建设,服务于农村区域生产和农村居民生活。农村电力、农村道路、农村饮水系统、农村燃气系统、农村电信电视系统、水库、大中型灌渠等,都属于这类措施。一些农田和农场建设措施,例如农田平整治理、田间道路、农场建筑等,不属于这类措施,因为政府并不对这些建设进行直接投资,而只是给予一定的扶持,包括投资补助或者优惠贷款,属于广义的直接补贴措施,如上面已经讨论过的。农村基础设施建设方面的措施,具有全面提高改善农村生产生活条件的效果,不仅对农业起重要促进作用,也对农村非农产业的发展起着重要促进作用;不仅使得农民受益,也使得所有其他农村居民受益。发达国家的城乡一体化程度比较高,主要是体现在这些基础设施方面,即在这些方面城乡差距很小乃至没有差距。按照世贸组织的规则,这些方面的财政支出属于绿箱政策,也没有限制要求和削减要求。不过,由于发达国家经过几十年乃至上百年的建设,农村的基础已经高度发达,因此,政府现在每年用于这些方面的支出并不是很大。

三、一些国家的财政支农总体水平比较

为了更清楚地了解国外财政支农支出的特点,以下根据世贸组织国内支持通报资料数据,对欧盟、美国、日本、韩国、巴西和印度的财政支农情况做一比较分析。

从表4—1中可以看出,就财政支农资金总额看,欧盟最多,达950亿美元,美国为382亿美元,日本为255亿美元,韩国近77亿美元,巴西近23亿美元,印度为90亿美元。

从实际影响看,更有意义的可能是人均数额和相对比例。将国家财政支农支出按农业人口平均,欧盟、美国与日本的水平相近,都在6000美元以上。韩国接近2000美元,而巴西只有84美元,印度只有17美元。按照一个农户有四个家庭成员计算,欧美、美国与日本每年国家财政用于支持"三

农"的支出,平均每个农户在 2 万美元以上。

除了按财政支农支出总额、按农业人口平均额计算国家对"三农"的支持强度之外,还可以按耕地面积平均、按农业人均支农资金占人均 GDP 比重、按财政支农支出占农业总产值比重等指标,考察国家对"三农"的支持强度。总体来看,农业人均财政支农支出越高的国家,以上各种相对支持比例也较高,如表4—1 所示。

就是对欧盟、美国等情况进行的具体分析。

表4—1 财政支农情况比较

	欧盟	美国	日本	韩国	巴西	印度	中国	中国***
年份	2001	2001	2001	2000	2002	1997	2001	2001
基本情况								
人均GDP(美元/人)	26700	36200	33700	12700	2800	450*	911	911
总人口(万人)	37844	28803	12727	4684	17626	96588	127627	127627
农业人口(万人)	1577	618	464	411	2707	53184	93383	93383
农业人口占总人口比重(%)	4.2	2.1	3.6	8.8	15.4	55.1	73.2	73.2
农业在 GDP 中的比重(%)	2.5	1.2	1.3	4.9	8.7	24.6*	14.1	14.1
农业总产值(亿美元)	2787	1985	677	347	449	853	3163	3163
耕地面积(万公顷)	7360	17440	445	172	5890	16130	12500	12500
财政支农支出(亿美元**)								
黄箱(含微量允许等)	451	215	54	24	18	61.8	0.9	0.9
蓝箱	268	0	7	0	0	0	0	0
绿箱(不含消费者补贴)	231	168	194	53	5	28.7	292	102.6
合计	950	382	255	77	23	90.5	292.9	103.6
财政支农支出强度								
按耕地面积平均(美元/公顷)	1290	219	5730	4498	39	56	234	83
按农业人口平均(美元/人)	6024	6181	5491	1881	84	17	31	11.1
农业人均支农资金占人均GDP(%)	22.6	17.1	16.3	14.8	3	3.8	3.4	1.2
财政支农支出占农业总产值(%)	34.1	19.3	37.7	22.3	5.1	10.6	9.3	3.3
对消费者补贴(国内食物援助)	2.7	339	5.3	0.1	0	0	0.8	0.8

注:* 为 2000 年。** 为 2001 年年底汇率:1 欧元 = 1.131 美元;1 韩元 = 0.00105 美元;1 日元 = 0.007625 美元;1 人民币 = 0.1208;2005 年 1 人民币 = 0.1221 美元。*** 为扣除基础设施和粮食安全储备支出。(资料来源:根据 WTO 国内支持通报、FAO 人口统计、世界银行 GDP 数据计算。)

四、欧盟对农业的支持

欧盟的农业政策称为共同农业政策,其主要目标是:(1)促进生产发展。欧盟(欧共体)成立之初,粮食生产水平总体均较低;粮食自给率也较低,20世纪60年代初期仅为80%左右。因此,提高粮食单产,增加粮食产量,是一个突出的政策目标。后来情况发生了重要变化,由于科技进步等原因,从60年代初期到80年代中期,粮食单产水平不断提高;粮食自给率也从80%提高到110%以上,即出现了严重的过剩。这时,粮食生产数量的增加已经不再是一个目标,生产目标的内容转为强调质量和食品安全性的提高。(2)稳定市场价格。欧盟农业政策的制定者认为,保持农产品市场和价格的稳定,既是生产者的需要,也是消费者的需要。欧盟在确保农产品市场稳定方面付出了很大努力,取得了显著的成效。例如,由于欧盟粮食市场政策的作用,使得粮食价格高度平稳,所以欧盟不存在以粮食价格为投机对象的粮食期货交易,因为价格波动是期货市场存在的必然前提。(3)提高农民收入。70年代中期以来,尽管欧盟农民的收入不断增加,但与工人可比收入的差别却不断加大,达到1/3。这时,不断提高农民收入,缩小工农收入差别,已经成为欧盟粮食政策的首要目标了。通过粮食的市场价格政策来实现农民收入目标,这在80年代末和90年代初达到了顶点。(4)保护生态环境。80年代中期以来,欧盟对农业和粮食生产中的环境问题日益重视。由于化肥和农药施用所造成的对土壤和地下水的污染问题,对农产品的质量和食品安全性问题,对生物多样性和自然生态的保护问题等,日益成为包括粮食在内的农业政策的重要目标,为此引入了一系列限制性(如限制化学品投入量)或鼓励性的措施(如休耕补贴)。

2001年,欧盟用于农业和农村发展方面的支持总额为840亿欧元,按当时汇率折合为950亿美元。具体项目如下。

第一,市场支持政策。1992年以前,欧盟农业政策的核心是干预收购政策,其原理与中国实行的保护价收购或最低收购价收购相同,但在设计上更为周密,执行上更为严格。具体做法是:(1)政府对于各种主要农产品制定出一个保护价格,一旦市场价格低于这个价格水平,政府就开始进行收购,使得市场价格不再继续下降。(2)保护价格每年确定一次,涉及几乎所有主要产品,包括谷物、油料、糖、葡萄酒、牛奶及制品、各种肉类等。(3)同一产品,欧盟内部各个国家的保护价格水平是相同的。(4)政府出资按保护价格买断产品,并退出国内市场流通。(5)政府付费委托储藏。政府并没有单独的仓储设施,所购买下的产品,委托普通的私人仓储公司或者农民合作组织代为储藏,政府支付相应的储藏保管费用。这些受政府委托储藏产品者,并不拥有该产品的所有权;如何处置这些粮食,完全听从政府的指令。(6)保护收购总量无上限,有下限。在保护性收购的总量上,上不封顶;由于企业只是依政府指令具体执行收储,所需费用均由政府承担,所以也就没有企业拒收现象出现。保护收购数量有下限,一次出售的粮食数量太少了不行。这是为了便于实际操作和管理考虑。因为每一次收购,政府都要派专门的人员进行核实。90年代中期,欧盟规定的粮食保护性收购的数量下限是每次至少180吨。市场支持政策属于黄箱政策。欧盟2001年市场支持政策支出358.6亿欧元。其中用于牛肉的支出最多为97亿欧元,食糖为57亿欧元,黄油为44亿欧元等。

　　第二,直接补贴政策。1992年以后,欧盟对其农业政策进行了三次重要改革,总体方向是减弱市场支持政策,为弥补农民因此而造成的损失,引入了直接补贴政策。这主要是因为以往实行市场支持政策,大大刺激了农业生产,按有关专家的话说,是以往的市场支持政策"过于"成功了,使得欧盟的农业生产由80年代中期以前的供不足需,变为供大于求。因此,政策目标发生了变化,开始限制产量、限制牲畜头数,同时给予农民直接补贴,这就是蓝箱政策。其特点是按固定的面积和产量进行补贴,补贴的基本原理很简单,但是具体操作方法十分烦琐,对各种情况规定的十分详尽。(1)获得这种补贴的条件是,规模较大的农场(谷物生产总量超过92吨),必须将土地休耕10%的土地(休耕的土地获得休耕补贴);规模小于上述标准的小农场,不要求休耕义务。(2)农民根据每年种植的各类作物面积的多少申请面积补贴。(3)每公顷面积的补贴额,各种作物之间有所不同,不同地区也不同。这是因为,补贴标准是按照每吨补贴额与平均单产来确定的。(4)同一种作物,在不同的成员国,不同的地区,也不一样,因为各个地区的单产不一样。计算单产时,不是具体到某个农户,而是按一个地区的平均产量。在德国,基本上是以州为单位来计算平均单产。个别州的不同作物分为两个或更多的地区计算平均单产。2001年谷物补贴大约为300美元/公项。(5)有享受补贴权利的土地面积是按基础面积计算的。基础面积是1989—1991年的三年平均值。如果一个地区某年的实际种植面积大于基础面积,则单位面积实际补贴额按超过的比例减少。实际上相当于一个地区的补贴总量是固定的。种植面积和产量越高,单位补贴水平就越低。2001年欧盟蓝箱政策支出为237亿欧元。除了蓝箱政策之外,欧盟还有其他形式的直接补贴,包括:对家庭农场投资(土地平整、购买农机具和建筑物)补贴53.6亿欧元,对各种生态环境保护项目补贴55.2亿欧元,对烟草、饲草和牛奶的专项补贴24.1亿欧元,以及农业信贷、农业保险、灾害救济、提前退休补贴等等(详见表4—2)。各种直接补贴合计为424.8亿欧元。

第三,政府公益服务支出。西欧各国政府都高度重视对农业的公益性服务,包括农业研究、农业推广咨询服务、培训服务、动植物疫病防治、农产品检验与质量控制、市场促销与认证服务等。西欧各国都有比较强大的政府农业科研机构,包括大学里的研究所和独立的农业科研院所,研究设施条件先进,研究经费充足。2001年度欧盟的农业科研经费为7亿欧元。在农业技术推广服务方面,西欧也有着悠久的传统,近几十年来更是不断发展,从初期的一般性技术推广发展到针对具体每个农场的需求,提供技术、管理、营销等全方位的咨询服务。2001/2002年度推广咨询和培训服务的支出为3.8亿欧元。在其他几个方面,政府的服务系统也是高度完备。2001/2002年用于动植物疫病防治的支出为17.2亿欧元,农畜产品质量检验检疫支出2.3亿欧元,市场促销与认证服务13亿欧元等。政府服务的支持合计为45亿欧元。

第四,基础设施建设。欧盟除了上述对农民进行农场设施建设提供补助之外,还直接投资进行基础设施建设,包括排水干渠、供水供电、农场道路、水库、防洪等。政府在这些方面的扶持,对提高农业生产能力具有长期性促进作用,因为这些方面的投资具有累积效应,当年投入不仅对当年发挥作用,而且会在以后一个相当长的时期内持续发挥作用。这是与市场支持政策不同的地方。欧盟2001年用于农业基础设施的支出为11.4亿欧元。这个数额相对而言不大,主要原因是:(1)没有包括以直接补贴方式提供的农场投资补贴53.6亿欧元;(2)没有包括一般性的农村基础设施,如乡间道路,因为欧盟的城乡一体化水平很高,城乡基础设施的界线比较模糊;(3)欧盟农村的基础设施经过上百年的建设,已经很发达,需要新建设的地方不多。

表4—2　2001年欧盟的农业支持情况

财政支持政策类别	亿欧元	WTO属性
市场政策		
价格支持(粮、油、糖、畜产品)	275.2	黄箱,特定产品,ST5
价格支持(棉花、水果、蔬菜)	83.3	黄箱,特定产品,ST8
小计	**358.6**	
直接补贴		
对烟草、牛奶、饲草等的各种专项补贴	24.1	黄箱,特定产品,ST6
葡萄酒储藏补贴	8.9	黄箱,特定产品,ST8
种子与啤酒花生产补贴	1.2	黄箱,特定产品,ST8
农业保险补贴	2.8	黄箱,非特定产品
农业贷款利息补贴	3.0	黄箱,非特定产品
直接支付(限定产量和牲畜头数)	237.3	蓝箱政策
脱钩支付(货币性救济)	1.7	绿箱,直接补贴
灾害救济	4.0	绿箱,直接补贴
农民提前退休补贴	8.0	绿箱,直接补贴
休耕补贴	0.9	绿箱,直接补贴
家庭农场投资扶助	53.6	绿箱,直接补贴
环境保护项目(很多种)	55.2	绿箱,直接补贴
落后地区援助	24.2	绿箱,直接补贴
小计	**424.8**	
政府服务		
农业研究	7.0	绿箱,一般服务
动植物疫病防治	17.2	绿箱,一般服务
培训服务	1.5	绿箱,一般服务
推广服务	2.3	绿箱,一般服务
畜产品检验与质量控制	2.3	绿箱,一般服务
市场促销与认证服务	13.0	绿箱,一般服务
其他	1.6	绿箱,一般服务
小计	**45.0**	
基础设施建设		
排水干渠、供水供电、农场道路、水库、防洪等	11.4	绿箱,一般服务
小计	**11.4**	
合计	**839.7**	

资料来源:根据WTO国内支持通报数据整理。

欧盟的农业政策大大地促进了农业生产的发展,表现在生产总量、贸易额、单产和劳动生产率水平都大幅度提高,在 20 世纪 80 年代中期以前更为明显。80 年代末期以后,由于农产品出现过剩,欧盟采取了一些限制生产发展的措施,使得生产的增长速度减慢,有些产品生产甚至下降(主要是由于减少了种植面积)。但由于科技支撑和基础设施的不断改善,各项农产品的单产水平仍然继续提高。具体情况如下:

生产总量:在 1961 年到 1984 年间,欧盟主要农产品生产总量都增加了一倍左右。其中谷物从 9143 万吨增加到 2.02 亿吨,油料作物从 185 万吨增加到 433 万吨,甜菜从 5794 万吨增加到 11155 万吨,肉类从 1599 万吨增加到 3066 万吨。80 年代中期以后,由于各种限制生产措施,欧盟的主要农产品生产增长速度明显变缓。

农产品贸易:1961 年,欧盟净进口谷物 2511 万吨,到 1984 年变为净出口 948 万吨。1992 年谷物净出口最多,达到 3300 多万吨。欧盟中荷兰的农业生产成就尤为突出。荷兰总人口 1615 万,其中农业人口只有 50 万人,人均耕地面积不到 0.9 亩,却是仅次于美国的第二大农产品出口国。其农产品出口额 1961 年为 12 亿美元,1984 年为 150 亿美元,2003 年达到 419 亿美元。同期农产品净出口额分别为 3 亿美元、47 亿美元和 191 亿美元。

单产水平:欧盟农产品的单产水平高,发展较快。例如,1961 年小麦每公顷产量为 1960 公斤,1984 年增加到 5098 公斤。大麦、油菜、甜菜等作物的单产水平也有较大幅度的提高。2003 年每公顷小麦的产量水平,荷兰为 8700 公斤,比利时为 8600 公斤,爱尔兰为 8300 公斤,英国为 7800 公斤等,比中国小麦单产水平高一倍左右。欧盟奶牛每年的产奶水平也不断提高,1961 年为 2929 公斤,1984 年为 4252 公斤,2003 年达到 6347 公斤。一些国家水平更高:瑞典为 7955 公斤,丹麦为 7844 公斤,荷兰为 7493 公斤。

劳动生产率:由于在生产总量增加的同时,农业人口不断减少,因此,欧盟农业劳动生产率提高的速度很快。按农业人口平均,1961 年人均生产谷物 1400 公斤,1984 年为 6613 公斤,到 2003 年增加到 13040 公斤;农业人均肉类生产同期分别为 245 公斤、1003 公斤和 2471 公斤。劳动生产率的提高,为农业人均收入的增加,提供了有利的基础。

西欧国家农业的现代化水平较高,在很大程度上得益于政府长期以来的扶持政策。欧盟成立后,农业生产不断发展,在早期阶段,是政府各种促进农业生产发展政策的共同结果,包括市场支持政策、科研与推广服务和基础设施建设扶持政策。20世纪90年代以后,市场支持政策减弱,同时对农业生产的数量方面进行了一系列限制。尽管如此,由于长期以来形成了较高的生产能力,同时政府在科研服务和基础设施方面继续给予支持,因此农业仍然不断发展,只是在生产总量方面增长速度慢了些。

同美国、澳洲和南美国家相比,欧盟的农业生产条件与中国的相似性更强一些。欧盟政府促进农业发展的经验,值得我们学习借鉴。这些经验可以归纳为两个方面:一是通过价格支持政策,提高农民增加生产的主观积极性;二是通过科研创新、推广服务和农业基础设施建设扶持,增强农民提高生产水平的客观可能性。用更通俗一点的语言说,前者是调动积极性,后者是提高生产能力。欧洲发展农业政策的成功,也大大促进了农村区域的健康发展。由于农业生产能力提高,农产品供给由不足变为有余,从而可以拿出更多的土地资源进行生态环境建设,农业的多功能性得到了更好的发挥,生态农业和旅游观光农业发展起来,农村区域的生活环境质量不断提高,城乡一体化程度不断提高。

五、美国对农业的支持

同欧盟相比较,美国的农业支持数额要小一些,结构特点也不同。美国2001年的农业支持总额为382.1亿美元。此外,还有339亿美元的国内食品援助,即对消费者的补贴,尽管其包含在向世贸组织的通报中,但是在性质上不属于支农资金。

在农业政策目标方面,美国同欧盟相比,对于保障农民收入方面重视的更早,投入的比例更大。这与美国的国情有关:农业土地资源丰富,农产品生产长期以来过剩。因此,在促进农业生产和保护农村环境方面的投入,相对少一些。

第一,市场政策。美国的农业市场政策与欧盟有明显的不同。欧盟规定干预收购价格,并按此价格进行政府收购,人为地抬高价格,使得国内价格高于世界市场价格。而美国尽管也对大多数农产品规定了保护价格,但是,实际上并没有像欧盟那样按照保护价格进行实际收购,而是只把保护价格作为计算直接补贴的依据,并不影响实际市场价格,实际市场价格还是按照供求波动,国内价格与世界市场价格是相同的。根据美国提交世贸组织的通报,2001 年属于市场政策的支出只有两项:一是对牛奶、糖、花生价格支持政策,为 58.3 亿美元;二是对农产品储藏费用和贷款利息的补贴,为3.7 亿美元。

第二,直接补贴政策。迄今为止,美国没有实行蓝箱政策,而在黄箱政策和绿箱政策中都有直接补贴措施。具体如表4—3 所示。

可以看出,美国的直接补贴中以促进收入为主,最主要的直接补贴项目,包括贷款差价支付、市场损失支付(2002 年以后被反周期支付取代)和脱钩支付,都是以收入为目标的。这三种直接支付方式之间有着密切的关系,由于历史的原因,形成了叠屋架床的烦琐。如图4—1 所示。(1)脱钩支付。最早在 1996 年引入。计算补贴的依据是农民在历史基期中的种植面积和单产,各种产品的支付率是由《农业法》事先确定的。农民获得的脱钩补贴多少,与当年的生产与价格无关。(2)贷款差价支付。事先规定一个贷款率,相当于最低收购价格,当市场价格低于贷款率时,按二者之差和农民实际出售的产品数量给农民补贴。实行这种政策,在于保证农民可以获得不低于贷款率的价格。这种政策起源于保护价格收购:当市场价格降低到贷款率以下时,农民可以将产品(如小麦)抵押给政府,按贷款率标准,获得贷款。如果以后市场价格升高了,农民可以将产品在市场上出售,并偿还政府贷款。如果市场价格没有回升,则农民可以选择放弃抵押给政府的小麦,也就不用还政府贷款了。以后为了减少政府储备负担,并且让市场价格发挥作用,就发展到不需要农民抵押实物了,政府只是根据市场价格与贷款率的差额对农民进行补贴。(3)市场损失支付(反周期支付的前身)。这是 1996 年以后新增加的一个直接补贴种类,计算方法非常独特。20 世纪90 年代中期,粮食等农产品的世界市场价格大幅度上涨。当时美国政府预计农产品价格将继续上涨,从而政府可以逐步减少补贴。但是,后来农产品价格的发展情况发生了逆转,又开始下跌,原来的《农业法》规定的补贴远远不能满足农民的需要。于是,美国国会在农民利益集团的压力下,开始增加农业补贴。新增加的补贴被称为市场损失支付,意思就是为了弥补市场价格下跌给农民造成的收入损失。计算的基数仍然是脱钩补贴的基数,实

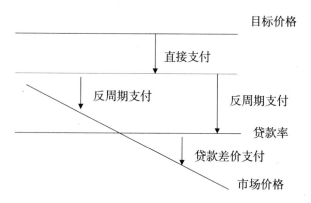

图4—1 美国农业支持政策原理图示

际上相当于增加脱钩补贴的标准。2002年以前,每年根据市场价格变动情况,确定一次补贴率标准。2002年《农业法》修订之后,将这项补贴规范化,给予了一个新名称,即"反周期支付",意思是弥补价格的周期性波动给农民造成的收入损失。同时确定了反周期支付标准的确定机制:新确定了一个比较高的目标价格,如果市场价格、贷款差价补贴和脱钩支付三者之和低于目标价格,则实行反周期支付,其标准就是三者之和低于目标价格的部分。也就是说,不管市场价格如何变化,农民总是获得相当于目标价格水平的收益。当市场价格高的时候,补贴就少甚至没有;而当市场价格低的时候,补贴的数额就大。这种补贴也是一种差价补贴,但是,却具有独特的计算方法特点:计算享受补贴的产品数量不是当期生产或者出售的数量,而是历史基期的数量。这完全是由其上述特定的产生背景所决定的。

以上三种直接支付中,脱钩支付的特点是与当年的产量和价格无关(这也是其属于绿箱政策的原因),因此,财政补贴支出额可以事先确定。市场损失支付(反周期支付)与当年的价格变化有关,财政补贴支出额不能事先准确确定。贷款差价补贴既与当年价格有关,也与当年产量有关,就更没有办法事先确定财政补贴支出额了。除了这三项之外,以收入为目标的直接补贴政策,还有收入保险补贴和灾害救济等。以收入为目标的直接补贴在直接补贴总额中的比重,2001年为90%。这说明美国农业直补政策是以收入为主要目标的。

表4—3　2001年美国的农业支持情况

财政支持政策类别	亿美元	WTO属性
市场政策		
价格支持(牛奶、糖、花生)	58.3	黄箱,特定产品,ST5
储藏费用与贷款利息补贴	3.7	黄箱,特定产品,ST7
小计	**61.9**	
直接补贴		
贷款差价支付	84.3	黄箱,特定产品,ST6
农田水利建设贷款利息补贴	3.0	黄箱,非特定产品
联邦牧场支出	0.7	黄箱,非特定产品
作物保险费补贴	17.7	黄箱,非特定产品
州政府农业信贷利息补贴	0.5	黄箱,非特定产品
市场损失支付(反周期支付的前身)	46.4	黄箱,非特定产品
农场粮食储备设施建设补贴	0.04	黄箱,非特定产品
脱钩支付	41.0	绿箱,直接补贴
灾害救济	14.2	绿箱,直接补贴
水土保持补贴	16.2	绿箱,直接补贴
农场信贷补贴	1.1	绿箱,直接补贴
环境保护项目(很多种)	2.9	绿箱,直接补贴
小计	**228.0**	
政府服务		
农业研究	9.7	绿箱,一般服务
资助州立机构研究	5.6	绿箱,一般服务
经济研究服务	0.7	绿箱,一般服务
资助州立机构推广	5.3	绿箱,一般服务
动植物疫病检验与防治	9.0	绿箱,一般服务
州政府农业服务项目	43.5	绿箱,一般服务
粮食质量检验与库存管理	0.4	绿箱,一般服务
食品安全检验	6.5	绿箱,一般服务
市场信息、标准和认证	3.2	绿箱,一般服务
农业统计服务	1.0	绿箱,一般服务
世界农业展望	0.03	绿箱,一般服务
自然资源保护咨询服务	7.2	绿箱,一般服务
小计	**92.1**	
合计	**382.1**	

资料来源:根据WTO国内支持通报数据整理。

　　美国用于发展生产的直接补贴不多,主要是对农场水利、仓储建设和经营方面的信贷利息补贴。当然,这并不意味着美国政府对增强农业生产能力不重视;只不过是通过其他措施,如农业科技等各种政府服务。以保护生态环境为目标的直接补贴项目种类比较多,但是总支出额也不是很大,2001年占8%。

　　第三,政府服务。美国在政府服务方面的支出额度较大,各项合计为92.1亿美元,占财政支农支出近30%。其中用于农业科研的经费较多,联邦与州两级供支出共16亿美元。此外,动物疫病防治和食品安全检验的支出也较高。

　　美国向世贸组织通报的农业支持中,没有包括农村基础设施支出。主要原因是目前美国农村的基础设施已经很发达,另外,道路的修建等属于社区性的建设,已经不单纯是农业部门的事情,因而也没有包括在农业预算中。

六、韩国对农业的支持

　　韩国的农业支持政策与欧美有所不同。在政策目标上,韩国在重视保障农民收入的同时,也比较重视生产的发展。表现在财政支农支出方面,用于农村基础设施的投入和对于农场投资的扶助所占的份额明显较高(见表4—4)。

　　第一,市场政策。韩国对农产品市场支持的核心是稻米。用于稻米的支出占市场政策支出的比重在90%以上。2005年以前,韩国的大米补贴主要是通过购销价格倒挂的方式实行的,即政府高价从农民那里购买稻米,低价卖给消费者。2002年稻米的收购价格约折算为1840美元/吨,销售价格为1460美元/吨,差价为380美元/吨。仅差价部分就远远高于世界市场大米的价格。购销之间的差价以及经营费用就是政府的补贴。2005年以后,韩国对大米补贴政策进行了全面改革,开始实行按面积、价格进行直接补贴的政策,大体与美国的政策相似。

　　第二,直接补贴政策。韩国的直接补贴政策有很多种类,但是与欧盟和美国不同,最主要是没有纯粹的以保障农民收入为目标的直接补贴。其中的原因比较简单:韩国农业的主体产业是水稻,而韩国通过高关税保护和高

表4—4 2000年韩国的农业支持情况

财政支持政策类别	亿美元	WTO属性
市场政策		
价格支持	18.78	黄箱,特定产品,ST5
小计	**18.78**	
直接补贴		
产品贷款利息补贴	0.67	黄箱,特定产品,ST7
对落后地区产品如坚果、蘑菇的生产与加工投资补贴	0.08	黄箱,6.2条款,ST2
对低收入农民的生产投入品如包装材料的补贴	0.45	黄箱,6.2条款,ST2
农业贷款利息补贴	1.40	黄箱,非特定产品
畜牧业贷款利息补贴	0.27	黄箱,非特定产品
水利设施补贴	0.68	黄箱,非特定产品
生产资料补贴	0.91	黄箱,非特定产品
综合性农业政策贷款补贴	0.11	黄箱,非特定产品
农产品营销贷款补贴	0.97	黄箱,非特定产品
不挂钩直接支付(济困)	4.14	绿箱,直接补贴
自然灾害救济	1.08	绿箱,直接补贴
家庭农场投资扶助	10.93	绿箱,直接补贴
环境保护补贴	1.36	绿箱,直接补贴
其他	0.85	绿箱,直接补贴
小计	**23.91**	
政府服务		
农业研究	2.90	绿箱,一般服务
动植物疫病防治	1.03	绿箱,一般服务
培训服务	0.36	绿箱,一般服务
推广咨询服务	0.68	绿箱,一般服务
检验服务	0.99	绿箱,一般服务
市场促销服务	0.25	绿箱,一般服务
国家粮食安全储备	1.16	绿箱
小计	**7.37**	
基础设施建设		
排灌设施、道路、批发市场建设等	27.22	绿箱,一般服务
小计	**27.22**	
合计	**77.28**	

资料来源:根据WTO国内支持通报数据整理。

国内价格措施,把稻谷的收购价格保持在远远几倍于世界价格的水平上,因此就不需要以直接补贴政策来保障农民收入。韩国的直接补贴政策,重点是促进农业生产力的提高,如对家庭农场投资进行补助、对于各种贷款进行利息补贴等。此外,还有属于社会扶贫济困性质的补助,如高中学费补贴、负债农民补助、养老保险补贴、退休老年农民补贴等。

第三,政府服务。韩国用于政府服务方面支出在财政支农支出中的比例也比较高,达10%。其中特别重视农业科研,支出达2.9亿美元。韩国这样一个小国,农业总产值相当于中国的1/9,农业科研经费支出却与中国相近(2000年中国为3.3亿美元),充分显示了对农业科研的重视。在政府服务性支出中,还包括了国家粮食安全一项,这主要是用于稻米和大麦的储备。这是欧盟和美国不同的地方:欧盟和美国没有这方面的支出,也就是说,欧盟和美国没有国家粮食安全储备。

第四,基础设施建设。韩国对农业基础设施的重视程度更高。2000年用于排灌设施、道路、批发市场建设等方面的政府投资高达27亿多美元,占整个财政支农支出的35%。这尤其值得中国借鉴。

七、巴西对农业的支持

巴西的农业支持情况,在发展中国家具有代表性,表现出了明显的不足。2002年财政支农支出只有22亿美元。

第一,市场政策。巴西用于这方面的支出微不足道,只有对小麦的支出0.1亿美元。

第二,直接补贴。这是巴西财政支农支出的重点,占总额的82%。巴西的直接补贴基本上是以促进生产为目标的,并且大都以贷款利息补贴的方式,包括生产性贷款和营销性贷款,以及帮助农民解决债务困难问题。

第三,政府服务。这是巴西财政支农支出的第二大项,占总额的18%。不过,总体上看,支持总额还是比较小的。政府服务支出中,有约一半是用于农业土地改革政策等,其中包括政府购买土地分给失地农民、进行移民开发等。

第四,基础设施建设。巴西政府用于农业和农村的基础设施建设投入很少,2000年只有0.6亿元。

表4—5 2002年巴西的农业支持情况

财政支持政策类别	亿美元	WTO 属性
市场政策		
价格支持(小麦)	0.10	黄箱,特定产品,ST5
小计	**0.10**	
直接补贴		
农产品生产与营销贷款	2.38	黄箱,特定产品,ST7
农业投入品优惠贷款	1.18	黄箱,6.2条款,ST2
农业投资(农机具、设备、农用汽车)优惠贷款	3.63	黄箱,6.2条款,ST2
债务偿还优惠	0.14	黄箱,6.2条款,ST2
农业生产贷款	4.86	黄箱,非特定产品
农产品营销贷款	0.09	黄箱,非特定产品
债务偿还优惠政策	5.74	黄箱,非特定产品
收入保险	0.13	绿箱,直接补贴
小计	**18.15**	
政府服务		
农业研究	0.40	绿箱,一般服务
动植物疫病防治	0.16	绿箱,一般服务
培训服务	0.80	绿箱,一般服务
推广咨询服务	0.33	绿箱,一般服务
检验服务	0.14	绿箱,一般服务
市场促销服务	0.03	绿箱,一般服务
农业土地改革等	1.99	绿箱,一般服务
国家粮食安全储备	0.06	绿箱
小计	**3.92**	
基础设施建设		
水库大坝、农村道路、农村电网等	0.60	绿箱,一般服务
小计	**0.60**	
合计	**22.16**	

资料来源:根据WTO国内支持通报数据整理。

总体上看,巴西政府财政支农支出额很小。巴西的农业自然条件极为丰富,耕地面积在过去的50年中增加了一倍半,水资源更是丰沛,因此,农业生产一直不断增长。巴西政府对农业投入不多,这可能是原因之一。但是,由于对农村基础设施建设投入太少,使得巴西在农业发展的同时,农村面貌却保持在比较落后的状态中。巴西的贫民窟和过度大城市化等社会问题的形成,与此有密切的联系。

八、国外财政支农政策的经验与启示

从以上对案例国家财政支农支出的分析中,可以得出这样的一些经验和启示。

第一,财政支农支出的强度是与整个国民经济的发展水平密切相关。越是发达的国家,财政支农支出的强度越大。这从另一个角度证明了农业与农村发展问题的重大意义:发达国家农业在国民经济中所占的份额已经很低,但是,其基础性地位却没有变化,因此对农业和农村的投入仍然保持较高水平;发达国家的城乡一体化程度比较高,正在于国家对于农村给予了较多投资建设,使得城乡良性互动,从而促进了整个经济社会的健康发展。欧盟、美国和韩国在这方面是比较成功的案例,而巴西则是不成功的案例。

第二,国情不同,主要政策目标不同,具体的财政扶持重点也就不同。农产品供给过剩的国家,对增加生产的目标不是很重视,而将保障农民收入作为核心目标。相应地,农产品供给不足的国家如韩国,对增加农业生产能力更加重视。发达国家对保护生态环境都日益重视。

第三,同一国家,对不同的目标,也要采取不同的措施。如果以保障收入为目标,则最有效的办法是脱钩支付,简便易行。这也是欧盟和美国的最新农业政策走向。而如果以提高农业生产能力或者提高农业竞争力为目标,则最有效的措施是加强农业科研等政府服务和加强农业基础设施建设。这些方面的投入具有累积性和长效性,这些方面的财政支出不仅当年发挥作用,在以后的许多年中即使停止了投入,也继续发挥作用。这是与保护价格收购等市场政策不同的地方。欧盟和韩国的经验值得借鉴。

第四,在提供农业基础设施服务方面,采取了两种方法:一种是对较大型和具有公益性的工程,如乡间道路和水库等,全部由政府财政投资建设;而对一些农场自用性质的投资,如田间道路、农机具、农场建筑等,政府往往提供投资补助或者贷款利息优惠。

第五,在提供补贴方面,主要是直接提供给农民,而基本没有对投入品产业和农产品营销产业的补贴。主要原因是直接补贴不经过中间环节,补贴效果最直接。

第六,国外直接补贴措施是多种多样的,既有属于绿箱政策的措施,也有属于黄箱政策和蓝箱政策的措施;既有以保障农民收入为目标的措施,也有以促进生产发展和保护生态环境为目标的措施。直接补贴措施之所以多种多样,主要是因为目标不同和作用效果不同,彼此无法取代。

第七,就国际比较看,国家在农村社会事业发展方面的投入,例如教育、卫生、社会保障等,没有包括在财政支农支出的统计口径中。在农村基础设施建设和农业基础设施建设方面,有时候界限也不是很明显。欧盟和美国一些农村公益设施的建设,就没有包括在支农支出的统计之中。

第五章   取予比较:现阶段国家
财政支农与农民贡献

近年来,中国工农关系与城乡关系的发展进入了一个全新的阶段。国家对农业的"取、予"关系也发生了重大变化。分析现阶段国民收入分配的关系,一方面可以直接分析国家财政收支情况,这是表象的;另一方面,也需要考虑国家财政收支之外的一些因素,即那些潜在表象之下的因素。

一、国家财政收入与支农的总体情况

近年来,国家财政的发展情况表现出如下特点:第一,财政收入连年大幅度增长,大体上每 5 年增长一倍(表 5—1)。2006 年国家财政收入达 38731 亿元,比上年增加 7000 多亿元,几乎相当于 1996 年的财政收入总额。第二,国家财政支出在绝对数额上大于同年的财政收入,在增长幅度上大致相同。2006 年国家财政支出超过了 40000 亿元。第三,从财政收入占 GDP 的比重看,近 10 年来一直呈上升态势,从 1995 年的 10% 升高到 2006 年的 18%。第四,中央财政在国家财政收入中的比重,近年来有所波动,但是大体在 50%—55% 之间,2006 年为 53%。中央财政在国家财政收入中的比重超过了一半,这是中央政府有能力对落后地区进行转移支付的重要原因。

讨论国家财政支农资金的实际情况时,需要使用一些统计数字,而这又需要先明确一些重要的概念和口径。首先,国家财政用于农业和农村的支出,有各种不同的口径,在不同的场合出现过不同的数字。甚至在同一本统计年鉴中,也有不同的口径数字。从实际分析看,比较有意义的口径有两个:一个是农业支出,包括所有与促进农业生产直接有关的支出;另一个是

表5—1　国家财政收入与财政支出情况

单位:亿元

	国家财政收入	国家财政支出	财政收入占GDP%	中央财政收入	中央财政收入占%
1980	1160	1229	26	284	25
1985	2005	2004	22	770	38
1990	2937	3084	16	992	34
1995	6242	6824	10	3257	52
1996	7408	7938	10	3661	49
1997	8651	9234	11	4227	49
1998	9876	10798	12	4892	50
1999	11444	13188	13	5849	51
2000	13395	15887	14	6989	52
2001	16386	18903	15	8583	52
2002	18904	22053	16	10389	55
2003	21715	24650	16	11865	55
2004	26396	28487	17	14503	55
2005	31649	33930	17	16549	52
2006	38731	40213	18	20450	53

资料来源:历年《中国统计年鉴》。

"三农"支出,即不仅仅包括用于农业的支出,也包括用于农民和农村的支出。近两年来中央一号文件中的提法分别是"财政支农资金"和"财政支农投入",实际上是涵盖整个"三农"方面的投入。而在农业支出或者农业投入方面,则没有十分明确的界定,在不同地方采用的范围也是不同的。根据《中国统计年鉴》,主要概念有如下关系:

国家财政用于农业的支出(简称"用于农业支出"):支农支出,农业基本建设支出,农业科技三项费用,农村救济费(《中国统计年鉴2006》表8—6)。

支农支出:农、林、水利和气象支出,农业综合开发支出(《中国统计年鉴2006》表8—13)。

支农支出:农业支出,林业支出,农林水利气象等部门事业费(《中国统计年鉴2006》表8—15)。

其次,国家财政支农资金又是由中央财政和地方财政两个部分组成的。两个部分所可以获得的数据,在口径上也是不尽一致的。中央财政可以获得"三农"投入即财政支农资金或财政支农投入的数据,而地方财政则没有相应的数据。

因此,在利用不同来源和口径的数据进行分析时,就需要进行一些特别的说明。表5—2的数据来自于《中国统计年鉴》,其项目名称就是"国家财政用于农业的支出"。仔细分析表中所含的内容,可以发现,除了"农村救济"之外,其他大体上都是与农业生产有关的支出。"三农"其他方面的投入,例如农村教育等,并没有反映在此表中。从表5—2中可以明显看出两点:第一,近年来国家财政各项支农投入均有较大幅度增加,并且增加的幅度大体相近;第二,用于农业支出占国家财政支出的比重并没有增加,反而有所下降。这种情况值得特别注意。扣除了农村救济之后,这种趋势更为

表5—2　国家财政用于农业的支出

单位:亿元

	合计	支农支出	农业基本建设	农业科技三项	农村救济	农业支出占财政支出%	农业支出占财政支出(不含救济)%
1980	150	82	49	1	7	12.2	10.7
1985	154	101	38	2	13	7.7	7.0
1990	308	222	67	3	16	10.0	9.5
1995	575	430	110	3	32	8.4	8.0
1996	700	510	142	5	44	8.8	8.3
1997	766	561	160	5	40	8.3	7.9
1998	1155	626	461	9	59	10.7	10.1
1999	1086	677	357	9	42	8.2	7.9
2000	1232	767	414	10	40	7.8	7.5
2001	1457	918	481	10	48	7.7	7.5
2002	1581	1103	424	10	44	7.2	7.0
2003	1754	1135	527	12	80	7.1	6.8
2004	2338	1694	542	16	86	9.7	7.9
2005	2450	1792	513	20	125	7.2	6.9

资料来源:《中国统计年鉴2006》表8—6。

明显一些。总的来说,在20世纪90年代后半期,用于农业支出在国家财政中的比例在8%以上,最高为10%以上;而2000年以后,基本上是在8%以下,2005年更是降低到7%左右。这是全国的情况。以下分别分析中央财政和地方财政支农资金情况与结构。

二、中央财政支农情况

就发展趋势看,近年来中央财政支农投入有了很大幅度的增加(见表5—3)。表中的中央财政支农资金,是按"三农"投入的口径。1996年,中央财政"三农"投入只有774亿元,到2006年增长到3397亿元,10年间增加了3.4倍。与此同时,中央财政的收入增加幅度更大一些,从1996年的3661亿元增加到2006年的20450亿元,增加了4.6倍。因此,中央"三农"支出在中央财政总收入中所占的比重,由1996年的21.1%降低到2006年的16.6%。也就是说,同前述的全国情况类似,中央财政支出中,用于"三农"的投入总量是大幅度增加的,但是占中央财政的比例却是下降的,表明"三农"投入的增长幅度小于财政收入的增长幅度。

表5—3 中央财政总收入与"三农"投入

单位:亿元、%

	中央财政总收入	中央财政"三农"投入	占总收入比重
1996	3661	774	21.1
1997	4227	856	20.3
1998	4892	1160	23.7
1999	5849	1117	19.1
2000	6989	1375	19.7
2001	8583	1879	21.9
2002	10389	1905	18.3
2003	11865	2144	18.1
2004	14503	2626	18.1
2005	16549	2975	18.0
2006	20450	3397	16.6

资料来源:《中国统计年鉴》,历年;财政部内部资料。

表5—4 中央财政"三农"支出情况

单位:亿元

	2000 年	2005 年
"三农"投入合计	1375	2975
1. 基本建设投资	514	813
2. 科学事业费	14	39
3. 科技三项费用	2	5
4. 支援农村生产支出	93	182
5. 农业综合开发支出	68	99
6. 农林水气等部门事业费	60	118
8. 水利建设基金	27	16
7. 支援不发达地区支出	95	130
9. 农业税灾歉减免补助	3	1
10. 农村税费改革转移支付	12	662
11. 农产品政策性补贴支出	441	669
12. 农村中小学教育支出	22	107
13. 农村卫生支出	2	38
14. 农村救济支出	22	42
15. 缓解县乡财政困难转移支付	—	55

　　如果考察一下中央财政支农投入的具体结构,就更可以得出结论:现在的"三农"投入统计口径中,包含了一些严格说来不属于"三农"的支出项目。如果将这些项目排除,在目前用于"三农"的投入强度更要小得多。如表5—4所示,是中央财政2005年的支农投入情况。其中,"基本建设投资"813亿元中,并不全部是用于"三农",一些大江大河治理方面的支出,更多的是出于非农业和农村目标。"农村税费改革转移支付"662亿元,尽管起因与农业和农民有关,是由于取消农业税费,县乡财政收入减少,中央政府对县乡财政进行的补贴,但是现在的资金使用用途,主要是为了维持县乡政府的运转。"缓解县乡财政困难转移支付"55亿元的使用也是同样,并不直接与"三农"有关。即便其中或许可能有点用于农业和农村的部分,也会反映在地方政府的支农支出项目中。"农产品政策性补贴支出"669亿元中,也有相当一大部分与农业和农民无关,主要是补贴于国有粮食流通企

业,用于保障国家粮食安全,用于每年几千亿斤粮食储备所需要的资金占用成本、保管成本、粮食自然损耗和市场损耗等。将这四个方面的因素扣除,中央财政真正用于"三农"的实际投入水平,大体上相当于表中的水平的一半左右,即 1500 亿元左右。

进一步地,如果只考察用于促进农业生产方面的支出,按照"支农支出"的口径,则水平就更低了。据《中国统计年鉴 2006》表 8—13,中央财政的支农支出(包括农林水利气象支出和农业综合开发支出)只有 148 亿元,占当年中央财政总收入的 0.9%。这样的比例水平,显然是比较低的。

三、地方财政支农情况

对于地方财政支农情况的考察,可以分为两个方面:地方财政总体和各省份。

表 5—5 是近年来地方财政支出和支农支出的总体情况。可以看出,表中所采用的口径是"支农支出",基本上是用于农业的支出,而不是"三农"

表 5—5 地方财政支出与支农支出比例

单位:亿元、%

	地方财政支出合计	农业支出	农业综合开发	林业支出	农林水气事业费	地方支农支出合计	占地方财政支出
1996	5786	177.3	69.3	—	208.5	455.1	7.9
1997	6562	202.5	73.8	—	228.4	504.7	7.7
1998	7672	206.0	81.4	—	269.8	557.2	7.3
1999	8991	213.4	90.6	—	304.8	608.8	6.8
2000	10454	229.4	92.0	—	367.1	688.5	6.6
2001	13134	249.1	109.5	—	460.3	818.9	6.2
2002	15281	261.8	121.4	—	599.7	982.9	6.4
2003	17230	574.1	—	195.7	229.5	999.3	5.8
2004	20523	710.3	—	593.9	247.7	1552.0	7.6
2005	25154	867.3	—	473.1	304.5	1644.9	6.5

资料来源:历年《中国统计年鉴 2006》。

支出。其中,有关分项统计口径在 2003 年前后有过变化。"农业综合开发"支出在 2002 年及以前单独列项,2003 年以后应当是并入了"农业支出"项中。"林业支出"在 2002 年及以前应当是列在"农林水气事业费"中,2003 年以后单独列项。从表中可以看出:第一,地方财政的支农支出近年来也发生了较大幅度增长;第二,地方支农支出的增长幅度小于地方财政支出的总体增长幅度,1996 年到 2006 年,地方财政支出增长了 3.3 倍,而地方财政支农支出增长仅为 2.6 倍;第三,地方支农支出在地方财政支出总额中的比例呈下降趋势,2005 年仅为 6.5%;第四,如果扣除林业支出,2005年支农支出仅仅为 1172 亿元,占地方财政支出的 4.7%。

如果同中央财政的支农支出情况做一比较(表 5—6),则可以看出,在支农支出方面,中央财政的投入要远远小于地方政府的投入强度。具体特点是:第一,就支农支出的绝对量值看,中央财政支出为 148 亿元,地方财政为 1645 亿元,中央财政占 8%,地方财政占 92%;第二,就支农支出占财政收入的比重看,中央财政为 0.9%,地方财政为 10.9%;第三,就支农支出占财政支出的比例看,中央财政为 1.7%,地方财政为 6.5%。

表5—6   中央财政与地方财政的支农支出

单位:亿元、%

	中央	地方	合计
财政收入	16549	15101	31649
财政支出	8776	25154	33930
支农支出	148	1645	1792
支农支出占财政收入	0.9	10.9	5.7
支农支出占财政支出	1.7	6.5	5.3

资料来源:根据《中国统计年鉴 2006》资料计算。

各个省份之间的情况差异较大。在进行各个地区之间的比较时,需要选取适当的指标。由于各个省份之间大小差异很大,因此,使用支农支出的绝对数额没有很大意义;而由于各个省农业经济和农村人口在宏观经济中所占的比重很不相同,因此,简单地按支农支出占当地财政支出的比重,也不能准确反映出支农强度。例如,北京和上海的农村人口较少,人均财政收入和人均财政支出的水平均较高,而支农支出在地方财政总收入和总支出中的比重较低。这并不意味着这两个市的财政支农的强度不高。在众多的指标中,有三个指标比较有意义:一是人均地方财政支出水平,其反映了地方财政进行财政支农的实力和潜力;二是农村人均地方财政支农支出或农业支出水平,其反映了地方财政的实际支农支出情况;三是每亩耕地面积平均获得的支农支出或农业支出水平。

按农村人口平均计算(表5—7),2005年农业支出水平最高的是两类地区:一是经济发达、地方财政收入水平高的上海、北京、天津、辽宁、浙江和江苏等省市,二是人均农业资源较为丰富的地区,也就是农业资源比较丰富而农村人口相对较少的地区,包括西藏、新疆、内蒙古、青海、宁夏、黑龙江和吉林等。这两类地区共同特点是人均财政支出水平都比较高,均在2000元以上,超过全国平均水平一倍以上。其中上海与北京遥遥领先,人均地方财政收入水平在6000元以上,农村人均支农支出超过1000元,人均农业支出超过700元。与此相对照,一些重要的农业大省,如河南和安徽,人均地方财政收入不到1200元,农村人均支农支出不到100元,农村人均农业支出不到60元,均不到上海和北京的1/10。还可以注意到,江苏和广东两省的人均财政收入水平较高,但是农村人均农业投入水平相对不高。

表5—7　各地区农村人均支农支出与农业支出

单位:元/人

	人均地方财政支出	农村人均支农支出	农村人均农业支出
全国平均	1924	173	91
北京	6881	1117	724
上海	9259	1039	728
内蒙古	2858	536	180
西藏	6695	428	266
宁夏	2689	423	159
青海	3126	418	175
新疆	2582	345	193
天津	4239	323	220
黑龙江	2062	319	154
辽宁	2853	302	187
吉林	2324	295	148

续表

	人均地方财政支出	农村人均支农支出	农村人均农业支出
海南	1827	234	110
浙江	2584	227	153
陕西	1718	222	78
云南	1722	206	94
甘肃	1655	205	66
山西	1993	196	97
江苏	2239	183	124
广东	2490	173	70
贵州	1396	163	75
湖北	1364	144	81
江西	1308	138	81
四川	1318	138	60
湖南	1381	131	74
重庆	1742	128	54
山东	1585	127	91
福建	1678	124	76
河北	1429	117	60
广西	1312	115	56
安徽	1165	91	55
河南	1190	80	44

资料来源：根据《中国统计年鉴2006》资料计算。

　　按耕地面积平均计算（表5—8），各地区财政支农的强度大体趋势与按农村人均计算类似，仍然是北京、上海遥遥领先，耕地亩均支农支出在700元以上，亩均农业支出在500元以上。其他沿海省份也普遍较高，亩均支农支出超过100元，亩均农业支出在70元以上。而中部农业大省的水平普遍较低，亩均财政支农支出在80元以下，亩均财政农业支出在40元以下。值得注意的还有，福建、湖南和江西的人均地方财政支出明显低于全国平均水平，但是耕地亩均支农支出和农业支出却显著高于全国平均水平。

表5—8　各地区耕地亩均支农支出与农业支出

单位:元/亩

	人均地方财政支出	亩均支农支出	亩均农业支出
全国	1924	84	44
北京	6881	827	536
上海	9259	743	521
浙江	2584	270	182
广东	2490	228	92
西藏	6695	177	110
天津	4239	176	120
福建	1678	154	94
青海	3126	145	61
江苏	2239	129	87
湖南	1381	121	68
辽宁	2853	113	69
海南	1827	108	51
江西	1308	102	60
四川	1318	95	41
宁夏	2689	92	35
重庆	1742	84	35
陕西	1718	80	28
山东	1585	78	56
湖北	1364	77	43
云南	1722	76	35
贵州	1396	72	33
广西	1312	72	35
山西	1993	67	33
河北	1429	61	31
内蒙古	2858	59	20
新疆	2582	57	32
甘肃	1655	56	18
安徽	1165	53	32
河南	1190	53	29
吉林	2324	51	26
黑龙江	2062	35	17

资料来源:根据《中国统计年鉴2006》资料计算。耕地面积采用的是1996年普查数据。

综合来看,农业主产省农业投入不足的现象是突出的。无论是按农村人均投入水平,还是每亩耕地的投入水平,发达地区与农业大省之间的差距非常明显。前面已经讨论过,在国家财政支农支出中,中央财政仅占8%,而地方财政占92%。因此,各省份地方财政农业投入的巨大差异,也就是整个国家财政在不同省份之间农业投入的巨大差异。这种情况,对于促进农业生产,发展现代农业,是非常不利的。解决这种地区之间农业投入水平的巨大差异,出路只能是加大中央财政的农业投入水平,大幅度地提高中央财政在财政支农支出中的比重。

四、农民的财政贡献

农业税、牧业税、农业特产税、屠宰税以及"三提五统"的取消,具有重大历史意义。农业税费政策是由于历史原因形成的,征收农业税费具有历史时期的背景,取消农业税费也是时代发展的必然。农业税费取消之后,农民的不合理负担大大减轻;不过,农民并没有停止对国家财政的贡献。

现阶段农民对国家财政的贡献,可以分为两大类:一类是在各种经济活动中,同其他公民一样所要依法缴纳的各种直接税和间接税,包括个人所得税、利息税,从事二、三产业所缴纳的营业税、增值税,进行消费所缴纳的消费税等。据有关权威人士测算,农民从事农业生产所负担的不能抵扣的增值税进项、车辆购置税、生活消费中的增值税、营业税、存款利息税等,2003年大体为4788亿元。[1] 这一类贡献,尽管也有一些特殊性,如农业生产过程中的增值税抵扣等,但是总体上是带有普遍性的,是每一个公民都应当承担的社会义务。因此,大体上也算公平。而另一类则是农民对国家财政收入所做的特殊贡献,是其他公民所没有进行的,或者农民仅仅承担了义务,但是却没有享受到应该享受的社会权益。这类贡献在本质上,与以前的农业税费有相似之处,都是农民做出了特殊贡献。这类贡献现阶段突出地表现在农业用地转为非农业用地和农民工创造的财政收入两大方面。农民在这两项活动中,均为城市和工业发展做出重要贡献,但是自身却没有得到相应的报偿和补偿。

---

[1]　国家税务总局副局长许善达:《大生》2007年5月1日,总第16期,第7页。

在土地征用方面,农民对国家财政的贡献主要表现在:国家把农村集体所有的土地征用转变为国有土地,然后再通过一定的方式出让,用于非农业用途;国家支付给农民和集体的土地征用价格较低,而转为非农业用途时收取的土地出让价格较高;其间的差价,扣除了国家在出让前进行几平几通等所支付的土地开发费用之后,就是国家在土地征用中的净收益(包括耕地占用税等),也就是农民对国家财政(主要是地方财政)的贡献。农民的实际税收贡献额,应是国家所获取的土地出让价款,扣除国家的征地费用和土地开发费用,或者等于地方政府在征地和出让土地过程中所获得的净收益与各种税费之和。

按国土资源部《中国国土资源年鉴2006》数据,2005年全国共出让土地16.21万宗,出让土地面积16.56万公顷,成交价款5883.82亿元,纯收益2183.97亿元。根据《中国国土资源年鉴》相关年份提供的1995—1998年的数据,在土地的成交价款中,征地费约占25%,开发费用占15%—20%,各种税费约占土地成交价格的8%。按此比例计算,2005年出让土地上交的各种税费为470亿元左右。这样,2005年农民在土地征用过程中对国家财政的贡献就是2655亿元左右。这个数额已经远远超出了国家的支农支出总额。

分地区看,2005年各个省份农民在国家征地过程中所做的贡献及与财政支农支出与农业支出的比较情况如表5—9所示。表中的农民贡献包括国家出让土地的纯收益与相关税费。可以看出,有一半以上的省份,农民贡献超过支农支出;有将近80%的省份,农民贡献超过农业支出。农民贡献数额小于财政支农支出和农业支出的,主要是一些中西部省份。

表5—9 2005年各省份农民贡献及与财政支农情况比较

单位:亿元

	农民贡献	支农支出	农业支出	农民贡献超过支农支出	农民贡献超过农业支出
全国	2654.7	1644.9	867.3	1009.8	1787.4
北京	102.7	42.6	27.6	60.0	75.0
天津	66.2	12.9	8.7	53.3	57.4
河北	77.1	63.3	32.3	13.9	44.9

续表

	农民贡献	支农支出	农业支出	农民贡献超过支农支出	农民贡献超过农业支出
山西	29.1	46.2	22.8	−17.1	6.3
内蒙古	25.7	72.0	24.2	−46.3	1.5
辽宁	124.3	70.5	43.5	53.9	80.9
吉林	42.2	42.6	21.4	−0.4	20.8
黑龙江	41.8	61.2	29.5	−19.4	12.2
上海	148.1	35.1	24.6	113.0	123.5
江苏	261.1	97.6	66.2	163.6	194.9
浙江	244.7	86.1	57.9	158.5	186.8
安徽	92.0	47.6	28.9	44.3	63.0
福建	87.3	33.2	20.3	54.2	67.0
江西	90.9	45.7	26.8	45.2	64.1
山东	317.1	89.6	64.2	227.5	252.9
河南	94.4	64.1	35.4	30.3	59.0
湖北	70.5	57.5	32.2	13.0	38.2
湖南	58.4	71.9	40.3	−13.6	18.1
广东	151.9	111.8	45.1	40.2	106.8
广西	32.8	47.5	23.2	−14.7	9.6
海南	26.2	12.3	5.8	13.9	20.4
重庆	83.8	31.1	13.0	52.8	70.8
四川	294.6	95.1	41.6	199.5	252.9
贵州	16.4	53.3	24.6	−36.9	−8.2
云南	17.4	73.5	33.6	−56.1	−16.3
西藏	3.6	9.6	6.0	−6.0	−2.4
陕西	21.4	62.0	21.8	−40.6	−0.4
甘肃	7.4	42.5	13.7	−35.0	−6.2
青海	1.3	14.9	6.3	−13.6	−5.0
宁夏	7.3	17.6	6.6	−10.3	0.7
新疆	17.1	34.1	19.1	−17.0	−2.0

资料来源:根据《中国国土资源年鉴2006》、《中国统计年鉴2006》数据计算。

在农民工进城务工方面,农民对国家财政所做出的贡献是:农民工通过创造财富,创造国内生产总值,也向国家做出了各种税费贡献;但是由于与户籍制度相联系的现行各种城乡差别政策,农民工并没有像城市居民那样享受到相应的社会福利。因此,农民工通过创造国内生产总值所提供的税收,大部分是农民对国家的净贡献。

　　由于农民工现象本身的复杂性和统计资料的缺乏,对于农民工的财政贡献,只能借助样本调查和宏观数据,进行一些粗略的估算。估算的结果如表5—10所示。估算结果表明,2005年农民工提供的国家财政收入为3300多亿元,占国家总财政收入的约1/10。这个估算结果与北京市的有关研究结果非常接近。北京市的调研结果表明,全市财政收入中至少有1/5是由农民工创造的①,而地方财政收入占国家财政收入的一半左右,因此,也就相当于来自北京的国家财政收入的1/10。这3300多亿元中,即使只有一半是农民对国家的净贡献,那也高达1650亿元,接近国家财政支农支出,高于国家财政农业支出。

表5—10　农民工提供的国家财政收入估算

项目	单位	数值	项目编号
农民工总人数	亿人	1.2	(1)
农民工平均月工资	元、月	855	(2)
农民工工作月数	个	9	(3)
农民工人均年工资	元、年	7695	(4)=(2)×(3)
社会平均年工资	元、年	18364	(5)
农民工年工资占社会平均	%	42	(6)=(4)/(5)
二、三产业劳动力	亿人	4.2	(7)
二、三产业GDP	亿元	160015	(8)
二、三产业劳均GDP	元	38231	(9)=(8)/(7)
农民工人均GDP	元、人	16020	(10)=(6)×(9)
农民工GDP总计	亿元	19224	(11)=(1)×(10)
国家财政收入占GDP	%	17.3	(12)
农民工提供国家财政收入	亿元	3326	(13)=(11)×(12)

　　资料来源:农民工人数采用国务院研究室课题组《中国农民工调研报告》估算数,农民工平均月工资与年工作月数来自农业部全国农村固定观察点调查数据,其余根据《中国统计年鉴2006》数据计算。

———————————

① 《工人日报》2006年2月13日。

五、取、予的综合分析

综合以上分析,可以得出以下主要结论:

第一,近年来中国财政支农投入有了大幅度的增加。1996 年到 2006 年,中央财政"三农"投入增加了 3.4 倍,地方财政支农支出增长了 2.6 倍。国家财政支农资金投入的增加,有力地促进了农业生产和结构调整、农村基础设施的改善、农村社会事业的发展和农民收入的提高。

第二,由于同期中国财政收入和财政支出的增长幅度更高,因此,国家用于农业方面的支出在国家财政中的比重并没有提高,反而有所下降。中央财政"三农"支出占中央财政收入的比重由 1996 年的 21% 下降到 2006 年的 17% 以下;地方财政支农支出占地方财政支出的比重由 1996 年的 7.9% 降低到 2005 年的 6.5%。

第三,在中央财政"三农"支出中,有一些项目支出不是直接用于"三农"的,如"农村税费改革转移支付"和"缓解县乡财政困难转移支付";还有一些不是全部用于"三农"的,如"基本建设投资"和"农产品政策性补助支出"。如果将这些部分扣除,实际用于"三农"的支出水平就显得更低一些,2005 年占中央财政收入的比重可能不到 10%。

第四,在地方财政支农支出方面,各个地区差别很大。经济发达地区,人均财政收入水平高的地区,通常对农业的财政投入水平也比较高。农业大省的财政支农水平大都较低,无论是按农村人均水平还是按耕地面积亩均水平。主要原因是这些省份的经济实力较弱,表现为人均财政收入和支出水平较低。

第五,在国家财政支农支出中,中央财政仅占 8%,而地方财政占 92%。因此,各省份地方财政农业投入的巨大差异,也就是整个国家财政在不同省份之间农业投入的巨大差异。解决这种地区之间农业投入水平的巨大差异,出路只能是加大中央财政的农业投入水平,大幅度地提高中央财政在财政支农支出中的比重。

第六,取消农业四税和三提五统之后,农民仍然在为国家财政做着特殊的贡献,突出地表现为农业用地转为非农业用地和农民工创造的财政收入两大方面。按统计资料计算,2005 年农民在土地征用过程中对国家财政的贡献为 2655 亿元左右;根据统计资料与样本调查数据估算,2005 年农民工创造的国家财政收入约占财政收入总额的 10%,达 3300 多亿元。这两项中的任意一项,都超过了同年国家财政农业支出的数额。

综上所述,尽管国家财政支农投入有了增长,增长的幅度也比较大,但是,同整个国家财政增长的速度相比,仍然较低;同"三农"发展的要求相比,仍然有很大差距;更应当看到的是,取消农业税之后,农民仍然对国家财政收入提供着特殊的贡献,而这种贡献的数额是明显大于国家财政现在的支农投入数额的。

第六章　水涨库盈：工业反哺农业的宏观经济条件分析

　　1949 年中华人民共和国成立以来的城乡经济关系,经历了剧烈变化的过程。1949—1952 年,由旧中国的城市剥削、压迫乡村的半封建、半殖民地的对立关系,演变为新民主主义的城乡互助关系;1953—1978 年又由于加速工业化的需要,演变为计划经济体制下的农村为工业化提供积累的城乡关系;1979—2002 年,在经济体制改革进程中,通过工业化、市场化和城市化的迅速演进打破城乡分隔、农村为城市提供剩余的关系,但仍然没有摆脱农村和农民以低价资源和劳动力支援工业和城市的关系。从中共十六大以来提出统筹城乡经济社会发展和实行"多予、少取、放活"方针起,中国开始进入工业反哺农业、城市支持农村的新阶段。这一转变是由工业化水平和国家的财力所最终决定的。

一、产业结构演变及经济增长

　　按照工业化的一般规律,工业化的实质就是产业结构的升级,即从原来的以传统的第一产业为基础和主要部门转变为以第二产业为基础和主要部门的产业结构,而第二产业发展所带来的资本增加、技术进步、市场扩大以及第一、第三产业的发展,都推动了经济总量和质量的大幅度提高。中国改革开放以来经济高速增长,由此也引发了城乡关系发生了巨大的变化。1949 年以来中国的城乡关系,无论主观上是怎样认识它、规范它,实质上都脱离不开制约它的基础,即产业结构。因此,要讨论如何统筹城乡关系,必然离不开研究中国的产业结构及其变化趋势。

(一)产业结构演变历程

新中国成立之初,产业结构呈现出工业基础薄弱的传统农业国特征,1952 年第一、二、三产业增加值之间的比例关系为 50.5:20.9:28.6。为实现工业化,中国选择了优先发展重工业的产业结构演进路径。1953—1978年,国内生产总值年均增速为 6.1%,第二产业则高达 11%,其中工业增加值年均增速为 11.5%,而第一、三产业增加值的年均增速仅为 2.1%、5.5%。到 1978 年,三次产业结构比例变为 28.1:48.2:23.7。三次产业的不协调,导致中国农业基础薄弱,人民生活物质短缺。

改革开放以来,依靠制度创新、投入增加、技术进步和国外市场不断扩大的推动,政府和民间加快经济发展的双重积极性得到充分发挥,工业化、市场化和城市化带来了发展的奇迹,中国的产业结构演变呈现出工业化快速推进和结构不断升级。按照中国产业结构演变、GDP 增长及国家经济体制改革和宏观经济政策,可以将 1978 年以来产业结构的演变大致划分为两个时期:1978—1996 年,是在普遍短缺的经济紧运行条件下,在计划与市场双重调节下,以需求为导向的纠偏性均衡发展阶段。其中,又可以细分为1978—1984 年的农业高速增长阶段、1985—1991 年的第三产业和轻工业快速增长阶段和 1992—1996 年的整个工业超常增长阶段三个阶段。1997—2006 年,是在需求不足的买方市场条件下,在市场和政府干预的引导下,以城市化和产业升级为导向的二次产业加快发展和重型化阶段。

从 1978 开始,为扭转畸形的产业结构,中国进行了以改革开放和经济调整为标志的第一次结构调整,此阶段主要集中于 1978—1984 年。这个阶段的主要目标和任务,是从体制、政策和措施三个方面纠正新中国成立以来长期形成的农、轻、重比例失调,加快农业和轻工业的发展。在体制方面,最大的动作就是在农村全面推行了家庭承包责任制,开始开放自由市场,允许个体和私营经济发展;在政策方面,则大幅度提高了农产品收购价格,开始引进外资;在措施方面,通过实行经济调整,限制了基本建设规模,通过实行地方财政包干和分灶吃饭,实际上也为地方投资轻工业(投资少、见效快、收益高)开了方便之门。这个阶段经济增长快,产业结构的变化带有纠偏的性质,即第一产业占国民生产总值比重呈现出逆向的恢复性上升,这主要是由于进行农村体制改革,农业综合产生能力得到释放,农业呈现出高速增长。到1984年,第一产业比重达到32%,比1978年提高4%。同期第二产业下降5%,第三产业上升1%,改善了工农业比例不协调的状况。显然,此阶段的结构调整之所以与工业化逆向,是因为释放了长期受到抑制的第一产业发展能力,是产业结构纠偏的第一个步骤。

　　1985—1991年,中国产业结构进入第二轮调整和发展阶段。这个时期的产业结构变化,是以第一阶段改革开放成效诱导、在第一产业高速增长基础上进行的,主要体现在第二产业和第三产业蓬勃发展,在第二产业中轻工业比重迅速上升。一方面,1979—1984年的农村改革的成功,极大地推动了城市改革(当时被称为第二次"农村包围城市"),加上市场调节范围的扩大,使得以自由市场、个体经济和国营公司为代表的商业和饮食服务业得到迅猛发展;另一方面,连续5年的农业大幅度增长,使得吃饭问题基本解决,农民和城市居民的收入也较大幅度增加,以生活资料为主要生产对象的轻工业的需求更加旺盛,这也促使了乡镇企业和城市工业的迅猛发展。于是由投资引发的通货膨胀和经济过热再次引发经济调整。这次经济过热与1977年那次完全由政府引发的投资过热不同,它实际上是政府与民间双重需求旺盛和投资冲动引发的。在这个阶段,第三产业在GDP中的比重从28.5%上升到33.4%,第一产业下降6.1个百分点,第二产业比重保持在43%左右。其中,二次产业是以轻工、纺织为主,而重工业处于调整之中,比重下降较多。这个时期,由于个体户、乡镇企业崛起,引起了农村劳动力大量转移到第二、三产业(就地转移为主);同时又由于收入的增加,需求旺盛,推动了第二产业中的轻工业发展。

　　1992—1996年是改革开放以来产业结构演变的第三个阶段。从1992年开始,经过三年的治理整顿,又逢邓小平南方谈话后中国确立了市场经济改革目标,修改了"八五"计划指标,使得政府和民间被压抑的双重投资冲动都得到迅速释放,而投资的重点自然是效益高的工业(开发区和房地产也是以工业为主或为原料)。于是呈现出二次产业快速发展、第一产业和第三产业相对落后的格局。如:加强了基础设施和基础产业(公路、港口、电力等)投入,具有突破"瓶颈"制约的经济意义;重化工业为主导,钢铁、机械设备、汽车、造船、化工、电子、建材等工业成为经济成长的主要动力,具有产业结构升级的经济意义。1996年与1992年相比,第一产业在国内生产总值中的比重由21.8%下降为20.4%,第二产业的比重由43.9%上升为

49.5%,第三产业的比重则由34.3%下降为30.1%。

1997—2006年为改革开放以来产业结构演变的第四个阶段。1997年中国实现经济"软着陆"和首次出现买方市场,国内已经基本解决温饱问题,消费结构正面临着结构升级。再加上1997年出现的亚洲金融危机,使得中国的农业和轻工业因需求不足而增长缓慢,农民收入增长幅度甚至出现连续4年下滑的局面。

1997年是中国经济运行发生根本性转折的一年。中国经济"软着陆"的成功和亚洲金融危机,使得经过20年高速增长的国民经济终于告别了短缺常态,出现了渴望已久的买方市场。国民经济于1995年年底提前实现了"翻两番"的任务,人民基本解决了温饱问题。这种经济运行新局面的产生,预示着中国的经济发展由长期的供给约束型转向需求约束型,即从旺盛的消费需求和投资饥渴转向国内市场"疲软"、需求不足。温饱问题的解决和买方市场的出现,标志着中国经过20年改革开放形成的以温饱型消费为对象的现有工业产业结构必须进行调整,必须寻找新的经济增长点。

从1998年开始,中国加快了国有企业的改革和调整产业结构的力度,以建立现代企业制度为改革目标,以"抓大放小"和"减员增效"为措施,以压缩生产能力过剩行业为调整结构目标。国有企业通过改革大幅度减少了国家对其的补贴,加上乡镇企业的普遍转制和结构调整,使得城乡居民的收入结构发生了较大变化,这些都直接导致了轻工业发展缓慢。为了扩大内需,政府采取了积极的财政政策,但由于农民收入增长有限,随着改革的深入城镇居民面临着教育、医疗、住房、养老等费用的自筹,甚至下岗、失业的担忧,因此一般消费品的内需并没有扩大多少。在这种情况下,国家的财政资金和信贷既不可能再投入到供过于求的一般轻工业,因此由政府投资拉动的社会投资就集中于基础设施和能源、钢铁、建材等重化工业方面。这就使得这个阶段的产业结构呈现出第一产业比重下降、第二产业(主要是重工业)、第三产业发展快的格局。

在这个阶段,重工业由于城市化、消费结构升级、交通和基础设施发展的需要,同时可以通过内部循环消化一部分产能过剩,因此表现出较大的发展空间,这就是1998年以来电子、能源、汽车、建材等行业成为工业经济增长支柱产业的原因。这种"重化工业化"趋向,实际上也反映出中国工业在经历了50年的高速发展和人民解决温饱问题后,必然要走向资本和技术密集型的高加工度化,而"新型工业化"和"创新型国家"战略的提出,政府要求加快转变经济增长方式,则是顺应了这个客观趋势。

表6—1 1997—2006年产业结构变化情况(国内生产总值=100)

年份	第一产业	第二产业	第三产业
1997	18.1	47.5	34.4
1998	17.3	46.2	36.5
1999	16.2	45.8	38.0
2000	14.8	45.9	39.3
2001	14.1	45.2	40.7
2002	13.5	44.8	41.7
2003	12.6	46.0	41.4
2004	13.1	46.2	40.7
2005	12.5	47.3	40.2
2006	11.8	48.7	39.5

资料来源:历年中国统计年鉴和《2006年国民经济和社会发展公报》。

(二)国民经济持续高速增的历史和未来预测

1978年改革开放以来,中国经济实现了连续28年的年均9%以上高速增长,这不仅在中国的经济发展历史上绝无仅有,也是世界各国经济发展过程中罕见的。这么一个人口众多、人均资源匮乏和主要依靠国内积累的国家,是主要依靠什么来实现这种国民经济持续高速增长的呢?这里除了众所周知的经济体制变革和对外开放外,还有两大因素是不应忽视的。第一,中国的产业结构发生了巨大变化,大量的人口和资源从原来产出和利润低的农业转移到二、三产业,为资本、技术、人力的投入提供了巨大的空间。第二,中国的农村和农民,为工业化和经济发展提供了低廉的资源和劳动力。在1978年至1991年间,中国农村对工业化的主要贡献,一方面为城市和工业提供了足够的农产品供给和市场需求,另一方面通过发展"离土不离乡、进厂不进城"的乡镇企业,为工业化提供了低廉的资源和劳动力(减少国家对城镇建设、社会保障等投资)。1992年以后,随着市场经济体制的建立,在国家的政策倾斜下,中国的工业化和经济发展继续从农民那里获得高速增长的两个要素,一方面农村为工业和城市发展提供极廉价的土地和环境等资源,另一方面农民以流动的形式为二、三产业的高积累提供了廉价的劳动力。目前,学术界就中国的工业化是否达到了所谓的"刘易斯拐点"而展开讨论。从目前情况看,虽然中国第一产业在国民经济中的比重已经下降到11.8%,但是从就业结构、城乡居民收入差距及城市化水平看,2006年一、二、三次产业的就业人员之比为42.6:25.2:32.2,城乡就业人员之比为0.54:1,城镇居民人均可支配收入与农村居民人均纯收入之比为3.3:1,城乡人口之比仍然为43.9:56.1,远低于世界发达国家。中国产业之间、城乡之间的人口转移拐点仍然还没有到来,因此产业结构转变所带来的经济增长潜力仍然很大。

产业结构通常用三次产业的GDP构成来说明,这既可直观表现产业之间的结构特征,又可表现工业化进程的发展阶段特征。本书所谓产业结构重型化,即强调中国正处于重化工业阶段的产业结构特征。结合经济发展阶段与产业结构演进进行综合分析,最有代表性的是美国经济学家钱纳里,他从产业结构演进角度将各国人均GDP水平划分为6个变动时期,如表6—2:第1阶段即第一产业比重最大的阶段,第2—4阶段是第二产业逐步占据比重最大的工业化阶段,第5—6阶段是第二产业比重逐步下降,第三产业比重最大的发达经济阶段。其中,钱纳里在实证部分给出了不同工业化阶段产业结构的变化特征:第二产业的比重超过第一产业,工业化进入初级阶段;第一产业比重下降到20%以下,第二产业比重高于第三产业并在GDP中占最大比重时,工业化进入中期阶段;第一产业下降到10%左右,第二产业比重上升到最高水平,工业化达到基本实现阶段。

表6—2　钱纳里的人均收入6阶段(人均GDP)

阶段	人均GDP(1970年美元)	人均GDP(1980年美元)	经济发展阶段	
1	140—280	300—600	初级产品生产阶段	
2	280—560	600—1200	初级阶段	工业化阶段
3	560—1120	1200—2400	中级阶段	
4	1120—2100	2400—4500	高级阶段	
5	2100—3300	4500—7200	初级阶段	发达经济阶段
6	3300—5040	7200—10800	高级阶段	

资料来源:钱纳里等《工业化和经济增长的比较研究》(1989年版)。

2006年，中国全年国内生产总值209407亿元，按照年末总人口和年末人民币汇率（1美元兑7.8087元人民币）计算，中国人均GDP达到2040美元①，第一、第二和第三产业增加值占国内生产总值的比重分别为11.8%、48.7%和39.5%。根据钱纳里的研究，中国目前处于工业化中级阶段，工业比重仍有继续提高的空间。

根据我们的预测，"十一五"时期中国大体上能够保持约10%的经济增速，2011—2020年能够达到8.5%的增长速度。具体分析依据如下：

首先，现实经济低于潜在经济增长水平。自2003年以来，中国进入了一个新的经济高速增长周期，经济已连续4年实现了两位数增长：2003年增速为10%，2004年为10.1%，2005年为10.4%，2006年为10.7%。与此前GDP的年均增长率（1981—1990年是9.0%，1990—1997年是11.2%，1998—2002年是8.1%）相比，中国经济已从振动波幅较大的中速增长时期转到平稳上升的高速增长时期（见表6—3）。连续4年两位数的高增长，虽然超过了改革开放以来的任何一次繁荣期的长度，但从走向上看，繁荣停止的迹象尚未显露。从决定潜力经济增长的几个因素看，近年来随着投资的大幅度增加，中国资本积累的速度快速增长，资本存量的增长速度由改革开放以来年均增长11.5%提高到12.8%左右，全要素生产率增长速度接近改革开放以来年均3%的水平，国内基础设施和重大工程建设得到明显加强，煤电油运等瓶颈制约明显缓解，支持经济增长的供给能力更加宽松，应该说处于历史最好时期，潜在生产能力在10.5%左右，高于改革开放28年来潜在增长率9.5%左右的平均水平。

表6—3　国内生产总值发展速度及波动情况（以上年为100）

年份	国民生产总值	国内生产总值	第一产业	第二产业	第三产业
1952	100.0	100.0	100.0	100.0	100.0
1953	115.6	115.6	101.9	135.8	127.3
1954	104.2	104.2	101.7	115.7	99.4
1955	106.8	106.8	107.9	107.6	104.6

① 如果按照世界银行购买力平价（PPP）计算，则要高得多。2003年世界银行按照购买力平价计算的美元与人民币的比价为1∶1.82。参见世界银行编：《2005年世界发展指标》，中国财政经济出版社2005年版，第22页。

续表

年份	国民生产总值	国内生产总值	第一产业	第二产业	第三产业
1956	115.0	115.0	104.7	134.5	114.1
1957	105.1	105.1	103.1	108.0	104.8
1958	121.3	121.3	100.4	152.9	117.9
1959	108.8	108.8	84.1	125.8	115.2
1960	99.7	99.7	83.6	105.6	104.8
1961	72.7	72.7	101.4	57.9	74.3
1962	94.4	94.4	104.5	89.2	90.8
1963	110.2	110.2	111.3	114.5	104.4
1964	118.3	118.3	112.9	125.6	115.5
1965	117.0	117.0	109.7	124.2	115.8
1966	110.7	110.7	107.2	122.4	98.2
1967	94.3	94.3	101.9	85.7	100.5
1968	95.9	95.9	98.4	90.8	100.6
1969	116.9	116.9	100.8	133.1	113.3
1970	119.4	119.4	107.7	134.8	107.1
1971	107.0	107.0	101.9	112.3	105.8
1972	103.8	103.8	99.1	106.7	105.0
1973	107.9	107.9	109.0	108.3	105.5
1974	102.3	102.3	104.1	101.4	101.6
1975	108.7	108.7	102.0	115.8	104.9
1976	98.4	98.4	98.2	97.5	100.4
1977	107.6	107.6	97.8	113.3	109.5
1978	111.7	111.7	104.1	115.0	113.7
1979	107.6	107.6	106.1	108.2	107.8
1980	107.8	107.8	98.5	113.6	105.9
1981	105.2	105.2	107.0	101.9	110.4
1982	109.2	109.1	111.5	105.6	113.0
1983	111.1	110.9	108.3	110.4	115.2
1984	115.3	115.2	112.9	114.5	119.4
1985	113.2	113.5	101.8	118.6	118.3
1986	108.5	108.8	103.3	110.2	112.1
1987	111.5	111.6	104.7	113.7	114.4

续表

年份	国民生产总值	国内生产总值	第一产业	第二产业	第三产业
1988	111.3	111.3	102.5	114.5	113.2
1989	104.2	104.1	103.1	103.8	105.4
1990	104.1	103.8	107.3	103.2	102.3
1991	109.1	109.2	102.4	113.9	108.8
1992	114.1	114.2	104.7	121.2	112.4
1993	113.7	114.0	104.7	119.9	112.1
1994	113.1	113.1	104.0	118.4	111.0
1995	109.3	110.9	105.0	113.9	109.8
1996	110.2	110.0	105.1	112.1	109.4
1997	109.1	109.3	103.5	110.5	110.7
1998	107.9	107.8	103.5	108.9	108.3
1999	107.6	107.6	102.8	108.1	109.3
2000	108.9	108.4	102.4	109.4	109.7
2001	108.1	108.3	102.8	108.4	110.2
2002	109.5	109.1	102.9	109.8	110.4
2003	110.6	110.0	102.5	112.7	109.5
2004	110.4	110.1	106.3	111.1	110.0
2005	110.7	109.9	105.2	111.4	109.6
2006		110.7	105.0	112.5	110.3

说明:1978 年以后为国民总收入。

资料来源:国家统计局国民经济核算司:《中国国内生产总值核算历史资料(摘要)》,中国统计出版社 1998 年版,第 37—44 页。国家统计局:《中国统计摘要(2006)》,中国统计出版社 2006 年版,第 23 页。中华人民共和国国家统计局:《中华人民共和国 2006 年国民经济和社会发展统计公报》,2007 年 2 月 28 日。

其次,从现实经济增长因素看,未来几年国际国内的环境仍然有利于中国经济保持较快增长。(1)世界经济仍将保持稳定增长,这有利于中国保持对外贸易的继续增长和稳定外商投资规模。据联合国、国际货币基金组织、世界银行等机构预测,2007 年世界经济将增长 4.9% 左右,略低于 2006 年水平,仍高于 1990—2006 年平均 4% 的增长速度;世界贸易量增长率达到 7% 左右,增长势头良好。(2)资本和劳动力充裕但利用率不高。到 2006 年年底,居民本外币储蓄高达 32 万亿元人民币,国家外汇储备为

10663 亿美元,每年吸引外资在 550 亿美元左右。但银行总体上出现存差,资本的利用率不高,资本的产出率也不高。加上劳动力的无限供给,应该说,支持经济增长高速度的空间是具备的。(3)中国经济发展的体制机制环境逐步改善,经济结构调整不断深入。工业化、城市化、市场化、国际化进程加快,经济体制改革和结构升级引导的内生经济增长活力进一步增强。(4)中国将继续保持宏观调控政策的连续性和稳定性,注重各种政策和手段的协调配合,确保经济又好又快发展。

　　第三,从长期来看,确保经济稳定健康发展的制度环境将更加优化。改革是发展的动力,是实现科学发展的根本保障。今后 5—10 年里,中国改革攻坚的举措将陆续出台:以转变政府职能为重点,着力推进行政管理体制改革;以理顺产权关系为重点,进一步深化企业改革;以推进公共财政体系建设为重点,继续深化财税体制改革;以完善法人治理结构和优化金融结构为重点,深化金融体制改革;以完善市场功能为重点,推进重要资源性产品和生产要素价格形成机制的改革。进一步理顺水、电、煤、油、土地等价格,建立反映资源稀缺程度和生产供求关系的价格形成机制,大力整顿和规范市场秩序。由于这些改革举措的落实,社会主义市场经济体制必将进一步完善,更能确保中国经济在效益提高的基础上实现又好又快的发展。况且,随着政府更加注重经济发展的公平性,水桶理论中的内需不足的短板将被填补,其增长空间还是非常巨大的。

　　第四,从今后的发展趋势来看,中国经济增长的速度可能会有所放缓,从超高速增长进入中速增长。一是因为经济增长的基数扩大了。改革初期的 1980 年,中国 GDP 仅有 4518 亿元,增加几百亿元就可达到 10% 的增长速度。到 1990 年,GDP 达到 18598 亿元,增长 10% 要增加近 2000 亿元。而到 2006 年,GDP 达到 20 多万亿元,增长 10% 要增加 2 万多亿元。二是从短缺经济到过剩经济的转变以及从卖方市场到买方市场的转变,加上资源和环境的约束,使中国不得不放弃外延扩张、粗放经营的发展模式,从追求增长速度转而追求增长的质量和效益。

　　综合考虑以上因素的影响,"十一五"期间中国经济将承接 2003 年以来的发展势头,继续保持高增长态势,国民经济年均有望增长 10% 左右。在 2011—2020 年期间,经济增长维持 8.5% 的速度是有可能的,这个速度比改革开放 28 年来的潜在增长率平均水平低了 1.5 个百分点,甚至还略低于整个 20 世纪 80 年代的增长率平均水平。但是从经济总量来说,则与过去不可同日而语。

二、城市化和城镇吸纳农村人口的能力分析

按照统筹城乡发展的要求,贯彻工业反哺农业、城市支持农村的政策,需要把转移农村富余劳动力摆在国家战略的位置,给予更多的关注和支持。国内外经验表明,只有把农村富余劳动力转移出去,减轻人地、人资矛盾,农民才能富裕,农村才能繁荣,社会才能和谐安康。农村富余劳动力的转移,离不开城市化和工业化的发展,离不开城市就业岗位的增加。

(一)近十年来城市化进展和城市就业变化轨迹

城市化是一种世界性的社会经济现象,是乡村分散的人口、劳动力和非农业经济活动不断进行空间上的聚集而逐渐转化为城市经济要素,城市相应地成长为经济发展的主要舞台和动力的过程。20 世纪 90 年代后期以来,中国城市化进程在波动中发展,城市就业在摧毁中创造,城市化进程、工业化发展和就业创造形成了相互推动、相互矛盾的复杂局面,总体上进入了一个快速发展的时期。

1. 城市化的进展

改革开放以来,中国进入了快速的城镇化进程,表现为第一产业产值和吸纳就业人员均呈现迅速下降趋势,而第二、三产业产值占 GDP 的比重迅速上升,不仅吸纳了绝大多数新进入劳动年龄的劳动力,而且吸纳了第一产业转移出来的劳动力。但中国城市化的进程并不是一帆风顺的,特别是在20 世纪 90 年代以后出现了较为剧烈的波动:第二、三产业的劳动力比重在1997 年之前迅速增长,1997—2002 年出现停滞,2003 年至今又呈现快速上升的势头。以 90 年代后期的停滞来看,主要成因在于国有企业改革步伐的加大,大量富余人员从国有集体经济部门被排除出来。这个时期,尽管第一产业产值占 GDP 的比重继续下降,可从业人员的比重并没有相应下降,始终徘徊在 50% 左右。

在理论研究中,人们一般用市镇人口占总人口的比重来测度城市化发展水平。按此标准,近 10 年中国城市化进程处于快速发展阶段,城市化总

体水平得到了极大的提高。到 2005 年年底,城镇人口达 56157 万人,比 2000 年增长 23.2%,比 1995 增长 59.7%;城镇人口占总人口的比重达 42.99%,比 2000 年提高 6.9 个百分点,比 1995 年提高 13.95 个百分点。"八五"时期,全国城镇人口增加了 4979 万,年均增速 3.1%,城市化水平提高了 2.63 个百分点。"九五"期间,城镇人口数量增加了 10732 万人,年均增速达 5.47%,城市化水平提高了 7.2 个百分点。"十五"期间,城镇人口数量增加了 10563 万,年均增速达 4.64%,城市化水平提高了 6.9 个百分点。1995 年以前中国城镇化增长速度每年只有 0.5% 左右,1996 年以来这个速度迅速上升到 1.45%,城镇人口年均增加 2100 万以上。可见,"九五"和"十五"期间,中国城市化进程处于快速发展的阶段。

中国城市化进程还呈现出以下几个特点:

(1)城市规模结构升级进程明显加快。从 1995 年到 2005 年,中国城市由 640 个发展到 661 个,年平均增长率仅为 3.3%,与此前 10 年间平均增长率 7.4% 相比,城市数目的增长明显减慢。其中的缘由,主要是县改市的数量大大减少。但是,随着经济的持续增长,经济规模的不断扩大,城镇体系规模结构政策和城镇建制的调整,大城市的优势日益突出,加之各地政府的政策推动,大中城市的数量猛增。中国 100 万人口以上的大城市,"九五"时期只增加了 6 个,而在"十五"时期的前 3 年就已增加了 134 个;50 万—100 万人口的中等城市,"八五"时期增加了 56 个,"九五"时期只增加了 10 个,而在"十五"时期的前 3 年就已增加了 221 个;50 万人口以下的小城市,"八五"时期增加了 342 个,"九五"时期增加了 124 个,而在"十五"时期的前 3 年则减少了 358 个。到 2005 年,在全部 286 个地级及以上城市中(不包括拉萨),100 万人口以上的大城市有 113 个,占 39.5%;50 万—100 万人口的中等城市 108 个,占 37.8%;50 万人口以下的小城市为 65 个,占 22.7%。这表明,与中小城市大发展的"八五"时期不同,"九五"后特别是"十五"期间大城市的实力有了迅速增强。

(2)与经济发展的区域不平衡性一样,中国城市化发展水平也存在很大的地区差异性。这种差异性首先表现在三大地带之间。从城市密度看,东部地区城市密度为 1.93 个/万平方公里,中部地区为 0.88 个/万平方公里,西部地区只有 0.28 个/万平方公里,东部地区的城市密度是西部地区的 6.9 倍。从城市化发展水平看,2003 年东部地区为 45.8%,西部为 31.2%,

东西相差 15.6 个百分点。在西部地区内部,城市化发展也不平衡,省会城市的首位度很高,但中间层次的城市很少,作为地区级的中心城市,在一些省区中几乎还没有一个 100 万人以上的大城市,甚至 50 万人以上的中等城市也很少。在省与省之间,2003 年除 4 大直辖市外,中国城市化水平最高的辽宁已达 56.0%,而城市化水平最低的西藏只有 22.4%,两者相差 33.6 个百分点。东西部地区城市化水平差异较大,城市分布呈现自东向西由密到疏的空间分布特征,这不利于中国经济的全面发展和社会的安定。

(3)城市化秩序比较混乱,土地城市化快于人口城市化。近 10 年来中国城市化速度比较快,但却存在着一些不容忽视的问题。一方面,城市规划的综合调控作用严重失效。部分地区往往只注重城市化量的增加,而忽略了城市化质的提高,盲目追求城市人口的增加和城市地域面积的扩大,基础设施和城市建设水平较低,就业创业的公共服务滞后,生活服务设施与人口增长严重不适应;另一方面,土地的城市化快于人口的城市化。在快速的城市化过程中,各地都存在大规模征地的冲动,土地城市化的速度很快,但对失地农民的生计出路考虑不够,于是造成上千万失地、失业和无保的“三无”农民(即种田无地,就业无岗,社保无门)。据测算,在 20 世纪 90 年代后期的城市扩张中,政府每年以低价征地方式从农民身上获取的资金就高达四五千亿元。因此,城市的快速扩张,不仅没有给广大居民和农民带来福利,反而加重了他们的负担,导致城乡差距的拉大和社会问题的复杂化。

(4)从国际比较看,中国城市化水平还远低于世界平均水平。1999—2003 年,世界城市人口平均年递增 2.1%,低收入和中等收入国家年递增 2.0%;4 年间城市化水平分别提高 3 个百分点和 2 个百分点。同一时期,中国城市人口年均递增 4.6%,是世界平均增长速度的 2 倍多;城市化水平提高了 5.75 个百分点,比世界城市化水平的提高幅度快 2.75 个百分点。但是,2003 年世界平均城市化水平为 49.0%,下中等收入国家平均城市化水平为 50%。与之相比,中国的城市化水平分别低 8.5 和 9.5 个百分点。这意味着近 10 年来按常住人口比重计算的中国城市化发展速度尽管很快,但与世界平均城市化水平相比,还有很大差距。

(5)从工业化与城市化的关系上看,中国城市化进程具有滞后性。90 年代中期以后,农村劳动力开始大规模、离土又离乡地向沿海发达地区和城市转移,成为城镇二、三产业的劳动大军。但是,由于以户籍制度、城乡差别劳动就业和福利保障制度为主要内容的城乡二元制度,使得这些已经"离土"、"离乡"、"进城"的农民工,却无法成为真正的城市居民,农民的职业转移和空间转移相分离,直接阻止了城市化进程。大量非农就业人口和依托非农就业人口生存的相关人口不能市民化,意味着中国城市化依然滞后于工业化。

2.城市就业增长与变化轨迹

1978—1989 年期间,中国就业人员总数增加了 15177 万人,其中城镇增加 4876 万人,新增就业机会的城镇贡献率为 32.13%,乡村是就业人员总数增加的主要来源。

进入 90 年代以后,中国经历着快速的城市化和工业化过程,城镇就业人数增加较快,就业增加的城乡格局开始改变。1990—1995 年间,全国就业人员增加了 4038 万人,其中 2477 万人来自城镇,新增就业机会的城镇贡献率上升到 61.34%,城镇就业人数的增加量超过了乡村。1995—2000 年间,全国就业人员增加了 3203 万人,其中 2181 万人来自城镇,新增就业机会的城镇贡献率上升到 68.09%。2000—2005 年间,全国就业人员增加了 3740 万人,其中 4180 万人来自城镇,新增就业机会的城镇贡献率上升至 111.76%。这就是说,"十五"期间,乡村成为就业人数的净减少部门,全国新增的就业机会全是由城镇提供的。

相对而言,1998—2002 年是中国城镇就业最困难的时期。一方面,受亚洲金融危机的影响,中国出口剧烈下降,经济增长速度一度下降;另一方面,90 年代后期中国经济结构开始剧烈调整,国企改革加速带来了传统就业岗位的破坏,使非农就业岗位增长的势头减缓,城市经济对就业的拉动力度一度减弱。

2003 年开始,中国经济进入了另一个高速增长的周期,2003—2006 年GDP 的年增长率分别为 9.1%、9.5%、9.8% 和 10.7%。这一轮高速增长周期的特点是,中央较早地和比较及时地进行宏观调控,而且宏观调控方式也更加灵活,更加注重发挥市场对资源配置的基础力量,有保有压有促,所以这次高速增长周期持续的时间已达到四年,比过去任何一次增长周期都长。在经济高增长期,城市化进程也进入了加速期,城市化水平以年均 1.5 个百分点的速度推进,城市经济对中国 GDP 的贡献率已超过 70%,城市化水平每提高一个百分点,新增加的城市人口大约为 1300 万。

经济的持续增长和城市化进程的加快,创造了大量的非农就业机会,吸纳了大部分新进入劳动力市场的年轻劳动者和遭遇就业冲击的下岗失业职工。到2003年,徘徊了6年之久的第一产业就业比重开始下降,2004年其比重迅速下降了2.2个百分点,是改革以来下降速度最快的一年。统计数据显示,1995—2004年,城镇在岗职工数量虽然减少了4332万人,但城镇从业人员的总体数量却增加7436万人,平均每年新增826万个就业岗位。这就意味着在弥补了就业破坏数量之后还新增了大量的就业机会,摧毁与创造并存,艰难与机遇相伴,最终结果是岗位创造的业绩大于摧毁的损失。

国家统计局的数据显示出城镇就业实际好转的形势。首先,2003—2006年间,城镇新增就业人数分别达到925万、980万、970万和1184万,比2003年之前几年平均约750万人的数字相比,提高幅度很大。其次,城镇登记失业率自2003年达到4.3%的最高值之后,开始趋稳并下降:2004年和2005年登记失业率均为4.2%,2006年城镇登记失业率为4.1%。第三,2003年东部沿海地区出现了"民工荒",随后向内地蔓延,劳动力结构性短缺问题初露。第四,非正规就业在城镇总就业中的比重,从2003年出现了下降势头。2003年为38.6%,比上年下降了0.3个百分点;2004年进一步下降到37.9%。第五,2004年,城镇"在岗职工"数量在经过8年连续减少后,出现了增长。所有这些迹象,不仅意味着就业形势的开始好转,也意味着就业质量有所提高。以此判断,不仅城镇就业的困难局面已经结束,而且劳动力供给将开始成为新增就业机会的制约因素。此外,从中国人口的变化趋向也可以看出,2004—2009年是中国非农产业劳动力供给和需求趋于平衡的时期,中国新增劳动年龄人口已经度过了峰值。从2007年开始,新增劳动年龄人口下降到1000万人以下,到"十一五"末将减少到只有800万人,从而出现劳动力从无限供给转变为有限短缺并存的"刘易斯拐点"(李培林等,2007)。这样,来自劳动力供给的压力有所减轻,也会使城市就业形势得以好转。

但也应该看到,中国的就业问题总量之大、矛盾之复杂,是任何国家都未曾遇到过的。人口多、底子薄的基本国情,决定了就业压力巨大是中国经济社会发展中的突出矛盾;体制转轨的剧烈性和艰巨性,决定了城市必须集中精力解决好历史遗留的下岗失业人员再就业问题;城乡二元结构解体加速的现实状况,决定了城市正在面对农村劳动力向非农领域和城市转移的冲击;经济结构调整和产业升级的加快,也决定了城市面临着调整劳动力结构和提高劳动者素质的巨大挑战。

3. 城市就业增长趋势预测

在未来相当一段时期内,工业化和城市化仍将是中国经济增长和就业增长的主要拉动力,农村富余劳动力向城市转移仍然是提高农民收入的主渠道,是以城带乡、以工补农、推进城乡一体化的重要抓手。根据学者们的一些预测,未来20年内,大约有3亿的农民要由农村转入城市,有2亿左右的农村劳动力需要转移到城市,其规模是世界上任何一个国家都没有过的。那么,人们不禁要问:这么大规模的农村劳动力向城市转移,城市经济是否具备相应的吸纳能力呢?

(1)未来15年的就业弹性水平

从经济分析的角度讲,就业增长一般取决于两个要素:一是经济增长速度,这是基础性因素;二是就业弹性(即就业增长速度与经济增长速度的比值,或者说每一单位经济增长所带来的就业增长)。在经济增长率一定时,就业弹性决定了劳动力需求的总量。因此,要了解未来中国城市就业增加的趋势,就须围绕这两个方面来分析。

关于未来中国经济的增长速度,前面已经作过分析,因此这里仅分析未来的就业弹性。

近几年,人们从常规的统计数字考察中国的就业问题,得出了自改革开放以来中国就业弹性不断下降的结论。统计数据表明,从1979—1981年到2001—2003年,第一产业的就业弹性从平均 -0.21 提高到平均0.15,第二产业则从1.00下降到 -0.04,第三产业也从0.88降低到0.44,城乡总体经济的就业弹性从0.44降低为0.13。换言之,GDP每增长1个百分点所能带动的就业增长的百分点,已从80年代初的0.44下降到目前的0.13。按照这个弹性计算,平均每个百分点的GDP增长,在1979—1981年可以增加约200万人就业,而到2001—2003年则只能增加约95万人就业。这个就业弹性比大多数国家的水平都低。例如,发展中国家的平均就业弹性大约为0.3—0.4。

利用上述数据得出的上述结论,存在着很大的问题。一方面,总体就业弹性反映的是城乡全部就业和GDP总量之间的关系。按照中国现行的统计口径,农业起到的是就业蓄水池的作用,凡是农村中未能被非农产业吸纳就业的人员,都被计入到农业就业人员中,因此这个总量分析的意义是很有限的;另一方面,分部门计算就业弹性,所使用的就业数字不包括单位就业渠道之外的就业,即把非正规就业没有计算在就业数字中,从而使大量的就业增长被排除在计算之外,就业弹性被低估。实际上,我们关心的是城镇经济增长是否带来相应的城镇就业,以及弹性有多大。因此,依据全部城镇就业和 GDP 数字,单独估算城镇的就业弹性与变化轨迹,更能反映真实的情况。

　　鉴于这种情况,有些学者把全部城镇就业作为分析对象,观察了其增长率与城镇 GDP 增长率之间的关系,得出了不同的结论:(1)与通常人们分三次产业的方式所计算出的结果不同,自改革开放至今,中国城镇就业弹性虽然起伏多变,但从未成为负值,其最小值出现在 1995 年,约为 0.05。(2)与城乡整体的就业弹性下降趋势不同,中国城镇就业弹性从 20 世纪 90 年代初以来总体上呈现上升的趋势,并且于 90 年代后期向 80 年代初期的水平接近,到 2000 年达到了 0.31,只是在新世纪又有所降低,2002 年为 0.19。也就是说,目前城镇 GDP 每增长 1 个百分点,可以带动就业增长 0.19 个百分点[1],这个弹性数值显示出经济增长对就业增长具有更强的带动力。(3)以往研究所得出的 90 年代以来中国就业弹性大幅度下降的结论并不准确,严重低估了经济增长所带来的实际就业增长,特别是低估了城镇就业的真实增长。(4)随着中国劳动力市场的建立与完善,知识经济的不断发展,灵活的非正规就业越来越成为城市劳动者就业的重要方式。例如,在 1990—2003 年期间,非正规就业的增长速度就是很快的,占城镇全部就业的比重已从 13.6% 上升到 38.6%,其人数 2003 年已经达到了 1 亿人。

　　由于中国处于城市化和工业化加速发展的时期,第二、三产业发展空间还很大,城镇经济增长对就业增长的带动力仍然比较明显,再考虑到乡镇企业调整和国企改革导致就业岗位破坏的危机已经基本过去。因此,可以预期,在今后一段较长的时期内,中国总体就业弹性不会下降到 90 年代的低水平,至少能够保持住近几年 0.132 的水平。如果城乡分割的二元社会结构解体加快,社会公平程度加强,城镇第三产业得到正常发展,就业弹性还

---

[1]　蔡昉、都阳、王美艳:《中国劳动力市场转型与发育》,商务印书馆 2005 年版,第 83 页。

有望恢复到 0.20 的水平。

(2)未来 15 年中国城镇新增就业需求变动趋向

根据上述经济增长率和总体就业弹性变化轨迹的预测,未来 15 年中国城镇经济将会创造出大量的潜在就业机会。2006—2010 年的 5 年内,城镇新增劳动力需求将达到 5000 万,年均增加 1000 万人。考虑到中国经济规模迅速扩大、社会专业化分工加密加长的前景,以后年份新增劳动力需求呈现增大趋势,2011—2015 年间,城镇新增劳动力需求上升到 6000 万,年均增加 1200 万人;2016—2020 年,城镇新增劳动力需求会达到 6500 万—6800 万,年均增加约 1350 万人。这样,在今后的 15 年里,城镇新增的潜在就业机会共达到约 1.75 亿。

在新增就业机会中,工业将成为吸纳就业最大的产业。在未来 15 年内,工业就业增长将以每年 600 万—700 万的速度增长,成为吸纳劳动力最大的行业。这种状况与中国正处于工业化中期阶段、设备制造能力仍需大发展的阶段特征是紧密联系的。传统服务业和建筑业一直是吸纳就业的两大行业,即使在 1998—2002 年这个特殊的时期,这两个行业就业都呈现增长的趋势,以后年份这两大行业新增劳动力需求都在 100 万人以上。近年来,社会服务业吸纳就业增长迅速,但这个行业与新兴的社区就业联系密切,其中有相当一部分接近于非正规就业,稳定性差,但发展潜力很大。按照我们的预测,社会服务业每年新增劳动力需求 50 万—90 万。

另外,吸纳劳动力的另一大行业是"其他行业"。这是一个值得关注的行业。随着市场发育和分工链条的延长,出现了越来越多无法为传统的 16 大行业所涵盖的新兴行业。这个行业成为吸纳就业增长最快的行业之一,尤其是在 1998—2002 年这段就业严峻时期,"其他行业"吸纳就业的迅速增长,对缓解城镇就业压力起到了至关重要的作用。根据我们的预测,未来 15 年中这个行业每年吸纳就业将在 100 万人以上。

长期以来,人们对服务业推动中国经济的持续快速发展寄予厚望。但近年来中国服务业占 GDP 的比重不升反降,由 2002 年的 41.7% 降为 2005 年的 40.2%,从而引起了学者们的焦虑不安。我们对此问题的认识是:一方面,由于中国工业化的水平和质量还不高,服务业大发展的条件还不具备,特别是粗放型增长模式和自主创新能力不足,使配合工业发展的生产性服务业还很微弱,这就决定了当前中国服务业仍还主要是生活服务业,具有量大价低的特点;另一方面,中国巨大的收入差距影响了服务业的发展,有相当一部分人处于最基本生活需求的边缘,对质优价廉服务的基本需求无法得到充分的满足,相对富裕阶层却支撑着国外奢华性服务业的畸形发展。这样,中国服务业占 GDP 比重未能呈现出与年俱增的状况,并不是非常令人难以理解的事。正因如此,我们也能看到:从 2002 年以来,中国服务业劳动就业占全部就业的比重,每年均以 0.7 个百分点的速度提高,2005 年达到了 31.4%,虽远低于国际平均水平,但与 2002 年相比,其比重仍然提高了 2.8 个百分点。服务业对中国就业增长的贡献,随着工业化水平的提高和科学发展观的落实,将会更加凸显。

在未来 15 年里加快中国的城市化进程,是实现全面建设小康社会、推进社会主义现代化伟大战略任务的必由之路,也是消除城乡二元结构、实现社会公平的必由之路。2001 年诺贝尔经济学奖获得者斯蒂格利茨认为新世纪对于中国有三大挑战,居于首位的就是中国的城市化,第二位的是就业问题,这种认识是符合实际的。要把中国这样一个农村人口占多数的国家建设成为现代化强国,没有城市化的大发展和农村劳动力向城市的大转移是不可想象的。通过这部分的分析,我们可以看到:过去的 15 年里,中国城市化进程已经吸引了 1 亿农村劳动力的转移;在未来 15 年中,城市就业能力的增长,将会实现 1.35 亿农村劳动力转移到城市就业。可以说,这是实施统筹城乡经济社会发展方略的无量功德之举。

三、分税制以来的财政收入及增长趋势

自 1994 年实施分税制以来,国家财政收入呈现出快速增长的发展态势,甚至其增长幅度超过了国民经济的增长幅度,有力地促进了社会主义市场经济体制的完善,保障了国民经济持续、快速、健康发展和综合国力的显著增强,推动了经济繁荣和社会和谐进步。

(一)财政收入增长趋势

1.财政收入的增长与发展

根据财政收入增长速度来划分,1994 年以来全国财政收入增长可分为三个发展阶段:1994—1997 年为第一阶段,财政收入保持在 3000 亿至 9000

亿元之间。1998—2001年为第二阶段,财政收入保持在10000亿元台阶。2002—2006年为第三阶段,财政收入保持在20000至30000亿元之间(见表6—4)。到2006年全国财政收入达到3.6万亿元,是新中国成立58年财政收入最高的纪录。

表6—4　中国财政增长情况

年份	财政收入(亿元)			比重(%)		增长速度(%)	占国内生产总值比重(%)
	全国	中央	地方	中央	地方		
1994	5218.10	2906.50	2311.60	55.7	44.3	20.0	11.2
1995	6242.20	3256.62	2985.58	52.2	47.8	19.6	10.7
1996	7407.99	3661.07	3746.92	49.4	50.6	18.7	10.9
1997	8651.15	4226.92	4424.22	48.9	51.1	16.8	11.6
1998	9875.95	4892.00	4983.95	49.5	50.5	14.2	12.6
1999	11444.08	5849.21	5594.87	51.1	48.9	15.9	13.9
2000	13395.23	6989.17	6406.06	52.2	47.8	17.0	15.0
2001	16386.04	8582.74	7803.30	52.4	47.6	22.3	16.8
2002	18903.64	10388.64	8515.00	55.0	45.0	15.4	18.0
2003	27715.25	11865.27	9849.98	54.6	45.4	14.9	18.5
2004	26396.47	14503.10	11893.37	54.9	45.1	21.6	19.3
2005	31649.29	16548.53	15100.76	52.3	47.7	19.9	17.3
2006	39343.00	—	—	—	—	24.3	18.8

资料来源:《中国财政年鉴》2005年。温家宝:《2007年政府工作报告》,《人民日报》2007年3月12日。

2.财政收入的增长趋势与特点

近十几年来财政收入增长趋势呈现出以下几个特点:

财政收入增长保持快速持久。1994年至2006年,12年间中国财政收入增长跨越了三个台阶,2006年的财政收入比1994年增加34124.9亿元,在1994年的基础上增加了6.5倍。这样快的增长速度,保持这么长久的时间,不仅中国历史上没有,在国际上也属少见。

财政收入增长速度高于国内生产总值的增长速度。1994年以来,国内生产总值的增长速度基本上保持在7%—9%之间。相比之下,财政收入增长速度要快于国内生产总值的增长速度。12年间,财政收入以年均增长

18.0%的速度持续增长。其中,增长速度最高的年份达到20%左右,最低的也有14%。

中央与地方财政收入同步增长。分税制以来国家财政收入的增长,是中央与地方同步前进的。显示了中央财政与地方财政的协调发展,中央和地方分配关系的不断完善。

中央财政"两个比重"进一步提高。全国财政收入占GDP的比重1994年至1998年年均为11.4%,1999年至2005年年均为16.9%。与此同时,中央财政收入在全国财政收入中的比重也有明显的提高。1998年以前,中央财政收入占全国财政收入的比重都低于地方财政收入占全国财政收入的比重。从1998年开始,中央财政收入所占比重不断提高,1998年至2006年,中央财政收入占全国财政收入的比重年均为52.9%。

财政收入结构比较均衡。财政收入中税收收入长期保持支柱地位。在税收收入中,国内流转税、进口环节税和所得税是拉动财政收入增长的"三驾马车"。近几年,这种结构趋于稳定,变化不很大,均衡的财政收入结构具有较强的稳定性。

(二)财政收入快速增长的因素

财政收入的快速增长,并不是靠单纯提高税率实现的。相反,人民的负担在这一时期越来越轻。农村税费改革中,1997—2002年,取消收费1965项,共减轻社会负担1332亿元。之后陆续取消农业特产税、牧业税、屠宰税等,到2006年全面取消了农业税,农民负担大为减轻。企业在清理乱收费中,仅1999年就取消各种收费和基金项目338项,减轻企业负担约180亿元。城市居民通过个人所得税改革,工资改革,负担也不断减轻。在人民负担普遍减轻的情况下,财政收入能够实现快速增长,主要有以下因素:

第一,国民经济的快速发展,为财政收入增长打下了雄厚的物质基础。

第二,国家宏观调控取得明显成效,使财政收入的持续快速增长获得了有利的外部环境和可靠保障。

第三,财政体制改革效果良好,基本形成了财政收入稳定增长的制度框架。

第四,税收持续快速增长(见表6—5),有力地促进了财政收入持续快速增长机制的形成。

表6—5　1995—2006年全国税收增长情况

（单位：亿元）

年份	税收收入	年份	税收收入
1995	6038.04	2001	15301.38
1996	6909.82	2002	17636.45
1997	8234.04	2003	20017.31
1998	9262.8	2004	24165.68
1999	10682.58	2005	28778.54
2000	12581.51	2006	37636

第五，财税政策的及时调整与完善，成为增加财政收入的增效器。

第六，加强财税征管成果显著。税收征管保障税收及时足额征收，杜绝税收流失，是财政收入快速增长的有力措施。

（三）对未来财政收入增长趋势的估计

中国未来财政收入增长趋势的估计，可从以下方面来判断。

首先，从国内外形势来看，有利于中国经济发展的因素逐渐增多。2007年，国际上经济低迷的态势有所改变，美国经济增速虽然放缓，但仍可保持一定的增长。日本已经转入自主增长轨道，欧元区经济增长加快，亚洲经济继续领先于其他地区，拉美经济增长势头良好。世界经济发展中虽然存在着能源资源价格高位波动等不稳定、不确定因素，但总体上保持着较快增长。世界经济形势的好转，不仅为中国经济快速增长创造了稳定良好的外部环境，而且可进一步促进中国的外贸发展，增加财政收入。从国内形势来看，近年来，中国经济发展坚持以科学发展观为方针，加强和改善宏观调控，经济社会发展薄弱环节得到加强等，都有利于继续保持经济的平稳较快发展。在国内外有利的条件下，中国经济的发展仍能保持快速增长的势头。

其次，中国经济本身发展在未来仍然保持着强劲的动力和巨大的潜力。目前和今后一个时期，中国仍处于居民消费结构升级、工业化和城镇化步伐加快的发展阶段。特别是构建和谐社会，建立社会主义新农村，全面落实"十一五"规划，都将增强内需动力，成为经济增长的新契机。除此，在和谐社会和科学发展观指导下，国家继续支持西部大开发，振兴东北老工业基地，促进中部崛起，加大解决"三农"问题的力度，这些仍是经济增长的重要因素。特别是中国对经济结构的调整,经济增长方式的转变,节约型社会的建立,会极大地减少消耗、污染和浪费,获得更好的产出效益,这些为未来经济的发展打下了良好的基础,积蓄了充足的实力。在这个基础上,未来国内生产总值有可能实现9%以上的增长速度。

再次,财政体制改革和支持经济发展的力度会进一步加强。财政部在2007年的工作安排中,继续实施稳健的财政政策,大力支持经济发展和科技创新的力度,着力促进经济又好又快发展。规范和完善省以下分税制财政体制,着力解决县乡财政困难问题,调动基层财政发展经济和组织财政收入的积极性。转移支付力度的加大,会促进区域经济进一步协调发展,贯彻落实西部大开发、东北老工业基地振兴、中部地区崛起的财税政策,支持东部地区率先发展,会促进形成中东西部优势互补、良性互动的区域协调发展机制。在强化各项支农惠农财税政策、加快新农村的建设方面,一是投入规模和投资比重都要高于2006年,二是加大"三补贴"和综合直补力度,三是促进现代化农业建设,四是创新财政扶贫开发机制,五是深化支农资金整合试点。2007年财政总支出预算约26871亿元,比2006年增加3389亿元,增长11.4%。这些不仅支持了经济发展,而且将保障财政收入的增长。

另外,税制改革的深化和税收征管的加强会使税收增长继续保持强劲势头。近年来税收制度的改革和完善,使税收稳定增长的机制基本形成,拉动财政收入增长的国内流转税、进口环节税收和所得税"三驾马车",为今后财政收入增长打下了稳定的基础。2007年,完成内外资企业所得税两法合并,推行生产型增值税转变为消费型增值税,完善燃油税改革方案和印花税。同时,还会及时出台新的财税政策,如实施新的耕地占用税、车船税条例,研究开征物业税,调整和提高城镇土地使用税税额标准,制定新的资源税制度。加强税收征管,狠抓增收节支,厉行勤俭节约,也是今后财税部门的重要工作之一。严格打击各种走私和偷骗逃税等违法行为,严格控制减免税,全面清理和规范非税收入,强化土地出让收支监督管理,成为税收征管的重点。税收方面采取的以上措施,为税收继续快速增长创造了条件。

根据以上情况,预计未来15年内,全国财政收入将继续保持较高增长幅度,很有可能保持在10%以上的水平,至少不会低于国内总收入的增长幅度。这将为落实工业反哺农业、城市支持农村方针,不断加大国家财政对"三农"的投入力度,奠定坚实的基础。

第七章　有的放矢:工业反哺农业
政策体系的构建

落实好工业反哺农业、城市支持农村的重大方针,一方面要求不断加大中央财政和地方财政对"三农"的支出力度,另一方面也要求建立起科学合理的财政支农政策体系,提高财政支农资金的使用效率。这需要明确财政支农资金的总体思路,妥善处理若干重要关系,并在此基础上建立起与中国经济发展阶段相适应的财政支农政策体系。

一、加强财政支农政策的总体思路

加强财政支农政策的总体思路是:以科学发展观为指导,从构建和谐社会出发,按建设社会主义新农村的任务要求,贯彻统筹城乡发展的基本方略,实行"多予、少取、放活"和"工业反哺农业、城市支持农村"的方针,调整国民收入分配格局,不断加大对农业和农村发展的财政投入力度,按内涵清楚、目标明确、效果直接、方法简便、规范透明、符合国情的原则,构建起新时期财政支农框架体系,进而确保国家财政收入增量的重点用于新农村建设。

内涵清楚,就是要科学合理地界定财政支农支出的科目范围,对现行的统计口径进行调整,把由于历史原因形成的、在性质上已经不属于支农支出的科目分离出去,使得财政支农计算中只包括那些真正直接用于农业、农村和农民的支出。可以考虑采取两个口径:一个是世界贸易组织关于农业支持的口径,这是国际通用的并且可以进行国际比较的口径,是一个比较窄的口径。另一个是从中国建设新农村的具体需要出发,构建中国自己的口径,即在世贸组织的农业支持之外,还包含一些更宽泛的内容,主要是农村教育、卫生、文化和社会保障方面的支出。但是,无论是哪个口径,都不应当继续包含那些主要不是用于农业、农村和农民的项目,例如大江大河的治理,上级政府对下级政府的转移支付等。

目标明确,就是每一项财政支农支出,都要有明确的目标。这些目标可以划分为保障农民收入目标、促进农业生产目标、保护生态环境目标等。

效果直接,就是在设计具体的财政支农措施时,要按照既定的目标,采取最直接有效的办法,努力提高财政资金的使用效率。在一定的财政投入的条件下,既定目标的实现程度越高,财政资金的使用效率就越高,效果就越好。

方法简便,就是财政支农资金的使用,方法要尽可能简便易行。由于中国有将近2.5亿农户,无论是种植业还是畜牧业,每个农户的经营规模很小,专业化程度也比较低,因此,具体支农政策的设计必须考虑到可操作性,使操作成本降低到最小。一般说来,普遍性挂钩政策,例如欧盟使用的蓝箱政策和美国的差价补贴政策,在中国基本上是不宜或者无法实行的,因为与每年的产量和商品量相挂钩,计算和监督成本极高。

规范透明,就是财政支农资金的使用,在标准上要规范,要有客观可遵循性。规则一旦做出,符合条件的都可以申请。这样既有助于实现公平原则,也可避免管理过程中的个人因素以及违规行为等。

符合国情,就是要考虑到中国现阶段发展的一些特殊的情况,采取一些公开性的差别措施。例如,对于发展水平差异很大的东部、中部和西部地区,可采取不同的措施,支持的区域重点可以不同,或者中央财政与地方财政分担的责任可以不同。

二、加强财政支农政策中要处理好的几个关系

建设社会主义新农村,内涵丰富,任务繁重,涉及面非常广。在加强国家财政支持新农村建设中,需要把握和需要处理好几个关系。

(一)市场机制与政府职能的关系

建设新农村,需要各个方面的共同努力。在建设新农村中,需要按不同任务领域,明确哪些应当通过市场机制解决,哪些必须政府解决;针对不同任务,明确不同投入主体,进而明确国家财政在新农村建设中的职能定位;

哪些领域要发挥引导性作用,哪些领域要发挥主体性作用。

从总体上看,政府在新农村建设中要起主导作用;而在每个不同的具体问题上,政府应该发挥的作用是有所不同乃至非常不同的。如果只是对新农村建设中政府的作用泛泛而论,不根据性质的不同做具体界定,就会出现两种倾向:一是不切实际,事事依赖政府,要政府包办代替;二是口号主义,政府作用不到位,只让农民自己苦干。两种倾向,都是要避免的。

新农村建设需要解决的问题很多。不同的问题领域,起作用的主体不同,政府的职能不同。按主体性质和对政府职能要求的不同,新农村建设问题领域可以分为三大类:政府为主,城乡统筹;合作为主,政府扶助;个人为主,政府服务。

1. 政府为主,城乡统筹

新农村建设中的很多问题,是要以各级政府为主体来加以解决的。主要原因是,这些问题具有很强的公益特征,对于中国经济社会的发展意义重大,但是仅仅依靠市场机制又干不了,或者干不好。有些事情,在所有国家都是以政府为主;有些事情,在发达国家不是以政府为主,但是在中国,由于国情的不同,需要以政府为主;还有一些事情,在城市中不是以政府为主,但是在农村需要以政府为主。这些需要政府为主体加以解决的问题,至少包括以下几个方面:首先是农村基础设施建设,包括道路、电力、饮水、电信、电视网络等。这些方面的公益性特征比较明显。城乡之间存在着突出的差距,主要原因就是国民经济二次分配在城乡之间的严重不平衡所造成的。要解决这种不平衡,只有靠增加国家财政对农村的投入。发达国家的城乡一体化程度比较高,也正是由于国家财政对农村区域建设投入较多。其次是社会事业,包括基础教育、社会保障、卫生设施等。这方面的公益性特征也比较明显。例如,农村的义务教育,不仅仅事关农民本身的发展和能力的提高,更重要的是与整个国民素质的提高密切相关。不搞好农村教育,中国的现代农业建设、现代工业建设和城市建设,都会由于劳动力素质低而受到严重的障碍。第三是农业基础设施,如田间道路、水利工程、梯田建设、中低产田改造等。农业基础设施的改善,主要作用是提高土地单产,从而促进农业生产的增长。由于中国面临粮食等农产品需求刚性增长和农业自然资源不断减少的双重压力,提高土地单产水平,对于确保十几亿人口的粮食安全问题和工业原料的需求,具有重大的经济社会发展全局性意义。因此,农业基础设施建设,也具有很强的公益性。第四是政府农业服务,包括农业科研和推广、动植物重大疫病防治、农产品质量安全体系、农产品市场信息等。这些政府服务活动,在发达的市场经济国家中,都属于政府公益性服务。在中国,由于农业具有千家万户的小规模经营特点,这些政府服务的公益性就更强了。例如,高致病性禽流感等动物疫病的预防和控制,在中国千家万户散养的情况下,无法靠农户自己做到。而高致病性禽流感等重大动物疫病的防治,对于整个社会经济和人民健康的影响,具有重大意义。因此,政府必须担负起主要责任。第五是扶贫济困救灾工作。为落实以人为本的科学发展观,体现社会主义社会特征,构建和谐社会,都需要加强政府在扶贫济困救灾方面的作用。当然,这并不排除动员社会各个方面力量的参与。

2. 合作为主,政府扶助

有一些农村问题,无法完全依赖政府为主体解决,也不是一家一户的农民个体所能解决的。这就需要农民(村民)集体通过合作的方式,共同努力解决。这主要是涉及村庄内部和村庄周边的一些问题。例如,从乡间公路到村庄的进村公路,村内的道路、沟渠,村边的水塘、河道,村内的环境治理和垃圾处理,等等。解决这些问题的主体是农民和村民集体,通过村民出劳出工乃至适当地出资来解决。是否设立项目,设立什么样和什么档次的项目,主要是靠村民集体商议决定。政府提供一些指导、扶持和服务,但是不宜过多干预。村庄整治工作,在建设新农村中具有重要意义。一方面,要防止将建设新农村的含义窄化,把中央"二十个字"的任务要求减少为"村容整洁"四个字;另一方面,也要以积极务实的态度,从各地实际情况出发,切实抓好村庄整治工作。村庄整治工作的许多方面,都属于农民要求比较迫切、最容易见效的问题。并且,如果方向对头,方法得当,不需要很多投入,就会较快地见到成效。引导农民通过辛勤劳动,通过共同努力,建设家园,改善环境,不仅会提高农民的生活质量,更重要的是会促进社会风气的改善,促进农民合作精神的提高,促进农民民主自治习惯的培育,推进"乡风文明"和"管理民主"目标的实现。韩国新村建设取得了较好效果,也正是由于通过新村建设中的一些具体做法,注重培育起农民的"勤勉、自助、合作"精神。政府在这方面的重要职责是:一方面,可以适当提供一些扶持。但是这些扶持只能是引导性的,辅助性的,带有鼓励和奖励性质。这需要研究和借鉴韩国新农村的具体做法,让政府的扶持成为调动村民积极性的手段,而不是唯一依赖。根据一些地方试点工作的准备情况,现在要注意研究合适可行的具体做法,要注意防止村民自己不出工不出力,而只是把政府的钱拿来,选几个项目,承包出去完事;另一方面,政府也要提供有关服务,例如规划服务、培训服务、技术服务(如提供有当地特色而又经济适用的住房图纸和式样)、示范服务,等等。如果不能够在这些方面提高有效的服务,新农村建设的试点效果就会大打折扣。例如,其中的规划服务,就是具有首要意义的服务。如果规划不搞好,村庄的建设就会出现大拆大建、不断拆建的问题,严重浪费资金和资源。又如,试点工作也非常重要,试点成功的最主要标志是试点经验可以普遍进行推广。

3. 个人为主,政府服务

新农村建设中,除了上述需要农民(村民)通过合作方式,努力加以解决的问题之外,也还有一些问题,主要靠农民的自身努力加以解决。例如增加收入问题,主体只能是农民自己。中国同一地区中,农民的收入水平往往很不相同。无论是在发达地区的村庄中,还是在不发达地区的村庄中,都有村民之间的贫富差别很大的情况。同一村庄中的自然条件、外部经济条件、政策环境等均是相同的,而收入的较大差别主要是由于农民个人本身的情况不同所造成的。具体原因可能是勤奋程度、创业精神、身体状况、家庭负担等。每一个具体的农户要想提高收入,主要途径都是发挥农业内部的潜力如进行结构调整,从事二、三产业,或者外出务工等。而这些途径实现的程度如何,主要靠农民自身的努力。除了农民自身的努力之外,政府对于促进农民增收,也担负着重要的职能。只是,这些职能是为农民自己的努力创造一个更好的外部环境,而不能取代农民自身的努力。政府在解决农民收入方面的职能,主要表现在两个方面:一是为农民创造平等的就业政策环境,如保障农民工合法权益的各种政策。通过这些措施,促进农民从农业和农村向外部的转移。二是为农民增收提供各种促进性的服务,例如上述的各种促进农业生产发展的措施,尤其是农业基础设施和农业科技创新与推广服务,提高农民自我发展能力的教育和培训,提供小额信贷等金融服务,等等。此外,也可以对农民进行直接补贴。目前各类直补占农民收入的比重在1%左右。中国现在从总体上已经进入了"以工促农"阶段,而与欧盟、日本和美国那样大幅度的"以工补农"阶段相比,还有一定差距。

（二）中央财政投入与地方财政投入的关系

加强财政对于建设新农村的支持,既需要中央财政加大投入,也需要地方政府加大投入。在中央财政投入与地方财政投入的关系上,从中国的具体情况出发,中央财政投入的重点应当是在中西部地区。主要原因至少有二:第一,东部地区地方经济发展水平远远高于中西部地区,地方财政实力也远远高于中西部地区(表7—1)。2005 年,东部 11 个省份的人均国民生产总值为 23120 元,而中、西部不到东部的一半,分别为 11062 元和 9281元。地方财政收入水平相差更远,东部地区人均地方财政收入为 1903 元,而中、西部地区分别为 668 元和 685 元,仅仅相当于东部地区的 1/3。第二,全国每年有 1 亿多外出务工农民,其来源以中、西部地区为主,而就业地点以东部省份为主。这些农民工每年在就业地点为当地创造了国民生产总值,也创造了地方财政收入。据北京市研究报告,北京市 2004 年的 700 多亿财政收入中,至少有 1/5 是农民工创造的。而农民工很少享受到这些财政收入。因此,中央财政重点支持中西部地区,并不是对东部地区的歧视和忽视,而完全是从实际出发的公平之举。

表 7—1　2005 年各省区地方财政收入水平

	人均 GDP,元/人	人均地方财政收入,元/人	农业 GDP%
上海	51429	7972	0.9
北京	44311	5977	1.4
天津	35129	3182	3.0
浙江	27287	2178	6.5
江苏	24444	1769	7.6
广东	23606	1966	6.3
山东	19970	1160	10.4
辽宁	18965	1600	10.7
福建	18557	1224	12.6
河北	14767	753	14.4
海南	10785	830	33.7
东部 11 省市	23120	1903	7.9
黑龙江	14424	833	12.2

续表

	人均GDP,元/人	人均地方财政收入,元/人	农业GDP%
吉林	13310	763	16.8
山西	12283	1098	6.3
湖北	11357	658	16.5
河南	11231	573	17.5
湖南	10234	625	19.4
江西	9408	587	19.0
安徽	8784	546	17.5
中部8省	11062	668	16.1
内蒙古	16023	1163	15.7
新疆	13134	897	19.2
重庆	10969	918	15.1
宁夏	10050	800	11.7
青海	10000	622	11.6
陕西	9879	740	11.4
西藏	9061	433	19.1
四川	8993	584	20.3
广西	8719	607	22.2
云南	7802	702	18.9
甘肃	7433	476	15.6
贵州	5206	489	18.5
西部12省区市	9281	685	17.6

资料来源：根据《中国统计年鉴》数据计算。

（三）增加总量和提高效率的关系

加强国家财政支持新农村建设，一方面要不断增加支农资金投入总量，另一方面也要探索新思路和新方法，通过体制创新，理顺渠道，整合资源，加强监管，提高资金的使用效率。

近年来国家财政支农资金的数额有了大幅度的增加，但是，目前的财政支农水平同新农村建设的需要相比，仍然远远不足。现在列在支农资金项下的一些支出，并不是真正的或者主要用于"三农"的支出。如果将这些项目分离出去，财政支农资金就要少得多。因此，今后必须不断增加财政支农资金的支出总额。

　　在不断增加财政支农资金总量的同时,也要注意解决资金分散、效率不高的问题。主要是从三个方面入手:一是建立起各部门之间的协调机制。按现有体制,在农业建设投资方面有十六七个部门参与,以条条管理为主,主管部门之间缺乏沟通,致使不同渠道的政府支农资金,在使用方向、项目布局、建设内容等方面不同程度地存在着交叉和重复,影响了财政资金的使用效率。从长远看,结合政府部门改革,逐步理顺关系,归并职能,统一管理。从短期看,在管理体制没有大的变革的情况下,要建立起部门之间的协调机制,形成合力,克服支农资金渠道分散和使用重复的问题。二是加强对现有资金使用效果的评估和调整机制。对于效果好的支出项目,应重点加大支持力度;对于效果较差的支出项目,或者随着外部条件变化重要性已经降低的项目,要及时地进行调整。财政支持项目不能只上不下,只增不减。要通过科学评估,建立起财政支出项目的调整机制。三是加强对财政支出执行过程的监管,防止截留、挤占、挪用的情况发生。一方面要从支出项目的执行设计上更为科学,更有可操作性,避免漏洞;另一方面是加强对执行过程的检查和监控。

(四)财政投入与社会资金投入的关系

　　建设新农村是一项复杂的系统工程,财政的支持具有关键性的作用。但是,也要看到,仅仅靠财政支持,是不够的,还要动员、鼓励和推动社会力量和社会资源的参与。国家财政和社会力量之间,不是简单的平行或者补充关系。通过科学的安排,可以使得国家财政在调动社会力量参与方面起到重要催化作用和放大作用。

　　社会力量的参与,可以有两种方式:一种是市场导向性质的,即不需要政府扶持和支持,按照市场经济规律,企业就有积极性参与。一般说来,这应当是有市场赢利的领域。另一种是慈善性质的,企业的参与,并不是以赢利为目的,而完全是无偿回报社会。

　　鼓励和调动社会力量参与,可有多种措施。(1)对于完全依靠市场机制就可以解决的问题,应当为企业创造一个有利的体制和政策环境,破除一些限制性的妨碍因素。例如,在农村金融服务方面,就应当允许多种形式和所有制形态的金融服务进入。(2)有一些领域,由于中国农村居住分散和农业规模小的特点,无法通过完全的市场机制解决问题。对于这类问题,可以采取政府投资兴建,而在日常运行方面,可以采取市场机制。例如,一些农田水利设施,农村有线电视系统等,就可以考虑这种方式。(3)对于企业自愿无偿进行投入的项目,应当在投资税收减免等方面,提供优惠待遇,以鼓励企业进行的公益性活动。

(五)借鉴国外经验与适合国情的关系

国外尤其是发达国家在财政支农方面,起步较早,经验较多。中国尽管没有达到欧盟、日本和美国那样的发达程度,对农业和农村的扶持程度不可能像这些国家那样高,但是,发达国家对农业和农村发展问题的重视,通过国家财政大力支农的总体思路,以及在财政支农方面的一些具体做法,还是值得学习借鉴的。尤其是这些发达国家在几十年前的发展水平与中国现在所处的发展阶段相当,学习借鉴的意义更强一些。

不过,我们一方面要积极借鉴国外支农政策经验,另一方面也要注意国外的特殊国情和条件,避免对一些具体的做法盲目模仿,机械照搬。在这方面,要注意以下几点:一是要考虑发达国家的农业政策目标。欧盟和美国农产品过剩,因此,财政支农以保障农民收入为主,而对促进生产重视程度相对不足。而中国将在长期内面临农产品短缺的压力,不断提高农业生产能力始终是农业政策的首要目标之一。二是要考虑欧美等国家的农业经营规模较大,农场数量较少,农民销售产品数量大,渠道比较集中,农产品产后流通的过程中一般有一个"瓶颈",例如大型谷物收购站,农产品拍卖市场等。有关扶持政策可以在这样的环节实行,操作成本很小。而中国有2亿多农民,农户数量巨大,每个农户生产和销售的数量较少,因此,市场营销渠道非常复杂,难以找到一个产品高度集中的"瓶颈"环节。有些政策的实行就非常困难,操作成本巨大。三是中国农业产前与产后部门相对不够发达,农民合作组织和产品协会不够发达,因此,发达国家中可以依靠涉农企业或者农民组织,按照市场机制进行的一些事情,中国难以做到。例如,美国的农业科研投入中,大型私营企业占一半左右。而中国就不具备这种条件,因此,农业科研投入主要还是以政府财政投入为主。四是发达国家农民的受教育水平比较高,而中国农民的文化素质普遍较低。这也对国家财政投入有影响。例如,美国农民的教育水平和技术水平较高,一般性的科技知识自己就可以获得,或者通过涉农企业获得,政府只有大学的"科研、教学、推广"一体化体制,而没有基层农业技术推广体系。而在中国,由于广大农民的受教育水平较低,涉农企业的推广服务也不足,政府的基层农业技术推广体系就是非常必要的。类似的例子还有很多。

三、构建新时期的国家财政支农框架体系

按照建设社会主义新农村的目标和任务要求,按照内涵清楚、目标明确、效果直接、方法简便、规范透明、符合国情的原则,正确处理好以上各个方面的关系,根据具体目标和作用领域的特点,构建起新时期中国财政支农框架体系。这个框架体系由四大部分构成,即:农业产业支持体系、农民收入支持体系、农村基础设施支持体系、农村社会事业支持体系。

(一)农业产业支持体系

这个体系的主要政策目标是提高农业综合生产能力,建设现代农业,确保中国的粮食安全和农产品质量安全。

属于这个体系的主要支持措施是:农田基础设施建设投入、政府农业服务体系建设、农业投入品(良种)补贴、农业投资(农机具购置)补贴、市场政策(最低收购价格政策)。

(1)农业基础设施建设。包括水利设施、节水灌溉、田间道路、农田整治(梯田、台田、平整等)、水土流失治理、盐碱地治理、草场建设、土地复垦、农业综合开发等。这是农业生产的基础,离开了这个基础,不仅增产目标难以实现,并且稳产的目标也难以实现。基础设施建设好了,抗御自然灾害的能力才能增强,地力才会提高,资源才会可持续利用。农业基础设施建设投入,具有当期投入,长期收效的特点,这与价格政策等不同。这方面的措施可以分为几个方面:一是切实落实好最严格的耕地保护制度,保护资源总量不减少;二是稳定和完善土地制度,调动保护和建设地力的积极性;三是加大国家财政的直接投资,用于大中型农业基础设施项目的建设;四是通过财政补贴的办法,扶持和鼓励农民个人或者集体进行小规模的农业基础设施投资。

(2)政府农业服务体系。包括农业科研、农业推广与农民培训、动植物

疫病防治、农产品质量安全检验检测、农产品市场信息服务等。所有这些服务项目都具备着鲜明的公益性特征,并且对农业生产的发展具有关键的支撑性作用。其中的农业科研具有首要性意义。从长期看,农业科技发展和创新是农业发展的动力。国外农业发展上百年的历史经验证明了这一点,中国过去几十年的发展情况也证明了这一点。农业科研受自然和生物条件的制约,科技创新的周期较长,同时科技成果的发现具有相当的偶然性,不可能像建设工程项目那样,可以准确地事先预计项目的成果。但是,农业科研一旦取得成果,就会在长期内一直发挥作用,不管是否有继续投入。因此,从长期看,科研投入的产出效果非常高。国家财政在政府农业服务方面的投入主要包括:一是政府服务部门的建设和运转费用;二是例常性项目经费;三是应急性支出(如重大疫病防控)。

(3)农业投入品(良种)补贴。目前中国只有良种补贴一项。农业投入品补贴的直接作用是刺激农民对该投入品的购买性,提高该产品的投入水平。对农业投入品实行补贴,具有一定的难度。如果补贴在投入品的生产部门,则存在着补贴效率不高的问题,因为补贴的目的是降低农民的购买价格,而在市场经济条件下,价格是受供求关系制约的,政府难以进行直接控制。于是就会出现尽管有政府对生产企业的补贴,但是市场价格仍然居高不下的情况。对农业投入品进行补贴的另一个思路是对农民进行补贴,但是,要与农民的购买行为密切挂钩。如果不挂钩的话,就失去了补贴的目标是鼓励农民购买投入品的本来意义。中国的良种补贴是一种特殊情况,补贴的目的是引导农民使用良种,通过在一个区域的范围内补贴少数优质品种,鼓励不同的农户使用同一良种,既有助于提高产量,又有助于克服小农户生产的不足,实现区域种植的专业化和规模化。就这个意义看,良种补贴是有着积极意义的。当然,以上目标能否很好实现,取决于具体的政策实施和落实情况。

(4)农业投资(农机具购置)补贴。农业投资补贴是国外使用较多的一种财政支农政策。从更广泛的意义上看,也包括在基础设施方面的投资。这里指除了农业基础设施建设之外的投资,也包括一些农业生产建筑物(如牲畜圈舍)等。农业投资补贴的原理在于:如果仅仅靠农民自己独自投资,农民可能缺乏积极性,或者缺乏相应的资金能力。政府在农业投资方面提供补贴,主要为了加快推进农业现代化建设过程,减轻农民劳动强度,提高农业生产能力和竞争力。具体方式可以有两种:一是直接补贴部分购买资金;二是为农民提供贷款,解决难以靠一般商业贷款的问题,以及提供优惠贷款利率,国家进行贴息。

(5)市场政策(最低收购价格政策)。市场政策兼具促进生产和保障农民收入的双重作用。不过,20世纪90年代以来,发达国家不断减弱了市场政策的使用。主要原因:一是发达国家农产品过剩问题突出,保护价格政策是造成过剩的重要原因;二是发达国家实行保护价格政策的主要目标是保障农民收入,而现在认为保障收入的最有效办法是直接支付政策;三是世贸组织的谈判降低了农产品的关税,世界农产品市场一体化的进程加快,越来越难以在一个国家内部实行保护价格收购,因为在一个完全一体化的世界市场条件下,保护收购价格如果高于市场均衡价格,其他国家的农产品就会涌入国内市场,使得保护价格客观上面对各国的农民生产者。这是任何一个国家都做不到的。中国现在实行的最低收购价格政策,对于保障主要粮食品种的生产有积极意义,应当继续保持。但是,保护价格的调整要慎重,必须充分考虑与进口因素的衔接。

(二)农民收入支持体系

这个支持体系的主要政策目标是促进农民增加收入,主要支持措施是直接补贴。

中国的直接补贴政策开始于2004年,对粮食主产区的农民进行了粮食直接补贴,其积极意义是明显的,包括以下几个方面:(1)政治意义突出:有史以来,都是国家向农民要钱,农民由于从事农业生产而必须向国家交税。而直接补贴政策则完全相反,是国家拿钱给农民,仅仅是由于农民从事农业生产。(2)财政资金使用效率提高:将原来用于流通的财政补贴转用于直接补贴,全部补贴的实惠为农民所得,而没有在中间环节并截留。(3)对农民增加粮食生产有一定促进作用。直接补贴提高了农民的收入,并且是现金收入,使得农民的投入能力有所加强,尤其是在种植规模比较大的地方,如东北地区。

2006年,又开始实行农业生产资料综合补贴,其起因是农业生产资料涨价,农业生产成本增加,农民收入受到不利影响,农民反映比较强烈。

中国的这两种直接补贴的起因不同,名称不同,但是从实际操作和作用效果来看,实质上是收入性补贴。也就是说,实行这两种补贴之后,主要效果是农民收入获得了增加。在促进生产方面,也有一定的影响,但是这种影响是间接的,表现为农民心理上获得了一种补偿感,农民购买农业生产资料的能力也获得了一定的加强。但是,收入补贴对农民生产的影响仅仅是可能的,而不是必然的。农民拿到补贴之后,并不一定用于生产,而是也可以用于生活或其他方面的开支。

弄清中国现行的这两种直接补贴的作用机理很重要。明确了其主要作用领域是收入而不是生产,有助于我们保持清醒的头脑,以免发生对生产形势的误判。中国的直接补贴对农民收入的实际促进作用还不是很明显,两种补贴合计之后按全国农业人口平均,每人只有30多元,约占农民年纯收入的1%。当然,在土地面积较多的省份,每个农民实际享受的补贴额要大一些。

(三)农村基础设施支持体系

这个支持体系的主要政策目标是农村生产生活条件。主要支持措施是:农村道路、饮水、电力、电讯等公益事业的建设和维护。对村庄内部和周边的环境整治给予引导性扶持。

农村基础设施不仅仅与农民和农业有关,也日益与整个国民经济密切相关。一方面,随着工业化和城市化的进程,城乡之间的界限越来越难以清晰划定。发达国家的城乡一体化程度很高,城乡的界限就更模糊;另一方面,越来越多的在城市里就业的人员,选择到城外居住,发达国家这种现象更为突出,农村中居住的非农业人口是农业人口的几倍以上。因此,农村基础设施,绝不仅仅是为农民和农业建设的。有的国家如美国在提交到世贸组织的农业支持报告表中,没有包括农村基础建设,原因可能就是没有专门的农村基础设施建设的概念,而是将农村的基础设施纳入整个社会基础设施的建设中。

把农村的基础设施建设好,是缩小城乡差别,促进城乡良好互动发展的关键。把农村的基础设施建设好了,就可以像欧美国家那样实行较高的城乡一体化,避免巴西等南美国家的过度城市化及其产生的社会问题。中国由于历史的原因,农村基础设施较为落后。因此,亟须加大投入,尽快改善面貌。

农村的基础设施建设主要靠财政投入,包括道路、供电、困难地区的供水等。有的可以通过国家财政投入进行建设,而运转之后靠市场机制维系,如有线电视等。也有的可以通过国家进行部分补贴的方式进行建设,如条件较好地区的饮水设施建设等。

(四)农村社会事业支持体系

这一支持体系的主要目标是提高农村居民(国民)的身体与文化素质,稳定社会。主要支持措施是加强对农村义务教育、职业教育、医疗卫生和社会保障方面的财政投入。

发达国家在社会事业建设方面实行城乡一体化的政策,并无农村与城市之分,因此,在各国的财政支农支出中,看不到这些方面的项目支出。只是在部分国家中,农民社会保障中的部分项目纳入了支农支出,如对农民提前退休的补贴。这不是作为对整个体系的支出,而是对特殊情况的支出。

中国由于历史的原因,城乡在社会事业发展方面差距较大。因此,必须大大加强农村社会事业方面的财政支出,努力缩小城乡之间的差别。在农村义务教育和职业教育方面,需要重点加大投入力度。在农村社会保障制度方面,也应当加快推进试点步伐,在试点经验的基础上,尽早建立起全国统一的农村社会保障体系,尤其是养老保障和最低生活保障。

在统计财政支农支出时,为便于进行国际比较,建议将农村社会事业的支出单列。

第八章　利器善事：工业反哺农业的体制改革保障

实行和落实工业反哺农业的重大方针，需要管理体制、投入体制、土地与经营制度、户籍与就业制度、推广与培训制度、金融支持体制、社会保障制度等一系列重要的制度和体制保障。

一、农业管理体制改革

（一）农业管理体制的现状与问题

1.农业管理体制及运作方式

中国农业管理体制由各级政府及其涉农部门组成，是一个复合的网络结构。1998 年政府机构改革设立的中央政府涉农部门，除农业部外，还有水利部、国家林业局、国家粮食局、原国家发展计划委员会、财政部、国土资源部、国家质量监督检验检疫总局、国家工商管理总局等，还有其他一些部门也涉及农业政策的制定与执行。据统计，在农业产前、产中、产后的管理上，共涉及 14 个部委（局）。其中，在农产品的质量安全管理上，涉及 8 个部委（局）；在农业投资管理上，涉及 8 个部委（行）；在农产品加工流通管理上，涉及 6 个部委（局）；在农业生产资料管理上，涉及 5 个部委（局）。

在运作方式上，凡是各涉农部门职权范围的工作，特别是日常管理事务均由各部门独立完成。如，农民负担的监督管理的经常性工作由农业部负责，农田水利建设的经常性工作由水利部完成。未明确分工的事项或者是重大的政策或管理方式的变动，均须上报国务院批准。国务院的程序是，事项的主办部门提出意见，如果该事项还涉及其他有关部门，则主办部门必须事先征求有关部门意见，并进行主动协调，力求形成一致意见，上报国务院批准。如果主办部门和相关部门无法形成一致意见,则由主办部门将各方意见汇总,上报国务院决定。

在日常农业管理活动中,凡涉及几个部门的事项,则通常以一个部门为主,几个部门联合行动。例如,农民负担管理涉及农业部、财政部、国家计委、监察部等部门,虽然经常性的管理工作由农业部负责,但涉及农民负担的检查或政策变动几个部门都要参与。

各级地方政府的农业管理体制,其部门组成和职能分配结构基本上类似于中央农业管理体制,突出的特点是上下对应,下一级政府农业管理体制基本与上一级政府农业管理体制相同。一般是上级政府有什么部门,下级政府就有什么部门,形成所谓的对口单位,并且下一级政府的每一个涉农部门的职能也大体上与上级政府对应部门相同或相似。此外,地方政府农业管理体制还呈现出这样一个特点,即越是基层政府,涉农部门的职能越弱,政府的职能越强,到了乡里,许多部门工作即转化为乡政府的工作。各级农业管理体制的运作模式基本与中央农业管理体制运作方式相同。

中国农业管理体制是在计划经济时期建立,特点是强调中央和地方的对口和一致性,属于统一集权式的管理方式。受人多地少的主要矛盾约束,中国农业的重要任务是解决吃饭问题,与之相适应,农业行政管理部门的主要职能是增加农产品产量。这种统一集权式的管理,有利于全国的统一协调和组织指挥,在计划经济时期,对促进农业生产的发展,发挥了重要作用。但这种管理体制,很难充分调动地方的积极性与创造性,随着中国农业综合生产能力的不断提高,农产品供给问题已基本解决,资源问题和市场问题成为新时期农业和农村经济发展的主要问题,原来的职能设置的弊端逐步显现,尤其对指导农业经济结构和农业产业结构的调整上,显得有些力不从心,很难发挥效能作用。

2. 农业管理体制的问题

改革开放以来,政府对农业管理体制进行了较大幅度的调整,但是管理体制的设计思路、运作方式并未发生根本性变化。随着市场经济秩序的建立,农业发展进入新阶段,农业管理应注重宏观管理与组织协调,这种管理体制和直接管理的方式已很不合时宜,诸多弊端日益明显,在很大程度上制约农业与农村经济的协调、持续与健康发展。存在农业管理机构设置重复、管理职能交叉不清、产业链条分割、职能和手段不配套等一系列问题。

（1）管理体制设计和行政方式仍有计划经济色彩

现在农业管理体制设计和职能分配基本沿袭了计划经济时期的构架。计划经济时期的做法是，国家制定计划目标，然后层层分解，最后以任务形式落实到基层经济单位，所以政府农业管理体制基本上就是计划的制定、分解、落实和执行。在这种情况下，只要有一个产品，就可以成立一个部门，这个部门的主要任务就是编制落实这种产品的发展计划并指导落实。结果就出现了很多的机械工业部，如一机部、二机部等，又如石油部、地矿部等。

在市场经济条件下，经济主体在政策和法律框架下，拥有完全的生产和经营自主权。政府可以影响经济主体的行为，但必须通过政策和经济调控手段或法律手段，而不能通过行政命令与计划手段。因此，对经济的管理必须考虑调控手段要与职能相匹配，管事就得有管事的手段。如果没有相应的调控手段，如资金投入、价格调控、市场建设、质量安全监督、信贷方面的保障措施等等，主管部门就无法促进某一产业或产品的发展。

从管理方式上看，农业管理部门可运用的宏观调控手段十分有限，仍以行政手段为主，存在不少不适应市场经济的方面。例如，在农业结构调整中，制定出减少粮食种植面积计划，然后层层分解，最后落实到村到户，有的还把农业生产任务作为干部考核指标。有时事与愿违，农产品销售不出去，造成资源的浪费和政府与群众的对立。这些都是农业管理体制与市场经济不相适应造成的。

（2）农业主管部门与其他部门职能重复交错，力量分散

在同一政府的组织序列里，本不应出现不同部门具有相同职能的现象，而现行农业管理体制中，却存在着不同部门职能重复设置。例如，根据"三定"方案，农业部具有"拟定农业和农村经济发展战略、中长期发展规划、农业的产业政策"的职责和权力。但与此同时，国家发展与改革委员会具有"研究农业和农村经济发展重大问题；提出农村经济发展战略和农村经济体制改革建议；衔接平衡农业、林业、水利、气象等的发展规划和政策"职责和权力。两个部门就提出农村经济发展战略和政策方面的职能是重叠的。这种重叠造成的结果是都有权负责，但都可以不负责。对于政府来说，以哪一个部门的意见为准就出现了选择性。从行政的角度看，提出关于农村经济发展重大问题意见的部门，是农业主管部门的权力和责任，即应是农业部职责。反过来，根据国家计委职能，国家计委也有权并有责任就此提意见，

结果形成了齐抓共管局面。这样就造成了部门分割和管理脱节,以粮食为例,除粮食的生产、国内检疫、技术推广由农业部门独立管理外,粮食的市场平衡、进出口计划和购销价格,由计划部门管理;农业生产资料的流通,由经贸等部门管理;农业的重大科技攻关计划和科技产业示范,由科技部门管理;粮食及其加工品的质量标准和检验检测、进出口粮食的卫生监督检验,由质检部门管理;粮食贸易谈判和贸易争端、配额分配,由外经贸部门管理;粮食供求的地区平衡,由省级人民政府管理;粮食流通和收储政策由粮食储备部门负责,专储业务由有关企业承担;粮食收购资金由专门的政策性银行管理;农产品市场体系建设由经贸和农业部门共同管理;食品加工政策由经贸部门负责。

农业管理体制涉及面广,不少系统都有专门职能,但这些相互关联的力量比较分散,职能不清,缺乏整体性,无法形成合力。由于资金、项目、人才、设备使用不集中,低层次重复严重,造成行政管理和协调工作缺乏强有力的技术、信息和政策咨询服务的支撑,影响了决策的时效性和准确性。这种分散管理的体制,不仅不利于农产品生产、加工、流通和内外贸的统一,不利于实行灵活、有效的调控管理,而且严重制约了农业市场化的进程和农产品竞争力的提高。

(3)农业主管部门调控手段不足,制约了农业政策目标的实现

农业主管部门的很多事有责任,但没有手段,相当多的涉及农业和农村的事项均须采取多部门齐抓共管模式,不能有效实行,严重影响了行政效率和行政协调性。那些与农业有关行业,如林业、水利分别由国家林业局、水利部等来管理,在中央一级除农业部外,还有13个部、委、局承担有关的农业行政管理职能,由此带来的矛盾在各级行政管理中都有不同表现,不仅导致了行政资源的浪费,也造成政出多门,各自为政。

根据"三定"方案,农业部具有引导农业产业结构的合理调整、农业资源的合理配置和产品品质改善的职责和权力。在市场经济条件下,政府对经济结构调整干预大多通过经济、法律和政策手段进行,而不能采取行政手段。但经济手段中的主要部分如农业投资、税收、价格政策、市场管理、信贷、储备、补贴等手段均不在农业部而分别由国家计委和财政部、农业银行、农业发展银行、国家工商总局等部门掌握。再如,农业部是农业和农村工作的主管部门,但是与农业发展密切相关的农业用水资源和农田水利建设由

水利部主管;耕地是农业生产的重要资源,但耕地保护开发,农地用途管制,基本农田保护是由国土资源部负责。

(4)政府管理层次过多,削弱了市场的调节机能

政府的管理层次和环节多,主要表现在两个方面:一是政府在农业管理机构的设置上,分中央、省、地、县、乡五级;在同一级政府内部,又分综合管理部门和专业管理部门;在农业管理部门内部,有的还设有二级管理机构;此外,还有相当数量的具有行政管理职能的事业单位。二是在农业管理部门内部,管理环节多、链条长,一件事情分散到若干个部门管理。以农产品质量安全管理为例,仅在农业部内就涉及 10 个司局和 12 个直属事业单位,有的司局内部还涉及若干个处室,既增加了管理成本,又降低了行政效能。

政府职能宽泛,不仅增加了管理成本、降低了行政效率,而且弱化了市场的调节机能。在市场经济条件下,政府应当减少对生产和市场的直接干预,而着重行使宏观调控、市场监管、公共服务方面的职能。在市场经济体制中,市场不是万能的,所以需要政府(政府的宏观调控很大程度上就是为了弥补和纠正市场缺陷,做市场做不到、做不好的事情);政府也不是万能的,所以要"慎求政府"。

(5)农业的基层管理组织分散,社会中介组织发育滞后

中国的农业管理机构设置虽然层次较多,从中央一直延伸到乡镇,但在农业经济的微观层面,却没有直接针对广大农户的机构或组织,出现断层。在农村经济体制改革中,原设想把以家庭承包经营为基础的、有统有分的双层经营作为农村的基本经营制度,以家庭作为基本的生产单位,村的社区集体经济组织为家庭经营提供帮助和统一服务,实行对土地等必要管理,从而把分散的家庭经营联结起来(即所谓"统"),避免形成分散落后的小生产状态。然而在实践中,双层经营或是没有真正建立起来,或者逐步削弱,不能成为独占鳌头的、基本的联结农民家庭经营的组织。千家万户的小农分散经营,面对农业市场化和国际化的挑战,暴露出规模小、效率低、竞争力弱的缺陷。同时,政府对农民的技术、信息和市场服务也难以到位。中介组织发育滞后,农民的组织化程度低,使得农业的市场主体缺位。这种局面既不利于形成国内统一、竞争、开放、有序的大市场,也不利于中国农业参与国际竞争。在国际贸易争端中,由于市场主体缺位、同业协会不健全和组织化程度低,中国已成为国际反倾销的最大受害者,在国际贸易争端中将处于十分不利的地位。

(二)改革农业管理体制

近几年来,中共中央连续下发1号文件,就"三农"问题出台了一系列政策,给广大农民带来实惠。要将这些政策逐项顺利落实,就必须解决中国农业管理体制存在的诸多问题。推进中国农业管理体制改革,根本目的是进一步消除影响生产力发展的体制性障碍,有力地推动中国农业和农村经济的健康发展。因此,建立起统一、效能,权责一致,农科教、产加销、贸工农一体化的管理体制,切实转变政府职能,强化公共服务,是应对加入WTO后各种挑战的重要途径。现行农业管理体制存在的问题很多,要做的工作很多,不能一蹴而就,在实践上,宜采取分步实施、逐步推进的办法。近期,应在以下几个方面加大工作力度,积极推进。

一是逐步整合农业产业范围的职能分工,加大主管部门对农业和农村经济的管理权限和责任。二是明确综合部门与农业主管部门的职责分工,加强农业部门的综合服务功能。三是增加农业部门对农村政策研究、制定和实施的参与机会。四是在一体化的农业行政管理体制建立之前,建立部门间的协调机制。在职能交叉、矛盾突出的领域建立起制度化的磋商机制,减少摩擦,增强政策有效性和一致性,保证涉农部门之间的协调配合。

借鉴发达市场经济国家的经验,中国农业管理体制改革的远期目标是:在健全各项农业法律的基础上,立足管理手段的创新,根据社会主义市场经济运行的内在要求,建立一个能够综合掌握和运用各种必要手段,统一管理和调控农业发展各个环节的权威性农业主管部门,对农业的生产、加工和贸易政策实行统一管理和协调,形成责任明晰、调控有力、协调有序、决策透明、服务至上的农业管理体系。

1. 重新整合农业宏观管理资源,强化主管部门的职能和作用

在国务院的领导下,使农业主管部门成为中国政府管理和调控农业和农村经济发展的权威和综合部门,拥有相关的决策权和协调权。为此,需要重新整合农业宏观行政管理资源,强化主管部门的职能和作用。建立"从田头到餐桌"的大农业管理体制,结合整个国家的宏观经济管理体制改革,建立一体化的农业管理体制。农业主管部门职能要加强,增强调控手段。农业管理体制的改革,重点应放在三个方面:一是适当归并与农业相关的职能。把农业生产资料、产品检验、进出境动植物检疫、加工与运销、农产品储

备、林业、水土保持、农产品市场建设、农产品关税配额管理、农产品内外贸易、对外援助、农业统计等职能归由一个部门统一管理,最终形成一体化的农业管理体制。二是明确综合部门与农业主管部门的关系。负责计划、财政、金融、科技、教育等综合部门,负责总体规划,提供指导性意见,具体职能应放到农业部门统一来执行。例如,计划部门确定农业基本建设总体规划,具体基建投资计划由农业部门实施;财政部门负责总体预算,具体农业预算的执行交由农业部门负责。三是统筹管理农产品进出口贸易。最大限度地保护中国农业和农民的利益。

经过调整后的农业主管部门的主要职能:制定农业发展战略和政策,加强对农业长期发展的宏观指导;提供公共物品,为农业发展提供良好的基础设施和人才支持;调控市场,保持农产品市场供求的基本平衡;为增加农民收入创造条件,保护农民利益,缩小城乡收入差距;保护农业自然资源和生态环境,实现农业的可持续发展;实现城乡一体化发展,促进农村全面发展等等。农业部管理的范围,从横向看,除了包括种植业、养殖业和渔业外,还应包括与农业密切相关的许多其他行业,如农田水利、林业、自然资源管理、教育、科研、推广、农民组织、农村发展等;从纵向看,除了管理农产品生产过程这一"产中"环节外,还要管理为农产品生产提供生产资料的"产前"环节和农产品加工、储存、运输、销售、质量及卫生检查监督、消费指导服务等"产后"环节,从而实现对生产、加工、销售进行真正意义上的一体化管理与协调。农业部内部机构的设置无论是按产业部门为主还是以综合管理为主,都应严格按照增强中国农业国际竞争力的需要来确定农业管理部门的职能,提高其协调能力、应变能力和对农业的保护能力。

2.明确划分各级农业主管部门的职责和权限,构建分工合理的中央和地方农业调控体系

中央政府农业部应当具体负责对全国有重大影响的工作,事关农业发展的前沿性工作和单靠地方解决不了的工作。地方政府农业部门根据中央农业宏观调控的总体目标和政策,结合本地实际情况,实施本区域内的调控活动,负责根据权限划分需要在本行政区开展的其他必要的工作。农业部要支持、指导但不能过分干涉地方农业主管部门的工作。

地方政府农业部门根据中央农业宏观调控的总体目标和政策并结合本地实际情况,实施本区域内的宏观调控活动,负责根据权限划分需要在本行

政区开展的其他必要的工作。中央农业调控体系建设的基本目标:一是中央调控本身应是统一集中的。部门利益和个别利益必须服从中央利益和集体利益;二是调控必须以市场机制为基础,通过调控维护市场运作的规范化,克服市场失灵和市场缺损;三是以经济的积极管理和法律的"消极"管理相结合的间接调控取代行政命令的直接调控,最大限度地取得微观行为和宏观目标的协调一致;四是建立灵敏的市场信息反馈系统,提高市场信息的收集、分析、发布能力,提高调控行为的可信度。

中央农业调控体系建设的内容包括:一是强化政府职能,对农业发展的全过程实施有效的调控。二是构建农产品市场网络。对现货市场、专业市场的建设应将注意力集中于制定市场交易规则和监督实施。在市场网络建设上将重点置于构建中央级的农产品批发市场,尤其是期货市场上,逐渐变现货市场的事后调节为期货交易的事先调节。三是采集、分析、发布市场信息。依托网络技术建立农业市场信息平台,及时采集、分析、发布各类农业市场信息,指导和帮助涉农部门、企业和广大农民进行农业生产和经营。四是建立重要农产品储备制度。对关系到国计民生的重要农产品如粮食等实行储备制度,用以调节市场供求矛盾,平抑市场价格。五是促进农产品出口。积极采取措施,促进中国优势农产品出口,推动农业外向型经济发展。六是强化法制的监督作用,建立完整的法律监督体系,既包括农业基本法,又包括农业投资、农产品市场、农产品质量检测等专门法律,做到依法治农。

地方农业调控体系建设的基本目标:一是在国家农业发展的总体目标下,利用有效的调控手段,使微观经济发展目标与宏观经济发展目标相协调;二是以市场经济运行机制为调控基础,以经济、法律方式调控市场主体行为;三是坚持分类指导的原则,根据不同的区域经济发展目标和区域经济发展阶段,采取灵活的调控方式;四是调控行为必须建立在保护农业和农民利益的基础之上,切实为农民提供从生产到生活的社会化服务。

在县域经济的范畴内,地方农业调控体系建设的思路:一是强化主管部门的调控职能。由行政直接调控转化为更多依靠经济、法律手段进行间接调控是地方农业调控方式改革的基本方向。但这并不意味着政府调控职能的弱化,在经济全球化的背景下,政府的调控和服务职能只能加强,不能削弱。二是建立农业社会化服务体系。地方政府的农业管理要把重点放在建立多层次、多种所有制结构、多内容的农业社会化服务体系建设上,通过有效的政府扶持，使农民得到生产、加工、销售的全方位服务。三是大力发展农村中介组织。鼓励各种专业合作经济组织、行业协会、农民经纪人的发展，使他们在为农民提供市场信息、生产资料供应、技术服务、产品收购、加工储运等方面发挥更大的作用。四是多渠道增加对农业的投入。地方政府应集中财力，增加对改善农业基础设施和农民生活环境的投入，稳定和提高农业综合生产能力。同时，也要引导社区和农民增加对农业的投入，不断增强农业后劲。五是引导农民进入市场。对农民自办和其他经济实体兴办的各类农贸市场和专业、批发市场予以资助。提高金融、税收服务水平，加强市场监督管理，维护正常的市场秩序，降低市场进入门槛，使农民真正成为农村各类市场的主人。六是积极发展农村非农产业。加快乡镇企业、个体、私营企业和农村第三产业发展，促进农村富余劳动力向非农产业转移和实现跨区域流动，积极引导和促进农村城镇化发展。七是切实保护农民利益。在农业结构调整中提供宽松的政策环境，充分尊重农民意愿，保护农民的合法利益，多渠道努力增加农民收入。

二、农业与农村投入体制改革

增加投入是新农村建设的重要保障。而投入体制则是促进新农村建设投入不断增加的制度保障。改革开放以来，包括农村投入体制在内的整个投入体制发生了巨大的变化，对于推动农业和农村经济的发展起到了重要作用。但与市场经济体制逐步完善相比，财政、信贷等部门的改革仍然相对滞后，影响了农业和农村建设投入的增加和投资效率的改善。改革投入体制，建立起农业农村投入稳定增加的长效机制，完善农村投入的方式，提高资金效率，对于加快新农村建设的进程，具有重要意义。

（一）农业和农村建设投入体制现状

改革开放以来，随着计划经济向市场经济的转轨，农业、农村发展和建设投入体制发生了重大变化，投入主体多元化，投入方式和资金来源多样化。

1. 农户和乡镇企业成为农业和农村经济的主要投入主体

改革开放以前，受国家发展战略和经济体制的影响，农村建设的投入主体相对比较单一，主要是人民公社体制下的集体经济组织。改革开放以后，农户和乡镇企业逐步成为农业和农村经济的主要投入主体。家庭承包经营制度的普遍推行,农户自身积累增加,投入能力逐步增强,投入的积极性提高,成为农村建设首要的投入主体。2005 年,农户人均生产性投资达到1058 元。另一方面,乡镇企业、私营经济发展迅速,逐步成为农村建设的重要主体。20 世纪 80 年代,乡镇企业异军突起,对于增加农村投入,促进农村发展起到了重要作用。但 90 年代中后期以来,受自身体制因素和外部环境的影响,乡镇发展出现了停滞,投入能力下降。个体、私营经济发展迅速,成为农村建设的主体之一。此外,农业产业化经营的发展,推动农产品加工业企业成为农村建设的新主体。

与此同时,集体经济组织的投入能力逐渐减弱,特别是 20 世纪 90 年代中期以来,受乡镇企业改革、乡村债务、农村税费改革等多种因素的影响,农村集体经济组织经济实力大大削弱,投入能力也逐渐弱化,在农村投入中的份额和比重逐步降低。

2. 财政作为公共服务投入主体的作用日趋明显

改革开放以前,为了推进工业化进程,中国国民收入分配重点向工业和城市倾斜,特别是财政资金,主要投向工业生产和城市公用事业建设,投向农村领域的财政资金很少。农业生产资金和农村公共事业资金主要来自农业的部分积累。改革开放初期,尽管对农村采取了放活的政策,但财政资金仍然主要投向城镇地区,对农村的投入十分有限,而且主要是大中型农田水利设施,对农村基础设施和公共服务基本没有投入。进入新世纪以来,随着国家财力的增强和财政体制向公共财政转型,各级财政,特别是中央财政对农村投入迅速增加。2005 年,中央财政支农投入达到 3550 亿元左右,占中央财政支出的比例接近 20%。各地财政支农投入也不断增加。2005 年,国家财政农业支出达到 2450. 3 亿元。2007 年仅中央财政支农支出就超过了4000 亿元。农村教育、医疗卫生、道路、电力、饮水、环境卫生等各项公共事业逐步纳入公共财政支出的范围,或者由财政完全负担,或者由财政补助、补贴等方式支持农村基层组织进行各项公共事业建设,财政已经成为农村基础设施和公共服务体系建设的重要投入主体。

3. 资金来源多样化

改革开放以前,中国农业和农村建设资金来源渠道非常单一,主要依靠为数不多农业剩余积累。由于国家通过工农产品价格"剪刀差"提取了大量农业剩余积累,因此农业和农村建设主要依靠农民出工出劳来进行的,资金投入很少。改革开放以后,一是农户和集体等投入主体的自有资金增加,投入能力增强。二是随着农业银行、农村信用社、农业发展银行等涉农金融机构的建立和乡镇企业的兴起,农业贷款和乡镇企业贷款规模逐步增加,信贷资金逐步成为农业和农村建设的重要资金来源渠道。2005年,全国农业贷款和乡镇企业贷款余额达到19432亿元,占全国信贷资金投放总量的10%。三是财政支农资金的增加,也成为农村建设的重要资金来源渠道。四是随着对外开放程度的提高,外资在农业及农村非农领域的投资逐渐增加,成为农村建设的一个重要资金来源。截至2005年年底,中国农业利用世界银行、亚洲开发银行贷款达100多亿美元,利用国际组织、外国政府无偿援助近30亿美元,利用外商直接投资协议金额超过300亿美元。

随着投入主体的多元化、投入方式和投入渠道的多样化,与社会主义市场经济制度相适应的投入体制已经初步形成。

(二)农业农村投入体制存在的问题

建立起社会资金投入向农业、农村倾斜的引导机制,促进社会资源更多地投入农业和农村建设中,是社会主义新农村建设对农业和农业投入体制的必然要求。由于现行财政、金融体制改革滞后,特别是财政体制改革不到位,不仅影响了财政资金投向农业和农村,同时也制约了其他社会资金投向农业和农村的引导机制的建立。目前,财政支农投入体制主要存在如下几个方面的问题:

首先,中央和地方财政支农划分不清。20世纪90年代分税制改革对中央财政和地方财政的支出责任划分不尽明确,也不尽合理。在1993年《关于实行分税制财政管理体制的决定》中对于财政支农责任规定非常粗略,仅仅是把支农支出划为地方财政支出责任。在2003年修订的《农业法》中规定,对于各级财政支农支出责任进行了较为详细的规定:国家建立和完善农业支持保护体系,采取财政投入、税收优惠、金融支持等措施,从资金投入、科研与技术推广、教育培训、农业生产资料供应、市场信息、质量标准、检验检疫以及灾害救助等方面扶持农民和农业生产经营组织发展农业生产,提高农民的收入水平。各级人民政府在财政预算内安排的各项用于农业的资金应当主要用于:加强农业基础设施建设;支持农业结构调整,促进农业产业化经营;保护粮食综合生产能力,保障国家粮食安全;健全动植物检疫、防疫体系,加强动物疫病和植物病、虫、杂草、鼠害防治;建立健全农产品质量标准和检验检测监督体系、农产品市场及信息服务体系;支持农业科研教育、农业技术推广和农民培训;加强农业生态环境保护建设;扶持贫困地区发展;保障农民收入水平等。但实际上,国家和地方各级财政在支农投入上的领域基本雷同,并没有明确的领域划分,这无疑会带来双方支农责任不清,影响地方财政支农支出。实际上,由于公共属性的不同,不同领域应有不同的财政主体承担。如粮食生产,实际上更多关系国家全局的粮食安全,一个地区局部不会有粮食安全问题。因此粮食安全的责任应主要由国家财政,或者说中央财政承担。相反,农产品加工业的发展,对于促进地方结构调整和经济发展具有重要作用,因此应由地方财政主要承担。对于农村领域的投入,《教育法》、《防洪法》、《传染病防治法》和部分国务院法规也给出相对具体的规定,但均在不同程度上存在中央和地方财政支出责任不清的问题。此外,现有财政支出责任划分还存在政府与市场的界限不清的问题,部分属于公共财政的领域没有划入各级财政的支出责任,如农村公共设施维护、环境建设等内容,大都没有列入各级财政支出科目,而需要农民自身承担;相反,部分生产性支出则被划入财政支出的范畴。

其次,支出科目分类不合理。从中央财政支农支出科目看,目前支农支出分为16大类:基本建设投资、科学事业费、科技三项费用、支援农村生产支出、农业综合开发支出、农林水气等部门事业费、支援不发达地区支出、水利建设基金、农业税灾歉减免补助、农村税费改革转移支付、农产品政策性补贴支出、农村中小学教育支出、农村卫生支出、农村救济支出、农业生产资料价格补贴、缓解县乡财政困难转移支付。实际上,基本建设投资、农村税费改革转移支付、农产品政策性补贴支出、缓解县乡财政困难转移支付等支出项目有很多支出内容不属于支农支出,在一定程度上夸大中央财政的支农支出。如在基本建设投资中,实际上包括国家用于大江大河治理的投入,农村税费改革转移支付和缓解县乡财政困难转移支付则大部分用于县级财政一般性项目支出,农产品政策补贴支出中也有部分用于粮油储备支出,也不属于支农支出的范畴。从地方财政支农支出看,列入支农支出的大体有四类:农业支出、林业支出、水利和气象支出、支援不发达地区支出。这仅仅是包括了地方各级财政用于农业的支出,没有把各级财政用于农村道路、教育、卫生和环境建设及地方农村公共服务的投入纳入进来,因此地方财政支农支出的口径与中央财政支农支出的口径有很大差异。实际上也不利于鼓励和督促地方财政把更多的财政资金用于农村公益事业的发展。此外,现行支农支出科目完全按照支出领域划分,没有区分人员支出和项目经费支出。而在实际中,大量的支农支出用于部门的人头经费支出,根本没有用于农业和农村建设中。

第三,支农支出没有纳入法律框架,缺乏稳定性和透明度。尽管在"工业反哺农业、城市支持农村"和"多予、少取、放活"的基本指导方针下,近年来中央财政和各级地方财政加大对农业和农村的投入,设立了很多支农专项资金。但这些专项资金没有在法律中给予明确规定,特别是关于专项资金的规模、增长幅度,均缺乏明确的法律规定。这一方面导致各专项资金受到人为干预的可能性加大,影响了财政支农投入的稳定性和连贯性。而在粮食安全、资源和环境建设等很多领域,恰恰是长期和连续性投入,才能真正取得明显的成效;另一方面,由于各项专项资金不透明、不公开,也难以实现社会对资金使用状况的监督,不利于提高财政资金的使用效率。

第四,支农资金管理渠道不合理。目前,中央财政支农资金分散在国家发改委、财政部、科技部、水利部、农业部、林业部、民政部、教育部、卫生部、建设部、气象局、扶贫办等十几个涉农部门。尽管相关的文件和法规对各部门资金的用途、目标进行了规定,但由于这些规定都比较笼统,各个部门政策空间很大。由此带来各个部门对部分领域重复投入的现象,甚至相同的项目,各部门都设立专项资金。如农业产业化资金,在财政部管理的综合开发资金中,设有专项资金;农业部农业产业化办公室,也同样有农业产业化专项资金。由于中国财政支农资金本身规模相对比较小,对部分领域的重复投入必然带来对其他领域的投入不足。而且由于对单个领域的投入分散在各个部门,导致每个项目投入过小,资金分散,难以真正发挥财政资金的作用。特别是各个部门都争抢把资金投入容易收到成效的领域,而对于某些不容易收到成效的领域,不愿意投入,影响了财政支农资金投入领域的合理性和科学性。

(三)进一步完善农业和农村投入体制的思路和建议

随着社会主义市场经济体制的逐步完善,财政资金对于社会资金的引导作用将越来越明显。因此改革现行财政支农管理体制,发挥财政资金的引导作用,是建立社会投入向农业和农村倾斜的关键环节。近两年来,国家发改委、财政部等有关部门针对财政支农投入体制存在的问题,先后实施了支农资金整合、财政支农科目重新分类等方面的探索,对于完善财政支农投入体制起到了明显作用,但整体上看,这些改革仅仅取得了初步成效,仍需要加大改革力度。

一是进一步细化各级财政的支农责任。首先,按照农业和农村各个领域的公共属性,科学划分中央和地方财政的支出责任。对农业和农村公共领域进行科学分类和界定,结合受益原则、行动原则和技术原则,划分中央和地方财政的支出责任。对于那些具有全国性公共属性的领域、在实施行动和技术上必须全国统一规划的领域,如粮食安全、资源保护和环境建设,划归为中央财政的支出范围;对于那些地方公共品属性较强,而且在技术上、规划上可以由地方单独实施的,则划归为地方财政支出范畴。并且在预算法、农业法及其他有关的法律法规中给予明确规定。同时,完善转移支付制度,对于不发达地区,给予一般性和专项补助,以满足其支农支出的需要。

二是积极推进支农资金的整合。在现有试点的基础上,总结经验,进一步扩大试点区域范围和项目范围,在现有局限于部门领域的资金整合扩大到全部的财政支农资金。同时,根据试点经验,抓紧修订完善支农资金管理制度,使各项制度相互衔接,避免相互抵触和彼此交叉重复,为支农资金整合提供制度支撑。

三是深化财政支出科目分类改革。一方面,将各类支出中人员开支和建设经费开支分别列出,有利于强化对财政支农资金的管理和检查;另一方面,归并重复设立的专项资金,实现同类财政支农资金的统一规划和利用,强化不同资金的相互配套和协调,提高支农资金的使用效率。

四是提高财政支农资金使用的透明度,加强财政支农资金的监督和检查。建立财政支农资金分配和使用网上公示制度,将各项财政支农资金的目标、分配依据、计算方法等予以公开,加大公众和新闻媒体对财政支农资金的监督力度。同时,加强日常监督检查,采取抽查、专项检查及委托中介机构进行检查等各种方式,加强对支农资金的管理与监督。

五是完善立法,建立财政支农资金的稳定增长机制。细化农业法,或者出台农业补贴条例,将现行各项支农专项资金纳入法律体系中,稳定政策目标、资金用途、资金规模、分配依据,确保专项资金的稳定性、连续性。

三、土地与经营制度改革

土地既是农业生产资料,也是工业化、城市化发展不可或缺的资源。土地在工农业两个部门的分配,是工农关系、城乡关系政策的重要内容。土地制度的选择,既要有利于农业的发展,保障经济社会对农业发展的需求,又要有利于工业化和城市化的推进。人多地少的资源禀赋,必然要求控制土地的非农化规模和速度,保障耕地数量在警戒线之上。同时,还需要创新农业经营制度,以改进土地等资源的配置方式,提高资源的利用效率,进而缓解资源对农业发展的约束。

(一)土地制度改革

1.土地问题

土地家庭承包经营是农业发展的基石,得到了法律的保障。1999年3月15日第九届全国人民代表大会第二次会议通过的《中华人民共和国宪法修正案》明确规定,"农村集体经济组织实行家庭承包经营为基础、统分结合的双层经营体制";2002年8月专门制定了《中华人民共和国农村土地承包法》;2007年3月16日第十届全国人民代表大会第五次会议通过的《中华人民共和国物权法》,用单独一章的篇幅对土地承包经营权进行了规定。土地家庭承包经营制度的确立只是解决了农民对土地的承包经营权,而与之相应的产权制度、市场制度、征用制度尚不完善,以及法律制度和政策实施的不到位,导致土地问题极为严重,突出表现在以下4个方面。

一是土地非农化速度过快。仅1998年至2004年的6年间,全国净减少耕地1.08亿亩。

二是在征地中农民的权益得不到保障。无论是公益性建设用地,还是经营性建设用地,都只能由政府低价向农民征收,再进入一级市场,农民仍在向工业和城市做贡献。在征地和卖地价差成为地方政府"第二财政"的利益驱动下,不少地方政府违法违规。据国土资源部,2006年全国共发现土地违法行为131077件,涉及土地面积近10万公顷,其中耕地4.3万公顷,分别比2005年上升了7.3%、76.7%和67.6%。更为严重的是,仅以较低的安置补助费去置换农民的土地权利,而没有在失地农民的就业、社会保障等方面采取配套政策措施,即没有解决失地农民的长远生计和后顾之忧,酿成一支越来越庞大的失地农民大军。1987—2001 年全国非农建设占用 2400 多万亩耕地,至少有 3400 万农民人均占有耕地减少到 0.3 亩以下或者完全失去土地[①]。此外,征地补偿费不是直接补偿给农民本人,而是先补偿到村集体,在最后分配到农民个人手中之前,要被各方面分享,农民利益大量流失。据有的学者调查,如果政府征地成本价为 100%,被征土地收益分配比例为:地方政府占 20%—30%,企业占 40%—50%,村级组织占 25%—30%,农民仅占 5%—10%。从成本价到出让价之间所生成的土地增值巨额收益大部分被中间商和地方政府所得。[②]

三是农民承包权益不稳定。从 1988 年开始,先后有 6 次大规模向农民收地。第一次是 1988 年在一些地方以发展规模经营为名收地;第二次 1989 年下半年后,以发展"新的集体经济"为名收地;第三次 1992 年以发展"开发区"为名掀起"圈地运动"收地;第四次以推行"两田制"增加"机动田"为名收地;第五次以发展农业产业化经营为名收地;第六次是以"调整农业和农村经济结构"为名收地。

四是土地流转缓慢。农村土地流转规模较小,全国农村土地流转面积仅占总承包地面积的约 6%。目前已有 1.5 亿农村人口通过农转非、城市扩展等方式进入城镇定居或就业,农村土地流转规模小与农村劳动力转移规模大形成反差,反映出农村土地流转滞缓,这也不利于农业适度规模经营的形成。

2. 土地制度的政策目标和制度选择

土地制度改革需要实现这样 4 个政策目标:一是耕地数量保持在一定水平。保障耕地数量,不仅关系当前经济社会发展,而且关系国家长远利益和民族生存根基。中国人多地少,资源约束愈来愈明显。全国现有耕地仅 18.37 亿亩,人均只有 1.41 亩,有 666 个县(区)人均耕地低于联合国粮农组织确定的 0.8 亩的警戒线。根据预测,耕地需要保持在 18 亿亩以上,低

---

① 王梦奎:"关于统筹城乡发展和统筹区域发展",载《中共中央党校报告选》2004 年增刊,第 40 页。

② 参见鲍海君、吴次芳:"论失地农民社会保障体系建设",载《管理世界》2002 年第 1 期。

于这一警戒线,农业的发展将不能满足经济社会发展的要求。二是促进土地适度规模经营的形成。三是保障农民土地承包权的稳定。四是农民从征地中获得合理的补偿和社会保障。实现这些政策目标,可在以下 3 方面制度做出安排:

(1)产权制度

无论是村集体随意调整农民的承包地、多留机动地、向农民多收费,还是土地非农化速度过快、给农民的征地款太低且被乡村拿走较多问题,都是农村土地产权制度缺陷的不同表现。农村土地制度的缺陷主要有:

其一,所有权的具体归属不明晰。《宪法》规定,农村土地实行农民集体所有。这一法律规定,还缺乏另一个层次的内容,即没有将农民集体所有土地分割量化到每个成员,使得集体与农民的土地权益关系模糊不清。加上对农村土地的农民集体所有制度的宣传不到位,导致乡村干部和农民对土地所有权的认识发生偏差。调查中发现,相当多的乡村干部认为农村土地是国有的,因而也成为其对土地进行随意调整的理由;相当多的农民也认为农村土地是国有的,因而在乡村对其承包土地进行调整时加以认可或只能表现出无奈。在产权归属不清和村务行政化双重因素作用下,使得行政介入农民集体土地关系,农民的土地承包权往往得不到保障。

其二,法律规定建设用地只能使用国有土地,农村集体土地需要转换成国有土地后方能用作建设用地,这使得农民难以享受土地征用后的增值。《中华人民共和国土地管理法》第 43 条规定:"任何单位和个人进行建设,需要使用土地的,必须依法申请使用国有土地。""依法申请国有土地包括国家所有的土地和国家征用原属于农民集体所有的土地。"在这一规定下,通过政府征购,把农民集体所有土地变为国有土地,然后进入二级市场,从中获取巨大的利益。2003 年 10 月《中共中央关于完善社会主义市场经济体制若干问题的决定》提出"严格界定公益性和经营性建设用地",但经营性建设用地仍由国家征收,仍没有从根本上保障农民在土地上的权益。

其三,在《物权法》出台之前,法律只规定了农村集体土地征用的补偿政策,而对农民的补偿政策没有做出具体规定,这也导致土地征用款被乡村分瓜。

保障农民在土地上的权益问题,需要从完善农村土地产权制度上加以解决。有两种可选择的方案:

　　方案之一:在保持农村土地的集体所有制不变的情况下,进一步将集体所有权按份明晰到每个成员,即实行成员的按份共有制。农村集体经济每一个成员所拥有的按份分割的农地所有权,可以依法继承或转让、抵押、赠送等。这既有利于保障农民对土地的权益,刺激农民对集体经济的积极性,增强农民对集体经济进行监督的主动性,防止土地的流失和实现集体资产的保值增值;又有利于农民转变身份,加速向二、三产业转移。

　　方案之二:实行永包制。在保持农村土地的集体所有制不变的情况下,将有条件、有期限因而难免给人权宜之计感觉的承包经营,改为无条件、无期限、不再给人留下任何悬念的永包制,将土地使用权永久地给农民。实行永包制,远胜于一次次延长承包期的权宜做法:农民的土地权益可以得到保障;可以充分调动农民经营土地的积极性,增加对土地的长期投入,最大限度地发挥其生产潜力;有利于建立起符合市场经济要求的土地流转制度,发育土地市场,优化资源配置。实行永包制这一改革,它不涉及土地的终极所有权,没有意识形态的障碍,既符合现行土地承包权长期稳定的政策,保持了政策的连续性,又操作简单易行,只是将原来的承包关系永久化,把已经发给农民的"土地承包证书"换成"土地永久使用权证书"即可。同时,除《物权法》第一百二十五条规定"土地承包经营权人依法对其承包经营的耕地、林地、草地等享有占有、使用和收益的权利"外,还应当在法律上规定土地承包经营权人享有转让、出租、抵押、继承和自由经营承包权等处分权,使农民真正享有占有、使用、收益和处分四权统一的承包经营权。

　　(2)发育和开辟土地承包权流转市场

　　农村土地流转不畅的重要原因是农村土地流转市场空缺。在农村土地流转市场空缺情况下,供给和需求双方不能到公众约定的市场交换,信息不能及时沟通,使得"要转的转不出,需地的得不到"现象普遍存在,这正是农村劳动力转移速度快而土地承包权流转速度慢这一反差现象形成的重要原因。同时,由于流转双方谈判地位不平等、信息不对称(主要是通过乡村干部参与的征地,村集体代农民与业主签订土地转让、租赁、入股等协议,以及村集体"反租倒包"等),农民土地承包权益得不到保障。

　　发育和开辟土地承包权流转市场,允许农民的土地承包经营权进入一级市场,实现"自愿、有偿、依法"流转,建立起土地承包权的市场流转机制,有利于妥善解决土地经营的公平与效率问题,实现土地资源的优化配置。

土地承包权流转要建立在长期稳定家庭承包制度的基础上,在承包期内,不能采取强制手段直接收回农民的土地承包权。在具备条件的地方,坚持农民自愿原则,鼓励农民承包土地使用权的流动,形成土地的经营大户,提高规模效益和劳动生产率,提高农业竞争力,促进现代农业的发展。鼓励土地作为资产进入农业产业化经营链,实行股份制或股份合作制,使农户成为企业的股东,增强企业与农户的凝聚力。

积极探索集体非农建设用地进入市场的途径和办法。在土地利用总体规划和农地转为非农用地计划的控制下,允许集体建设用地参照国有土地使用权招标、拍卖、挂牌出让的程序和办法,采用招标、拍卖、挂牌出让等方式出让土地使用权。

(3)实行最严格的土地管理制度和完善征地补偿制度

征地制度改革,既要着眼于控制耕地征占规模,更要着眼于保护农民的权益。

建立并实行最严格的土地管理制度,保障耕地数量保持在一定水平的政策目标的实现。实行最严格的耕地保护制度已成为国策,并得到法律保障。《物权法》第四十三条规定:"国家对耕地实行特殊保护,严格限制农用地转为建设用地,控制建设用地总量。不得违反法律规定的权限和程序征收集体所有的土地。"在土地管理制度上,还需要采取以下政策措施:①严格规划城市和工业用地,以实现征地规模最小化。②严格界定公益性用地和经营性建设用地。对于经营性建设用地,不能动用国家权力强行征地,即废除国家用于经营性建设的土地征购(国有)制度,这类土地也应到一级市场购买。

完善征地补偿制度,确保农民的权益。《中华人民共和国物权法》(2007年)第四十二条规定:"征收集体所有的土地,应当依法足额支付土地补偿费、安置补助费、地上附着物和青苗的补偿费等费用,安排被征地农民的社会保障费用,保障被征地农民的生活,维护被征地农民的合法权益。"实施《物权法》的规定,还需要将征地补偿制度具体化。①提高土地征用补偿标准,实行年地租制。低价征用农村集体土地,是公权侵犯私权,行政权侵犯财产权。《土地管理法》(2004年)规定,国家征收耕地的补偿费由土地补偿费、安置补助费、地上附着物和青苗补偿费3项组成;征用耕地的土地补偿费标准为该耕地被征收前3年平均产值的6—10倍,每一个需要安置的农业人口的安置补偿费标准为该耕地被征收前 3 年平均产值的 4—6 倍,被征收耕地的安置补助费最高不得超过被征收前 3 年平均年产值的 15 倍。2006 年 11 月 9 日财政部、国土资源部和中国人民银行联合印发的《关于调整新增建设用地土地有偿使用费政策等问题的通知》,规定从 2007 年 1 月 1 日起,将新增建设用地土地有偿使用费标准提高 1 倍。尽管如此,这种价格调整还不能反映土地资源的稀缺程度和供求关系。地价是土地使用期内地租之和。征地补偿必须以土地的市场价值为依据,实行公平补偿,不能以侵害农民利益为代价降低建设成本。征地补偿的形式可以多样化,如货币、就业安置、社会保险、企业股份等。可采取出让所有权、使用权或参股等多种形式,特别要鼓励以土地入股参与开发解决农民的收益问题。②完善土地收益分配机制,这是抑制地方政府征地动机和保障农民权益的关键措施。在各级政府的土地收益分配方面,财政部、国土资源部和中国人民银行联合印发的《关于调整新增建设用地土地有偿使用费政策等问题的通知》做出了新的规定,即新增建设用地土地有偿使用费提高标准后,仍实行中央与地方 30:70 分成体制,地方分成的 70% 部分一律全额缴入省级国库。这一规定在一定程度上解决了土地征收与卖地价格差成为地方政府"第二财政"的问题。在农村集体经济组织所得征地款的分配方面,应当公开透明和民主决策,特别是要明确土地承包者的收益权,并明确乡级政府无权参与征地款的分配,以防止层层分瓜,保障农民权益不受侵犯。③建立对"失地农民"的社会保障。国土资源部的研究课题《21 世纪我国耕地资源前景分析及保护对策》表明,在严格控制的前提下,2001—2030 年全国年均建设占用耕地不低于 180 万亩,30 年间将新占耕地 5450 万亩,如不妥善安置,将新增失地农民 7800 万人。① 对"失地农民",除货币安置外,还要采取"失地农民"的基本生活保障制度、失业保险、再就业培训等相应配套措施,通过建立社会保障和为其充分就业创造条件,以消除农民因失地而造成的社会问题。在征用土地时,还应从土地出让金中拿出一部分,建立起农村养老保险基金。有条件的地区,要加大财政转移支付力度,为"失地农民"建立起与城市地区统一的养老保险制度。

实行最严格的土地管理制度和保护农民的权益,还需要尽快制定农村

---

① 转引自廖小军著:《中国失地农民研究》,社会科学文献出版社 2005 年版,第 99 页。

土地征用法，以提供法律保障。

（二）农业经营制度创新

创新农业经营制度，促进现代产业组织的发育壮大，不仅可以改善生产要素的配置而提高效率，还可以为国家财政支农提供有效的载体，提高财政支农资金使用的有效性，有利于政府更好地发挥在农业和农村领域提供公共服务的功能。

中国农业的弱质性，除了农业承担养育工业的功能而削弱了其自我积累能力和发展能力外，产业组织规模狭小也是重要因素。中国农户耕地经营规模平均仅 0.5 公顷，而美国和加拿大的耕地经营规模达几百甚至上千公顷。农业经营规模细小，不仅单位农产品成本高、质量难以提高，还难以进入市场，农业也就难以步入良性发展轨道。农业资源非农化及农业经营者老龄化、农业经营粗放化，都是由于农业的弱质性和没有步入良性发展轨道的具体表现。

创新农业经营制度，提高农业组织化程度，有两种可选择的路径：

一是实行土地规模经营。据测算，即使工业化和城市化进展顺利，将大量农业富余劳动力转移至非农产业和城镇，到 2020 年农村人口仍有约 6 亿人，这决定了农业土地规模经营小的局面在长时期内难以得到根本改变。还必须看到，土地规模经营是一个集就业和收入于一体的问题，如果少数农民实现了土地规模经营，意味着多数农民无地经营，这会使经济问题演变成社会问题。在农业富余劳动力离开土地之前，土地规模经营难以实现。即使未来农村人口减少一半，农村人均耕地也只有 3 亩多。因此，在绝大多数农村，不可能通过简单的土地归并来实现规模化经营。换言之，依靠土地规模经营解决农业问题是可选择的路径之一，但并非主要的选择。

二是以农业产业化经营为路径。农业产业化经营，它以家庭经营为基础，通过龙头企业、农民专业合作社、农产品行业协会将产业链整合在一起，并与发达的市场网络连接，解决分散小规模经营与大市场的对接问题。实行农业产业化经营，可以获得农产品加工增值的后续收益，其组织内部形成的"风险共担、利益共享"机制又可以使农民获得产业链的平均利润，进而形成良性发展机制，实现规模化、专业化生产经营，逐步打造成龙型经济，增强农产品的竞争力。换言之，根据人多地少的国情，在家庭承包经营制度下,通过服务的社会化扩大农业经营的空间,通过生产的专业化提高农业生产的集约度,通过经营的产业化连接和延长农业的产业链,这是中国提高农业组织化程度,实现农业集约化、规模化,进而解决农业问题的现实途径。

鉴此,农业经营制度创新和产业组织发育壮大的基本思路是,以家庭承包经营为基础,以农业产业化经营为方向,形成"公司+合作社(协会)+农户(现代家庭农场)"、"合作社(协会)+农户(现代家庭农场)"等产业化经营的发展模式,并通过农产品行业协会的发育壮大促进行业运行的协调有序化和行业竞争力的提升。农业产业化经营中的所有农业经济组织,都应成为适应市场经济发展要求、具有竞争力的市场主体。

1.促进现代家庭农场发育壮大

国际经验表明,家庭农场是一个长期存在的经济组织和经营方式。现阶段土地产权制度的缺陷、农村合作金融组织的空缺、农业服务业的缺失,影响着农户经济的进一步发展。针对农民家庭经营遇到的问题,需要通过土地制度改革促进土地的流转和适度集中,通过发育农村合作金融组织解决小农户贷款难问题,通过扶持社会化服务组织的发展,特别是扶持农民专业合作社、农产品行业协会的发展,形成龙头企业的带动,农民专业合作社、农产品行业协会、村社区集体经济组织等多元化提供服务的格局,为现代家庭农场的发育壮大构建起良好的环境。

2.促进村社区集体经济组织发展

村社区集体经济组织的改革,核心是形成村社区集体经济组织与农民双赢的机制。根据中共十六届三中全会提出的"建立归属清晰、权责明确、保护严格、流转顺畅的现代产权制度"和"使股份制成为公有制的主要实现形式"的要求,在农村土地实行"按份共有制"或永包制的产权制度改革的基础上,对村社区集体经济组织实行股份合作制改造,这是形成村社区集体经济组织与农民双赢机制的可选方案之一。为此,还需要从产权制度、内部管理制度、政治制度3个方面进行配套改革。

在产权制度方面,除农村土地实行"按份共有制"或永包制的产权制度改革外,还需要对村集体资产实行股份化改造,即将村集体资产量化到每个成员。

在村社区集体经济组织内部,建立健全社员大会或社员代表大会、理事会、监事会,完善治理机制。

在政治体制方面,村社区集体经济组织领导机构与村党支部、村委会分设,改变村民自治组织代替集体经济组织职能或党支部包办集体经济组织事务的状况。为协调工作,减少管理人员,降低管理成本,允许通过民主选择产生的村社区集体经济组织领导机构人员与村党支部和村民委员会交叉任职,但不能因为交叉任职而混淆3个组织。3个组织分设的村,土地发包权应由社区集体经济组织行使;将村社区集体经济组织的财务与村民委员会财务分开;村社区集体经济组织的收入,主要按3部分分配,一是社员利润返还和股息分红,二是公积金和公益金,三是资助村民委员会开展活动。对于村民委员会村务活动支出,实行刚性预算。

3. 促进农民专业合作社发育壮大

农民专业合作社是适应市场经济的生产经营方式和产业组织形式,是继家庭承包制度后中国农村经营制度的又一次创新。农民专业合作社为成员提供技术、信息、生产资料购买和农产品的销售、加工、运输、贮藏等服务,这为发展在家庭承包经营基础上的集约农业和规模农业提供了可能。农民专业合作社已成为农业产业经营的重要组织形式,对提高农业组织化程度、增加农民收入、发展现代农业、建设社会主义新农村发挥着重要的作用。2006年10月31日第十届全国人民代表大会常务委员会第二十四次会议通过的《中华人民共和国农民专业合作社法》,明确了农民专业合作社的市场主体地位、组织和运作制度、扶持政策等基本内容。除按照《农民专业合作社法》的规定,把财政、税收、信贷、产业、科技、人才等方面的扶持政策具体化外,政府还应当允许农民专业合作社参与金融和保险业务,大力开展对农民专业合作社的培训,促进其实现健康和可持续发展。

4. 促进农产品行业协会发育壮大

农产品行业协会是农业社会化服务体系的重要组成部分。它通过积极争取政府的政策支持,处理农产品贸易中的国际纠纷,向成员提供技术、信息、共同开拓市场等服务,实行行业自律和协调各成员的生产经营行为,以促进整个行业竞争力的增强,增进共同利益,实现成员生产经营的发展、增效和增收。随着经济全球化和同行业市场主体的多元化,对行业协会发育壮大的需求将日益强烈。对于农户分散小规模经营、弱质的中国农业而言,农产品行业协会更是不可或缺。

综观世界各国的实践经验,农产品行业协会的发育成长和功能的充分发挥,离不开政府的支持。在农户经营规模细小、农业生产力水平较低及农业弱质性明显的条件下,处于发育初期的农产品行业协会,其发育成长及功能的充分发挥更离不开政府的支持。同时,中国农产品行业协会的发育和功能的发挥还受到一些体制因素的约束。针对农产品行业协会发展中的问题,需要采取建立农产品行业协会与政府联系制度、将部分政府职能转移至农产品行业协会、将农产品行业协会的多头管理改为统一管理、对农产品行业协会提供财政资金支持、完善有关农产品行业协会法律法规等措施,促进农产品行业协会的发育壮大,为农业竞争力的提升和产业发展提供组织保障。

四、户籍制度与就业制度改革

改革前长期实行的城乡分割体制,使城乡之间要素不能自由流动,大量农村劳动力被束缚在土地上,农民实际上被排除在国家工业化进程之外。由于实行农村农业人口与城镇非农业人口两种户籍制度,造成农村居民与城镇居民权利和发展机会的不平等,加剧了城乡结构的失衡。虽然改革开放以来城乡关系逐步改善,但农业和农村在资源配置与国民收入分配中仍处于不利地位,农村居民和城镇居民在发展机会、社会地位等方面仍不平等,计划经济体制下形成的城乡分割的二元结构未从根本上改变。

以工促农、工业反哺农业,重要的是把大量的农村剩余劳动力转移出来;以城带乡,重要内容就是加快城镇化进程,为农民创造更多就业机会。农民在非农产业和城镇就业,已成为农民增收最直接、最有效的途径。应当统筹考虑解决城市就业问题和解决农村富余劳动力转移问题,取消针对农民工进城就业的各种准入限制,建立城乡劳动者平等的就业制度,依法保护进城务工农民的合法权益,使农民在城市有长期稳定的生存手段,逐步改变城乡二元结构,促进工农、城乡协调发展,使城乡人民共享经济发展成果。

(一)农民工在现代化进程中的地位和作用

农民工是中国改革开放和工业化、城镇化进程中涌现的一支新型劳动大军。全国的农民工超过2亿人,其中异地转移进城务工的约有1.2亿人。大量农民工在城乡之间亦工亦农、流动就业,促进了经济发展,带动了农民收入的提高,为城乡发展和国家现代化建设做出了重大贡献,并逐渐成为独立的社会阶层。

1. 农民工成为城市建设与发展的主力军

随着农民进城务工的规模和领域的扩大,农民工参与发展越来越密切,对城市的建设和繁荣起到了不可估量的作用。首先农民工进入城市劳动力市场,促进了国有企业传统用工制度的改革,形成和发展了以雇佣关系为基础的劳动力市场,满足了外来企业、私有企业对劳工的需要,也补充了城市对劳动力结构性的需求。另外,农民工还是城市市政建设的主要力量,在建筑、运输和服务等行业从事着城市人不愿干,但在城市建设和日常生活中又不可缺少的工作。农民工还以低廉的劳动成本,推动了城市劳动密集产业的发展,从而带动整个经济增长,沿海地区尤其受益。

2. 农民工成为县域经济和城镇发展的主要力量

农民工是输入地城镇建设和发展的主力军。据农业部乡镇企业司统计,全国 500 家最大的乡镇企业,大都集中在沿海发达地区,其职工 60% 是外来的农民工。根据第五次人口普查的结果,中国农民工占二、三产业就业人口的比重高达 46.5%,其中,占第二产业就业人员的 57.6%,占建筑行业就业人员的 80%。这些农民工为输入地创造了巨大的财富,成为城镇化发展的推动者。

外出务工使农民找到了最有效的脱贫致富道路,带动了输出地县域经济和小城镇的迅速发展。2005 年全国农民人均纯收入 2936 元,其中来自非农产业的收入为 1615 元,对农民收入增长的贡献率为 55%。农民工通过劳动和资金的双向流动,提高了资源的配置效率,为输出地的经济发展带来了资金和技术。外出务工的农民中有一部分经过艰苦创业,在发达地区完成了原始积累,返乡后领头创办企业,为农村工业化、城镇化注入生机和活力,加速了输出地县域经济的繁荣和小城镇的建设。这其实就是发挥了"反哺"功能,务工农民不仅带回了当地建设所需的资金、技术、信息,提高了农民的收入,而且也带回了新的观念、新的思维方式,有助于缩小城乡经济上、观念上、制度上的差距,促进城乡协调发展。

农民进城务工还有助于拉动内需,促进经济增长。农民工是生产主体,也是消费主体。农民工进城,一方面促进其消费结构升级,由农村消费型向城市消费型转变,另一方面也提升了他们对医疗、教育以及对城市基础设施的需求,有助于拉动内需。

3. 农民外出务工具有改革意义及社会进步意义

亿万农民工是中国工业化、城市化巨大推动力量,是城乡体制改革、转变政府职能和冲破二元结构的巨大推动力量。大批的农民离开土地进入非农领域,逐步成为产业工人,在城镇就业,从农业社会转向工业社会,是现阶段工业反哺农业、城市支持农村、发达地区带动落后地区的有效实现形式。农民进城务工,是走进现代社会,接受现代文明的特殊道路,是改变城乡结构、改造农民自己的一场变革。经过发达地区现代化的熏陶,农民工开阔了视野,树立了与现代市场经济相适应的价值观、财富观和竞争观,提高了法治意识和民主意识,对新时期农村的民主政治建设将产生重大而深远的影响。

(二)农民工就业的主要障碍因素

由于历史和现实的种种原因,农民工在工资收入、劳动安全、社会保障、培训就业、子女上学、疾病预防、生活居住等方面存在诸多困难,经济、政治、文化权益得不到有效保障。这些问题引发了不少社会矛盾和纠纷。

1. 户籍壁垒

1951 年首先在城市确立了户籍制度,然后在 1955 年扩展到农村。当时,户籍制度只起到人口迁移监察的作用,城乡人口可以相当自由地流动。到 1958 年,全国人大通过了中国第一部《户口登记条例》,才形成了目前所见的户口管理体系,政府拥有更大的控制人口迁移的权力,肩负着支持重工业优先发展战略、维护社会主义制度与政治秩序和控制农村人口向城市迁移的作用。改革开放以后,户籍制度所依托的社会经济体制动摇了,流动人口的快速增长与传统的户籍制度之间产生了冲突,迫使政府调整户籍政策,包括实施暂住证、放松农转非政策和小城镇户口改革等措施,对人口流动有一定放松。城乡分割的户籍制度及立于其上的城市福利与保障制度,严重阻碍着农民工就业及政治、经济和文化生活等权益的实现。一是无法取得产业工人的身份和城镇居民资格,农民工无论在城市居留多久都无法改变他们的城市流动人口的地位。二是城市规划、城市基础设施的享用和城市福利不包含农民工这一部分,许多面向城镇居民的优惠政策农民工无法享有,使农民干的是最苦最累的活,却生活在城市最底层,处于城乡边缘。同时,地方政府为保障当地居民的利益,实行以户籍为条件的保护性政策,排斥外地民工在城市就业,阻碍劳动力流动,导致劳动力市场的进一步分割,这在很大程度上压缩了农民进城务工的空间。

2. 就业歧视

中国城乡二元结构主要是由以户籍制度为核心的一系列制度安排构成的。与此相联系,形成了城乡二元就业体制。在这一体制下,城市和农村两种户籍身份不同的工人,同工不同酬、同工不同时、同工不同权。城市里普遍存在着两个劳动力市场,一个是收入高、劳动环境好,待遇、福利优越的劳动力市场,这个市场是专门针对具有本市户籍的劳动者的高端劳动力市场;另一个是收入低、工作环境差、待遇福利低劣的劳动力市场,属于农民工,是低端劳动力市场。二元劳动力市场使得进城务工的农民无法取得与城市居民同等的劳动力资格,只能进入低端劳动力市场,同时面临由于劳动力供大于求而随时被解雇的命运,就业极不稳定。绝大多数进城务工农民都是在非正式市场寻找就业机会,从事的是城市人不愿干的"脏、累、粗"活,但工资却与城市职工相差几倍。

3. 不能充分享有社会保障

农民工是以工资性收入为主要生活来源的,一旦遭遇风险和困难,就不能再依靠土地来获得保护。但是,在实际生活中只有城镇居民才享受到养老、医疗、失业、生育和工伤保险的最低生活保障,外来农民工却享受不到。农民工一旦遇到生活中的各种风险,如工伤、疾病、失业等意外事故,得不到社会救援和保障,生存条件就会变得相当恶劣,在失去工作的同时,生活也陷入贫困。特别是密切关系农民工利益的工伤保险,有些用人单位要么不给农民工买保险,要么为了应付检查只给少部分农民工投保,要么避重就轻只买一种保险,而回避其他几个险种。有的即使是高危企业也只是随意购买一些商业意外人身伤害保险应付了事,因此农民工在发生工伤后很难进入工伤社会保险程序。

4. 取得合理劳动报酬的权利遭到侵害

农民工的工资受到用人单位侵害的现象非常普遍,主要表现在:一是同工不同酬。农民工虽然从事着与城市人同样的工作,却拿着比城市人低的报酬。二是加班不给加班费或少给加班费。三是被拖欠甚至拒付工资。近几年工资纠纷是侵害农民工权益的最突出表现。这些虽然已经引起政府的相当重视,也逐步解决了一些纠纷,但农民工工资偏低而且经常被拖欠依然是很突出的问题。

5.工作和生活条件没有保障

有的用人单位为了降低生产成本,不改善工人的生活和工作环境,不给农民配发必要的劳保用品,导致农民工职业病发病率较高以及工伤事故频频发生。另外,强迫农民工加班加点,休息休假的权利得不到保障,很多农民工每天工作时间大大超出国家规定时间,法定的加班时限及报酬也是形同虚设。

6.剥夺或减少农民工接受安全教育与培训的权利

部分用工企业为追逐扭曲的利润最大化,剥夺或减少农民工接受安全教育与培训的权利,这既加大了事故和悲剧发生频率,也限制了农民工自身的长远发展和素质的提高。

农民工就业的最大障碍之一是其自身缺乏技能。据有关统计资料显示,中国目前有技术工人约7000万人,其中初级工所占比例为60%,中级工比例为35%,高级工比例仅为5%;而在西方国家中高级技工占技术工人的比例通常要超过35%,中级工占50%左右,初级技工占15%。实际上,大多数初次出门的农民工都没有一技之长,只能干力气活,初级工也是城市居民多。农民工之所以缺乏职业技能,除自身文化素质不高外,主要原因是输出地职业教育跟不上和用工单位不重视工人培训。

(三)建立健全利于农民工就业的制度与法律政策体系

解决好农民工问题,是解决"三农"问题的重要组成部分。2006年国务院出台了《关于解决农民工问题的若干意见》,深刻阐述了解决好农民工问题的重要性、紧迫性和长期性,明确提出了做好农民工工作的指导思想、基本原则和政策措施,是解决农民工问题的重要指导性文件。解决农民工问题需要从制度入手,建立健全有利于农民工就业的制度与政策保障体系。

1.加大体制创新,改革户籍制度及附着其上的其他福利制度

现行城乡分割制度是产生农民工问题的体制性原因。根本解决农民工问题,必须在体制、机制上进行彻底的改革和创新,其中最重要的是改革户籍制度。改革城乡二元户籍制度,涉及人口流动、社会保障、城镇建设等方方面面的改革,消除附着在户籍之上的劳动用工、住房、教育等不合理的制度,平等对待新进城落户居民与原城镇居民的权利和义务。改变农民工在城市的边缘地位,使其取得城镇居民资格,实现其合法权益,享受与城镇居民同样的待遇。特别要取消对农民工子女入学所作的限制性、不合理的规定,在住房、交通等城市基础设施建设方面考虑到农民工的需要,逐步形成惠及农民工的城市基本公共服务制度。改革户籍制度,逐步建立城乡一体化的劳动力市场,取消对农民工就业的各种政策限制与地域歧视,打破身份界限,统一用工手续和待遇,把进城务工的农民工与城镇就业人员同等对待,切实维护农民工的平等就业权,为农民工无障碍地进城转化为产业工人创造良好的社会环境和体制平台。当然,由于户籍制度改革涉及人口流动、迁徙等全局性问题,问题的解决很难一蹴而就,需要制定明确的目标和实施步骤,逐步推进。

2.建立健全农民工社会保障制度

温家宝总理在2007年第十届全国人民代表大会第五次会议上所作的《政府工作报告》中明确提出,要"加快建立适合农民工特点的社会保障制度,重点推进农民工工伤保险和大病医疗保障工作"。建立健全社会保障制度和法律法规是切实维护农民工合法权益的根本所在。国家应对涉及农民工权益的制度和法律法规进行综合性的全面清理、修改和完善,把农民工对就业服务、社会保障、义务教育和住房、子女上学等需求纳入城市公共服务的范畴。根据农民工的社会保障需求,坚持分类指导、稳步推进。首先,应逐步建立针对农民工的社会保险制度,包括工伤保险、基本医疗保险、养老保险等。第二,建立针对城镇农民工的社会救助制度,包括建立公益劳动组织,为暂时失去工作的农民工提供最低生活保障;建立法律援助制度,维护农民工的合法权益。第三,逐步将农民工纳入城市社会保障网络。农民工的社会保障在刚起步时和城市居民的社会保障在内容、水平、资金来源、管理方式等方面会有较大差异,但要建立起内容和运作方式上可以同城镇社会保障体系对接的社会保障制度框架,经过不断完善,逐步把农民工纳入城市社会保障网络,建立统一的现代社会保障体系。

农民工的社会保障,要适应农民工就业流动性大的特点,保险关系和待遇能够转移接续,使农民工在流动就业中的社会保障权益不受损害;还要兼顾农民工工资收入偏低的实际情况,实行低标准进入、渐进式过渡,调动用人单位和农民工参保的积极性。当前要着力解决工伤保险和大病医疗保障问题,认真落实《工伤保险条例》,依法将农民工纳入工伤保险范围,所有用人单位必须及时为农民工办理参加工伤保险手续。各统筹地区还要采取建立大病医疗保险统筹基金的办法,重点解决农民工进城务工期间的住院医疗保障问题。逐步解决养老保障问题,研究探索低费率、广覆盖、可转移,并能够与城乡养老保险制度相衔接的农民工养老保险办法。

3. 加强劳动力市场制度建设,逐步建立保护农民工合法权益的长效机制

农民工合法劳动权益被严重侵害,与劳动力供过于求有关,但深层原因是劳动力市场制度不健全,使农民工处于弱势地位。保障农民工合法权益是社会公正的体现,更是政府的基本职能所在。保护农民工合法权益,应当建立起长效机制。

首先要处理好企业投资者与农民工的利益关系。政府既要保护企业主的合法权益,也要保护农民工的合法权益,决不能只看重投资者的作用和利益。要规范统一市场中政府、企业和农民工三个主体的行为。政府要当好"裁判员",加强组织保障,统筹协调保护农民工利益、维护农民工权益,确保中央关于农民进城务工的各项方针政策和国家有关法律法规落到实处。

其次,政府要发挥引导、协调、依法监管的作用,加大对劳动力市场监管和执法力度。规范企业行为,加强对企业用工制度、用工程序和用工结果的监督,劳动监察执法部门特别要切实承担起查处侵犯农民工权益问题事件的主要职责,切实解决执行劳动法不到位问题。抓住工资和劳动保护等突出问题,标本兼治,保障农民工得到应有的工资报酬并不发生拖欠和克扣,对延时劳动民工企业要付加班费。推动最低工资制度的建立,工资标准要切实按照"按劳分配,同工同酬"的原则执行,不能因身份不同而工资待遇不同。不论是城市户口还是农村户口,都应根据用工需求,按规定办理招工手续,签订劳动合同,规范用工制度,切实推行劳动合同制,建立健全劳资纠纷协调机制,引导和促进形成和谐的劳资关系。促进企业改善生产条件,确保农民工生产安全,并享有工伤及职业病的待遇。

再次,加强对农民工的组织和领导。农民工权益得不到有效及时保障的一个重要原因,是农民工作为个体太分散,农民工和雇主之间缺乏一个进行有效沟通和谈判的制度平台。当权益受损时,农民工只能被动地等待政府出面。应当将分散的农民工组织起来,借助于工会这个制度平台,建立政府、雇主与工会三方的协调、制约机制。当发生农民工权益受损时,则通过

雇主和工会之间的谈判、协商解决,政府则负责对这个过程进行监督和检查,确保劳动保障法律法规的落实和执行。这既可避免政府大包大揽,直接干预企业运转,也有助于加强对农民工的管理,使其行为方式向真正的产业工人的行为方式转变。

建立保护农民工合法权益的长效机制,关键是加强劳动力市场制度建设,健全劳资纠纷协调机制,引导和促进形成稳定和谐的劳资关系。完善的劳动力市场是保护农民工权益的制度平台。劳动力市场制度建设包括工资形成的市场机制和集体谈判制度,工会作用发挥方式和程度,以及保护劳动者的政府劳动立法等。

4.大力发展适应农民工特点的就业服务体系

一方面,劳动力输出地政府主导,各类服务组织参与,围绕准备外出就业农民的需求,大力发展有组织的劳务输出。培训农民工,实际是造就新一代产业工人。农民工输出地要抓好农村富余劳动力转移前的基本技能培训,把农村劳动力的培训纳入各级公共财政的支持范围,扩大"阳光工程"的实施规模,提高补贴标准,推行农民工"培训券",使更多的农村富余劳动力在转移之前得到一定的知识和技能培训。农民工输入地也应强化培训,不断提高农民工的技能。健全县乡公共就业服务体系和信息渠道,免费为准备外出就业的农民发放相关资料,提供政策咨询和就业信息,发挥公共信息渠道的作用。鼓励社会各类服务组织和培训机构与企业建立固定联系,定向输送劳动力,并搞好输出后的服务。

另一方面,劳动力流入地公共就业服务机构要普遍向外地农民工开放,免费为其提供就业信息和职业介绍等基本服务。应降低门槛,简化手续,收集适合农民工的岗位信息,开发针对农民工的服务项目和措施,提高服务质量和效率。鼓励有条件的大中城市建立专门的公共就业服务场所,集中为农民工提供免费就业服务。此外,劳动力流入较多的城市应建设政府监督管理的零工交易场所,免费为农民工提供供求直接见面的平台,加强劳动力市场管理,规范职业中介行为,严格收费标准,提高服务水准。

五、农村义务教育与农民培训体制改革

教育与培训是实现社会公平的重要基础。从公共财政的角度扩大教育

培训机会,提高教育培训质量,对保障公民个人发展的权利,实现可持续的社会经济发展具有重要意义。但是,长期以来,在城市和农村的二元结构框架之下,农村义务教育与农民培训工作面临着许多困难。"十五"时期,国家高度重视农村义务教育与农民培训改革工作,出台和颁布了一系列政策法规,实施了许多重大工程项目,为"十一五"的发展打下了坚实基础。

(一)农村义务教育体制改革

1.改革的背景

中共中央、国务院高度重视农村教育工作。1985 年《中共中央关于教育体制改革的决定》提出:"实行基础教育由地方负责,分级管理的原则。"1986 年颁布的《义务教育法》规定:"义务教育事业,在国务院领导下,实行地方负责,分级管理。"这一管理体制,对于调动地方政府和广大人民群众的办学积极性、增加教育投入、改善办学条件、加快农村教育事业的发展,起到一定作用。但是,在实行的过程中存在着教育管理权限层层下放、管理重心下移的问题。当时农村义务教育的责任,主要由乡、村甚至是由农民承担。

这种体制在实行过程中教育管理权限层层下放、管理重心下移,导致农村义务教育的责任主要由乡、村甚至是由农民承担,其弊端逐步暴露出来。一是农村在实行家庭承包经营后,集体积累已经不多,举办农村义务教育的责任实际上主要落在农民身上,农民不堪重负。许多地方农村义务教育的经费得不到保障,拖欠教师工资比较严重,办学条件较差。二是对教师队伍难以实行有效管理,不能把好教师质量关,教师队伍素质不高。三是不少乡镇干部的管理水平与办好义务教育的要求不相适应。部分乡镇的教育工作已变成向农民收费的集资办学,打着"办教育"的旗号向农民乱收费。这些弊端,使受教育人口最多的农村义务教育成为教育体系中一个最薄弱的环节,严重影响了科教兴国战略的实施。这些问题的本质是农村义务教育的管理体制严重影响了农村义务教育的发展。2001 年国家开始推进农村税费改革,取消了"三提五统"和教育费附加、教育集资,断绝了农村办学的主要经济来源,农村义务教育面临着严重问题。

针对这些问题,在广泛调查研究和充分试点的基础上,2001 年 5 月国务院做出了《关于基础教育改革与发展的决定》。改革的主要内容是:农村义务教育实行在国务院领导下,由地方政府负责,分级管理、以县为主的管理体制。通过体制的改革,实现两个改变:把主要向农民收费集资办学改变为主要由政府财政出资办学,将农村义务教育由以乡镇为主管理改变为以县为主管理。"十五"期间,国家先后出台和实施了一系列加快农村教育发展的政策和重大工程,如国家贫困地区义务教育工程、农村中小学危房改造工程、西部地区"两基"攻坚计划等,改善了农村地区特别是贫困地区基础教育的办学条件,大大缓解了农村贫困家庭学生上学难的矛盾。2005年年底,国务院决定进一步改革农村义务教育经费保障机制,把发展农村义务教育所需经费全面纳入公共财政保障范围。这一惠及亿万农民群众的重大战略举措,使中国农村义务教育发生了根本性变化。

2. 改革的主要内容

2005年12月,国务院印发了《关于深化农村义务教育经费保障机制改革的通知》,要求从2006年开始,用五年时间在全国逐步推开经费保障改革。《通知》指出:"我国农村义务教育经费保障机制方面,仍然存在各级政府投入责任不明确、经费供需矛盾比较突出、教育资源配置不尽合理、农民教育负担较重等突出问题,在一定程度上影响了'普九'成果的巩固,不利于农村义务教育事业健康发展,必须深化改革。特别是在建设社会主义新农村的新形势下,深化农村义务教育经费保障机制改革,从理顺机制入手解决制约农村义务教育发展的经费投入等问题,具有重大的现实意义和深远的历史意义。"还指出,深化农村义务教育经费保障机制改革"是促进教育公平和社会公平,提高全民族素质和农村发展能力,全面建设小康社会和构建和谐社会的有力保证;是贯彻落实'多予少取放活'方针,进一步减轻农民负担,巩固和发展农村税费改革成果,推进农村综合改革的重要内容;是完善以人为本的公共财政支出体系,扩大公共财政覆盖农村范围,强化政府对农村的公共服务,推进基本公共服务均等化的必然要求;是科学、合理配置义务教育资源,完善'以县为主'管理体制,加快农村义务教育事业发展的有效手段。"改革的基本原则是"明确各级责任,中央地方共担、加大财政投入、提高保障水平、分步组织实施"。改革的目的是逐步把农村义务教育全面纳入公共财政的保障范围,建立起一个中央和地方分项目、按比例的新型的经费保障机制。

深化农村义务教育经费保障机制改革的主要内容有四个方面:第一,全部免除农村义务教育阶段学生的学杂费,对贫困家庭学生免费提供教科书并补助寄宿生生活费;第二,提高农村中小学的公用经费的保障机制;第三,建立农村中小学校舍维修的长效机制;第四,进一步巩固和完善农村中小学教师工资的保障机制。

按照国务院文件的规定,这次改革首先从 2005—2006 年春季开学起,在西部的 12 省份,新疆生产建设兵团,还有部分中部地区全面实施了改革。在 2005—2006 年的秋季,中部每个省又选择了一个县搞试点,另外一些东部地区自费实施了改革。文件指出,继 2006 年西部地区农村义务教育阶段中小学生免除学杂费后,2007 年这一惠民政策将扩大到全国农村义务教育阶段 1.48 亿名中小学生。

3. 改革效果评价

这次改革逐步将农村义务教育纳入公共财政保障范围,建立中央和地方分担的农村义务教育经费保障机制,这一政策和机制的转变有利于促进农村义务教育事业的快速发展,有利于减少城乡义务教育水平的差距,有利于实现偏远贫苦地区在义务教育上的公平。从实施一年的情况看,改革取得了一定的效果。

首先,农村义务教育事业得到优先发展。2006 年全国财政安排农村义务教育经费 1840 亿元,全部免除了西部地区和部分中部地区农村义务教育阶段 5200 万名学生的学杂费,为 3730 万名贫困家庭学生免费提供教科书,对 780 万名寄宿学生补助了生活费。410 个"两基"(基本普及九年义务教育和基本扫除青壮年文盲)攻坚县已有 317 个县实现目标,西部地区"两基"人口覆盖率由 2003 年的 77% 提高到 96%。

第二,教育管理体制改革不断完善。"在国务院领导下,由地方政府负责,分级管理、以县为主"的农村义务教育管理新体制基本确立。

第三,减轻了农民教育负担。仅免学杂费这一项,2006 年西部地区平均每个小学生减负 140 元,初中生平均减负 180 元,切实减轻了农民负担。

第四,农村中小学辍学率降低。因为免费,使一些原来因贫辍学的孩子重返校园。据初步统计,西部地区大约有 20 万名辍学的孩子返回了校园。

第五,农村学校乱收费的行为得到有效遏制。农村中小学的收费行为明显得到规范,各学校除按一费制的规定收取课本费、作业本费,两项代收费,以及住宿学校住宿费用以外,其他方面基本做到了零收费。

（二）农民培训改革

1.政策主要内容

"十五"以来，国家高度重视农民素质的提高，特别是中共十六届五中全会，2004年、2005年、2006年、2007年的四个一号文件，都对农村劳动力素质的提高、新型农民的培养提出了明确要求。

2003年9月17日，国务院发布了《关于进一步加强农村教育工作的决定》，明确了农村教育是教育工作"重中之重"的战略地位，提出了西部攻坚、巩固提高和深化农村教育综合改革的三大目标和一系列重大政策措施。《决定》提出要坚持为"三农"服务的方向，大力发展职业教育和成人教育，深化农村教育改革。《决定》指出，以就业为导向，大力发展农村职业教育。要实行多样、灵活、开放的办学模式，把教育教学与生产实践、社会服务、技术推广结合起来，加强实践教学和就业能力的培养。以农民培训为重点开展农村成人教育，促进农业增效、农民增收。普遍开展农村实用技术培训，每年培训农民超过1亿人次。

2004年《中共中央国务院关于促进农民增加收入若干政策意见》指出，要调动社会各方面参与农民职业技能培训的积极性，鼓励各类教育培训机构、用人单位开展对农民的职业技能培训。各级财政都要安排专门用于农民职业技能培训的资金。为提高培训资金的使用效率和培训效果，应由农民自主选择培训机构、培训内容和培训时间，政府对接受培训的农民给予一定的补贴和资助。要防止和纠正各种强制农民参加有偿培训和职业资格鉴定的错误做法。

2005年《中共中央国务院关于进一步加强农村工作提高农业综合生产能力若干政策的意见》提出，要结合农业结构调整、发展特色农业和生产实际的需要，开展针对性强、务实有效、通俗易懂的农业科技培训。

2006年《中共中央国务院关于推进社会主义新农村建设的若干意见》进一步指出，提高农民整体素质，培养造就有文化、懂技术、会经营的新型农民，是建设社会主义新农村的迫切需要。继续支持新型农民科技培训，提高农民务农技能，促进科学种田。扩大农村劳动力转移培训阳光工程实施规模，提高补助标准，增强农民转产转岗就业的能力。加快建立政府扶助、面向市场、多元办学的培训机制。各级财政要将农村劳动力培训经费纳入预算，不断增加投入。整合农村各种教育资源,发展农村职业教育和成人教育。

2006 年,国家发布的《中华人民共和国国民经济和社会发展第十一个五年规划纲要》中明确提出,支持新型农民科技培训,提高农民务农技能和科技素质;实施农村劳动力转移培训工程,增强农村劳动力的就业能力;实施农村实用人才培训工程,培养一大批生产能手、能工巧匠、经营能人和科技人员。

2007 年《中共中央国务院关于积极发展现代农业扎实推进社会主义新农村建设的若干意见》第一次明确提出了人才智力支撑的概念,要求加大投入的力度,采取多种有效的形式和针对性更强的形式,对农民加强培训。文件中特别提出,"在农民中培训一批中高级技工,帮助提高农民的竞争能力,发展农村专业合作组织,培养现代农业的经营者,提高农村公共人员的能力"等措施。

2. 农民培训政策执行情况

改革开放以来,特别是"十五"期间,在中共中央、国务院的正确领导下,多渠道、多层次、多形式的农民教育培训工作蓬勃开展,培养了大量的农村科技人才,有效地提高了农村劳动力的素质,为现代农业和农村经济社会发展提供了有力的人才、科技和智力支撑。

多年来,各级农业部门围绕粮食增产、农业增效、农民增收的目标,积极发挥各级各类教育培训机构、技术推广部门和专业合作组织,充分利用广播、电视、电信、互联网等远程教育手段,大力开展农民科技培训工作,快捷有效地为广大农民提供技术、信息和咨询服务。具体体现在:一是大力开展农业科技培训,培养农业生产能手和农民技术骨干。自 1990 年以来,全国 31 个省区市的 2000 多个县组织开展了绿色证书培训,培养农民技术骨干超过 2000 万人,1000 多万农民获得了绿色证书;1999 年至 2005 年在全国 1256 个县实施了"跨世纪青年农民科技培训工程",培训农村青年骨干 350 万人。这些对促进农业科技进步,提高农民素质发挥了积极作用。二是积极开展农村劳动力转移培训,为县域经济发展培养二、三产业大军。从 2004 年至 2006 年 8 月底,阳光工程已培训农村劳动力 720 万人,转移就业 600 万人,培训转移就业率 85% 以上,带动地方开展转移培训 1000 多万人。这就为加快农村富余劳动力转移,推进工业化、城镇化和农业产业化打下了坚实的基础。三是大力发展高、中等农业职业教育,为广大农村培养留得住、用得上的各类农村实用人才。通过全国中、高等农业职业教育和农业广播电视教育,累计培养 500 多万留得住、用得上的农业专业技术和管理人才,为农业和农村经济发展提供了有力支撑。四是与有关部门合作,形成培养新型农民的合力。2006 年,为贯彻落实国务院颁布的《全民科学素质行动计划纲要》,根据国务院的部署,由农业部和中国科协牵头,中组部、中宣部、科技部、教育部等 14 个部门共同参加,组织实施"农民科学素质行动"。这些部门共同制订工作实施方案,细化工作措施,动员社会方方面面的力量,按照各自职责,明确任务分工,各负其责,共同推进农民教育培训工作。五是探索建立了政府统筹、农业牵头、部门配合、社会参与的农民科技培训工作良性机制。在尊重农民培训意愿和根据岗位对农民的技能要求确定培训内容的同时,注重培训形式和工作机制的创新。在培训形式上,将课堂教学与实际操作相结合,将进村入户科技指导与远程教育培训相结合,并利用"农民科技书屋"作为固定培训场所与"科技入户直通车"作为流动培训场所开展农民科技培训。在资金使用上,采取直接补贴形式,通过发放培训券或降低收费标准方式直接补贴给农民,培训资金实行报账制管理,并接受财政部门的审计监督。在检查验收上,建立逐村逐班检查验收培训质量、收效、满意程度等制度。

(三)改革过程中存在的问题

1. 农村义务教育改革过程中面临的困难和问题

通过一年多时间的改革试点,农村义务教育经费保障机制改革取得了一定进展,但还存在许多困难和问题。

一是有些地方对改革的紧迫性、重要性认识不够。农村义务教育离不开当地党委政府的大力支持,但由于教育不是一个显性工程,长期以来对农村教育的认识存在偏差,因此部分地方政府对农村教育的地位和作用重视不够,改革试点工作进展缓慢。有些地方财政困难,难以支付改革成本,出现简单应付改革、回避矛盾的情况。

二是历史遗留问题阻碍了改革的顺利实施。各地在过去发展义务教育形成的债务问题,很多情况下都是基层政府和学校向银行贷款、集资,采取负债的方法来进行的。据不完全统计,全国乡村负债五亿,每年还增加三百亿到五百亿,其中有很大的部分是和乡村义务教育负债发展有关系。债务问题严重阻碍了下一步改革的进行。

三是改革政策需要逐步完善和进一步细化。改革过程中有些地方反映出台的政策出现"一刀切"的现象;有些地方反映补贴标准过低;有些地方反映补了公用经费,但其中取暖费占了70%,因此拿到的公用经费不能维持学校的正常运转等。

四是学校师资力量难以满足需要。农村义务教育学校由于地处偏远,生活条件比较艰苦,收入低,许多教师不愿意去,所以一些学校还存在"几人一校"甚至"一人一校"的现象。农村义务教育面临着要留住教师,让好教师愿意来,解决好老师工资、住房、医疗等问题。

2.农民培训存在的突出问题和障碍性矛盾

农民教育培训虽然做了大量卓有成效的工作,但农民整体素质特别是科技文化素质还不高,在培训工作方面还存在诸多问题和矛盾,主要表现在以下几个方面:

第一,农民培训需求量大与培训规模小的矛盾。全国有7亿多农民,其中农村劳动力4.9亿个。每年新增加的初高中毕业生有七八百万人。根据有关方面统计,目前农民平均受教育年限只有7.3年,还达不到初中毕业的水平。农村劳动力科技文化素质仍然比较低,高中以上文化程度仅占13%,初中文化程度占48%,小学文化程度占39%,文盲半文盲占7.6%。接受过短期培训的只占20%左右,接受过初级职业技术教育或者培训的仅占3.4%,接受过中等职业技术教育的只有0.13%。大量农民没有接受过基本的职业技术教育,缺乏科学素质和专业技能,难以适应新农村建设的要求。大量的调查表明,农民要求技术培训的需求量非常大,而政府和社会提供的培训量仍然比较少,与农民的需求差距比较大。2006年国家推出的新型农民科技培训工程先期在1万个村实施,而全国有五六十万个村的农民需要技术培训和指导。

第二,现代农业快速发展与农民教育培训相对滞后的矛盾。现代农业已经延伸到种植业、养殖业、水产业和加工业等各个领域,科学不断发展,科技成果层出不穷,但农民培训尤其是科技培训由于受资金、设备、基地、师资等客观条件的限制,好的技术和知识往往不能直接传递给农民,培训工作往往落后于产业的发展,科技成果不能迅速转化为先进的生产力。

第三,政府行为与市场机制不相适应的矛盾。农民教育是长期性工作,不可能通过一两次培训就能彻底把农民素质提高。百年树人,这是千真万确的哲理。现在许多地方政府只看眼前的修路、建房等工程,而看不起或放弃农民教育的素质工程、软工程。建立社会主义市场机制,不是把农民教育推向市场,而是用市场的机制和理念,强化农民教育,规范农民教育。在政府的引导下,应建立多元化的农民教育投入机制。目前,农民教育培训投入机制还未真正建立起来。农民教育培训体系比较分散,缺乏活力和动力,农民科技教育培训工作的针对性和实用性还有待进一步提高。

第四,农民教育培训工作与法制化建设要求不相适应。依法治国、依法兴农已经成为全社会的共识。但作为农民占绝大多数的泱泱大国,至今没有一部农民教育的专门法律法规,造成农民教育培训工作的随意性和人为干预性比较大,导致许多工作缺乏法律保障,这与中国农民教育教育的战略地位和作用是极不相符的。

(四)政策建议

1. 加大公共财政投入

开展农村义务教育,培养新型农民具有明显的公益性,属于公共财政支持范畴。加大公共财政支持农村教育和农民培训的力度,是统筹城乡经济社会发展的必然要求,是贯彻落实"多予少取放活"和"工业反哺农业、城市支持农村"方针的重要举措,而且属于 WTO 规则的"绿箱"政策,也是世界发达农业国家的通行做法。第一,公共财政支持农村教育与农民培训,提高农民转岗转移就业的能力,不断转移农民、减少农民是把农村人口压力转化为城市二、三产业的人力资源、促进城乡统筹协调发展的直接、有效的办法,体现了合理配置城乡资源、促进和谐社会建设的科学发展观。第二,公共财政支持农村教育与农民培训,提高农民科学种养水平和自我发展能力,体现发展农村生产力,建设现代农业的本质要求。第三,不断加大财政的支持力度,并将财政资金补贴给农民,使财政支出直接转化为农民的收入,体现了政府"以人为本"、"让公共财政的阳光普照农村"的公共财政理念。

积极调整投入结构。2007 年中央 1 号文件明确指出,"各级政府要切实把基础设施建设和社会事业发展的重点转向农村,国家财政新增教育、卫生、文化等事业经费和固定资产投资增量主要用于农村,继续改善农村办学条件,促进城乡义务教育均衡发展,加强农民转移就业培训和权益保护,培育现代农业经营主体"。各级财政应按照中央文件的要求不断调整公共财政投入结构,从高等教育转向基础教育,从城市转向农村,从沿海转向中西部,国家财政每年新增部分应按照一定的比例投入到农村教育与农民培训中。

2. 深化农村义务教育管理体制改革

围绕建设社会主义新农村和提高国民素质的战略要求,进一步落实农村义务教育"重中之重"的战略地位。深化和完善农村义务教育经费保障机制改革,提高义务教育的公共经费水平,建立农村义务教育经费保障的长效机制。加强农村教师队伍建设,实施农村教师培训计划,在"十一五"期间努力使中西部地区50%的农村教师得到一次专业培训。改善农村学校教学条件,建设遍及乡村学校的远程教育网络,逐步使所有学校均符合基本办学条件标准。大力推进义务教育的均衡与协调发展,加大对农村薄弱学校的改造力度,努力办好义务教育阶段的每一所学校。进一步解决好进城务工就业农民子女接受义务教育和农村留守儿童受教育的问题。

3. 大力培育新型农民

第一,大力发展农业职业教育,加大对农业中专等相关院校的投入。整合现有的农业职业教育资源,充分利用成教中心、职校、农广校和民办学校,积极开展农业职业教育。完善相关制度,改变农业职业教育院校"有校无生"的状况,使得毕业生真正投身农业,服务农民。

第二,创新培训模式,更新培训内容。鼓励中介机构与培训机构联合办学,坚持长期培训与岗前培训相结合,大力推行订单培训和"校企"挂钩合作,提高针对性和有效性。以实施农民"绿色证书"培训制度为核心,大力开展农业实用技术培训,培育一批思想观念新、生产技术好、既懂经营又善管理的新型农民。

第三,加快关于农民培训的立法,以法律保证和规范农民培训。规范各类农民培训的运作模式,提高培训资源的利用效率,减少弄虚作假和浪费现象,切实完成农民培训的既定目标和任务。

六、农村金融体制改革

计划经济时期,农村金融机构只是动员农村储蓄为城市工业化提供资金的一个渠道。通过这个渠道,资金大量由农村流向城市。近30年的改革并没有根本改变这种状况,金融组织的趋利性使得农户的储蓄分流向企业和其他地区、农村资金从农业流向非农产业、大量的农村资金在地域上沿着村——县——市区运动。所不同的只是,计划经济时期是国家计划的结果,而改革开放以来则是市场逐利的结果。农村资金大量外流导致农民、农业和农村难以获得足够的发展资金,农村经济发展出现了恶性循环。从实际效果看,现行农村金融体系仍未改变"农业哺育工业,农村支持城市"的格局。如何对农村金融进行改革,使其体现"工业反哺农业,城市支持农村"的发展战略,是当前迫切需要解决的重大问题。

（一）农村金融需求特性分析

农村金融需求主要包括借贷需求、农业保险需求,以及由借贷需求派生出的担保需求。

1. 借贷金融需求

借贷金融需求按用途大致可分为三个层次:一是农户的生产和生活金融需求;二是农村企业的生产发展金融需求;三是农业农村基础设施建设和农业科技发展等金融需求。

（1）不同类型的农户需求特性不同

根据金融需求行为的不同,可以将中国农户划分为贫困农户、维持型农户和市场型农户;将农村企业划分为农村工商企业和产业化龙头企业[1]。其中,农户金融需求主要分生产性借贷和消费性借贷两类,而生产性借贷又可分为两个层次:一是农户为维持农业简单再生产而产生的借贷需求;二是为实现规模化、多元化和产业化发展而产生的借贷需求。不同类型农户的金融需求形式特征和满足金融需求的手段不尽一致,除了通过非正规金融渠道——民间借贷满足外,在正规金融范围内,它们具有如下特点:

贫困农户:财政扶贫和社区合作金融为主[2]。贫困农户是一种特殊的金融需求主体,其生产和生活资金均较短缺,而且往往表现为生产性需求和非生产性需求交织在一起的特征。很显然,用于非生产性目的的资金的自

---

[1]　何广文:"中国农村金融供求特征及均衡供求的路径选择",载《中国农村经济》2001年第10期。

[2]　社区合作金融应该有一定的封闭性和共济性。从这个意义上说,中国农村目前的农村信用合作社还不是真正的社区合作金融。

偿性较差,虽然贫困农户也有贷款需求,但金融机构很难防止农户将生产性贷款用于非生产性目的,所以贫困农户的金融需求很难通过以有偿使用为基础的正规商业金融得到满足,只能以政府财政性扶贫资金、国际金融组织和国外援助以及社区合作金融等较为特殊的方式得到满足。

维持型农户:合作性金融和商业性金融。这类农户已基本解决生活温饱问题,大量的经验研究表明,金融机构对维持型农户的小额放款是较为安全的,贷款回收率较高。因此,对这部分农户的小额资金需求,一般可通过合作金融和商业金融方式得到满足。实践中,农村信用社是该农户群体的主要贷款供给者[1]。

市场型农户:社区合作金融和商业性金融。这类农户开始从事以市场为导向的专业化、规模化农业生产。为实现简单或扩大再生产,它们对信贷资金的需求要比前两类农户强烈得多。满足市场型农户资金需求的方式和手段同样是商业性信贷和合作金融,实践中,农村信用社和农业银行是该农户群体的主要贷款供给者。

(2)农村企业金融需求不同

农村工商企业和产业化龙头企业在金融需求的形式特征和满足金融需求的手段上也不尽一致,但由于一般具有财务上的可持续性,需求主要通过商业性金融满足。

农村工商企业金融需求:商业性金融。这类企业一般立足于当地资源而由乡村投资发展起来的,生产是面向市场的资源利用型生产,市场的不确定性较大,经营活动的风险性较高。实践中,农业银行和信用社一直是农村工商企业资金供给的主体。

龙头企业金融需求:商业性金融和证券融资。农业产业化龙头企业一般从事专业化、规模化农产品加工业,因此对信贷资金的依赖程度一般较大。已具有一定规模的完整形式的龙头企业,资金实力一般较为雄厚,也是较为健全的承贷主体,贷款风险较小,一般通过获得商业金融机构的信用放款或抵押贷款满足资金需求,少数还通过股票债券市场进行直接融资。

---

① 从实际运作情况看,中国农村现在的农村信用合作社是名义上的合作性金融,实际上的商业性金融,真正的社区合作金融在中国农村是严重缺乏的。由此,当前迫切需要大力发展真正意义上的农村社区合作金融。

(3)农业农村基础设施建设和农业科技发展等金融需求:政策性金融和财政直接投资

农业农村基础设施建设和农业科技发展等是农业发展的重要条件,它们具有公共产品的性质,资金投入规模大、风险大、投资回收期长,作为私人投资主体的农户和农村企业一般不愿投资或无能力投资,需要政策性金融或者是财政直接投资。

2. 农业贷款担保业务金融需求:商业性金融和政策性金融并重为辅

当前,农户和农村中小企业贷款难的问题非常突出,其原因包括借贷双方的信息不对称、农户和企业不能提供有效的贷款抵押品、缺乏处置抵押品的二级市场等外,影响商业银行放贷的另一个重要原因,是中国金融体系中缺乏专业性的信用担保中介机构。国内外实践证明,发展担保贷款,应在担保机构方面,应坚持商业性金融和政策性金融并重,发展多种形式的担保机构。

3. 农业保险金融需求:政策性金融为主,商业性金融为辅

中国是一个自然灾害频繁的国家,自然灾害尤其是连年灾害的发生,给农业生产带来巨大损失,成为影响农民收入稳定增长和农村社会稳定的重要因素。农业保险通过市场机制在分散和转嫁风险,能消除或减轻自然灾害对农业的影响,可以提高农民收入增长的稳定性,增强农业投资的安全性,有利于农业新技术、新品种的推广和农业结构的调整,减轻政府在灾后救济方面的财政压力。正因为如此,世界上许多国家,都将农业保险作为降低农业自然风险和保护农业的重要政策工具之一。农业保险业务的特点是赔付率过高,经营农险不赚钱,商业性保险机构没有经营积极性,经营农业保险亏损是一个普遍的国际现象。如果把国家作为整体来看,到目前为止,依靠纯粹商业化经营搞农业保险,全世界还没有成功的例子。世界经验表明,政策性农业保险为主、商业性农业保险为辅是农业保险的主要模式。

总之,从农村金融需求主体特性的角度,由于不同需求主体在资金财务上的收益性、风险性、流动性不同,需要金融供给方式不同,当前尤其是对社区合作金融、农业贷款担保、农业保险的需求特别强烈。适应需求的多层次性和复杂性,需要有多样化的金融组织和多样化的金融工具来满足多样化的农村金融需求。

(二)农村金融供给:涉农金融机构改革评介

目前中国提供农村金融服务的机构,包括正规性金融组织如农村信用社、农业银行、农业发展银行和农村邮政储蓄等。非正规性金融组织则主要是指民间借贷组织,如农村合作基金会、地下钱庄、合会等形式。

1. 农村正规金融机构改革历程

(1)农村信用合作社

第一阶段(1951—1958 年):农村信用社全国范围内组建。新中国成立不久,中国人民银行总行召开了第一次全国农村金融工作会议,决定大力发展信用社。这一时期的信用社,资本金由农民入股,干部由社员选举,信贷活动为社员的生产生活服务,基本保持了合作制的性质。

第二阶段(1959—1978 年):信用社归人民公社管理。1958 年实现人民公社化后,根据当时"两放、三统、一包"的财经管理体制,信用社与农业银行农村分支机构合并,下放给人民公社、生产大队管理,后来又交给贫下中农管理,农村信用社变为集体金融组织,实质上成为人民公社的一部分。

第三阶段(1979—1996 年):恢复和成立新的金融机构,农村信用社划归农业银行管理。1979 年中国农业银行恢复,其业务主要以农村信贷为主。同时,信用社正式成为农业银行的基层机构,从此走上了"官办"的道路。

第四阶段(1996—2002 年):试图恢复农村信用社"合作金融"的性质,但没有真正得到落实。1996 年,国务院发出《关于农村金融体制改革的决定》,明确提出:"建立和完善以合作金融为基础,商业性金融、政策性金融分工协作的农村金融体系","农村金融体制改革的重点是恢复农村信用社的合作性质,进一步增强政策性金融的服务功能,充分发挥国有商业银行的主导作用"。根据这一精神,信用社与农业银行"脱钩",由中国人民银行托管。对信用社业务管理和金融监管分别由农村信用社县联社和中国人民银行承担。但是,上述改革设想并没有真正得到落实,其中一个重要原因是,1997 年爆发亚洲金融危机后,中共中央和国务院高度重视金融安全问题,并针对中国金融系统中存在的各种金融风险采取了整顿措施,对信用社的政策则更多地转向整顿和规范上来,农村金融改革陷入停顿。1998 年,国务院办公厅转发中国人民银行《关于进一步做好农村信用社整顿规范管理工作意见的通知》,此后用了近两年的时间,在全国范围内清理信用社的资产,规范各项管理制度,防范和化解金融风险,并在此基础上重点加强了信用社内部管理,恢复其合作金融的工作没有得到实质性的进展。

第五阶段(2002年至今):深化信用社经营和管理体制改革和产权制度改革。为从根本上改革信用社的产权制度和法人治理结构不健全、监管体制不顺,经营机制,使其成为真正农村金融服务的主力军,人民银行于2000年下半年开始在江苏省进行信用社改革的试点,在试点的基础上,2003年6月,国发〔2003〕15号文件指出,此次信用社改革的总体要求是"明晰产权关系、强化约束机制、增强服务功能、国家适当支持、地方政府负责"。改革的方向是把信用社逐步办成由农民、农村工商户和各类经济组织入股,为农民、农业和农村经济发展服务的社区性地方金融机构。信用社改革的重点是解决两个问题:一是以法人为单位改革信用社产权制度。产权制度改革的关键是要解决农信社"谁出资、谁管理、出了问题谁负责"的问题。按照股权结构多样化、投资主体多元化原则,根据不同地区情况,分别进行股份制、股份合作制和完善合作制的试点。二是改革信用社管理体制,将信用社的管理交由地方政府负责,同时国家监管机构依法实施监管,组建县联社和省联社,农信社自我约束、自担风险。为确保改革的顺利推进,国家对试点地区的信用社给予政策扶持,包括对保值储蓄多支付利息给予补贴,对西部地区信用社给予税收减免,对试点信用社安排专项再贷款或发行专项中央银行票据置换不良贷款等。

(2)中国农业银行

1979年,中国农业银行重建,其初衷是为了支持中国农产品的生产、销售和乡镇企业。中国农业银行自恢复成立以来承担了大量的农村金融服务任务,高峰时期曾在全国每一个乡镇都设有网点,甚至在部分村(组)设立代办站,为支持农村经济发展和农民增收作出了积极贡献。在专业银行时代,中国农业银行对中国农业经济的稳定发展起到了极其重要的作用。

随着中国金融体制改革的不断深入,根据国务院1993年12月颁发的《关于金融体制改革的决定》精神,1994年中国农业发展银行成立,决策者试图通过中国农业发展银行的建立将政策性金融业务从中国农业银行和农村信用社的业务中剥离出来。与此同时,加快了中国农业银行商业化的步伐,包括全面推行经营目标责任制,对信贷资金进行规模经营,集中管理贷款的审批权限等。

1997年后,中国农业银行政策性业务剥离速度加快,其经营也日益强调以利润为核心。但迄今为止,中国农业银行仍然有部分贷款具有政策性贷款的性质,这也是中国农业银行资产质量在四大商业银行中相对较低的原因之一。

1998年,国务院将一部分政策性业务如农业开发性贷款和扶贫贷款等重新划归中国农业银行管理,中国农业发展银行则专心致力于收购资金的封闭运行。

近年来,随着中国建设银行、中国银行、中国工商银行改革股份制改革的完成,中国农业银行的职能定位、股份制改革等问题提上议事日程。

(3)中国农业发展银行

20世纪90年代初期,因体制不顺,粮棉油收购资金挤占挪用问题非常突出,给农民"打白条"的现象愈演愈烈,不仅伤了农民的心,也成为长期困扰各级政府、影响农业和农村稳定的重大问题。当时,迫切需要组建专门的农业政策性银行,加强对收购资金的供应管理,加大对农业的资金投入,促进农业和农村经济的健康发展。同时,1994年,中国明确提出要建立一个能够为农业和农村经济发展提供及时、有效服务的农村金融体系:以工商企业为主要服务对象的商业性金融机构——中国农业银行,主要为农户服务的合作金融机构——农村信用合作社,支持整个农业开发和农业技术进步、保证国家农副产品收购以及体现并实施其他国家政策的政策性金融机构——中国农业发展银行。1994年成立的中国农业发展银行,按照国家的法律法规和方针政策,以国家信用为基础,筹集农业政策性信贷资金,承担国家规定的农业政策性金融业务,代理财政性支农资金的拨付,为农业和农村经济发展服务;是以贯彻国家产业政策和区域发展政策为基本出发点,通常以优惠的利率水平、贷款期限和融资条件对国家政策支持发展的产业和地区提供资金支持。中国农业发展银行的建立,消灭了给农民"打白条"的现象,提高了收购资金的使用效益,为支持农业和农村经济发展、保护农民利益做出了贡献。

作为政策性银行,中国农业发展银行职能定位随着国家农业宏观调控任务(尤其是粮食市场调控)的变化而不断调整。1998年3月,国务院对中国农业发展银行的职能做了重大调整,将农业开发贷款、扶贫贷款以及粮棉油企业加工和附营业务贷款划归中国农业银行管理,中国农业发展银行专门从事粮棉收购资金的管理。

近年来,围绕着中国农业发展银行的改革,中国农业发展银行是继续强化其政策性银行的地位,还是实行商业化改革;是独立存在,还是与其他金融机构合并,一直在争议中。

(4)农村邮政储蓄

中国邮政储蓄业务恢复于1986年,目的是弥补银行储蓄网点不足,方便居民储蓄。按照规定,邮政储蓄存款逐级上划,转存人民银行。央行将这些转存款,一部分用于购买国债,一部分通过商业银行放贷。当时人民银行新职能刚确立不久,需要通过邮政储蓄集中资金,以执行有效的货币政策,缓和来自于财政直接借款和透支的巨大压力。

1992年之后,宏观经济形势发生变化,国家采取了一系列措施整顿金融秩序,遏制通货膨胀,实行适度从紧的货币政策,邮政储蓄被赋予协助央行回笼货币的重任。

1994年财税金融体制改革后,为向政策性银行尤其是中国农业发展银行提供大量的急需资金,中国人民银行维持了邮政储蓄资金转存款政策。

1998年邮政电信分家后,为弥补邮政亏损,国家对邮政储蓄转存款政策没有做大的调整。由此可见,中国邮政储蓄的制度安排是和央行宏观调控、政策性银行资金供应以及弥补邮政亏损联系在一起的。

近年来,深化农村邮政储蓄改革,建立邮政银行,引导农村邮政储蓄资金回流农村的呼声很高。

(5)农业保险

中国于20世纪50年代开始试办农业保险。在其后的30年间,农业保险经历了几次反复,中间曾经一度中断。

20世纪80年代初,中国人民保险公司恢复了农业保险业务。1993年是中国农业保险发展的顶峰,当年人保农险保费收入曾经达到8.3亿元,向农民赔款9.3亿元,赔付率为116%。

20世纪90年代中期以后,随着金融体制改革的深化,人保由政策性保险公司转变为商业性保险公司。受商业利益的驱使,从1994年起,人保开始调整农险结构,对一些风险大、亏损多的农险业务进行战略性收缩,农业保险规模逐年下降。农业保险在分散农业自然风险、为农业提供经济补偿方面的作用非常有限。

近年来,按照"扩大农业政策性保险的试点范围,鼓励商业性保险机构开展农业保险业务"的要求,农业保险取得了很大的发展,一是开展了政府政策扶持、商业运作相结合的农业保险模式试点,成立了上海安信农业保险公司;二是引进外资保险,成立了法国安盟公司成都分公司;三是专业化商业性农业保险模式,安华农业保险股份有限公司成立;四是推动相互型农业保险模式,成立了阳光农业相互保险公司。

2. 农村非正规金融机构的改革历程

(1)农村合作基金会

农村合作基金会是合作制集体经济组织。1983 年一些乡村为有效地管理、用活和清理整顿集体积累资金,将集体资金由村或乡管理并有偿使用而设立基金会;1984—1986 年处于萌发阶段;1987—1991 年处于改革试验阶段,逐步得到政府和有关部门的鼓励和支持;1992 以来,开始处于推广和稳步发展阶段,在 1995 年前,在当地农业行政主管部门的批准下,全国农村相继建立了农村合作基金会,有区级的、乡镇的、村级的。基金会筹集资金渠道主要有:一是集体积累资金,即向农民收缴的各项统筹提留资金;二是上级拨付或捐赠的支农建设资金;三是农户入股资金;四是代管资金,如财政拨给乡(镇)事业单位的经费收入、各项罚款或收入。资金投放主要用于乡(镇)、村办企业,农用基本建设,农户种养殖业,农户生活困难救济等。农村基金会的存在,在一定程度上缓解了正式金融体制安排下资金供给不足的矛盾,有利于农村经济的发展。

到 20 世纪 90 年代末,大多数农村合作基金会的运作违背了合作基金会的互助宗旨,把农村基金会变成了办理存贷业务的第二个农村信用社,同时由于内部管理混乱、政府干预以及盲目高息揽储等原因,一些地区合作基金会出现严重财务和信用危机,甚至发生了挤兑现象。1997 年国家做出了清理整顿、关闭合并农村合作基金会的决定。随后的两年内,乡村两级合作基金会被彻底解散并进行了清算。1999 年 1 月,为规范金融市场,整顿金融秩序,国务院决定全国统一取缔农村合作基金会。但目前个别地区仍存在极少量的农村合作基金会组织,只是经营方式由以前的公开转为地下。

(2)个人借贷行为、个人和企业团体间的直接借款行为、高利贷、各种合会、私人钱庄等非正规金融组织和行为个人借贷是民间最常见的一种短期融资方式，一般以"欠条"为凭证，主要用于生活临时资金急需如结婚、建房等，现在从事工商业活动的农户和中小企业也常通过此方式获得资金。合会一般由发起人（称"会头"）邀请亲友若干人（称"会脚"）参加，约定每月、每季或半年举行一次会，每次各会脚交一定数量的款，轮流交由一会脚使用，带有互助合作性质。钱庄是具有类似银行功能的专门从事资金交易活动的地下金融组织，其资金交易规模和交易范围要比合会大。根据国务院 1998 年 7 月颁布的《非法金融机构和非法金融业务活动取缔办法》，除了部分小额信贷、不计息的亲友借款和企业团体间借款之外，其他非正规金融组织或者活动均属于非法。

（3）非政府小额信贷组织

中国民间主导的小额信贷组织还处于起步阶段，央行已决定在山西、陕西、四川、贵州、内蒙古 5 个省区进行小额信贷试点，积极推动民间金融的规范化。由于处于摸索试点阶段，还没有一整套法律框架来界定非政府组织小额信贷的法律地位，也没有系统的监管框架对非政府组织小额信贷实施有效的监管。加上只存不贷的约束，资金来源受到限制。

3. 对农村金融改革的评价

总结过去农村金融改革，有如下特点，对于农村正规金融，改革主要手段是通过改革完善金融机构内部经营管理体制、产权制度、治理机制，侧重于强化其内部激励约束机制，提高内部的经营管理，其首要的目标是"搞活"金融机构本身，对如何给各种金融机构进行"职能"定位，如何为"三农"提供金融服务明显重视不够，或者是"喊"得多而"做"得少。换言之，涉农正规金融机构改革过多地关注"机构"本身的改革，注重"搞活"金融机构本身，对金融服务重视不够。对于非正规金融，则是过分强调非正规金融机构金融风险，忽视其为"三农"提供金融服务的功能，注重"堵"，忽视"疏"。农村金融改革的问题是，出发点和落脚点都是农村金融的供给方，对需求方考虑甚少。这种改革思路与改革实践使得农村金融仍然存在如下几个主要问题：

一是农村正规金融组织激励约束机制缺乏、监督管理不倒位。近期的农村信用社改革以产权制度和管理体制改革为主要内容，中国农业银行的产权制度改革迟迟没有启动，中国农业发展银行的职能改革方向尚存争议，邮政储蓄的改革方案尚不明确，普遍存在产权主体虚化、法人治理结构残缺、缺乏自我发展、自我约束的内在动机，政府和社会对其经营行为缺乏有效监管。

二是农村非正规金融没有获得合法地位,抑制了其金融服务功能。正规金融供给不足,必然造成非正规金融的活跃。但改革忽视了农村合作基金会和民间借贷等非正规金融在一定程度上起着补充货币市场供应不足、缓解资金供求矛盾、支持地方经济发展的作用,过分关注农村合作基金会所带来的金融风险和引发的纠纷,对其实施过度管制,不承认其合法地位,抑制了其金融服务功能的发挥。

三是农村正规金融机构之间的分工与协作缺乏整体上的制度设计。作为政策性金融机构的农业发展银行致力于粮棉等大宗农产品收购资金的供给,无力从事农业基础设施建设、扶贫开发等支农事业;作为商业金融机构的农业银行却承担着大量的政策性金融业务。农村信用社是名义上的合作金融,实质上的商业金融,真正意义上的合作金融并不存在。政策允许范围内的民间金融——非政府小额信贷组织发展刚起步。农业保险业务的规模本来就很小,商业性农业保险的性质凸显,政策性保险弱化。合作金融、商业金融与政策性金融之间缺乏分工,既存在职能重叠,又存在职能缺位。

四是农村金融市场竞争不充分,金融产品和金融工具单一,服务质量差。目前中国农村虽然存在多种金融组织,但这些金融组织之间并没有形成有效竞争的格局。农业银行近年来随着商业化改革步伐的加快,市场定位发生了重大变化,业务范围已与其他国有商业银行无异,从农村转向城市,从农业转向工商业。各种形式的非正规金融部门,不受政府政策上的鼓励与保护,游离于正常的金融市场之外。非政府的民间组织发育不全,无力与信用社竞争。在这种情况下,农村信用社几乎成了农村金融市场上唯一的正规金融组织,加之信用社经营活动有着明显的地域限制,这使得处于垄断地位的信用社之间也缺乏必要的竞争,缺少改革和创新的内在动力,金融产品和金融工具单一,服务质量差。

五是缺乏引导金融机构为农业农村发展提供金融服务的长效机制。商业化后的农业银行和信用社尽管迫于政策压力承担一部分支农贷款任务,但在利益机制驱动下,支农贷款比重难以保证。缺乏引导金融机构为农业农村发展提供金融服务的长期而有效的机制。

六是正规金融缺乏支农的动力,非正规金融缺乏支农的合法身份。尽管政府对正规金融机构关爱有加,并寄予厚望,但却常常因为其趋利动机,缺乏支农的动力。尽管非正规金融能力有效地为农业农村发展提供大量的金融服务,却得不到合法的身份。

(三)农村金融服务:经验分析

着眼于农村金融服务的农村金融改革应该是需求导向的,且多样化金融需求应由多样化的金融组织和金融工具来满足。但是,如前所述,农村金融改革对供给方关注过多,对需求方重视不够,对正规金融关注过多,对非正规金融重视不够,导致现行农村金融体系与多样化金融需求不相适应。这种格局导致农村金融服务不到位,金融供需处于一种低水平(低效率)均衡状态。

1. 农村信用社既是农村金融市场的主力军,也是农村资金外流的重要渠道,商业化改革使农村信用合作社背离为"农"服务的宗旨

由于经营目标多元化、内部管理不规范、改革的商业化取向,农村信用社逐渐背离农民金融合作的本质,在农村吸收的存款并非全部应用于支持"三农",还通过上缴存款准备金、转存银行款等形式流向中央银行及其他国有银行、购买国债和金融债券、净拆出资金、提供非农业贷款等多种方式大量从农村中转流出。如表8—1所示,尽管农村信用社存贷款余额和新增存贷款余额很高,但自1988年以来,存贷款余额比例变化不大,每年净流出额则呈明显的上升态势。

表8—1 农村信用社存贷款及其资金净流出情况

单位:亿元

年份	各项存款余额	各项贷款余额	新增存款余额	新增贷款余额	年资金净流出额	存贷款比(%)
1978	166	45.1	—	—	—	27.2
1979	215.9	47.5	49.9	2.4	47.5	22
1980	265.1	81.6	49.2	34.1	15.1	30.8
1981	318.6	96.4	53.5	14.8	38.7	30.3
1982	388.7	121.2	70.1	24.8	45.3	31.2
1983	486.1	163.1	97.4	41.9	55.5	33.6
1984	623.9	354.5	137.8	191.4	(53.6)	56.8
1985	724.9	400	101	45.5	55.5	55.2

续表

年份	各项存款余额	各项贷款余额	新增存款余额	新增贷款余额	年资金净流出额	存贷款比(%)
1986	962.3	568.5	237.4	168.5	68.9	59.1
1987	1225.2	771.4	262.9	202.9	60	63
1988	1399.8	908.6	174.6	137.2	37.4	64.9
1989	1663.4	1094.9	263.6	186.3	77.3	65.8
1990	2144.9	1413	481.5	318.1	163.4	65.9
1991	2707.5	1808.6	562.6	395.6	167	66.8
1992	3478.5	2453.9	771	645.3	125.7	70.5
1993	4297.3	3143.9	818.8	690	128.8	73.2
1994	5669.7	4168.6	1372.4	1024.7	347.7	73.5
1995	7172.9	5234.2	1503.2	1065.6	437.6	73
1996	8793.6	6364.7	1620.7	1130.5	490.2	72.4
1997	10555.8	7273.2	1762.2	908.5	853.7	68.9
1998	12191.5	8340.2	1635.7	1067	568.7	68.4
1999	13358.1	9225.6	1166.6	885.4	281.2	69.1
2000	15129.4	10489.3	1771.3	1263.7	507.6	69.3
2001	17263.5	11971.2	2134.1	1481.9	652.2	69.3
2002	19875.47	13937.71	2611.97	1966.51	·645.46	70.1
2003	23710.20	16978.69	3834.73	3040.98	793.75	71.6
2004	27289.10	19237.84	3578.9	2259.15	1319.75	70.5
2005	27605.61	18680.86	316.51	—556.98	873.49	67.7

注:1. 资料来源于历年《中国金融年鉴》。

　　2. 本年度农村资金净流出额＝本年度新增存款额－本年度新增贷款额。

　　2. 农村邮政储蓄分流了农村金融资源,削弱了金融支持农业的应有力度,成为抽取农村金融资源的另一重要渠道

　　邮政储蓄在人民银行的转存利率高于信用社,竞争优势明显大于农村信用社,在一些地方邮政储蓄以不正当竞争的方式吸收存款。由于邮政储蓄只存不贷,农村邮政储蓄直接分流了农村信用社的存款来源,农村信用社的贷款能力相应受到削减,一些农村乡镇甚至出现农民存款去邮局,贷款找信用社的现象。近年来,通过邮政储蓄从农村抽取资金的速度在加快。如表8—2

所示，2002 年农村邮政储蓄存款余额是 1998 年的 3 倍，2005 年农村邮政储蓄存款余额是 2002 年的 2 倍。净流出额几乎同步增长，2005 年净流出额达 1093.4 亿元（当然，邮政储蓄的部分资金会以其他形式再回流到农村）。

表 8—2　通过邮政储蓄渠道农村资金外流情况

单位：(亿元)

年份	邮政储蓄在农村吸收的存款余额	年度农村资金经邮政储蓄净流出额
1989	20.5	20.5
1990	45.8	25.3
1991	88	42.2
1992	124.7	36.7
1993	215.2	90.5
1994	339	123.8
1995	546.9	207.9
1996	740	193.1
1997	882.8	142.8
1998	1079	196.2
1999	1262.7	183.7
2000	1632.7	370
2001	2024.9	392.2
2002	2511.9	487
2003	3066.1	554.2
2004	3768.3	702.2
2005	4861.7	1093.4

注：1. 资料来源于历年《中国金融年鉴》。

　　2. 本年度农村资金经邮政储蓄净流出额 = 本年度存款余额 − 上年度存款余额。

3. 农业银行在县及县以下的机构也是农村资金外流的重要渠道

随着农业银行商业化、企业化、集约化经营改革的推进，在农村设置的基层机构中也越来越呈"只吸不放"的趋势。特别是 1997 年以来，农业银行市场定位和经营策略发生重大变化，出于追求效益的冲动，大规模收缩经营网点，压缩基层经营机构，竞争重点也从农村转向城市，利润导向的结果是放弃现有的农村市场。如表 8—3 所示，近年来，农业银行的农业存款余额变化不大、贷款余额调整变化较大，新增存贷款余额整体呈下降趋势。

表8—3　农业银行存贷款余额　　　　　　单位:亿元

年份	农业存款余额	新增农业存款余额	农业贷款余额	新增存贷款余额
1997	263.80	—	1748.73	—
1998	300.42	36.62	2091.00	342.27
1999	341.78	41.36	9127.28	7036.28
2000	371.87	30.09	7943.15	-1184.13
2001	337.06	-34.81	8172.42	229.27
2002	423.96	86.9	4417.42	-3755
2003	417.92	-6.04	4569.15	151.73
2004	441.18	23.26	4636.10	66.95
2005	383.63	-57.55	4508.78	-127.32

注:1. 资料来源于历年《中国金融年鉴》。

　　2. 表中数据由各省市分行数据加总得到,各省数据不含直属分行数据。

　　3. 各项存、贷款含专项业务。

　　4. 2002年前,农业贷款包括常规业务的农业贷款、农副产品收购贷款、供销社贷款、乡镇企业贷款以及专项业务各项贷款。2002年农业银行专项业务全部并入常规业务,各项贷款按行业分类贷款口径有所调整,2002年之后数据为结转数据。

4. 农业发展银行对农业是净投入,但投入量相对稳定

农业发展银行名不副实,目前其实际服务范围狭窄,仅仅是粮棉油收购、储存,业务过于单一。而且粮食收购、储存政策一波三折,给农业发展银行履行职责造成诸多困难。如表8—4所示,农业发展银行的贷款余额1998年以来一直比较稳定,新增贷款余额很少,有些年份甚至出现新增贷款余额为负值。

表8—4　农业发展银行存贷款余额　　　　单位:亿元

年份	存款余额	贷款余额	新增贷款余额
1998	—	7094.65	—
1999	—	7274.90	180.25
2000	—	7400.88	125.98
2001	—	7432.38	31.5
2002	—	7366.28	-66.1
2003	—	6901.90	-464.38
2004	755.48	7189.84	287.94
2005	1250.01	7870.73	680.89

注:1. 资料来源于历年《中国金融年鉴》。2. 存款中含专项存款。

5.农业保险艰难前行

政府在农业保险中的角色变化使得农业保险艰难前行。中国农业保险自1982年恢复试办以来,一度获得较快发展。1982—1992年农业保费收入由23万元增加到86190万元,年均递增127%;1993—1998年农业保费收入地波动中增加;1999—2004年农业保费收入地波动中减少;2005年以来,农业保险有了较大的发展,农业保费收入达70000万元,基本恢复到1998年的水平。

表8—5　全国农业保险和财产保险公司保费收入情况表

单位:万元、%

年份	农业保费收入		财产保险公司保费收入		农业保费收入占财产保险公司保费收入的比重
	绝对数	比上一年增长	绝对数	比上一年增长	
1982	23	—	—	—	—
1983	173	652.17	—	—	—
1984	1137	557.23	—	—	—
1985	4330	280.83	257297	—	1.68
1986	7802	80.18	423476	64.59	1.84
1987	10028	28.53	671375	58.54	1.49
1988	11569	15.37	947623	41.15	1.22
1989	12966	12.08	1229086	29.70	1.05
1990	19248	48.45	1557614	26.73	1.24
1991	45504	136.41	2097054	34.63	2.17
1992	86190	89.41	3351526	59.82	2.57
1993	56130	-34.88	4568712	36.32	1.23
1994	50404	-10.20	3764154	-17.61	1.34
1995	49620	-1.56	4533179	20.43	1.09
1996	57436	15.75	5383333	18.75	1.07
1997	57589	0.27	3822307	-29.00	1.51
1998	71472	24.11	5057403	32.31	1.41
1999	63228	-11.53	5272181	4.25	1.20
2000	40000	-36.74	6080000	15.32	0.66

续表

年份	农业保费收入		财产保险公司保费收入		农业保费收入占财产保险公司保费收入的比重
	绝对数	比上一年增长	绝对数	比上一年增长	
2001	30000	−25.00	6850000	12.66	0.44
2002	50000	66.67	7800000	13.87	0.64
2003	50000	0.00	8690000	11.41	0.58
2004	40000	−20.00	11250000	29.46	0.36
2005	70000	75.00	12830000	14.04	0.55

资料来源:历年《中国统计年鉴》。

(四)农村金融改革:基本取向与政策要点

农村金融改革,要改变对农村金融需求重视不够和着眼于"金融机构改革"的改革思路,改善金融服务,使农村金融供求达到一种高水平均衡状态。

1. "改善金融服务"优先于"改革金融机构":明确农村金融改革的基本取向

中共中央和国务院2004年1号文件提出:"要从农村实际和农民需要出发,按照有利于增加农户和企业贷款,有利于改善农村金融服务的要求,加快改革和创新农村金融体制"。"鼓励有条件的地方,在严格监管、有效防范金融风险的前提下,通过吸引社会资本和外资,积极兴办直接为'三农'服务的多种所有制的金融组织"。2005年1号文件提出:"要针对农村金融需求的特点,加快构建功能完善、分工合理、产权明晰、监管有力的农村金融体系。"2006年1号文件提出:"巩固和发展农村信用社改革试点成果,进一步完善治理结构和运行机制。县域内各金融机构在保证资金安全的前提下,将一定比例的新增存款投放当地,支持农业和农村经济发展,有关部门要抓紧制定管理办法。扩大邮政储蓄资金的自主运用范围,引导邮政储蓄资金返还农村。调整农业发展银行职能定位,拓宽业务范围和资金来源。国家开发银行要支持农村基础设施建设和农业资源开发。继续发挥农业银行支持农业和农村经济发展的作用。在保证资本金充足、严格金融监管和建立合理有效的退出机制的前提下,鼓励在县域内设立多种所有制的社区金融机构,允许私有资本、外资等参股。大力培育由自然人、企业法人或社团法人发起的小额贷款组织,有关部门要抓紧制定管理办法。引导农户发展资金互助组织。规范民间借贷。稳步推进农业政策性保险试点工作,加快发展多种形式、多种渠道的农业保险。各地可通过建立担保基金或担保机构等办法,解决农户和农村中小企业贷款抵押担保难问题,有条件的地方政府可给予适当扶持。"2007 年 1 号文件提出进一步发挥中国农业银行、中国农业发展银行在农村金融中的骨干和支柱作用,继续深化农村信用社改革,尽快明确县域内各金融机构新增存款投放当地的比例,引导邮政储蓄等资金返还农村,大力发展农村小额贷款,在贫困地区先行开展发育农村多种所有制金融组织的试点。

由此可以看出,中共中央国务院关于农村金融改革的有关政策是以满足农村金融服务为导向的,其出发点和落脚点是满足农村金融需求,政策内容逐步由抽象到具体。如要求根据金融需要首先进行金融机构功能定位,在功能定位的基础是提供金融服务,此据此制定农村金融改革的具体方案。可见政策意图是"改善农村金融服务"优先于农村"金融机构改革"的。

但是,如前所述,在实际操作中,对于农村正规金融机构,其改革的压力和动力来自于农村金融机构的大面积的亏损、来自于农村金融机构的金融风险,改革的动力来自于农村金融机构的扭亏增盈,而不是来自于农村的金融需求。甚至可以说,金融职能监管理部门是在用城市金融改革的思路来指导农村金融改革,用国有企业改革的思路来指导农村金融机构改革。对于非正规金融机构,改革的压力和动力来自于防范金融风险。因此,从实施的改革方案来看,实际上是农村"金融机构改革"优先于"改善农村金融服务",特别注重农村金融机构改革,却有意无意地回避了为农村金融服务的问题,而且过分倚重和保护体制内的正规金融机构,轻视和打压体制外的非正规金融机构,甚至可以说是"搞活金融机构"优先于"提供金融服务",把为农业农村发展提供金融服务放在了一个相对次要的位置。

但是,尽管一直强调民间金融机构"扰乱金融秩序",存在或有的金融风险,但其生命力却非常旺盛。尽管对正规金融机构关爱有加,常常因为自身的财务危机,生存力不强。因此,对于正规金融机构,改革的方向是提高内部激励约束机制,加强内部经营管理,切实履行政府的支农义务。对于非正规金融机构,改革的方向是加强监督管理,降低进入门槛,放宽经营范围。

2006 年年末银监会发布《关于调整放宽农村地区银行业金融机构准入政策更好地支持社会主义新农村建设的若干意见》,其核心内容为"低门槛、严监管;先试点、后推开;增机构、广覆盖;拓功能、强服务"。《意见》鼓励多种资本到农村设立多种形式的银行业金融机构,大幅度降低在农村设立银行业金融机构的资本金门槛,鼓励引导各类银行机构到农村增设网点,规定在农村地区设立的各类银行业金融机构金融服务必须能够覆盖机构所在区域的乡镇或行政村,在各类监管指标上也适应农村金融服务需求的复杂性而特别设定。政策催生了三类新型的银行业金融机构:乡镇银行、社区性信用合作组织、贷款子公司。这项政策使得人们在关注农村正规金融机构等"存量"改革的同时,注重"增量"——农村地区新型银行业金融机构的发展,成为 2006 年年末金融领域改革的最大亮点。

总之,农村金融改革应坚持"改善金融服务"优先于"改革金融机构"的基本取向,以满足农业农村金融需求为宗旨,在功能定位的前提下,建立农村合作金融机构、政策性金融机构、商业性金融机构、邮政储蓄银行、民间金融机构并存,适合农村特色的多元化、竞争性金融机构体系。

2.明确金融机构职能、深化金融机构改革

明确农村信用社支农的主体地位,深化农村信用社产权制度、管理体制和法人治理结构改革。明确农村信用社支农的主体地位,明确其支持农业农村发展的职责。在当前体制及文化背景下,信用社体制不可能向真正合作制过渡。如果继续听任信用社保留"合作"之名,行商业银行之实,将会进一步扭曲信用社的产权关系,不利于信用社的正常发展。应当明确农村信用社的性质是商业性的金融机构,其改革方向是商业化,在此基础上完善信用社法人治理结构、完善内外部监管体制。

强化农业银行的支农责任,改革中国农业银行的产权制度、完善法人治理结构。明确农业银行支持农业农村发展的地位,落实农业银行的责任。对农业银行应进行商业化改革和股份制改革,引入战略投资者,优先产权结构,在此基础上完善公司法人治理结构,转换经营管理机制。

强化农业发展银行的政策性金融定位,加强内部经营管理。要对农业发展银行的职能和业务范围做出科学界定。政策性金融应主要是满足那些不能通过竞争性金融活动而获得满足的农村金融需求,如为促进农村基础设施改善、保障粮食安全、促进农业科技推广、推进农村工业化和乡村城市化等产生的金融需求。当前应对各金融机构的职能作进一步调整和划分,对于目前仍然由商业银行执行的政策性支农业务,原则上应该划归农发行经营。同时加强内部管理。

改革邮政储蓄制度,建立商业化经营的邮政储蓄银行。现行邮政储蓄制度,与以市场为导向的金融业发展趋势明显不协调,改革的方向是建立商业化经营的邮政储蓄银行。在邮政储蓄银行成立后,相应规定其为农业农村发展提供资金的义务。对那些不具备成立农村邮政储蓄银行的地方,研究对邮政储蓄资金采取"以奖代补"等方式引导邮政储蓄资金返投农村。

发展面向农户和农村中小企业的信用担保基金和担保机构。积极探索符合农户和农村中小企业实际情况的担保制度。在担保形式上,除保证担保、不动产担保、动产抵押、仓单质押、权益质押等外,还可建立担保基金。在担保机构上,一要鼓励政府出资的各类信用担保机构积极拓展符合农村特点的担保业务;二要鼓励现有商业性担保机构开拓农村担保业务;三要积极探索市场化的路子,吸引民间资本进入农村担保领域。

发展多种形式的农业保险机构。一要发展政策性农业保险机构,鼓励政府出资的各类信用担保机构积极拓展符合农村特点的担保业务;二要鼓励商业性农业保险机构发展,并给予必要的财政支持;三要积极探索公私合作开办农业保险的路子。

大力发展民间的社区合作金融组织和小额贷款组织。放宽金融市场准入门槛,对具有融资性质的民间融资,则可以考虑按合作制原则,组建农民自助信用社、合作金融所、社区合作银行等,探索完善民间小额贷款组织的管理模式,为建立竞争性的农村金融市场创造条件。

3. 改革和完善金融政策

建立商业性金融机构对农村社区服务的机制,规范支持"三农"的信贷政策。借鉴国际经验,通过立法,明确县域内各金融机构支持"三农"的义务,规定金融机构将其在县域内吸收存款的一定比例用于支持发展县域经济。同时,国家还应从政策上对上述涉农贷款给予适当的税收和利率扶持。

放宽金融市场准入。在正规金融供给能够满足农户金融需求之前,民间借贷就有生存空间。应放宽市场准入标准,包括公司治理结构、最低资本额、经理人员的执业资格和业务能力、内部自律监管制度和风险管理措施、业务范围等方面的规定,为民间金融发展提供空间。

推进利率市场化,进一步扩大存贷款利率浮动范围。农村贷款金额小、风险大,相应的贷款成本也高,因此农村信贷的利率浮动范围应该更宽一些,这样可以使金融机构获得足够高的资金回报来弥补其成本。经验表明,适当扩大利率浮动范围,可以显著提高信用社筹资能力和盈利能力,并且在一定程度上抑制农村地下金融活动。

完善农村金融监管体系,防止和化解进入风险。首先,应抓紧制定相应的民间借贷管理法律法规,一方面对参与民间融资的各方权利义务及法律责任进行明确界定,使合法的民间融资行为得到法律认可和保护,另一方面加强对民间融资机构的监管和监测,将民间金融组织和民间借贷行为置于政府的监管之下。其次,建立有效的农村金融监管体制,建立明确的金融纪律和对违纪行为的处罚规定。再次,适时建立金融机构的退出制度,保证金融体系的健康运作和金融市场的稳定。

4.完善财政配套政策

鼓励社区合作金融和小额贷款等到民间金融机构发展。应采取税收优惠、财政补贴、财政贴息、财政担保等措施,扩大民间金融机构的利润空间和降低其经营风险。

建立约束和利益补偿机制,引导农村信用社和商业银行资金流向农村。借鉴国际经验,制定中国的社区再投资法规,明确规定全国性商业银行的分支机构必须将在当地吸收的社区存款,按一定比例用于在当地发放贷款,控制资金通过商业银行流出农村。为调动商业银行增加农村贷款的积极性,还可对不同地区的金融机构实行差别税率政策。将金融机构享受税收优惠政策与在当地的支农贷款投放实绩相结合,支农贷款达到一定比例的金融机构才能享受当地税收优惠政策,引导商业银行资金流向农村。

充分发挥政策性金融机构作用,拓宽其业务范围。扩大农业发展银行的业务范围,允许农业发展银行在做好农副产品收购贷款发放的同时,扩大对扶贫贴息贷款、农业综合开发、农田水利建设、农村交通建设的投入,同时加大对农业产业化龙头企业和农产品批发市场的金融服务。在此基础上,建立农业发展银行政策性业务财政风险补偿机制,对农业发展银行在经营中形成的风险损失进行适当补偿。

建立和完善农村金融风险分散机制。将农业保险纳入农村政策扶持体系,鼓励商业性保险公司自办、代办、与政府联办农业保险,对经办农业政策性保险的机构适当减免所得税;将财政对受灾农户的直接补贴改为生产自救性的保险补贴,对农户的保费支出由财政给予适当补贴。可考虑由地方政府牵头，在县市和乡镇一级，由地方财政拿出一部分资金，和其他法人单位一起组建农业担保公司，作为"以工补农"的渠道之一，逐步解决农民担保难的问题。

加大财政扶贫和财政投资力度。明确财政手段和金融手段的适用范围，对于一些不具备财务可持续性的经济社会事务如贫困农户的资金需求、农村基础设施建设等，不宜采用金融手段，而应财政手段，一般有两种方法，一是财政投资，二是财政扶贫。应加大财政扶贫和财政投资力度。

七、农村社会保障体制改革

建立健全多层次、全方位的社会保障制度，是经济体制改革的一项重要内容。农村社会保障是全国社会保障体系的重要组成部分。建立与我国现阶段经济社会发展相适应的新型农村社会保障体制，保障农民基本生活需求，对于促进社会主义新农村建设、农村经济社会发展、建设社会主义和谐社会具有重要意义。

（一）农村社会保障制度现状

1. "七五"到"十五"期间的农村社会保障政策沿革

中国农村社会保障体系包括社会保险、社会救济、社会福利和社会优抚等部分。社会保险是社会保障体系的核心部分，主要包括养老保险和医疗保险等。社会救济属于最低层次的社会保障。社会福利被视为社会保障的最低纲领。社会优抚起着安定特定阶层的生活的功能。"七五"计划以来，农村社会保障政策大致经历了如下变化。

国家在"七五"计划中指出，要抓紧研究建立农村社会保险制度，并根据各地的经济发展情况，进行试点，逐步实行。党的十三届八中全会通过的《中共中央关于进一步加强农业和农村工作的决定》中明确提出开展农村社会养老保险的要求：逐步建立农村社会保障制度。在有条件的地区，逐步开展农村养老保险。

国家在"八五"计划中进一步指出，要在农村采取积极引导的方针，逐步建立不同形式的老年保障制度。1991年，国家在山东省烟台市牟平县等地进行试点，取得成功。1992年，民政部制订下发了《县级农村社会养老保险基本方案》,并在全国有条件的地区逐步推广。《基本方案》规定,农村社会养老保险基金筹集以个人缴费为主、集体补贴为辅;实行个人账户储备积累制,农民个人缴纳的保险费和集体对其补助全部记在个人名下;基金以县级机构为基本核算平衡单位,按国家政策规定运营;保险对象达到规定领取年龄时,根据其个人账户基金积累总额计发养老金。《基本方案》从中国国情和农村实际出发,为建立农村社会养老保险制度提供了政策依据。

1995 年,《国务院办公厅转发民政部关于进一步做好农村社会养老保险工作的意见的通知》,明确规定了开展农村社会养老保险的基本条件,确定一段时期农村社会养老保险的工作方针。特别指出农村社会养老保险工作实施的重点为:一是重点地区,即东部沿海地区、沿江沿边开放地区、城乡结合部、中西部经济条件和工作基础较好的地区;二是重点群体,即乡镇企业职工、个体工商户、乡镇招聘干部和村干部及其他有稳定收入的从业人员。《通知》提出,用 3—5 年的时间,使全国农村社会养老保险投保率达到农村适龄人口的 30%,用 20—30 年的时间,在农村人口老龄化高峰到来之前,在农村普遍建立起与农村经济发展和社会进步相适应的具有中国特色的农村社会养老保险制度。

国家"九五"计划和 2010 年远景目标中提出,"九五"期间,要加快养老保险、失业保险和医疗保险制度改革,发展社会救济、社会福利、优抚安置、社会互助、个人积累等多层次的社会保障,初步形成适合中国国情的社会保障制度。农村养老以家庭保障为主,坚持政府引导和农民自愿,发展多种形式的养老保险。

国家"十五"计划提出,要合理调节收入分配关系,加快健全社会保障制度。建立和完善计划生育利益导向机制,对计划生育家庭实行奖励政策。开展农村独生子女户和双女户社会保险试点工作。2002 年《中共中央、国务院关于进一步加强农村卫生工作的决定》明确提出,建立和完善农村合作医疗制度和医疗救助制度。

党的十六大报告提出,有条件的地方,探索建立农村养老、医疗保险和最低生活保障制度。党的十六届三中全会通过了《关于完善社会主义市场经济体制若干问题的决定》,明确提出,农村养老保障以家庭为主,同社区保障、国家救济相结合。

2004 年《中共中央国务院关于促进农民增加收入若干政策的意见》提

出,有条件的地方要探索建立农民最低生活保障制度。落实好农垦企业参加企业职工基本养老保险的政策。《国务院关于 2005 年深化经济体制改革的意见》提出,进一步完善城市"低保"制度,有条件的地区可探索建立农村居民最低生活保障制度。

2006 年中央一号文件提出,要逐步加大公共财政对农村社会保障制度建设的投入。要进一步完善农村"五保户"供养、特困户生活救助、灾民补助等社会救助体系。探索建立与农村经济发展水平相适应、与其他保障措施相配套的农村社会养老保险制度。文件强调,要落实军烈属优抚政策。积极扩大对农村部分计划生育家庭实行奖励扶助制度试点和西部地区计划生育"少生快富"扶贫工程实施范围。有条件的地方,要积极探索建立农村最低生活保障制度。

2007 年《中共中央国务院关于积极发展现代农业扎实推进社会主义新农村建设的若干意见》8 处提到了保险,其中除了继续重点"关注"农业保险外,还首次明确提出,"促进农村和谐发展","有条件的地方,可探索建立多种形式的农村养老保险制度"等。

2. "十五"期间农村社会保障政策的主要内容与措施

"十五"时期,中国农村社会保障制度建设围绕农村养老保险、农村医疗保险、农村社会救助和农村最低生活保障展开,政策内容和措施主要包括如下几个方面:

(1)探索建立农村养老保险制度

中国农村养老保障以家庭为主。20 世纪 90 年代以后,部分地区根据农村社会经济发展实际,按照"个人缴费为主、集体补助为辅、政府给予政策扶持"的原则,建立了个人账户积累式的养老保险,"十五"时期主要是完善这项政策。

2002 年 2 月,劳动和社会保障部《关于印发 2002 年农村养老保险工作安排的通知》提出,2002 年农村养老保险工作的基本思路是:以江泽民总书记"三个代表"重要思想和党的十五届六中全会精神为指导,重新审视农保工作,在实践中想办法,在创新中找出路;同时要继续理顺体制,稳定队伍,管好基金,搞好调研,做好整顿规范农保工作。特别提到,随着农村工业化、城镇化、现代化,如果依然坚持"就业靠土地,保障靠家庭",将阻碍农村剩余劳动力的转移和农村生产力的发展,因此迫切需要建立健全适合农村特点的养老保险制度,解除农民的后顾之忧。

劳动和社会保障部《关于认真做好当前农村养老保险工作的通知》指出,要深入学习贯彻十六大和十六届三中全会精神,全面理解、深刻领会、准确把握党中央关于农村养老保障问题的决策,按照"三个代表"重要思想的要求,高度重视农民的养老保障,立足当前,着眼长远,因地制宜,分类指导,积极稳妥地推进农村养老保险工作。一是提高认识,明确重点,认真研究解决当前农村养老保险工作中的突出问题。当前农保工作的重点应当放在有条件的地方、有条件的群体以及影响农民社会保障的突出问题上。例如,被征用土地的农民、进城务工经商农民、乡镇企业职工、小城镇农转非人员、农村计划生育对象及有稳定收入的农民等,并针对不同特点制定相应的参保办法,以促进农村劳动力就业和有序流动,维护他们的合法权益。二是明确责任,稳定队伍,切实防范基金风险。三是进一步加强对农保工作的指导。

国家"十五"计划提出,开展农村独生子女户和双女户社会保险试点工作。2004 年,中国政府开始对农村部分计划生育家庭实行奖励扶助制度的试点:农村只有一个子女或两个女孩的计划生育夫妇,每人从年满 60 周岁起享受年均不低于 600 元的奖励扶助金,直到亡故为止。奖励扶助金由中央和地方政府共同负担。

(2)探索建立新型农村合作医疗制度

为保障农民的基本医疗需求,减轻农民因病带来的经济负担,缓解因病致贫、因病返贫问题,中国政府于 2002 年开始建立以大病统筹为主的新型农村合作医疗制度,由政府组织、引导、支持,农民自愿参加,政府、集体、个人多方筹资。

2002 年,《中共中央、国务院关于进一步加强农村卫生工作的决定》明确提出,逐步建立新型农村合作医疗制度。各级政府要积极组织引导农民建立以大病统筹为主的新型农村合作医疗制度,重点解决农民因患传染病、地方病等大病而出现的因病致贫、返贫问题。农村合作医疗制度应与当地经济社会发展水平、农民经济承受能力和医疗费用需要相适应,坚持自愿原则,反对强迫命令,实行农民个人缴费、集体扶持和政府资助相结合的筹资机制。农民为参加合作医疗、抵御疾病风险而履行缴费义务不能视为增加农民负担。有条件的地方要为参加合作医疗的农民每年进行一次常规性体检。要建立有效的农民合作医疗管理体制和社会监督机制。各地要先行试点,取得经验,逐步推广。到2010年,新型农村合作医疗制度要基本覆盖农村居民。经济发达的农村可以鼓励农民参加商业医疗保险。

(3)探索建立实施农村医疗救助制度

2002年,《中共中央、国务院关于进一步加强农村卫生工作的决定》明确提出,对农村贫困家庭实行医疗救助。医疗救助对象主要是农村"五保户"和贫困农民家庭。医疗救助形式可以是对救助对象患大病给予一定的医疗费用补助,也可以是资助其参加当地合作医疗。医疗救助资金通过政府投入和社会各界自愿捐助等多渠道筹集。要建立独立的医疗救助基金,实行个人申请、村民代表会议评议,民政部门审核批准,医疗机构提供服务的管理体制。政府对农村合作医疗和医疗救助给予支持。省级人民政府负责制定农村合作医疗和医疗救助补助资金统筹管理办法。省、市(地)、县级财政都要根据实际需要和财力情况安排资金,对农村贫困家庭给予医疗救助资金支持,对实施合作医疗按实际参加人数和补助定额给予资助。中央财政通过专项转移支付对贫困地区农民贫困家庭医疗救助给予适当支持。从2003年起,中央财政对中西部地区除市区以外的参加新型合作医疗的农民每年按人均10元安排合作医疗补助资金,地方财政对参加新型合作医疗的农民补助每年不低于人均10元,具体补助标准由省级人民政府确定。

为贯彻落实《中共中央、国务院关于进一步加强农村卫生工作的决定》的精神,2003年《民政部、卫生部、财政部关于实施农村医疗救助的意见》从建立农村医疗救助制度的目标和原则,农村医疗救助制度的救助对象,农村医疗救助制度的救助办法,农村医疗救助制度的申请、审批程序,农村医疗救助制度的医疗救助服务,农村医疗救助制度的基金的筹集和管理,农村医疗救助制度的组织与实施等方面进行了规定。

(4)进一步完善农村"五保户"供养、特困户生活救助、灾民补助等社会救助体系

《民政部办公厅关于进一步做好农村特困户救济工作的通知》提出,根据国务院的指示精神,对农村困难群众的救助工作要继续坚持"政府救济、社会互助、子女赡养、稳定土地政策"的原则。为进一步做好这项工作,通知要求:一要提高认识,加强领导,切实做好农村特困户救济工作。二要明确救济重点,确保农村特困户的基本生活。三要建立健全农村特困户救济

的审核、审批制度,将特困户全部纳入救济范围。四要发放《农村特困户救助证》,加强特困户救济的规范化管理。五要加大政府投入,落实特困户救济经费。做好农村特困户救济工作的主要责任在地方政府。六要精心组织,周密安排,积极推进农村特困户救济工作的开展。各级民政部门要在前一段核查的基础上,认真制订救济工作方案,迎难而上,狠抓落实,使农村特困户的救济工作走上规范化、制度化的轨道。

2004年,《民政部财政部国家发展和改革委员会关于进一步做好农村五保供养工作的通知》提出,农村税费改革试点工作全面推开后,五保供养工作出现了一些新情况、新问题。中共中央、国务院对农村五保对象的生活十分关心,温家宝总理在十届人大第二次会议所作《政府工作报告》中明确提出了"完善农村'五保户'生活保障制度,确保供养资金"的要求。通知要求:要充分认识进一步做好五保供养工作的重要意义。要规范五保管理,实现"应保尽保"。要加强资金管理,确保五保供养资金落实。要进一步加强敬老院建设。要发动社会力量,支持五保供养工作。要加强督促检查,确保五保供养政策落实。

(5)探索建立农村最低生活保障制度

中国政府针对各地区经济发展不平衡和地区间财政经济状况差异大的实际,鼓励有条件的地区探索建立农村最低生活保障制度。其他地区则坚持"政府救助、社会互助、子女赡养、稳定土地政策"的原则,建立特困户基本生活救助制度。

2001年,《民政事业发展"十五"计划和2015年远景目标纲要(草案)》提出:农村要进一步深化救济制度改革,东部地区,5年内建立起较为规范的农村最低生活保障制度;中部地区,初步建立起农村最低生活保障制度;西部地区,重点是规范和完善现有的各种救济办法,开展建立农村最低生活保障制度试点,到2005年全国80%左右的农村建立最低生活保障制度。

中共十六大报告提出:有条件的地方,探索建立农村养老、医疗保险和最低生活保障制度。2004年《中共中央国务院关于促进农民增加收入若干政策的意见》提出,有条件的地方要探索建立农民最低生活保障制度。落实好农垦企业参加企业职工基本养老保险的政策。《国务院关于2005年深化经济体制改革的意见》提出,进一步完善城市"低保"制度,有条件的地区可探索建立农村居民最低生活保障制度。

3.农村社会保障政策效果

"十五"期间的社会保障政策取得了一些积极成效,主要有以下几方面:

(1)农村养老保险制度逐步推进

到 2005 年年底,全国已有 31 个省(区、市)的 1870 个县开展了农村社会养老保险工作,5500 多万名农民参加了农村社会养老保险,占应参保人数的 11%,积累资金 310 亿元(比上年增加 26.5 亿元),301 万农民领取养老金(比上年增长 96 万人),当年支付保险金 31 亿元(比上年增加 6.79 亿元)。从 2004 年开始,全国共选择 5 个西部省和中部省的 10 个市进行了试点,2005 年又扩大试点,2006 年在全国统一实行了这个政策。[1] 国家计生委调研评估报告根据各地测算汇总,2006 年全国农村符合奖励扶助标准的总数约为 200 万人,按照目前标准,在全国农村全面推行所需要资金总额仅为 12 亿元人民币,而政府财力不断增强,目前全国财政收入已突破 3 万亿元,全面推进这一制度已经具备条件。

(2)新型农村合作医疗和农村医疗救助覆盖面进一步扩大

新型农村合作医疗试点工作自 2003 年下半年开展以来,各试点地区按照中央的统一部署和要求,扎实工作,积极推进,试点工作进展顺利,初步建立起了良好的运行机制,越来越多的农民得到了实实在在的好处,新型农村合作医疗制度受到了广大农民的欢迎。2003 年全国首批启动的试点县(市、区)有 304 个,2004 年增加到 333 个,2005 年做到每个地(市)至少有一个试点县。截至 2005 年 6 月底,全国已有 641 个县(市、区)开展了试点工作,覆盖 2.25 亿农民,其中有 1.63 亿农民参加了合作医疗,参合率为 72.6%;全国共补偿参加合作医疗的农民 1.19 亿人次,补偿资金支出 50.38 亿元。

(3)农村困难群众生活救助工作不断深入

为解决部分生活不能自理五保老人的照料问题,各地相继兴办敬老院,将这些人员集中供养,并逐步发展成为五保供养的一种重要形式。2005 年年底,全国得到五保供养的家庭有 349.7 万户。在没有开展农村居民最低生活保障工作的地方,实行农村特困户救助制度。截至 2005 年年底,全国共有 1066.8 万人、654.8 万户得到了救助,其中特困户 290.4 万户、五保户

---

[1] "农村社会保障亟待破解四大难题",载《农民日报》2006 年 9 月 29 日。

300.1 万户、其他救济对象 64.4 万户。

（4）探索建立农村最低生活保障制度

中国政府针对各地区经济发展不平衡和地区间财政经济状况差异大的实际，鼓励有条件的地区探索建立农村最低生活保障制度。其他地区则坚持"政府救助、社会互助、子女赡养、稳定土地政策"的原则，建立特困户基本生活救助制度。同时，对患病的农村困难群体实行医疗救助。截至 2005 年年底，全国有 13 个省份、1308 个县（市）建立了农村最低生活保障制度，有 825 万村民、406.1 万农户得到了农村最低生活保障，其中困难户 298.8 万户、五保户 49.7 万户、其他人员家庭 57.7 万户。2007 年国务院部署在全国建立农村最低生活保障制度工作，决定 2007 年在全国建立农村最低生活保障制度，将符合条件的农村贫困人口纳入保障范围，重点保障病残、年老体弱、丧失劳动能力等生活常年困难的农村居民。以地方人民政府为主，实行属地管理，中央财政对财政困难地区给予适当补助。

（二）中国农村社会保障存在的问题

1. 中国社会保障支出总量不足且分配不公，缺乏国家的财政支持和集体单位的配套交费，保障资金来源不稳定

国家财政拨入全国社会保障基金的资金主要是用于城镇居民参加的各种保险，但对农民参加的各种保险缺乏财政拨款。发达国家的社会保障支出水平均为逐步上升的趋势，到 20 世纪 90 年代中后期，大部分发达国家社会保障支出已占 GDP 的 1/3 左右，加拿大为 39%，日本为 37%，澳大利亚为 35%。2002 年中国人均 GDP 水平接近 1000 美元，与英国、芬兰、丹麦、法国、德国等发达国家 1960 年的人均 GDP 相近，但中国 7.15% 的社会保障支出水平与这些国家 1960 年的支出水平却有较大差距，甚至低于当时人均 GDP 仅为 458 美元的日本。从全国整体情况来看，占总人口 80% 的农民，只享有社会保障支出的 10% 左右，而占总人口 20% 的城镇居民，却享受到了社会保障费用的 90%。

没有国家财政资金的支持，农村的村级单位大多没有独立的资产和固定的收入，乡镇政府是通过财政资金拨款维持运行的，农民成了缴费主要来源。如农保资金，现行办法规定农保资金筹集坚持以"个人缴纳为主，集体补助为辅，国家给予政策扶持"的原则。有些地方财力不很宽裕，只对主要

村干部等少部分参保人员给予一定补助，绝大多数参保农民很难享受补贴，而且绝大多数参保农民及其保金，都基本是或完全是由农民自己缴纳的，"个人缴纳为主"变成"全由个人缴纳"，社会保险演变为"个人储蓄保险"，未能充分发挥社会保险的社会共济与福利性作用。

2. 农村社会保障制度建设滞后，法律法规体系不健全

其一，中国社会保障制度特别是农村社会保障制度的建设明显滞后且存在不稳定性。对此，人们通常的理由是国情使然：中国农村人口多、底子薄，发展社会保障是心有余而力不足。社会经济学认为，建立社会保障体系需要有一个较长的基金原始积累期，国际通行做法是在享受社会保障高峰期到来前的20—30年间建立。目前，全球有162个国家和地区制定了社会养老保险制度，其中70个国家和地区实施了农村社会保障制度，其保障对象为全部农村人口或农民。有相当数量是与中国发展水平相当的非社会主义制度的发展中国家和地区。这些国家的实践表明，实行农村社会保障要以生产力发展为基础，经济承受力为保证，设计时间一般要滞后于城镇社会保障制度数十年，既不能过于提前，也不能过分滞后。不可否认经济发展水平在社会保障制度的建立和发展中的基础作用，但又非完全取决于经济发展，它是社会经济发展到一定程度、一定阶段的产物，也是社会、经济、政治因素综合作用的结果。各国社会保障制度的建立，并没有"统一"的经济条件要求，更没有"统一"的模式。发达国家发达的经济条件及其"高福利"，并非社会保障制度的准则。只要具备了一定的经济发展水平，每个国家和地区均可以建立与之相适应的农村社会保障制度。目前，中国发展农村社会保障的经济条件显然已经成熟。

其二，中国农村社会保障在长期的社会实践中，一直存在法律保障缺失问题。这种保障体系主要是依靠高度集中统一的行政管理系统依据相关政策实施，除仅有一部《农村五保供养工作条例》对五保对象作了较为明确规定之外，再无法律条文对此以外的保障对象做出明确规定。法律制度的欠缺给农村社会保障带来一系列问题，如保障对象不明确、保障资金来源不稳定、保障标准不一致、保障管理方面的随意性等，大大降低了农村社会保障的规范性和长期性、稳定性，使农村社会保障工作无法可依，无章可循，以至于影响了农民参保的积极性。如农村社会养老保险基本是或完全是由农民自己缴纳的，"个人缴纳为主"变成"全由个人缴纳"，社会保险演变为"个人储蓄保险",实际上是一种强制性储蓄或鼓励性储蓄,也正因为这一点导致了不可能强制要求农民参加农村社会养老保险,而这种保险模式基本不具备社会保险的含义,而是较多地体现出商业保险的特征。如果要使这项工作开展下去,常常需要采取强制性的行政命令,这又违背了农村社会养老保障的自愿性原则。因此在制度设计时就使其执行陷入了两难境地。

3.农村社会保障管理体制未完全理顺

农村社会保障工作是一项复杂的系统工程,涉及面广,运营周期长,社会影响大,有效管理与正确指导是顺利开展的基础。受长期的城乡二元体制影响,农村社会保障存在条块分割、各成体系,多头管理、各自为政,合力不足、发展不均等问题,既制约了农村社会保障整体优势的发挥,也影响了广大农民的参保热情。

第一,管理服务效率低。目前劳动保障部门负责职工和村干部养老保险,卫生部门负责合作医疗,民政部门负责救济、低保、社会优抚和农村养老保险,计划生育部门负责计生对象的保险,形成了"三驾马车、五龙治水"的局面。

第二,管理水平低。社会保障制度的管理体制是一项技术性很强的工作,既有商业保险的技术难度,又有依法实施的政策难度,因而对管理水平要求很高。由于缺乏专业人才和严格的管理制度,加之机构设置不健全,便出现了很多漏洞。按国际上通行的做法,社会保障基金应该遵循征缴、管理和使用三分离的原则,三权分立,互相制衡,从而保障养老保险基金的安全性、流动性与收益性(即保值增值)。但在中国的农村社会健康保险中却不可能完全做到这些,如农村养老保险工作,无论就其运行机制,还是农保基金的管理运营方式,都存在着一个"政事不分、监管不力"的问题,突出表现为行政管理与基金运用不分,农保管理部门的内部控制与外部监管不分。

第三,机构不全,管理费提取不协调。目前,大部分县(市)不仅没有设置专门的管理机构,甚至没有安排专人负责此项工作。由此导致农保基金管理、使用上的混乱则在所难免。另一方面,调查中普遍反映,3%的管理服务费提取比例难以支撑农保部门的各项业务支出。有的市(县)提取的管理费连给职工发工资也不够,加上会议费、宣传费等,空缺更大。值得注意的是,现在城镇企业职工养老保险基金的管理机构的管理费都已明确规定不从保险基金中支取了,农村社会养老保险却仍然要靠这一渠道来解决工作经费。加之农保基金目前正处于积累阶段，各地兑付压力较小。在缺乏监管的情况下，受各自利益轻而易举地挤占、挪用甚至贪污农保基金便成为可能。机构管理费用入不敷出。

4.农村社会保障层次低，覆盖面窄，可持续性差，农民缺乏积极性，且区域经济发展的不平衡，难以建立统一的农村社会保障模式

第一，覆盖面小，共济性差。中国目前社会保障的覆盖面大约30%，但其中城镇约占93%，农村仅占3%（其他4%），农民主要是靠土地、靠子女或者靠自我积累为自己提供保障。中国幅员辽阔，不同地区之间经济发展水平的不平衡决定了农村社会养老保险制度的覆盖面一般是以区县为单位。一般而言，保险系统的覆盖面越大，抗风险的能力就越大。而在一个区县的范围内，一些与保险有关的统计指标的差别很小，这就使养老保险制度的共济性很差。

第二，保障水平低。比如《县级农村社会养老保险基本方案》规定，农民缴纳保险费时，可以根据自己的实际情况分2元、4元、6元、8元……20元等10个档次缴费。由于农村经济发展水平低，农民对农村社会养老保险制度缺乏信心等原因，大多数地区农民投保时都选择了保费最低的2元/月的投保档次。在不考虑通货膨胀等因素的情况下，如果农民在缴费10年后开始领取养老金，每月可以领取4.7元，15年后每月可以领取9.9元，这点钱对农民养老来说，几乎起不到什么作用。如果每月投保4元、6元甚至是10元，也仍然难以起到养老保障的作用。另一个问题是，实践中出现了"保小不保老"倾向。据山东社会科学院的调查，19岁以下的投保者占全部投保人数的60%以上，这显然与我们制度设计的初衷相悖。

第三，可持续性差。一些地方农村社会养老保险制度的建立，有在上级领导的批示下一哄而上之嫌，甚至有一些地方对基层工作实行"养老保险一票否决制"，凡要求县改市、乡改镇，要求扶贫、济贫款和参加双拥评比的农村基层，都必须完成社会养老保险的任务。于是，基层部门在并无立法的情况下采取行政措施来强力推行养老保险，对不参加者给予各种各样的处罚，还有的乡强调村组干部、党团员起带头作用，并要求每人要发动一定数量的农户投保，按户计酬。这样搞起来的养老保险一旦风头过去或者下一任地方官员不重视，就自然而然地会中途废掉，农民的钱无法收回，最终造成相当恶劣的影响。

中国区域经济发展极不平衡,形成了东部、中部、西部的收入梯度,并且这种不平衡还有继续增大的趋势。而区域内部因乡村劳动力的急剧分化和大规模的非农化、职工化,农民对社会保障的要求也不一样,缺乏统一政策,这就给建立一个统一的农村社会保障,即农村社会保障的主体、项目、资金筹集、管理方式、待遇标准等方面的统一设置了客观障碍。在农村社会基本养老保险的模式选择问题上,1992年《县级农村社会基本养老保险基本方案》实施后,至20世纪末,各地基本上都是按照《基本方案》的统一模式运作的。但近些年来,除了极个别地方外,大多数地方在实践中纷纷抛弃了原有的模式,探索并形成了各自不同的特色和模式。如烟台、青岛、苏州三种典型模式,不同的经济基础支撑着不同的制度模式,也有的地方多种形式的保险并存,形成各自为政的混乱局面。

5.保障基金的运营及管理不够规范与完善,基金安全存在隐患,保值增值难

基金是社会保障的核心,充足、稳定的基金来源和安全、保值的资金管理是保证农村社会保障顺利展开的基础。中国农村社会保障基金运作上主要存在安全管理和保值增值两方面的问题。反映在安全管理上,为调动地方的积极性,农保基金采取的是集中领导,分级管理模式,基金全部放在县级管理运营,县级农保机构几乎包揽了从政策制定、实施到农保基金的收、发、管、放以及行政监管等全方位的工作。这种"负全责"的管理方式,既没有部门间的横向监督,又没有上下级之间的有效制约,其结果很容易导致地方政府和经办机构失控。实践证明,由县级管理运营养老基金有许多弊端:基金数量少时,形不成规模效益,基金规模大时,县级容纳不下;县级金融机构普遍效益不好,风险较大;县级财政多数短缺,基金被挪用的可能性很大,个别县(区)挪用基金数额较大,至今难以收回。农村社会保障基金抗风险能力低弱,安全性、稳定性受到制约。违规投资和违规使用现象在一些地区大量存在。值得警惕的是,极少数地方的农保部门开始用农保本金来支付其工作人员的工资和福利,并由此引发过农民集体上访,这一问题不解决,将严重影响社会稳定。

中国农村社会养老保险基金的增值主要依靠银行存款、委托贷款、购买国债和财政补贴收入,只有少量基金参与股票或直接投资。由于管理不够规范,管理费用和投资损失过高,很难保证农民养老基金的保值增值。由于

现有农保基金只能存银行和买国债,基金投资渠道单一,收益增值有限,加上中国前几年存款利率总体呈下降趋势,基金实际收益率低于预定利率,农保基金保值相当困难,更谈不上增值。2003 年中国农村社会养老保险基金的投资收益为 7.6019 亿元,不算投资损失,只计管理费用和其他支出的费用合计就高达 7.2065 亿元。特别是 20 世纪 90 年代初实施的定位于个人账户储蓄积累型农村养老保险,由于缺少政府财政的支持与投入,保障待遇没有形成兜底和待遇调整机制,农村社会保障的实际效果低于农民期望值,出现了不少退保、转保和停保的现象。财务、统计制度的滞后性和专业金融、财务人员的匮乏是农保基金运营现状不佳的重要因素之一。

(三)政策建议

农村社会保障工作是一项复杂的社会系统工程,涉及面广,运营周期长,应采取积极的措施。

1.加大对农村社会保障的财政支持

社会保障的性质在于它的政府强制性和非盈利性,它体现的是社会成员在政府保障下的平等保障权利。农村社会保障工作是一个覆盖 9 亿农民的大社会保障。农村社会保障资金的筹集不能照搬国外做法,也不能照搬国内城市的做法。农村社会保障基金主要来源国家财政、地方财政和农民参保三方,采取各级财政给予适当补助和国家确保基金保值增值的办法,实行政府补一点、集体出一点、个人缴一点、社会助一点的农村社会保障制度。能否取得预期效果,关键在于中央和地方财政资助能否及时足额到位。

第一,国家出大头。国家投入部分要列入国家财政预算范畴,明确规定此项经费应占当年财政支出的比例,相应地以法律条文形式将其规范化、基金化,使基金在国家的支持下,具有固定来源和稳定增长的机制。第二,地方政府拨一点。根据地方财力具体制定一定比例,在每年地方财政预算中做出安排。第三,集体负担的部分。通过发展农村集体经济,增加集体积累,其中一部分积累返还到社会保障事业。第四,农民个人负担部分。根据政府积极引导和农民自愿相结合的原则,农民也应缴纳一定的养老保险和农村统筹部分的社会保障金。对个人账户的设计和管理要体现弹性化要求,缴费标准方法要灵活,可多档次,建立个人账户,让农民既有安全感又有自主感。第五,社会捐助一点。在经济比较发达地区和侨乡,可有所侧重地接受企业家、侨胞捐助。同时，要进一步扩大其他辅助来源，如组织捐赠资助、义演等慈善活动，依靠民间力量建立互助基金、扶贫基金等。这些捐款和资助要全部纳入当地人民政府所管理的农村最低生活保障资金中去，不得另辟账户，更不得挪作他用。第六，划转农民进城务工由企业与农民工所缴纳的那部分社保费。

2. 加快农村社会保障法制化建设

法制建设是建立农村社会保障制度的根本依据，是世界各国开展社会保险工作的通行做法，也是达到稳定政策的最好途径。经过10多年的改革探索，中国已经建立起城镇社会保险制度的基本框架，并基本形成城乡社会救助制度的雏形。目前正在起草《社会保险法》等有关法律，这将促进中国社会保险制度的健康发展。作为一项全国性的法律，《社会保险法》不能仅仅面向城镇居民，把广大的农民排斥在外。农村社会保险是中国社会保险制度的重要组成部分，应当明确其法律地位。在立法体制上，应形成以全国人大常委会制定的《农村社会保障法》为统率的，以国务院针对农村的社会保障主要方面制定的条例为主体的，以有立法权的地方人大及地方政府依法制定的地方性法规和规章为补充的完整法律体系。

首先，全国人常委会应尽快制定《农村社会保障法》，就农村社会保障应遵循的原则、农村社会保障的主要内容及形式、管理体制、资金来源与发放、保障项目的标准、社会保障的监督、法律责任等方面作出明确规定。其次，国务院根据《农村社会保障法》的要求，制定《农村养老保险条例》、《农村合作医疗条例》、《农村社会救济工作条例》、《农村优待抚恤工作条例》等条例，同时完善《农村五保供养工作条例》的内容，使农村社会保障主要内容的法律规定具体化，以增加其可操作性。再次，由于中国农村地域广阔，地区之间经济发展和社会结构等方面存在不平衡性，因此各地可根据当地农村实际情况，在与全国性法律、法规不抵触的前提下，制定相应的地方性法规或规章，尤其是农村社会保险方面的法规或规章，以利于当地农村社会保障工作更好地开展。

建议正在起草的《中华人民共和国社会保险法(草案)》，要明确将农民纳入立法规范的范围，主要包括被征地农民、农民工、务农农民，明确农村居民应当缴纳农村社会养老保险费和新型合作医疗保险费，要分类制定相关措施，要以农村有缴费能力的各类务农农民为对象，以政策或法规的形式出台相关措施。

3. 理顺管理体制,提高管理效率

中国社会保障的资源配置权利分散在不同的政府部门,这种分散往往造成社会保障对象的多重界定和生活保障措施的多头推进,降低了社会保障资源的使用效率。应切实加快体制改革,根据适应、精简、统一、效能的原则,实行归口管理,以整合农保资源,降低经办管理成本,实现统一管理和资源共享,促进农保事业的发展。

其一,在宏观管理上,实行统一管理和规范,消除"多龙治水"、条块分割的状态,由政府设置权威机构组成社会保障委员会领导管理。依靠基层政权组织及群众性管理组织,分级分类负责各地区的具体社会保障事务的管理、执行、监督,努力建成分工协作的社会化、法制化的社会保障网络。

其二,完善农村社会保障管理体制,使农村社会保障的行政管理与基金管理、业务管理相分离,政府主要负责行政管理。在建立统一的农村社会保障机构前提下,明确相关部门的管理职能并使其协调有效地进行。农村社会保障的职能部门主要涉及民政、财政、劳动、卫生、人事等部门,这些部门之间的管理职能必须明确并有所侧重,在农村社会保障委员会的统一协调下进行有序管理,共同促进农村社会保障事业的发展。针对不同的农村社会保障项目,完善相应的管理制度、明确不同的管理内容和重点,并使管理程序规范化。

其三,提高管理效率。改进管理方法和手段,尤其是要强化信息化管理手段。强化国家权力机关对其的监督、强化政府自身对其的监督、强化农村社会保障行政职能部门对相应的业务管理部门和基金营运机构的监督。

4. 从农村实际出发,实事求是、因地制宜、分类实施、量力而行,制定符合本地区特点的农村社会保障规划

农民对社会保障的要求不一样,应当从农村实际出发,按照适合经济发展水平、普遍性和选择性相结合、保障农民基本生活需求、共同分担等原则,制定符合本地区特点的农村社会保障事业总体规划及相关保障项目的具体规划。既能满足全国统一宏观规划,又能满足地方灵活具体实施;既能满足全国各地农村不同发展水平的需要,又能适应同一地区农民不同收入层次的需要。

经济发达地区全面推进农村社会保障体系的条件已基本成熟,有的可

以一步到位,直接实行城乡统一的社会保障体系,有的则宜立足于建立覆盖面广、保障项目完备的农村社会保障体系。经济中等发达地区全面推进农村社会保障的条件尚未完全成熟,应当重点抓好最低生活保障制度、合作医疗制度、农村养老保险等基本制度的建设,随着经济社会的发展和工作的深入再全面推开。经济欠发达地区全面推进农村社会保障制度的条件还很不成熟,尤其是部分农民还没有完全解决温饱问题,农民筹资非常困难,地方财政也力不从心。对于欠发达的农村地区,应本着急用先立的原则,从农民最急需的保障项目入手,先建立农村低保,实行合作医疗试点,并在经济条件较好的农村进行养老保险制度试点。

5. 对农村统筹基金进行有效的监督和管理

建立独立的社会保障基金监督机构和高效的运作机构,完善相应的财务核算、审计、监督等项制度,形成由管理机构内部监督稽核、行政主管部门监督、专业部门监督、社会舆论和群众监督相结合的监督网络,促进基金收支公开、透明、安全、高效。

一是改革基金管理体制。农保基金在以县级为核算平衡单位的同时,要积极探索省、市、县分级管理办法。农保基金全部进入农村社会养老保险经办机构在国有商业银行开设的“农村社会养老保险基金专户”。对已经进入当地财政管理的基金,按照国家对基金管理的规定,专户管理、专款专用、保值增值、定期结息。

二是提高基金安全增值水平。农保基金实行第三方托管,统一由劳动和社会保障部认定的国有银行作为农保基金的托管人。

三是建立健全基金监督体系。农保经办机构应建立基金内审稽核制度;各级社会保险基金监督部门和行政部门将农保基金纳入日常监管业务范围,切实履行监督职责,对基金的使用、投资运营等定期检查,对事关基金安全的事项及时进行处置。采取经济、行政、法律等措施,坚决回收违规基金,妥善解决被重组、撤销、破产的金融机构农保基金的债权清偿问题。

第九章 八仙过海:不同地区工业反哺农业的实践探索

地方政府在工业反哺农业方面,无论是从财政支农数额的角度,还是从具体工作落实的角度,都发挥着非常关键的作用。为更好地探讨工业反哺农业方针的落实,课题组选择了若干县、市案例,考察不同地区实行工业反哺农业的实践探索。[①]

一、对于案例地区的综合分析

(一)案例地区的总体情况

纳入本报告的案例地区共有八个县级单位,分别是江苏省昆山市、江苏省苏州市吴中区、上海市金山区、安徽省宁国市、辽宁省凤城市、广东省德庆县、江西省广丰县和广西壮族自治区武鸣县。各案例地区的基本情况如表9—1所示。

八个案例地区在自然与经济条件方面,具有显著的不同。首先是经济发达水平的显著差异。大致可以分为三类:一是经济发达地区,包括江苏昆山、江苏苏州吴中区、上海金山区。这三个案例地区都是东部发达地区中的翘楚,其中昆山更是从2005年起连续两年位居全国百强县之首。二是中等发达地区,包括安徽宁国和辽宁凤城。这两个案例地区不属于百强县,但是都把进入百强序列入发展目标,具有冲击百强县的发展潜力。其中宁国曾在20世纪90年代一度进入过百强县。三是欠发达地区,包括广东德庆、江

[①] 本章各案例报告由课题组设计,由相关县、市地方政府协助提供原始稿,课题组做了编辑处理。

西广丰和广西武鸣。

在各项经济指标中,人均地方财政支出具有关键性意义。这是因为,人均地方财政支出越高,表明地方政府可用的财政支出资金越多,从而进行工业反哺农业的实力就越强。地方财政支出的资金来源有两部分,一是地方自己的财政收入,二是中央和省级财政的转移支付。经济越是欠发达的地区,转移支付占的比重一般越高。就这个指标看,上述三类地区的划分也是成立的。即第一类的三个县市,人均财政支出均在6000元以上;第二类的两个县市,人均财政支出为1500—2200元;第三类的三个县市,人均财政支出为700—1200元。

就人口结构来看,总体趋势是发达地区的农业人口比例较低。第一类在65%以下,而其余两类在70%以上。这是根据户籍人口计算的。如果按照实际居住地计算,农业人口的比例要低得多,尤其是发达地区。在发达地区,县级以下的城乡界限越来越模糊。此外还有一个因素,这就是流动人口。流动人口大部分居住在城镇之中或者城镇边缘地带,如果把这流动人口的大部分也计算为城镇人口,则城镇人口的比例就更大了。在发达地区,外来人口数量庞大,在案例地区已经超过了当地农业人口的总数。而在不发达地区,外出打工的人数较多,大部分地区占常住人口的10%以上;而外来打工的人数很少。外来打工的人数应当比较可靠,因为输入地公安部门一般有流动人口的登记数字或暂住证数字。而外出打工者的人数,则难以准确统计,只能是大致的估算。

就人口密度而言,三个发达的案例地区均很高,在每平方公里700人以上,这也与该地区以平原为主有关;而其他案例地区人口密度在每平方公里200人以下,主要是因为这些地区均以山区为主。值得特别注意的是江西广丰,该地区也是以山地为主,但人口密度超过了每平方公里600人。这种人口密度和地形特点,对于当地的城乡统筹具有重要影响,尤其是在基础设施建设方面。山区所需要的投入更多,统筹的难度更高。财政支出水平低的案例地区,恰恰都是以山地为主的,而投入需要却更大,使得这些地区实行工业反哺农业的难度就更大。

表9—1中另一组非常重要的指标是财政支农支出。就"三农"支出而言,各个案例地区相差非常之大。最高的是上海金山区,高达24亿元多,其次是江苏苏州吴中区,为14亿元多,而五个不发达地区为0.2亿—0.7亿

元之间。如报告中其他有关章节分析到的那样,"三农"投入,在财政支出方面并没有单独的户头,没有清晰的范围。越是经济发达的地区,城乡一体化的程度越高,越是难以分清城乡支出的界限,尤其是在一些基础设施建设方面。这同国外的情况相似,国外城乡一体化程度较高的国家中,找不到明确的"三农"投入数字,而只有农业投入的数字。这是因为,在教育、卫生、社会保障、基础设施等方面,已经是高度的城乡一体化了,分不清城乡界限,也就难以把这其中的财政支出归纳到"三农"支出中来。

支持农业支出,是相对比较明确的一个财政支出分项。就绝对额而言,发达地区远远为高。按农业人口平均之后,发达的案例地区在500元以上,而其他地区大都不足100元。如果按照支持农业支出占地方财政总支出的比重看,各个地区的差异也比较大,从3%到8%,不过,这种差异并不是发生在发达地区和不发达地区之间;比重最高的恰恰是经济并不发达的广东德庆和广西武鸣,而不是江苏的发达地区。

就城乡居民的收入差距看,城镇居民可支配收入与农民纯收入之间的比值,大都在2左右。这个差距显著低于全国城乡居民收入差距,主要原因有二:一是全国城镇居民的收入包括了所有大中小城镇的居民,而这里仅仅是县级城镇居民的收入。大中城市居民的收入水平一般要明显高于县镇居民的收入水平。二是所有案例地区的农民人均纯收入水平均显著高于全国平均水平。这也从另一个侧面说明了这些地方的"三农"工作做得比较好,工业反哺农业方针落实得比较好。这也说明了案例地区的选取具有比较强的引导性和启示性意义。

在农村基础设施建设方面,各个案例地区水平不一。但总体而言,都是处于比较高的水平上,而发达地区的水平更高。例如在农户自来水普及率、自然村通硬化公路率和自然村通有线电视率方面,发达地区都已经实现了100%或者接近100%。

在社会保障方面,案例地区均实行了农村的最低生活保障制度。不过,各地的保障水平标准不同,发达地区接近乃至超过每月200元,而不发达地区一般不到每月100元。尤其值得注意的是城乡在最低生活保障方面的差异:发达地区城镇居民的最低生活保障标准是农村居民的1.5倍左右,而不发达地区一般在2倍以上。就这方面而言,无论是发达地区还是不发达地区,都离城乡统筹的要求有相当差距。

表9—1 2006年案例地区的总体情况

	单位	江苏昆山	江苏吴中	上海金山	安徽宁国	辽宁凤城	广东德庆	江西广丰	广西武鸣
人均地方财政总支出	元/人	8406	6080	8660	2214	1513	1128	1054	745
总人口	万人	66.9	57.0	52.3	37.9	58.9	36.4	83.0	66.1
农业人口	万人	38.6	35.2	33.9	31.0	41.0	29.2	70.2	54.6
农业人口比例	%	58	62	65	82	70	80	85	83
外出务工人数	万人	—	—	—	2.9	1.9	4.3	30.0	5.3
外出务工占总人口比例	%	—	—	—	8	3	12	36	8
外来务工人数	万人	73.5	43.9	0.1	1.8	1.3	1.0	1.2	
外来务工占总人口比例	%	110	77	0	3	4	1	2	
总面积	平方公里	928	742	586	2487	5513	2258	1378	3378
人口密度	人/平方公里	721	768	892	153	107	161	602	196
总耕地	万亩	30.2	24.6	32.0	19.8	93.2	26.6	26.6	91.1
人均耕地面积	亩/人	0.5	0.4	0.6	0.5	1.6	0.7	0.3	1.4
地方财政总收入	亿元	62.00	65.04	66.62	8.90	8.41	4.22	8.58	3.87
地方财政总支出	亿元	56.23	34.64	45.28	8.40	8.90	4.11	8.74	4.92
其中:用于"三农"支出	亿元	—	14.87	24.72	0.47	0.49	0.68	0.22	0.65
其中:支持农业支出	亿元	2.03	1.82	2.64	0.25	0.26	0.36	0.20	0.33
农业人均支持农业支出	元/人	525	517	778	82	64	124	28	60
支持农业支出占财政总支出比重	%	3.6	5.3	5.8	3.0	2.9	8.8	2.3	6.7
城镇居民可支配收入	元/人	19016	20432	18600	10286	8354	8273	9832	8798
农村居民纯收入	元/人	10508	9652	8784	4646	4534	5255	4457	3708
城乡收入比	农村为1	1.81	2.12	2.12	2.21	1.84	1.57	2.21	2.37
人均粮食产量	公斤/人	206	71	388	225	442	341	263	467
农户自来水普及率	%	100	80	100	20	60	97	22	65
自然村通硬化公路率	%	100	98	—	—	65	70	70	88
自然村通有线电视率	%	100	79	—	—	85	67	97	32
城镇居民最低生活保障标准	元/月	300	320	320	200	170	156	160	150
农村居民最低生活保障标准	元/月	183	200	213	100	82	104	70	50
城乡最低生活保障差别	农村为1	1.6	1.6	1.5	2.0	2.1	1.5	2.3	3.0

资料来源:由各案例地区县(市、区)政府提供。

(二)案例地区的实践特点

各案例地区的自然、经济与社会特点很不相同。但是,在重视"三农"工作,积极探索"工业反哺农业、城市支持农村",大力推进社会主义新农村建设方面,各个地区都有一些共同的特点。这些共同特点可以概括如下:

第一,各地区均高度重视"三农"问题和新农村建设,并努力落实统筹城乡发展的基本方略。例如,江苏昆山市积极引导工业向园区集中、人口向城镇集中、住宅向社区集中;强化城市规划指导,把昆山927平方公里市域作为一个整体来规划,实现城乡规划全覆盖。江苏苏州吴中区为加强对农村发展各项工作的把关、协调和领导,在2001年设区后不久就成立了专门负责统筹和协调农村发展工作的农村工作办公室,在把握政策、参与决策、信息调研和指导农村改革、发展、管理、指导农业和农村现代化建设,以及参与农村党建、抓好农村基层干部队伍培训、整顿帮扶集体经济薄弱村、全面推进社会主义新农村建设等诸多方面发挥了重要作用,并充分发挥统筹协调作用,提高了党委和政府抓好"三农"工作的层次和政策水平。辽宁凤城市成立了由市委书记和市长亲自挂帅的新农村建设领导小组,负责新农村建设的重大决策、政策制定和工作指导。并设立了新农村办公室,负责全市新农村建设工作的协调、宣传工作。办公室下设现代农业组、镇区经济组、村镇建设组、基础设施组、社会事业组、政策研究组等工作组,在全市形成上下联动、齐抓共建的良好态势。江西广丰县按照城市现代化、集镇城市化、城乡一体化的总体要求,高起点地编制了广丰县城市发展规划和城乡一体化发展规划。

第二,各地区均努力增加用于"三农"和新农村建设的投入。八个案例地区,经济发展水平很不相同,地方财政实力也相差悬殊。但是,在增加"三农"和新农村建设投入方面,都做出了比较突出的努力。发达地区如江苏昆山、苏州吴中区、上海金山区等,对"三农"的投入水平都很高,如昆山近年来仅用于农村社会保障的投入便高达每年6亿元;吴中区每年投入10亿元资金,实施了"农村十项实事"工程,加快了公共基础设施和社会事业建设步伐;金山区明确提出用于农村的市政、交通、水利、环境等基础设施建设投入资金城乡比例要达到1:1,财政新增的教育、卫生、文化等事业经费用于农村的比例不低于70%。经济不发达的案例地区,也都在各自的财政支出能力范围之内,努力增加用于"三农"的投入。例如,江西广丰县2006年投入新农村建设资金达1.2亿元,大力推进农村基础设施的建设和发展农村经济;广西武鸣县多种渠道筹措资金用于新农村建设,改善农村基础设施,发展农村社会事业,推动现代农业建设和农村经济发展。

第三,各地区均从本地实际情况出发,探索工业反哺农业,支持农业和农村发展的具体措施,采取了各具特色的具体做法。例如,江苏昆山坚持把富民优先作为第一导向,大力发展民营经济,实施以"人人有技能、个个有工作、家家有物业"为目标的"三有"工程,加大财政转移支付力度,建立起以低保、养老保险、医疗保险、拆迁补偿、征地补偿为主体的农村"五道保障";江苏吴中不断加大社会保障统筹力度,初步建立了覆盖全区、惠及所有农民的老有所养、病有所医、贫有所扶、劳有所业、失地有补、增收有门的"六有"新型农村社会保障体系,推行社区资产、物业、农产品、旅游农业、土地"五大合作"改革;上海金山最突出的特色是按照"科技领先、人才荟萃、品牌卓越、效益显著、世外桃源、诗情画意"的规划理念,对廊下镇51平方公里全部区域整体规划为现代农业园区,实行"镇区合一"的管理体制,加快推进现代农业体系和村镇体系建设;安徽宁国根据经济发展要求调整乡镇行政区划,大幅度并镇并村,形成各具特色的主导行业发展格局,大力推进农业产业化经营;辽宁凤城的突出特点是大面积布局新农村建设示范村,示范村数量超过了全部行政村数量的15%,如此之大的示范(试点)村比例在全国少见,并实行了对每一示范村由几个市直机构和企业对口帮扶的做法;广东德庆在发展特色农业、旅游农业,大力进行农业科技推广,大力发展农资配送方面,进行了特点突出、很有意义的探索;江西广丰通过抓统筹城乡规划、统筹城乡产业、统筹城乡就业、统筹城乡改革等"四个统筹"来建立和健全"工农互动"机制;广西武鸣集中支农资金,优先解决农村最薄弱、农民最急盼的问题,大力改善农村基础设施,大力发展水利设施,实施城镇化发展战略,推行城乡一体化。

第四,各案例地区均在推进新农村建设、统筹城乡发展、解决"三农"问题方面取得比较显著的成绩。发达地区在加强现代农业发展、增加农民收入、改善农村基础设施建设和农村社会事业方面,都达到了比较高的水平,远远高于全国平均水平;不发达地区在各项指标方面也基本超过了全国平均水平。更值得注意的是,发达地区和不发达地区的绝对水平不同,但是,近年来的发展速度都比较快。

当然,也应当看到,由于地方政府财政实力的不同,财政支农投入的数额和强度有着比较大的差别,各个地区统筹城乡发展的实现程度也有较大的差距,各个地区农业和农村经济发展的水平有较大的差异。此外,也还要看到,尽管案例地区的工作做得较好,相对于各自的基础条件成绩突出,但是,同全面建设小康社会和建设新农村的目标要求相比,仍然有相当的差距。发达地区需要不断提高城乡统筹的水平和标准,而不发达地区亟须加快缩小城乡差距的步伐。各个案例地区也有面对着一些不同的困难和挑战。为此,各个地区均制订出了今后发展的目标思路和战略措施。

(三)案例地区的探索启示

从对案例地区探索工业反哺农业、城市支持农村,积极推进社会主义新农村建设,解决"三农"问题的实践探索中,可以得到很多有益的启示。这些启示,对于全国所有地区,都有重要的指导性意义。主要包括:

第一,无论是发达地区和不发达地区,都可以在工业反哺农业方面有所作为。

第二,各个地区进行工业反哺农业时,应当从当地的实际情况出发,针对当地最突出的问题,采取有地方特点的具体有效措施。

第三,不发达地区地方财政实力较弱,中央财政应当加大对这些地区的转移支付。

第四,建设社会主义新农村,解决好"三农"问题,是一项长期性的重大历史任务,需要有长期奋斗的思想,坚持不懈的努力。对于不发达地区如此,即使对于经济发展水平已经较高的地区来说,也是如此。因为即使是发达地区,按照高标准的城乡统筹要求,任务仍然非常艰重。

二、江苏昆山:坚持富民优先、城乡统筹发展

(一)昆山市基本情况

昆山,东靠上海,西邻苏州,是江苏省的东大门。1989年撤县设市,市域面积927平方公里,户籍总人口65万,下辖10个镇和国家级经济技术开发区。

改革开放以来,昆山坚持以经济建设为中心,从实际出发,解放思想,开拓创新,抢抓机遇,不断进取,经济社会保持了持续、快速、协调发展的良好态势,先后荣获国家卫生城市、国家环保模范城市、全国优秀旅游城市、国家园林城市、全国生态示范区和中国十大最佳魅力城市等称号。2005年年底,昆山率先达到江苏全面小康社会指标。2006年,昆山坚持以科学发展观为指导,以"补短、补缺、补软"为重点,进一步把中央、省委和苏州市委的各项决策部署与昆山实际相结合,在加快发展、率先发展的同时,更加注重全面发展、协调发展,全市经济社会保持持续快速健康发展势头,全面小康社会建设成果进一步巩固,实现了"十一五"时期的良好开局。2006年全市完成地区生产总值930亿元,财政总收入151亿元,其中地方一般预算收入62亿元以上,全社会固定资产投资280亿元,进出口总额428亿美元,四年平均分别增长31.2%、38.2%、49.2%。昆山已连续两年荣登"中国经济最发达十强县(市)"榜首,2006年又获得首批"国家生态市"称号,在科技部和中科院组织的"城市创新能力评价"中位居全国县级市第一名。2006年全市城镇居民人均可支配收入超过19000元,增长13%,农民人均纯收入突破1万元,增长14%,增幅首次高于城镇居民。

今后一段时期昆山市总的工作目标是:以邓小平理论和"三个代表"重要思想为指导,以科学发展观统领全局,紧紧围绕率先基本实现现代化的总目标,凝心聚力,开拓创新,埋头苦干,在率先发展上增创新优势,在科学发展上探索新路径,在和谐发展上开创新局面,又好又快地推进"两个率先",力争通过5—10年的努力,使昆山的主要发展指标达到中等发达国家和地区的水平。

(二)昆山市对"工业反哺农业,城市支持农村"的理解、具体做法和成效

改革开放以来,昆山坚持以经济建设为中心,大力实施"三大战略",加快经济发展,提升产业层次。始终坚持率先发展不动摇,坚定不移地实施外向带动、民营赶超和服务业跨越"三大战略",推动经济快速发展。由过去的一个农业县,发展到如今已连续两年登上全国百强县的榜首,并在江苏率先基本建成小康社会。从1979年到2005年,全国经济总量增长了36倍,而昆山则达到235倍。昆山以占全国万分之一的土地、万分之五的人口,创造了占全国千分之四的 GDP,聚集了占全国千分之二十三的到账外资,实现了占全国千分之二十的进出口总额,其中,进出口总额超过了全国 22个省。

在全面小康社会建设过程中,昆山市充分认识到昆山正处于工业化的中后期,城市化的加速期,经济增长方式的转型期;充分认识到统筹城乡经济社会发展,建立地位平等、开放互助、互补互促、平等和谐的城乡经济社会发展新格局,对率先建成小康社会,保持持续、健康发展的意义;在实际工作中坚持实施富民优先政策、坚持城乡统筹发展、加快传统农业向现代农业的转变进程,取得了丰硕的成果。2005 年年底,比照小康指标体系的标准值,昆山以综合得分满分的成绩率先实现了江苏全面建设小康社会指标,基本达到全面小康社会水平。

目前,昆山在巩固全面小康社会建设成果的同时,正在加快向率先基本建成现代化迈进。在科学发展的进程中,通过"三有工程"的实施和新农村建设两个方面将"工业反哺农业,城市支持农村"的方针得到更全面的体现,农业发展、农民富裕、农村建设得到更高层次的提升。

1. 富民优先,积极实施实施"三有工程"

在率先发展的进程中,昆山坚持把富民优先作为第一导向,着力提高城乡居民生活水平。具体抓好"一三五"重大举措。"一"就是大力发展民营经济。坚持内外并举,鼓励全民创业,实行扶优扶强,加大政策扶持力度,营造放手发展的良好氛围。至 2006 年年底,全市私营企业累计达到 1.5 万家,个体工商户 3.36 万户,注册民资共计 224 亿元。"三"就是实施"三有工程"。以"人人有技能、个个有工作、家家有物业"为目标,多层次、多渠道、多形式地开展劳动力培训,每年培训劳动力 2 万人次以上,转移农村劳动力 1 万多人。建立农村创业指导服务中心、农民创业担保中心、农村社区管理服务中心等"三个中心",为群众创业搭建平台。积极发展富民、社区股份、土地股份等三大合作组织,增加群众投资性、资产性、经营性收入。"五"就是构筑"五道保障"。加大财政转移支付力度,建立起以低保、养老保险、医疗保险、拆迁补偿、征地补偿为主体的农村"五道保障"。近三年市财政每年拿出近 6 亿元,用于建立健全农村社会保障体系。目前全市低保已实现全覆盖,农村基本养老保险、基本医疗保险覆盖率均达到 99% 以上,基本实现了"老有所养、病有所医、弱有所扶、贫有所济"。及时调整征地补偿标准和办法,积极探索"土地换保障",建立征地保养平台,稳步推进农保与城保并轨,2006年已有1.6万多名大龄失地农民由农保转为城保。

2006年是实施三年"三有工程"的最后一年,昆山紧紧围绕三年"三有工程"的目标任务,注重巩固、深化、提高、创新,全力推进"三有工程"。

(1)全面完成培训、就业、物业三年目标任务。一是采取上下联动、横向联办等多种形式,积极抓好劳动力的技能培训工作,全年共举办培训班154期,培训人数10860人,完成年计划的108.6%。其中,举办技能培训53期,培训人数4492人,占培训总人数的41.36%,颁发技能岗位证书4358份。三年共培训33227名农村劳动力,其中有8067名获得国家级职业技能证书。通过培训,使农村劳动力的技能素质有了明显提高,有效地提高了劳动力的就业竞争力和就业工资水平。全市农村劳动力的技能率由2003年的77.2%提高到89.28%,提高了12.08%。二是通过开设劳务专场、政府采购、职业中介、村企合作、建立大龄劳动力就业绿色通道等多种渠道,不断扩大劳动力就业,实现劳动力转移就业11439人,完成年计划114.4%,其中安置"4050"人员就业4563人,全市农村劳动力就业率由2003年的85.8%扩大到95.58%,提高了9.78个百分点;三是通过发展民营经济、个体工商户、三大合作、房东经济、家庭作坊加工、种养专业户、载体项目建设等多种途径,大力发展农村家庭物业,全年新增物业户12051户,完成年计划的120.5%,其中经营性物业户4086户,全市家庭物业率由2003年的51.4%提高到70.75%,增加了19.35个百分点。

(2)完善提高"三个中心"建设。一是推进农民创业指导(服务)中心建设,为农民特殊群体自谋职业、自主创业提供各种服务,落实各种优惠政策,全年共发放特殊群体劳动组织证书1178份。二是推进农民创业小额贷款担保服务中心建设,全年为460多户农民创业户发放贷款2300多元,有效地解决初创型物业户创业起步资金短缺的问题。三是推进农村社区管理服务中心建设,为扩大农村劳动力就业和发展家庭物业搭建平台,全年直接带动了农村劳动力就业2000多人,新增经营性物业户1500多户。

(3)开辟强村富民"三个载体"项目。一是实施"村企挂钩"合作,实行村企劳务合作、项目配套、农副产品配送,有力地推动强村富民工作。全市182个村与277个内、外资企业签订了"村企挂钩"合作协议,解决了3139个劳动力就业,落实加工配套项目12个,标准厂房、打工楼出租27万平方米,农副产品配送300多吨,企业扶持贫困户93户,为村级增加可支配收入近3000万元。二是启动建设11个物业载体项目,共投入资金8934万元。三是全面完成扶贫载体项目建设任务,建立扶贫帮困长效机制,共投入2500万元,建成11个扶贫帮困载体项目,全年发放扶贫资金250万元,受益贫困户2300多户。

(4)成功组织"三个活动"。一是全市选择22个创业典型代表,在全市举办8场创业典型巡回演讲报告,参加人数达3000多人。用身边的事迹教育农民勤劳致富,艰苦创业,营造全民创业良好的氛围。二是举办全市劳动技能比赛,通过层层选拔,组织135人参加市组织的烹饪、插花、焊接、电工维修四个工种的劳动技能比赛,营造人人学技能、个个当能手的社会氛围。三是组织三年"三有工程"成果图片展,成功展示了全市三年"三有工程"取得的成果,进一步激发广大群众参与"三有工程"的热情。

(5)围绕"三有工程",坚持因地制宜、分类指导、强化引导、政策扶持的原则,积极推进农村"三大合作"改革,为农民增收创造了条件、提供了平台。

宣传发动,扩大投资入股面。昆山市在组建富民合作社之前,首先明确项目意向和发起人,然后通过广播、张贴宣传资料、发放认股通知书和召开各种会议等形式,宣传到千家万户的农户。同时,明确规定富民合作社创办时必须有50户以上的农户入股才能报批,每股股金一般为1000元,每户农户最多可入股3万元,发起人入股最高限额10万元,有效地防止了合作社成为少数人持股的"老板"合作社,让广大农民充分享受到创办合作社的政策优惠,为广大农民提供了一条增收致富之路。

注册登记,取得合法地位。昆山市对土地股份合作社、社区股份合作社和从事第一产业的富民合作社采取"批复发文、刻章成立"的办法。对富民合作社提出了2种注册登记办法:一种是对全部由农民出资且经营项目比较单一、没有风险的合作社统一登记为"昆山市×××富民合作社",取得非独立法人资格;一种是对集体参股且经营范围较广,存在一定经营风险的合作社统一登记为"昆山市×××富民合作有限公司",取得独立法人资格,承担有限责任。

制订章程,建立健全"三会"组织。不管是富民合作社、富民合作有限公司,还是社区股份合作社、土地股份合作社,都要根据各自的特征,制订翔实的合作社《章程》,重点明确"利益共享、风险共担、独立核算、自负盈亏"的办社原则,要求建立健全"三会"组织,充分发挥董事会、监事会及股民代表大会的作用,坚持民主管理、民主监督,实行合作社社务公开。

建立协会,切实加强组织领导。市成立"昆山市富民合作社协会",各镇成立分会。明确要求协会和分会认真履行协会职责,积极开展协会工作。协会和分会的主要职责是为富民合作社提供业务指导、协调部门关系、接受信访咨询、探索发展思路、监督规范运作和提供信息服务。具体抓好统一规划、统一设计、统一报建、统一监理、统一基础设施投入、统一物业管理等六项工作。

政策扶持,促进合作社快速发展。一是财政奖励政策。根据"多予、少取、放活"的方针,昆山市对富民合作社和社区股份合作社缴纳的房产契税、租赁资产房产税、营业税、城建税、印花税、集体所得税和个人收入调节税等税种及市场调节基金、粮食风险基金、人民教育基金等基金,属地方实得部分由昆山市财政局统一核算,昆山市委农办、市财政局共同签署意见后报市政府审批,再由财政局以"以奖代补"全额返回。返回年限为合作社投资见效起三年。二是规费减免政策。富民合作社在工商登记时,工商局只收取工商企业查询费和注册费。项目报建时,属建设局、规划局、国土局和人防办向建设单位收取的规费实行零收费。图审费按70%标准收取,墙改费按50%标准收取,其他部门在行使管理职能中,涉及收费的,只收取工本费。三是土地使用政策。四是分红奖励政策。富民合作社红利分配实行一年一次、年终结算兑付。凡满50户以上的富民合作社,财政部门按实际分配红利额给予20%奖励。

2006年根据昆山市2003年文件《关于加快富民进程,大力实施"三有工程"的若干政策》规定,经过严格审核,共核准2005年度全市71家富民合作社和15家社区股份合作社财政退税奖励845.96万元,核准65家在50户以上农户的富民合作社分红奖励231.39万元。

2006年全市新批组建农民专业合作社24家,入社农户2006户,投资总额2359万元(其中:富民合作社18家,入社农户1253户,投资总额2139.7万元,全部为农户出资;一产专业合作社6家,入社农户753户,投资总额220万元,其中入社农户出资180万元)。申报备案增资扩股富民合作社49家,扩股农户6272户。新批组建社区股份合作社3家,入社农户

2200 户,享有股份的社员人数 7649 人,总资产 1971.13 万元,净资产 1575.94 万元,总股数 7202.5 股,全部为社员个人分配股。新批组建土地股份合作社 3 家,入社农户 761 户,涉及人数 2632 人,入股土地面积 3574.4 亩。至 2006 年年底,全市累计组建农民专业合作组织 190 家,入社农户 22536 户,入股资金 5 亿元,其中农户入股 4 亿元(其中:富民合作社 170 家,入社农户 20658 户;一产专业合作社 8 家,入社农户 956 户;专业协会 12 家,入会人数 922 人)。组建社区股份合作社 27 家,涉及农户 14157 户。组建土地股份合作社 13 家,入社农户 2429 户,入股土地面积 8405 亩。累计全市参与农村"三大合作"组织农户 39122 户,占总户数的 38.6%。

2. 城乡统筹发展,加快社会主义新农村建设步伐

(1)坚持城乡统筹和可持续发展理念,不失时机地加快城市化进程。以建设现代化中等城市、营造一流的投资创业环境和人居环境为目标,积极引导工业向园区集中、人口向城镇集中、住宅向社区集中,不断加快城市建设和城市化步伐,城市建成区面积已扩大到 55 平方公里,城市化率达到 63.8%。近年来采取的主要措施有:一是强化城市规划指导。把昆山 927 平方公里市域作为一个整体来规划,实现城乡规划全覆盖,在完善城市发展总体规划的同时,着重抓好重点区域控制性规划、建筑物天际轮廓线规划以及地下设施和管网规划,从空中、地面和地下强化规划的立体配套;编制、完善全市农业、服务业、社会事业、土地综合利用等专业规划,使专业规划与城市发展总体规划有机衔接。二是坚持动迁和基础设施建设先行。率先取消农民宅基地置换,规划建设 73 个农村新型社区,已建成 33 个。三年来,共投资 200 多亿元,集中力量抓好重大基础设施项目建设,实施了一批交通和水、电、气、生态环保工程。全市基本形成了"三纵六横二环"的市域交通大框架,境内高速公路里程达 100 公里、一级公路 500 公里、二三级公路 1000 公里、高速互通 10 个,市域内任何地点 15 分钟能上高速,30 分钟能到上海或苏州。三是不断完善功能设施配套,强化资源集约利用和生态环境建设。大力推进园区载体建设,初步形成以开发区为龙头、各类特色功能园区为依托的集约发展格局。切实加强耕地保护和用地管理,从提高投资强度、加快开发进度、控制配套用地限度、增加厂房高度等入手,多管齐下,大力提高集约用地水平。2005 年,全市外企亩均投资达 47 万美元、民企亩均投资达 341 万元,分别比上年提高 51% 和 123%。同时,以创建全国生态市为契

机,城乡统筹,市镇联动,突出抓好水环境整治,加大资金投入,全市已建成污水处理厂18家,城市生活污水处理率达到70%以上。大力度绿化造林,三年共投入10多亿元,规划建设大型生态公园和公路、河流等"绿色走廊",不断改善城乡环境质量。

(2)加快社会主义新农村建设步伐

第一,分类指导,科学推进村庄整治工作。

按照建设社会主义新农村"生产发展、生活宽裕、乡风文明、村容整洁、管理民主"的要求,理清思路,坚持区分情况,分类指导,科学推进村庄整治工作。目前,昆山市明确30个村为苏州市级和昆山市级新农村建设示范村。从规划层面上来看,大致可分为四类:一是以主流模式存在的新型社区建设,如玉山镇枫景苑、千灯镇大唐村、陆家镇神童泾村等;二是以原有规划的中心村的建设;三是在一级农田保护区内作为规划居住保留点的建设;四是建设预留区内作为暂时居住保留点的建设。从村庄整治内容上来看,大致可分为四种类型:一是以巴城绰墩山村为代表,以保护地方文化、突出古村风貌相结合的村庄整治;二是以淀山湖镇永新村为代表,以侧重居住保留点规划、加快基础设施配套建设相结合的村庄整治;三是以千灯镇大潭村和锦溪联湖村为代表,以发展旅游产业、推动农民致富相结合的村庄整治;四是以锦溪镇计家墩村为代表,以改善农村大环境、提高农民生活质量的村庄整治。

总体上看,目前全市新农村建设得到了市、镇、村各级领导的高度重视,目标明确,措施扎实,各有特色,成效显著。各镇把村庄整治工作作为当前新农村建设的重要内容来抓,并将村庄整治工作与农村产业发展结合起来、与保护地方文化特色结合起来、与村庄长远规划结合起来,充分发挥各自的特点和优势,整合各方资源,发展农村经济,加快新农村建设步伐。

第二,突出重点,积极实施新农村建设。

一是推进农村新型社区建设。据统计,至2006年11月底,全市60个农村新型社区已完成建筑面积144.75万平方米,在建面积237.74万平方米,已安置农户4997户。全市累计完成建筑面积820.94万平方米,安置农户32824户。下发了《关于规范农村新型社区综合验收的通知》,指导各镇做好新型社区综合验收工作。

二是全面启动新一轮集体经济薄弱村扶持工作。出台《关于开展新一轮集体经济薄弱村扶持工作的意见》，实行确定一个帮扶部门、落实一个挂钩企业、下派一名机关干部的"三个一"帮扶机制，由市、镇两级财政、挂钩扶持部门配套补助每个村250万元资金，解决经济薄弱村项目启动资金。全市50个年可支配收入低于50万元的村被列入扶持村，将用5年的帮扶时间，使这些薄弱村能净增年可支配收入50万元以上。

三是推进"三级联创"活动。根据苏州市委组织部提出创建先锋镇、先锋村的要求，昆山市农办配合市委组织部组织开展争创活动，对各镇申报创建的先锋镇、先锋村，按照标准进行评分，将符合标准要求的8个先锋镇、38个先锋村推荐上报苏州市。经苏州市检查组考评，昆山市玉山镇等6个镇为苏州市级先锋镇，周市镇市北村等25个村为苏州市级先锋村。

第三，典型引路，促进新农村建设取得实效。

抓试点村庄整治，采用典型引路的办法，科学指导新农村建设。村庄整治试点村如千灯镇大潭村和锦溪镇计家墩村成效明显。通过以点带面，开发区、各镇新农村建设都取得了显著的阶段性成果，实现了"疏浚一条河道，洁净一片河水，复垦一块土地，增加一片林地，通达一条道路、美化一方村容"的预期目标，受到了广大农村群众的一致欢迎和赞扬。

花桥镇"镇中村"改造。花桥以天福、上岸、星浜三个村为先行村，坚持标本兼治，注重长效管理，积累推广经验。2006年1至4月，该镇投入1640万元，完成环境整治5696户，完成率达92%；拆除违章户274户，约8960平方米；签约整治养殖棚舍52户，占总户数的68%。已疏浚河道4.5公里，完成绿化面积110334平方米，完成水泥路建设45700平方米，沥青路10600平方米。

千灯镇大潭村村庄整治。该村位于千灯镇西南，全村总面积2.2平方公里，有12个自然村落，16个村民小组总户数505户，总人口1616人。2005年村集体总收入50万元。本次村庄整治重点是中横娄、蒋泾村，涉及农户78户，总投入149万元，平均每户1.91万元。自2006年3月底开始，该村百姓在村支部的带领下，村民热情高涨，踊跃参与环境整治，在全村进行了大规模的旧村改造，尤其是对中横娄、蒋泾村两个村的村庄整治，力度大、速度快，效果十分明显。通过一个多月的集中改造和整治，现在大潭村的河水变清了，河岸整洁了，低垂的柳枝，干净的水泥路，小桥流水人家，江南水乡村庄的农村特点呈现在人们的眼前。该村由于投入资金少，整治效果好,成为 2006 年江苏省建设厅社会主义新农村建设村庄整治现场会示范点。

锦溪镇计家墩村村庄整治。该村位于锦溪镇东南,由两个自然村构成,总农户户数 375 户,总人口 1035 人,2005 年村集体收入为 32 万元。本次村庄整治涉及户数 165 户,总投入 175 万元,平均每户 1.06 万元。计家墩村虽然原有环境基础较差,但是村支部一班人,积极性高,责任心强,先后多次召开党员干部会,动员全体村民共同参与,明确环境整治的时间、目标和要求,并将任务层层分解、措施扎实,责任明确。在建设部门的精心指导下,本着节约资金、多办实事的原则,认真细致地开展了各项工作。通过短短一个多月的努力,目前计家墩村彻底实现了"旧貌换新颜",村容村貌受到了老百姓的普遍欢迎和赞赏。

(三)今后的工作思路

尽管昆山市在统筹城乡发展、促进农民增收方面做了很多探索和努力,然而在工作中也面临一些问题和困难。一是城乡居民持续增收机制尚未健全,全面小康的惠及面有待进一步扩大;二是村级集体经济相对薄弱,农村面貌有待进一步改善;三是在推进建设社会主义新农村过程中,规划工作、村级经济发展、农民素质教育还比较薄弱;四是农村"三大合作"改革有待于规范运作,重点突破;五是农村新型社区管理有待于进一步加强。

今后昆山市的主要工作思路是:

1.完善持续增收机制,着力推进共同富裕

昆山将始终把富民优先作为第一导向,统筹城乡富民,实施新一轮富民行动计划,使群众增收方式有新的转变,持续增收机制不断完善,城乡居民收入水平整体提高,社会阶层结构更趋合理。

不断深化"四业"富民,着力在加快"四个转变"上下工夫。深化创业富民,继续大力发展民营经济,推进创业指导服务等"三个中心"建设,鼓励创办非正规就业组织,扶持发展农村商贸型、服务型经营项目,加快城乡居民向创业型市民转变。深化就业富民,依托产业发展,努力实现充分就业和稳定就业,推进各类职业培训和实训基地建设,突出抓好特殊工种和国家级职业资格证书培训,加快本地劳动力向专业化、技能型转变。深化物业富民,稳步推进农村股份制改革,认真落实土地流转和村级集体非农建设留用地

政策,规范发展农村"三大合作经济",实行"以奖代补",鼓励创办更多的二、三产业项目,拓展群众合作创业、联合创业的广度和深度,加快居民财富积累向投资增值转变。深化产业富民,大力发展各类专业合作组织和行业协会,提高农业规模化、产业化生产水平,减少兼农户、扩大专业户、提升规模户,加快农户向规模经营转变。

切实解决富民难题,力争在"强村富民、帮扶富民、保障富民"上取得新突破。扎实开展集体经济薄弱村扶持工作,扩大局村挂钩、村企合作领域,集中资金发展各类扶持载体项目,增强村级"造血"功能,带动农民增收致富。制订实施"零纯农户"方案,通过非农就业、自主创业、宅基地挂钩整理、土地生产资料入股等形式,加快基本农田保护区农民转移步伐,努力拓展增收空间。切实关心城乡弱势群体,进一步加大对低收入户扶持力度,建立台账登记制度,优先提供就业和创业机会,建立出资补贴、帮建物业、配送股份的帮扶机制,使城乡低收入户的人均收入水平逐年提高。不断完善农村"五道保障",增强政策调节功能,推动本地农村劳动力通过就业和灵活就业进社保,加快推进失地农民进社保,提高农村劳动力社保覆盖率。在城镇职工基本医疗保险制度的基础上,率先实行城乡全面接轨的居民基本医疗保险制度,建立城乡统筹的大病补充医疗保险基金,实行特困医疗救助,在全省率先构筑较为完善、较高水平的医疗保障体系。

2.注重城乡统筹发展,着力加快城市化和新农村建设

按照城乡统筹、片区发展的理念,以城市化引领新农村建设,不断提升城市国际化、现代化水平,走具有昆山特色的科学城市化道路。

加快建设城郊型新农村。进一步加大城乡统筹力度,从中心城区、城市副中心、小城市和特色镇、新型社区、自然村落五个层面入手,积极推进城市化。小城市和特色镇要把握功能定位,完善功能设施,培育风格特色,尽快形成规模、打响品牌。因地制宜地推进农村新型社区建设和自然村落整理改造,充分展示江南水乡特色和田园风光,自然村落的整理任务。继续抓好覆盖城乡的基础设施和社会事业建设,实施一批生活污水处理及污水管网工程。完善环卫设施,推行生活垃圾"村收集、镇运输、市集中处理"。大力发展农村公交,实现村村通目标。完善农村文教卫生及商业等便民服务设施,促进城市生活要素向农村延伸辐射,让农村居民充分享受现代城市生活。

切实改善城乡生态环境。以创建国家生态园林城市、申报联合国人居环境奖为抓手,大力推进绿化景观建设,增强城市绿化的生态功能和景观效果。着力整治大环境,进一步加强对基本农田和水系、水源以及主要湖泊等生态区的建设和保护,继续削减围网养殖,提高生态自然修复能力。理顺市域水系,完善水利设施,通过拆坝建桥、河道清淤,努力实现"水畅、水活、水清、水生态、水安全"。加强工业污染、农业面源污染、生活污染三大污染源的治理,深入开展农村环境综合整治,巩固长效管理成果。加大拆违力度,推进"城中村"、"镇中村"动迁、改造,务求城乡面貌明显改观。

3. 大力发展现代都市农业

一是通过产业化提升农业发展层次。以海峡两岸(昆山)农业合作试验区为平台,充分借鉴和吸收台湾现代农业发展经验,形成高效特色农业产业链。创新农业投入机制,促进农业投资主体多元化。增加对农业的科技投入,提高农产品附加值。继续实行粮食直补、良种、农机购置、农业生产资料综合补贴,加快实施各类农业保险,增强农业抗风险能力。二是通过规模化提高农业综合效益。进一步优化农业产业布局,加大基本农田保护力度,做强做优 10 万亩优质粮油基地,做精做细 10 万亩特色果蔬基地,做专做好 10 万亩特色水产基地。建设大唐生态园三期工程、巴城万亩葡萄园和周市市北高效农业示范园,改造万亩精养鱼塘。重点扶持农业龙头企业,积极发展订单农业,不断促进农业增效。三是通过标准化增强农业生产能力。加快制定和实施农业标准,积极无公害、绿色农产品。加大农业品牌创建力度,提升市场竞争能力。加强动物疫病防控,重视农产品生产和流通过程的质量监管,建成无公害检测室 5 家和放心粮店 20 家,建成启用生猪定点屠宰场,筹建豆制品加工厂。

三、江苏吴中:反哺"三农",推动城乡共同繁荣

(一)吴中区基本情况

吴中区位于苏州南部,北依苏州古城区,东连昆山,南接吴江,西衔太湖;四周还分别与苏州工业园区、苏州高新技术开发区(虎丘区)、相城区接壤;与无锡、宜兴、浙江湖州隔湖相望。全区总面积 770 平方公里(不含太湖水面),太湖水域面积 2425 平方公里,属吴中区水面约 1459 平方公里。

全境东西宽92.95公里,南北长48.1公里,人口56.9万。

　　吴中区现有农村人口37.2万人,劳动力就业人口24万人。其中,从事一产业的5.53万人,占23%,从事第二、三产业的18.47万人,占77%;被征用土地农民达18万人,占农村人口的48%。自2001年撤吴县市分设吴中区以来,吴中区在注重推进工业化、城市化快速发展的同时,坚持解决好"三农"问题的战略思想丝毫没有动摇,支农惠农的力度不断加大,以建设"高质量的全面小康社会"为标准,制定了"以城带乡、以工促农、反哺农业、回报农民"的农村工作方针,坚持把农村和城市作为一个整体来统筹部署,统筹城乡规划和建设,统筹城乡劳动力就业和社会保障,促进城市基础设施向农村延伸,城市公共服务向农村覆盖,城市现代文明向农村辐射,推动城市和农村优势互补、共同繁荣,全力打造"人人有技术,人人有职业,人人有保障,家家有物业,户户有股份"的社会主义新农村模式。

　　2006年,全区农民人均纯收入达9652元,村(社区)均年稳定收入达259万元,其中年收入超500万元的村(社区)达22个;农民基本养老保险、合作医疗保险、最低生活保障"三大保障"体系完善,大部分失地农民被纳入城镇职工保险体系;农村社区资产、物业、农产品、土地、旅游农业"五大合作"经济组织发展到139家,受益农民达19万人;农村基础设施和环境建设全面加速,"三改"、"三清"、"三绿"工程成效显著,农村自来水普及率96.8%,无公害卫生户厕普及率87.2%,实现了村村通公路;23个市、区级新农村示范村根据各自特色完成了建设规划编制,集体经济年收入在50万元以下的薄弱村经过整顿帮扶只剩17个。

　　几年来,吴中区先后被国家和江苏省有关主管部门和单位授予"全国农村改革试验区"、"苏南社会主义农业现代化试验区"、"全国生态示范区"、"江苏省太湖流域生态农业示范区达标县(市、区)"、"江苏省首批无公害农产品产地认定整体推进示范县(区)"等称号。

(二)吴中区反哺"三农"的具体做法

1.加强组织领导和政策扶持,为"三农"工作稳定发展保驾护航

　　为加强对农村发展各项工作的把关、协调和领导,吴中区在2001年设区后不久就成立了专门负责统筹和协调农村发展工作的农村工作办公室(即区委农办)。农办在把握政策、参与决策、信息调研和指导农村改革、发

展、管理、指导农业和农村现代化建设以及参与农村党建、抓好农村基层干部队伍培训、整顿帮扶集体经济薄弱村、全面推进社会主义新农村建设等诸多方面发挥了重要作用,并充分发挥统筹协调作用,和区发改局、农林局、民政局、水利局、粮食局、水产畜牧局等部门一起研究农村发展战略,提高了党委和政府抓好"三农"工作的层次和政策水平,为有关"三农"工作的一系列重大政策的出台和组织实施提供了条件。

2001 年以来,吴中区还相继成立了农村社区股份合作制改革工作领导小组、整顿帮扶薄弱村工作领导小组、"三级联创"工作领导小组、社会主义新农村建设工作领导小组等组织机构,进一步加强对农村工作的领导和统筹、协调,并且陆续制定出台了《关于农村社区股份合作制改革的实施意见(试行)》、《关于规范发展农民投资性股份合作社的意见》、《苏州市吴中区城乡居(村)民最低生活保障制度实施办法》、《关于进一步完善农村大病风险医疗工作的意见》、《苏州市吴中区农村基本养老保险实施意见》、《关于对被征(使)用土地农民实行补偿的规范办法》、《吴中区征地补偿和被征地农民基本生活保障实施细则》、《关于促进农民持续增收的意见》、《关于进一步完善苏州市吴中区城乡社会救助体系的实施意见》、《关于实施"八大工程"推进社会主义新农村建设的意见》等一系列政策,使支农惠农政策更加巩固和完善,切实加大了对农业的投入,促进了农民持续增收,加快了农村改革和建设的步伐。

2. 加强各类保障,增加就业机会,为促进农民持续增收拓宽渠道

(1)构建完善的农村基本保障体系。吴中区不断加大社会保障统筹力度,初步建立了覆盖全区、惠及所有农民的老有所养、病有所医、贫有所扶、劳有所业、失地有补、增收有门的"六有"新型农村社会保障体系,广大农民的利益得到了切实维护。一是农村基本养老保险发展迅速,参保人数达10.95 万人,8.04 万名老年农民每月享受 120 元的养老金,老年失地农民每月享受养老金提高到 200 元。二是 2006 年农村合作医疗保险参保率100%,人均筹资标准提高到 140 元,结保农村合作医疗保险金额 4795.38万元。自农村医保合作医疗保险实施以来,已有 2.9 万名患病农民获得医疗补助,人均补助金额 2051 元,其中大病医疗补助最高达到 7.59 万元。三是最低生活保障年年有提高,2006 年调整至每人每月 180 元,全年为全区享受低保的 2344 户、6497 人发放保障金 117 万元,做到了应保尽保。四是

稳步推进农保置换城保工作,已有 10.49 万名符合条件的被征地农民纳入城镇职工基本养老保险体系,区镇两级财政年补贴金额近 1 亿元。仅此四项,区镇两级财政每年需投入 4 亿多元,并且呈年年增长趋势。

(2)构建完善的农村劳动力就业机制。为解决农村劳动力就业,吴中区着手建立适应新形势的劳动就业新机制,提出了明确的目标任务:每年培训 3 万名农村劳动力,农村劳动力就业登记率达到 95%;每年向非农产业转移净增 1 万人以上,每户农户至少有 1 人争取 2 人有稳定工作岗位。至 2006 年年底,全区 10.8 万户农户实现了一户一人固定就业,2 万多名失地农民实现就业再就业。一是建立城乡统一的就业制度,把农民就业纳入城镇职工就业体系,统一做到"先培训、后就业,再培训、后上岗"。二是建设城乡统一的就业服务平台。2004 年上半年,按照定编制、定人员、定场所、定经费、定职能的"五定"要求,全区各镇(街道)全部统一组建了劳动保障服务中心;2006 年,全区共举办劳动力市场招聘会 776 多次,安置本地农村劳动力 2.26 万人;三是广泛开展就业技能培训,对失地农民实施免费培训,重点开展与本地企业对口的技能培训,明确培训内容和就业方向,提高培训的针对性。2006 年,全区培训各类农村劳动力超 10 万人次,就业率达到 90%。四是制定政策引导企业用工,吴中区制定了企业使用本地农村劳动力的扶持政策,凡新增使用本地农村劳动力超过 20%,并按规定签订劳动合同的企业,由政府按就业劳动力数量给予奖励。同时积极开发社区公益性就业岗位,如保洁、保绿、保安等岗位,进一步促进和帮助农村就业困难人员特别是"4050"人员就业。

(3)鼓励支持发展农村经济合作组织。把全体农民创造的村集体资产量化给农民,把广大农民手中的闲散资金集中起来投资置业,把分散种养的农民组织起来共闯市场,把农户分散的土地重新整合起来集中经营,这就是吴中区推行的社区资产、物业、农产品、旅游农业、土地"五大合作"改革。一是制定扶持政策。为了推动农村新型经济合作组织快速发展,吴中区不断加大改革扶持力度,如《关于规范发展农民投资性股份合作社的意见》和《实施办法》,对农民股份合作社在工商登记、土地使用等方面给予优惠,原则上实行规费"零交费";《关于规范农民投资性股份合作社奖励操作办法的通知》和《关于对农村股份合作社实行考核奖励的意见》,对合作社当年度实交地税留存部分实行全额奖励返还,促进农村股份合作社的规范发展。

二是注重培育典型。2001年,木渎镇金星村成立了全市首家社区资产股份合作社,市、区、镇三级都高度重视,全力支持,不仅组织他们赴南方学习考察,还帮助他们共同研究制定章程、规范操作程序;之后,对每一家新成立的合作社政府都给予5万—10万元的扶持资金,激发了农民投资入股的积极性,推动了合作社的健康有序快速发展。2005年,西山镇衙甪里村碧螺春茶叶股份合作社成为全省第一家领取工商营业执照、取得法人资格的农村股份合作社。2006年,横泾上林村又领取了全国第一张农民土地合作社工商营业执照。三是创新发展模式。以土地股份合作社为例,吴中区尝试了由村集体对部分土地开发建设,让农民以土地作为资本直接参与,使土地"出手"、"股证"进门、农民持股创收,改变了过去农村土地转为建设用地后对农民补偿实行"一次性买断"的做法,让农民从经济合作组织取得的土地收益中不断获得相应利益,从制度上保障了农民土地的财产权益,保证了农民长期分享土地增值收益。再以失地农民为例,吴中区为了保证失地农民的利益不受损害,在原来"三保一补"(养老、医疗、最低保障三大保险和失地补贴)的基础上,创造性地制定了统筹城乡就业机制和为失地农民建立与城镇统一的养老保险机制,让失地农民生活有保障、失地不失业、失地不失利。农村合作经济组织的发展,巩固壮大了农村集体经济,有效拓展了农民增收渠道,农民通过合作社分红人均年增收795元。

3. 加强农业产业化和标准化建设,为推动农业持续增效增添动力

吴中区拥有近2/3的太湖水域和大片的丘陵山区,传统和特色农产品众多。2004年,吴中区提出并全面实施了一杯茶、一只蟹、一只鸡、一棵菜、一头羊、一株苗的"六个一"农业产业化工程,不仅扩大了农业规模,提升了农产品品质,还打响了优质农产品品牌。2006年,全区六大产品销售收入总计突破20亿元。

(1)加大扶持龙头的力度。重点扶持太湖生态农业发展有限公司等龙头企业、藏书山羊交易市场等龙头市场和横泾无公害蔬菜等龙头基地,每个扶持项目都制定了详细规划,签订了项目责任书,确保项目实施到位。至2006年年底,茶叶、螃蟹、葡萄、花卉、苗木、粮食等各类得到扶持的龙头企业、市场、基地累计达到74个,政府投入的扶持资金达2400万元。

(2)着力打响农产品品牌。近几年来,吴中区连续举办洞庭山碧螺春茶文化旅游节、西山丰收采摘节、太湖开捕节、藏书羊肉美食节等农业旅游

节庆和品牌推广宣传活动，还赴香港、新加坡、北京、深圳等地搞好太湖大闸蟹专题推介活动，扩大了优势农产品的品牌影响力和市场占有率。2006年，"太湖牌"太湖大闸蟹荣获中国名牌农产品称号，"藏书全羊宴"入选《中国名菜大典》。

（3）注重提升农产品品质。吴中区采取了一系列措施，规范农产品合作社生产经营的产品、区域和工作范围，确保农产品的优良品质。如全面实施了碧螺春茶原产地（域）保护，制定碧螺春茶品种规范管理办法，引导茶农种植优质茶树品种，促进茶产业的发展壮大；建好了螃蟹、生态草鸡、山羊等一批养殖基地，全面实施蔬菜、果品等标准化生产，高标准推进无公害基地建设等。至2006年年底，全区拥有国家级名牌农产品1个、省市级名牌农产品42个、无公害农产品116个、绿色和有机食品46个。

"六个一"特色产业的发展和农业标准化建设的推进，推动了农业经济效益平稳增长，有效地促进了农民增收。同时，"六个一"特色产业还带动了西山农家乐和涵村生态农业示范园、东山三山岛和碧螺村茶文化园以及越溪旺山生态农庄等环太湖生态观光旅游的兴起，增加了农产品的附加值，提高了农业的综合效益，旺山生态农庄、三山岛通过了国家旅游局组织的"全国农业旅游示范点"验收。

4. 加强农村公共基础设施和社会事业建设，为构建和谐农村夯实基础

2004年以来，吴中区每年投入10亿元资金，实施了"农村十项实事"工程，加快了公共基础设施和社会事业建设步伐，农村环境面貌大为改善，公共基础设施和公共服务平台日渐完善，各项社会事业全面进步，新农村建设和薄弱村帮扶成效显著。

（1）村庄环境和公共基础设施全面改善。一是全面实施"三个三"工程，即以"改水、改厕、改路"为主要内容的"三改"工程、以"清洁镇村、清洁河塘、清洁家园"为主要内容的"三清"工程和以"绿色通道、绿色基地、绿色家园"为主要内容的"三绿"工程，每年投入的资金总额达4亿元。2006年，农村公交覆盖率达到97%，其中开发区和木渎镇率先开通了区域公交，东山镇开通了环山公交；全区农村新增改水受益人口1.04万人，无害化卫生户厕达1.09万户，农村100%公路路面实现了硬化、灰黑化；加强了"三清"工程的长效管理，配备卫生保洁人员1821人，落实河道保洁员723人，村级辖区内基本无成片暴露垃圾；设区以来，全区累计完成疏通河道1020条，

935公里,全区河道基本实现了自然流通;全区绿化面积5.5万亩,绿化率26%。光福镇、角直镇、木渎镇、东山镇、西山镇被评为"全国环境优美镇",临湖镇湖桥村、木渎镇天平村等8个市级示范村通过省建设厅首批农村环境综合整治验收。二是全面推进农村社会事业建设。设区以来,吴中区积极开展科技、文化、卫生"三下乡"活动,科普宣传、数字电影下乡、免费为老年农民体检等成为经常性活动,农民科技文化素质进一步提升;70%的行政村完成"万村体育健身工程"建设,农民健身意识不断增强;60%以上的村(社区)建成"民主法治示范村(社区)",农民民主法制意识明显提高;54%的村(社区)完成了医疗服务站、图书阅览室、娱乐活动室建设,公共服务平台日渐完善。

(2)扎实推进社会主义新农村建设。吴中区采取"统一规划,突出重点,因地制宜,整体推进"的方针,全面推进新农村建设。一是健全机制,完善配套政策。全区上下均成立了新农村建设工作领导小组,健全了领导蹲点挂钩指导机制,建立了新农村建设领导小组成员联席会议等制度。同时进一步完善配套政策,制订下发了《关于实施"八大工程"推进社会主义新农村建设的意见》《吴中区社会主义新农村示范村建设实施方案》《关于新农村建设"八大工程"责任分解的意见》《吴中区新农村建设专项资金管理暂行办法》等一系列新农村建设政策文件。二是规划先行,突出示范村的引领地位。吴中区在2001年开展了城乡总体规划和五大片区规划,制订了中心镇——一般镇——中心村——一般村的村镇发展模式,确定了25个中心村。2004年,吴中区开始创建"先锋村"活动,并于2005年建立了包括组织建设、经济实力、社会保障、综合环境、村风民风等在内的市、区、镇"三级联创"考核指标。在此基础上,又根据建设社会主义新农村的目标要求,确定了11个市级、12个区级新农村示范村并且全面完成了规划编制工作。为加快新农村建设,市区两级财政投入资金近2亿元,帮助各示范村加快基础设施和社会事业建设。三是因地制宜,强调彰显特色。23个市、区级新农村示范村都有着各自特点鲜明的发展模式,吴中区按照经济实力、地理位置、工业发展、拆迁安置等实际情况,因地制宜,分五大不同类型进行新村庄建设,不搞一刀切,允许彰显个性,如以木渎馨乐新村为代表的城市社区型,以横泾尧南花苑为代表的集中居住型,以木渎天平村为代表的村庄改造型,以越溪旺山村为代表的生态自然型,以东山陆巷为代表的古村保护型,这五大类型将新农村建设与城镇建设统筹规划,突出了节约使用资源和方便农民生产生活等重点。

(3)积极开展薄弱村整治帮扶活动。2001年,吴中区共有集体经济收入低于25万元的薄弱村42个,经过有效的帮扶整治,目前村集体经济收入低于50万元的薄弱村还有17个。一是建立帮扶目标责任制和激励机制。区委区政府指定挂钩帮扶集体经济薄弱村的区级领导和区级部门,明确帮扶整顿的目标任务,还将帮扶工作列入有关镇和区级机关的岗位目标责任制百分考核内容,与机关干部奖金挂钩,促使各项帮扶工作落到实处。二是深入调研,制订可行方案。68个区级机关部门全部参与到17个重点薄弱村的扶贫帮困工作中去,一方面从资金方面给予支持,一方面提出符合薄弱村发展的帮扶措施,增强薄弱村自身脱贫的能力。如农林局帮助西山镇东蔡村建设80亩苗木基地,教育局帮助光福镇窑上村建设"农家乐园公寓"等。仅2006年,各区级机关就为薄弱村提供帮扶资金479.6万元。为进一步帮助薄弱村形成增收的长效机制,吴中区还在开发区专门建立"富民工业区",区财政、区级各机关和镇、街道三方共同注入资金,集中建造标准厂房,以"建房返租形式"帮助薄弱村增加收入,此举可为每个薄弱村每年增加收入30万元。

5.加强农村基层组织和干部队伍建设,为农村稳定发展注入活力元素

吴中区现有镇(街道)党(工)委13个,村级党支(总支)部131个,其中建有村党委的有20个,乡镇党员总数21601名。建设强有力的基层组织和强有力干部队伍,对于农村的稳定发展无疑起着决定作用。2004年以来,吴中区大力实施"强基工程",加强了农村基层组织和干部队伍建设,取得了非常好的效果。

(1)以"三级联创"为抓手,强化农村基层组织。2004年,吴中区开始实施"先锋工程",即区要成为"先锋区",镇要成为"先锋镇",村要成为"先锋村",全面开展"三级联创",区委成立了"三级联创"工作领导小组,建立了三级考核指标。随即确定17个村为创建市级先锋村的重点,区委、区政府为此设立专项资金200万元作为奖励基金,在全区范围内掀起了"比、学、赶、超"争创一流的热潮,不仅强化了农村基层组织,还极大推动了农村经济发展。

(2)加大对村干部的教育培训力度,建设一支素质较高的农村干部队

伍。一是加大对农村干部的学历教育,鼓励农村干部在职进修。目前,核定的 535 名农村基层干部中,大专以上学历的人数 355 名,占 50.3%。二是加大对农村基层党组织书记的培训力度。每年都邀请研究农村发展的专家举办村党组织书记培训班,着力提高他们加强发展经济的能力,加强应对复杂局面的能力和加强防腐拒变的能力。

(3)实行农村主要干部基本报酬和社会保险统筹,调动工作积极性。2004 年,吴中区制定并出台了在全区实行农村主要干部基本报酬和社会保险统筹的政策,由区财政会同组织、农办等部门具体负责此项工作,区级财政为此每年要负担 150.58 万元,农村主要干部的工作积极性得到了极大的调动。

(三)存在的困难和问题

虽然吴中区反哺"三农"工作取得了较好的效果,农村也整体迈入了小康社会,但仍然存在很多困难和问题,主要表现在:

一是土地瓶颈难以突破。由于国家实施宏观调控政策和基本农田保护,35 万亩基本农田是不能碰的高压线,建设用地指标又年年缩减,2006 年上级下达的指标只有 1000 亩,二、三产项目建设用地需求量激增和用地指标紧缩之间的矛盾凸显,很多项目因没有用地指标而难以上马,如何加快二、三产的发展和产出效益,确保反哺"三农"的资金可持续性增长成为一大难题。

二是农村"五大合作"组织的法律保障还不完善。农民合作社在中国还是一个处于尝试和探索阶段的新生事物,吴中区虽然出台了一些促进"五大合作"组织发展的优惠政策,但缺乏专门的法律依据和制度保障,在工作过程中容易产生意料不到的矛盾和困难。

三是农民持续增收难度依然较大。2006 年,吴中农民人均纯收入 9652元,比上年增加 10.5%。这些收入中,来自"五大合作"分红的财产性(或投资性)收入为 1938 元,来自务工的工资性收入为 5380 元,来自家庭经营性收入为 1530 元,来自养老保险、医疗费报销、扶贫救济等转移性收入为 808元。工资性收入所占比例不到 60%;单纯从事种植养殖的 5 万多农民,年人均纯收入远远低于全区平均水平;失地农民、"4050"农民的就业岗位仍然较少。促进农民持续增收任重道远,需要深入研究。

四是农村社会事业和公共设施整体水平依然不高。农村教育、文化、体育、医疗卫生等发展水平与城市相比差距明显，水利设施、电力交通等公共设施仍然需要大量的资金投入，农村环境还有待进一步优化，解决这些问题不仅需要大量的资金投入，还需要制定各类具有全局性、前瞻性的配套政策来支撑。

（四）今后吴中区反哺"三农"的思考

鉴于吴中区在反哺"三农"工作中的成功做法和存在的困难、问题，当地党委政府认为，按照"工业反哺农业，城市支持农村"的基本思路和新农村建设的"二十字方针"，吴中区今后反哺"三农"工作应该重点把握好以下几个方面：

1.加快构建城乡综合体系，推进城乡一体化

吴中区已经提出全面实施"做强经济开发区，做美太湖山水，做靓吴中新城，做好新农村建设"四大工程，加快了融入苏州中心城市的步伐。因此，在发展过程中，要坚持吴中区和苏州市、各乡镇和吴中新城、各村和各中心镇的协调发展，注重提高各小城镇的承载能力，按照循序渐进、节约土地、集约发展、合理布局的原则，通过统筹城乡规划，形成环境建设优美、人口布局合理、公共设施完善、就业机会较多的城镇综合体系，使城市发展深刻影响到农村现代化建设，扎实推进城乡在产业结构、居民职业、社会保障、交通信息、生活方式等诸多方面全方位的一体化。

2.继续探索构建农民持续增收和农业持续增效的长效机制

一是要继续探索由村集体组织农民对部分土地集中开发建设的思路，减少"一次性买断"的做法，让农民从经济合作组织取得的土地收益中不断获得相应利益。

二是要继续探索农业产业化发展路径，在鼓励和扶持龙头企业、龙头基地、龙头产品做大做强的同时，进一步加大科技扶持力度，不断提升优势农产品的科技含量，扩大产业规模，打响农产品品牌。

三是加大农业产业结构调整力度，积极探索发展园艺、畜牧、水产等高效农业，充分利用经济国际化构筑的高平台，吸引外商和港澳台商向农业及相关领域投资，扩大农业短平快项目生产，注重发展农产品加工和农业物流企业，积极扩大农产品尤其是成品农产品的出口量，延伸产业链，提高附

加值。

四是要积极探索农村信用合作改革,建立农村信贷担保基金,为农业龙头企业、合作经济组织及农产品经纪人解决融资难的实际困难。以促进农村金融市场的发展为目标,推行农村金融体制的整体改革,建立一个更完善、更有活力的真正为"三农"服务的农村金融体系。

3. 加快发展农村各项社会事业,提升农民素质

吴中区农村各项社会事业发展总体来说处于一个较高水平,但与城市化快速发展相比仍然相对滞后,需要在政策、资金等方面给予适当的倾斜,缩小和城市的差距。教育方面要按照城乡一体化的要求,着力调整农村教育布局和结构,加快农村中、小学现代化建设,加大对农村教师培训力度,全面提升农村教师素养。科技方面要大力培养农业科技队伍,探索农技推广的新机制和新办法,按照市场化运作要求,逐步放宽农业科技服务市场,形成以政府农技推广机构为主体,农业科研单位、职业学校、产业化龙头企业、各类专业协会等共同参与的农业科技推广服务新格局。卫生方面要进一步加强农村卫生基础设施建设和卫生队伍建设,进一步深化农村卫生医疗体制改革,切实解决农村看病难、看病贵的问题,促进农村卫生医疗事业健康发展。文化方面要完善农村公共文化服务体系,积极开展文化下乡和各种形式的文化活动,丰富群众精神文化生活;深入挖掘"角直水乡服饰"、"香山工艺"、"苏州评弹"等民族民间文化内涵,加大保护和支持力度,提升农村文化生活质量。

四、上海金山:工业反哺农业、城市支持农村体制机制初探

(一)金山区基本情况

金山区位于上海市西南、杭州湾北岸,处在沪、杭、甬及舟山群岛经济区域中心和长三角都市圈枢纽地带。杭州湾跨海大桥建成后,金山将成为浙江快速进入上海的桥头堡。全区陆地总面积586平方公里,辖9个镇、1个社区(街道),现有户籍人口55万。

金山具有灿烂辉煌的历史文化,已沉入海底的上海康城和4700多年前良渚文化遗址,记录了金山作为上海发源地之一的悠远历史。金山又是"中国现代民间绘画画乡"和"故事之乡"。金山农民画被誉为"世界艺术珍

品"。金山故事博采众长。金山黑陶艺术享誉全球。金山境内有23.3公里的海岸线,其中可综合开发的公共岸线有12.5公里。陆地东南6.2公里海面上的大金山、小金山和浮山三岛,是沪上仅存的一块净土,生长着上海地区陆上早已绝迹的原始植被和珍稀动植物。此外,上海石化股份公司和上海化学工业区两大化工企业坐落在金山境内。

1997年金山撤县建区,2003年金山区提出了"三年翻一番"的工作目标,全区干部群众以邓小平理论和"三个代表"重要思想为指导,认真贯彻落实科学发展观,坚持规划为龙头;坚持培育干部群众对绿色化工的亲和力,明确了上海国际化工城的功能定位;坚持统筹协调,全力推动经济社会又好又快发展;坚持农民增收这一核心目标,加快推进社会主义新郊区新农村建设。到2005年年底,全面完成"三年翻一番"工作任务,国内生产总值从2002年的92亿元增加到2005年的201.3亿元;财政收入从2002年的22.4亿元增加到2005年57.32亿元;工业总产值从2002年的210.6亿元增加到2005年的616.9亿元。全区农业总产值23.3亿元,比2004年下降0.8%;完成农业增加值7.5亿元,比2004年下降8.3%;占国民生产总值比重3.7%,比2004年下降1.5个百分点。农田41万亩,规模经营约占总耕地面积的30%。全区共有农业人口23.2万人,农户105169户,纯农户2616户;参加镇保104517人,参加农保84905人。按百户农村居民抽样调查统计,农村居民人均纯收入7108元。提前两年完成了"十五"计划的各项任务,顺利实现了第一轮"三年翻一番"。

然而,目前金山区传统的城郊农业和常规农业格局仍然没有改变,农村和城市、农业和工业、农民和市民的落差还相当大,脏、乱、差、苦、累、穷的现状尚未消除。因此,研究如何通过工业反哺农业、城市支持农村,积极推进社会主义新郊区建设是金山区国民经济和社会发展第十一个五年规划中确定的坚持城镇化建设与维护农民利益兼顾,在工业化和城市化进程中统筹兼顾农民的长远利益和当前利益的重要内容。

(二)金山区"工业反哺农业"的具体做法

按照中央关于推进社会主义新农村建设的要求和上海市委关于建设社会主义新郊区新农村的部署,金山区立足上海国际化工城的功能定位,不断加大工作力度,努力促进农民增收、农业增效、农村发展,积极探索与现代化国际大都市相适应的社会主义新郊区新农村建设之路。

1. 提高认识,努力形成"工业反哺农业,城市支持农村"的新机制

金山是上海仅次于崇明的农业资源集中区,是远郊地区、农业地区和后发地区,"三农"工作任务艰巨。当地党委政府认识到:第一,金山的农业虽然占全区生产总值不到4%,它可以小、可以少,但必须要精,一定要大力发展高端农业;必须要强,要努力实现效益最大化;必须要快,一定要加快实现农业现代化的步伐。第二,一定要下决心把具有前瞻性、高起点的新郊区新农村建设的规划编制好,有了前瞻性、高起点的规划,花再多的钱也是小钱,建设走了弯路,花再少的钱也是大钱。第三,金山要在农业上、在新郊区新农村建设上敢于投入、善于整合、乐于创新。第四,一定要紧紧抓住先进、过程、结果和带动四个要素推进新郊区新农村建设,即要以先进理念的引导、投入产出的过程、实现双赢的结果来探索工业反哺农业、城市支持农村的新机制,带动农村生产组织、服务体系和制度政策的创新与变革。

2. 明确目标,不断完善社会主义新郊区新农村建设的工作思路

2005年年初,金山区在全面梳理、分类的基础上,到全区34个典型村和63户有代表性的农户家中开展深入调研,并提出了"规划清晰、经济发展、生活安康、镇风文明、村容整洁、管理民主、组织坚强、镇村和谐"的32字新郊区新农村建设工作要求。之后,区委制定下发了《中共金山区委关于加强以村党组织为核心的村级组织建设的若干意见》,同时,还就加强村级组织建设、村级经济发展、村域规划编制等方面的工作制定了八个配套文件。2006年年初,按照中央关于社会主义新农村建设的要求和市委关于社会主义新郊区新农村建设的部署,又认真开展了新一轮调研,及时总结各镇新郊区新农村建设的有效做法,按照"区有示范、镇有典型,先试点、后推广"的要求,"聚焦廊下",全面推进新郊区新农村建设,并启动了首批10个新郊区新农村试点村的建设。在区委二届八次全会上,又通过了《关于聚焦廊下,加快推进全区社会主义新郊区新农村建设的实施意见》,明确了金山新郊区新农村建设的指导思想、总体要求、主要目标和主要任务。

按照《实施意见》的精神,金山区提出要围绕农民生活质量显著提高、现代农业特点充分显现、农村自然文化风貌得到良好保护、农民自身素质全面提升、城乡二元结构和差距明显改善与缩小、基层组织建设得到进一步加强的六大核心目标,紧紧抓住经济建设这一中心,紧紧抓住增加农民收入这

一关键,紧紧抓住推进"三个集中"、加快城市化进程、减少农民总量这一重要途径,紧紧抓住改革生产方式、改变行为习惯、改善生活质量这一重要内容,加快推进新郊区新农村建设,力争建成全市新郊区新农村建设示范区。

3. 聚焦廊下,大力发展都市现代农业

2003 年,金山区按照"科技领先、人才荟萃、品牌卓越、效益显著、世外桃源、诗情画意"的规划理念和"一核一区一环"的园区空间布局规划了 51 平方公里的现代农业园区,实行"镇区合一"的管理体制,加快推进现代农业体系和村镇体系建设。2006 年以来,金山区站在加快金山自身发展、实现农民利益、服从服务全市大局的高度,动员全区力量,深入推进聚焦廊下战略,通过政策聚焦、资金聚焦、项目聚焦和人才聚焦,加快发展都市现代农业。同时,抢抓机遇,以积极的姿态承接上海市对廊下聚焦的各项政策、项目、资金、科技等支持,加快农业现代化进程,努力把廊下建成金山强镇,使之成为全区乃至全市新郊区新农村建设的示范基地,成为上海对外展示社会主义新郊区新农村建设成果的重要窗口。

在推进都市现代农业发展过程中,金山区充分整合规划、市场、科技、工业、组织、生态、文化、效益等八个现代农业的发展要素,着力创新工作机制,努力做好了"三篇文章"。第一,进一步提高农业组织化水平。用组织化来带动农业经营规模化、农业生产标准化、农产品经营产业化和农业服务社会化。第二,积极推进农业科技化。充分发挥与同济大学、南京农业大学、上海水产大学等国内知名大学联手建立博士后工作站的作用,加快农业产学研基地和农业科技孵化器基地建设,坚持科技兴农,努力构建依托科技来加快都市现代农业发展的长效机制。第三,大力推进农业产业化。大力培育具有都市现代农业特征的农业产业化企业,用集约化、规模化、产加销一体化的手段,促进农业产业化生产,加快农业产业化进程。

目前,现代农业园区的各项工作正在顺利推进,综合示范效应不断显现。一是农业科技含量不断提高。园区已开发面积 10 平方公里,智能控制工厂化特种水产温室育苗工厂等一批项目体现了科技型、集约型、规模型的特点。二是农业生产方式改革不断推进。成立了金廊公司,通过运用类似麦当劳、肯德基的加盟模式,在不流转农民土地的情况下,积极探索农业生产方式的改革。目前,金廊公司已签约土地 1000 亩,"网上种田"正在积极推进中。三是农业生态效应不断扩大。万亩设施良田建设推进顺利,道路、桥梁及各类基础建设基本完成,与锦江集团在中华村合作开发的"农家乐"旅游项目已开始试营业,和上海电气集团工业反哺农业的合作项目顺利推进。四是市场机制不断完善。按照规划定位和"政府搭台、企业运作、社会参与、农民得益"的园区运作机制,根据市场的需求引进项目,通过科技支撑和资源支撑,园区内已建成的项目基本实现了效益最大化,达到了投入少、产出高、就业多、收入增的要求。五是农业产业链不断延伸。园区内许多项目都体现了循环经济的特点。如,光明乳业6000头奶牛基地从优质饲料的种植,到优质奶的生产,再到奶牛粪便加工成有机肥料,再循环种植优质饲料和农产品,延伸产业链与发展循环经济相得益彰。

4. 突出重点,有效落实各项工作

为将新郊区新农村建设落到实处,金山区在《实施意见》中着力将各项工作指标化、具体化和项目化。围绕六大核心目标,明确了12项工作指标。全区各个部门围绕12项工作指标,分别制定了年度和三年推进计划,并狠抓工作的有效落实:一是促进农民增收。到2008年,全区农民人均收入要确保11500元,力争达到12000元。拓宽非农就业渠道,到2010年,农村劳动力非农就业率达到90%,每年实现净增5000名农村劳动力非农就业,2007年实现"零纯农户"目标。二是提高设施农业比重。到2008年农业综合设施化率达到70%。三是提高农业科技创新效率。到2010年,农业科技贡献率从现在的50%提高到超过70%。四是提高农业投入和产出效益。到2008年,亩均土地产出率从现在的大约3200元提高到4600元左右。五是加强农村自然文化风貌保护。按现状规划保留50%具有金山文化底蕴的民居。六是用于农村的市政、交通、水利、环境等基础设施建设投入资金城乡比例达到1:1,落实财政新增的教育、卫生、文化等事业经费主要用于农村的规定,用于农村的比例不低于70%。七是加强基层组织建设。到2008年80%的村创建成"六有"党组织,到2010年40岁以下的村干部要达到大专以上学历。八是加强现代农业园区建设。2007年在支农资金中预算安排现代农业园区专项资金5000万元,今后每年新增支农资金的70%用于现代农业园区。九是加强农村环境卫生整治。到2010年,全区所有行政村全面实现村容整洁达标。十是加强河道整治。到2008年,全区河道保洁覆盖率达到100%。十一是切实提高农村医疗服务水平。2007年建立二、三级医疗机构和社区卫生服务中心定期指派全科医生到村卫生室开展医疗工作的制度。十二是加强基层政权与民主法制建设。到2008年，全区50%的村镇创建成市、区村务公开、民主管理示范单位。

围绕12项工作指标，金山区着力推进了八大工作。

第一，以加强规划管理为龙头，推进"1778"城乡规划体系建设。启动新一轮行政村结构布局规划和村域规划编制工作，选择具有不同特点的3个村进行村域规划编制试点，并在试点的基础上启动了第一批17个村的村域规划编制工作。

第二，以农业科技创新为动力，构建都市现代农业基本体系。加快农业组织化建设，积极推进农业标准化生产基地建设，加快农业产业化经营。2005年实现土地集约规模经营272942亩，占总耕地面积的67.4%。全区现形成各类规模经营户1530多户，其中粮食生产规模户占60%。

第三，以改善农村环境为基础，提高农村基础设施建设水平。全面实施"清洁家园"工程，建立健全镇村两级水域保洁管理体制。全面开展镇村河道三年整治行动，落实区第三轮环保三年行动计划，扎实开展"百河千路万家"环境综合整治活动，积极推进农村服务中心建设。

第四，以增加农民收入为重点，提高农民生活质量。形成"长、多、扶、加、增、保、余、帮"等"八个一块"的农民增收方案，不断完善农民增收机制。2005年全区农村居民人均收入7108元，比上年增长12.09%。到2005年年底，全区参加城保117399人，参加镇保104517人，参加农保84905人，参加综保26909人。农民合作医疗投保率和社会医疗保障率分别达到98.82%和99.05%，继续名列市郊前茅。全区城乡居民最低生活保障实现"应保尽保"。

第五，以提高农民素质为核心，推动各项社会事业发展。加强农村教育和人才培养，引进100多名高学历人才充实到新郊区新农村建设一线工作。加快发展农村文化和体育事业，大力推进"一镇一品"特色文化建设。提高社区服务中心服务质量，加快标准化中心村卫生室建设，努力完善农村公共卫生体系，切实提高农村医疗卫生服务水平。

第六，以"六有"支部为抓手，切实加强农村基层组织建设。在农村先进性教育活动取得初步成效后，金山区认真开展了以有朝气蓬勃的组织生活为重点，以有勇创一流的工作目标、有考核评议的规范制度、有学习先进的良好氛围、有群众拥护的深厚基础、有坚强有力的领导班子为主要内容的

"六有"支部建设活动,着力解决部分村干部存在的机关化、干半天、慢半拍"三个倾向"和部分区管干部情况说不到底、问题看不到底、工作抓不到底"三个不到底"现象,有力地促进了农村党员素质提高和农村党组织的建设。

第七,以推进镇风文明为目标,大力加强精神文明建设。开展以"富在农家、学在农家、洁在农家、绿在农家、乐在农家、爱在农家"为主要内容的新郊区新农村建设大讨论活动,大力培育和谐文明的村风民风。坚持开展"三下乡"活动,切实加强农村文化阵地建设。加强社会主义荣辱观教育,倡导科学健康的生活方式。注重机制建设,大力开展移风易俗、丧事简办活动。以市文明城区创建为抓手,扎实推进精神文明创建活动。

第八,以平安金山建设为抓手,加强民主法制建设,努力构建和谐村镇。加强基层政权与民主法制建设,加强对来沪人员的服务和管理,深化农村法制宣传教育,努力构筑集打击、防范、控制于一体的全方位社会治安防控体系。实现司法信访"关口"前移,在本市率先成立了居(村)委司法信访接待站。

(三)存在的困难和问题

几年来,金山区农业种植业结构调整虽有突破性进展,但与上海市郊其他区、县及周边地区相比,在人力、技术、土地、资金、组织化、产业化以及农业基础设施和综合服务等方面还存在着许多问题。

1. 生产力低,市场化弱,功能单一,经济效益不高

目前,农村中60—70岁的老人是种地的主力军,年轻人普遍不愿从事农活。从业农民中小学文化及小学文化以下占62.74%,初中占31.53%,高中占5.58%,大专以上占0.15%。文化素质普遍不高,知识技能储备不够,不易接受新技术、新观念。农业经营成本高、产业链短、市场化程度低、农产品卖难等问题长期存在。农业经济积累有限,没有实力扩大再生产,延伸产业链,拓展农业功能,经济效益不高。

2. 土地流转困难,资金投入不足,农业机械化、科技化水平低

金山现有耕地主要分散集中在农民手上。由于生产力、观念落后,社保不完善,非农就业不稳定,土地仍然作为农民的基本保障,即使从事非农就业也不愿放弃土地;国家推出一系列维护农业的政策,农民认为种地有效

益,流转不合算;规划居住地成本高,生产居住相分离,农民进点集中进展不快,农宅依然呈分散状态。因以上原因导致土地流转困难,给农业的规模开发和项目安排带来很多障碍。另外,农业资金投入习惯于以财政公益性为主的支持框架,没有充分利用国际资本、国内资本和民间资本,因此,农业资金投入不足,尤其是对农业科技和机械化投入不够。农技推广队伍普遍经费不足、人员不专、素质不高,也不敢进行对新品种的引进和实验,农业科技难以创新、推广和普及。

3.农户观念落后,经营行为分散,领军人物匮乏,农业组织化、产业化、规模化经营程度较低

农民担心加入合作组织会受到管理上的限制,顾虑加入组织后使用统一品种、统一饲料、统一品牌会使成本加大,不愿加入组织,影响着农村合作经济组织的发展。按照市场化要求,金山区农业主要还存在农户经营规模过于细小和经营行为过于分散两大缺陷,加之资金、科技、土地流转、产业链和产业功能等问题,整体上影响着农业组织化、产业化、规模化经营的发展。

4.农民群体差异大,社保还不完善,困难家庭还较多

50—65岁村民所占比例较大,就业难,部分人依靠打零工,部分人依靠子女补贴;部分"2030人员",因技能、观念等原因,高不能低不就,依靠父母,赋闲在家。农民群体就业总量矛盾、结构性矛盾存在,就业不充分,收入水平总体不高且内部分化,一部分高收入农民掩盖了相当部分低收入农民的真相。资料显示,人均3000元以下农户约占农村家庭户数的11.6%,因灾、因病致贫问题也难以根本消除。

5.农业基础设施相对滞后,综合服务体系不完善,农业抗风险能力弱

以廊下现代农业园区为代表的重点区域由于近年集中投入,基础设施取得了成效,但面上仍然相对滞后,特别是农桥、农机、排灌设施老化,水系紊乱、水质恶化,冷藏、加工、运输等设施缺乏,农技、植保、检疫防控、农业保险等综合服务体系不完善,农业受市场和自然双重风险的制约,增产不增收的情况随时可能发生。

6.村级经济乏力,村容环卫差,文化娱乐设施缺乏,村风文明有待提高

村级收入来源主要是招商返税、投资收益、经营性收入、集体资产租赁等。但目前因土地征用等原因,村级集体资产数量减少、质量较低,经营能力与资产保值增值要求不相适应;新增固定资产投入困难,村级经济发展缺

乏突破口,对转移支付依赖性强;提供公共产品繁重,收入少,支出大,运转较为困难。由于财力不足,农村垃圾收集处置系统难以正常运转,环境卫生状况差。河道生物垃圾、生活垃圾填塞严重,淤积总量约780万立方米,绝大多数河道水质为五类和劣五类。绿化率低,以四旁树为主,缺乏整体规划布局与养护。违章建筑尚未杜绝,村级文化娱乐设施奇缺,村民业余生活单调,赌博等不文明现象存在。

(四)今后继续贯彻落实工业反哺农业、城市支持农村的几项措施

上海将"以工促农、以城带乡,城乡开通、双向联动"作为建设社会主义新郊区的原则。建立"工业反哺农业,城市支持农村"的体制机制是建设社会主义新郊区的重要举措。金山区根据自身实际情况,认为主要应包括增强财力反哺、促进劳动力转移、促进农业产业化、规模化经营、促进和提升村民资本运作等几个方面。

1.加快二、三产业发展,迅速做大经济总量和财政盘子

按照"十一五"规划,优先发展先进制造业,着力提升现代服务业,GDP在2005年201.3亿元的基础上确保年均增长22%,力争完成"三年翻一番"目标,争取年均增长26%,到2008年达到402.6亿元。

(1)工业:工业总产值在2005年616.9亿元的基础上,力争年均增长26%。至2008年,累计工业性固定资产投资完成376亿元,累计内资到位资金350亿元,累计合同利用外资12.6亿美元。加快产业结构战略性调整,在工业投资重点和方向上,推动化工、医药等优势产业做大做强,加快培育和扶持光电子、新材料等新兴产业,加强机械电子等高端产业投资,推动装备制造业升级。继续加大招商引资力度,加快产业链和产业群招商,促进招商引资和"招商引智"相结合,实现招商引资向招商选资转变,加快形成产业集群。

(2)第三产业:加快建设漕泾化工物流园区和亭林综合物流园区两大物流基地,同步规划建设若干个专业物流中心和仓储基地。加快滨海休闲观光旅游区、朱泾历史风貌区开发建设,加快发展枫泾古镇旅游,加快建设主要镇区、园区星级宾馆等商业接待服务设施。加快开发新城区现代商贸服务集聚区,加快发展朱泾、枫泾、亭林、张堰四镇各具特色的便民、利民镇区商贸业。加快建设和培育水产品批发交易市场、新城区化工建材交易中

心、亭林电器交易中心、朱泾汽配产品交易中心和枫泾服装机械交易中心。

(3)财政收入:通过二、三产业的快速发展,财政收入力争完成"三年翻一番"目标,实现年均增长28%,到2008年达到120亿元。

2.加快启动上海国际化工城建设,建立和完善大化工反哺农业、支持农村的机制

以石油化工为"启动器",以精细化工和生物医药为核心,吸纳巴斯夫、赛科、BP等数十家国际知名大型化工企业和几十家国际跨国公司总部落户金山,形成产业集聚效应;形成大型化工交易市场和国际知名的技术研发中心,为化工贸易提供平台,并以科技引领产业发展;发展与国际化工产业发展配套的金融、教育、卫生、文化、旅游等现代服务业;加快与上海石化、上海化学工业区的合作互动,形成资源共享、利益协调、分工协作、联合环保四大联动机制,实现项目设计、公用工程、物流传输、环境保护、管理服务"五个一体化"。争取支持,设立大化工反哺农业专项资金,并增加国家财政转移支付额。

3.坚持"多予少取"原则,加大财政支农力度,完善农村基础设施建设

主要包括增加粮农直补、农业综合开发投入、科研投入、农村教育、医疗(农村公共卫生体系)投入,增强农村救助、非农就业、政策性金融等财政支持。完善农用道路、农桥、河道水系、排灌设施、冷藏、加工、电信、标准棚、舍、场等农业基础设施以及农业防汛、防台风、除涝等保安设施建设。逐步完善农村服务设施、环卫保洁等。

在这一过程中,要抓好以下几点:一是实施政策倾斜,将所刺激起来的农村基础设施建设对现代工业产品的需求,尽可能与区内相关涉农工业衔接,尽可能使企业优惠提供农业基建用品。二是雇用农村劳动力,使用当地所能提供的材料,增加相关农民的收入。三是加强信息储备,村级组织"做有心人",将有一定组织能力、专业能力、职业爱好的农民信息进行收集整理,形成信息数据库,为进一步组建现代农村专业服务组织(如设施养护、环卫保洁等)提供信息。

4.加快建设六大农业生产基地,提升农业产业能级

以现代农业园区为主体,建设25万亩优质稻米生产基地,14万亩次优质蔬菜生产基地,7万亩次优质瓜果生产基地,无公害生态养殖基地,5000亩种质种源繁育基地,3—4个有特色、有品位的生态农业休闲旅游等六大

基地。

拓展农业功能,实施农业产业化,推动农业与先进制造业、现代服务业的结合。加快发展订单农业、设施农业,努力实现工厂化生产。建设设施良田14万亩、设施菜田300公顷,粮食年总产量在18万吨以上。发展现代农业园区休闲观光区,发展漕泾休闲水庄、山阳田园、芳心果园、施普农庄等生态旅游景点,加快体现金山绿色休闲服务功能。完成接待游客人次年均增长20%以上,完成农业总产值年均增长4.2%。

5. 大力发展农村合作经济组织,促进土地规模经营

按照"用两到三年时间基本实现土地规模经营"的要求,发展农村合作经济组织,主要抓好以下几点:

(1)对现有村级建制、农用地进行调整撤并,促进土地规范流转,规范土地流转合同,合理确定土地流转费基价,提高资源配置效益。按发展趋势规划,到2010年,全区组建80个左右较大的行政村。一方面规划形成若干个连片的、较大的农耕区,为农业规模化、产业化经营提供具有一定规模和回旋余地的土地资源;另一方面,整合村级财力、经营人才、专业能手等,组建农村合作组织,加强农业综合服务,大力组建村级农业综合服务组织,保障服务组织人员收入,为服务组织提供必要硬件设施。

(2)鼓励土地向种田能手集中,加强农业项目招商引资,加强融资支持,培育和扶持专业化、产业化、规模化经营农业。到2008年,规模经营比例达到85%,专业农民比例达到60%。

(3)促进专业农民素质提高,加强农业政策性保险,落实税收、用地、用电等政策优惠。

6. 实施中长期战略,疏导、分流农村劳动力,促进农民非农就业

(1)加强政府部门合作,建立包括群团组织、行业协会、社工队伍等在内的就业促进组织,推进就业服务、就业援助、就业帮困。

(2)扩大企业农民工订单培训,培训方向覆盖传统产业、数字制造、精细化工、建筑行业、物流产业、餐饮服务等多行业。

(3)试行企业招收本地工社保差额财政补贴新方法,试行政府出资购买企业部分岗位,吸纳农村居民非农就业。

(4)开发工农结合型循环经济产业,吸纳农民非农就业。

(5)加大农民创业扶持,通过创业培训、资金、场地、财税扶持,促进农

民转业的"造血功能"。

（6）加强宣传教育，转变就业观念，尤其是转变部分"2030"人员"低不就"，歧视餐饮服务行业等不利观念。

7. 完善政策创新，加强多种形式的惠农支乡

（1）探索建立国有资本引领村级资本运作机制，盘活村级经济。突破现有模式，在"三区一线一镇一街"、物流基地、旅游资源等开发建设中，选择部分项目，先由国有资本以股份形式，对项目进行监管、经营，当项目运转进入常规，取得较好经济效益时，逐渐吸纳村级资金、村民资金，稀释国有资本，最后国有资本退出，让村级资金从项目中受益。诸如，突破土地指标限制，允许村级资金在园区建造标准厂房出租；突破城镇商业设施开发、运作模式，鼓励、吸纳村级资本、村民资本融入商铺、商场开发，通过经营优化房产收益等。

（2）建立"三农志愿者服务行动"长效机制，送服务、做中介，沟通城乡。在近几年共青团组织所开展的志愿者服务活动的基础上，由区文明办牵头，各委、办、局、镇、街道、园区概括配合，形成一支业余性、志愿性、对口性、有组织、有领导、有财力支持、有激励机制、有责任考核的"三农"志愿者服务队伍，利用业余时间，定期赴农村开展面向农业、农村、农民的志愿服务活动，并形成长效机制。队伍结构组成要基本覆盖社会各领域，人员实行流水增补制，即由各有关行业的具备一定专业能力的职业人员，机动性编入服务队伍开展活动，人员常换、队伍不散。由财政适当拨付活动经费，由村级组织予以接应配合。服务内容根据需要提供，可涵盖医疗卫生、农业科技、政策法规、劳动就业、家庭理财、家政媒介、文化艺术等方方面面。通过长期的专业性、义务性志愿服务，实践市民支持农民、城市支持农村的精神。

五、安徽宁国：缩小城乡差距、推进统筹发展

（一）宁国市基本情况

宁国位于安徽省东南部，东临杭州，西靠黄山，连接皖浙两省七个县市，1997 年撤县设市。全市辖 13 个乡镇 6 个街道办事处，总人口 38 万。宁国是典型的山区市，在市域 2487 平方公里的土地上有海拔 1000 米以上山峰 19 座，山地、丘陵占总面积的 84.9%，天目山脉缘县境东南部蜿蜒而过，黄

山余脉绵延百里横亘南北,素有"八山一水半分田,半分道路和庄园"之称。宁国属亚热带季风性湿润气候,四季分明,雨量充沛,森林覆盖率高达74.2%,孕育了极其丰富的农林特产资源。

改革开放以来,特别是"八五"期间,宁国伴随乡镇工业的异军突起,进入抢抓机遇、加快发展的快速增长期,1994年成为中西部地区唯一的全国百强县。"九五"中期,宁国遭遇国家宏观调控、还债高峰巨大压力和严重洪涝灾害等多重困难,经历了消化矛盾、蓄势待发的适应调整期。"九五"末,宁国基本走出困境,开始由"调整与发展并重,以发展为主"逐渐步入"加速发展"的新阶段。2006年,全市实现国民生产总值68亿元,财政收入8.9亿元,三次产业比重为14:51:35,农民人均纯收入达4700元,城镇职工人均收入达2万元。综合经济实力自2000年以来连续六年位居全省县(市)之首。

(二)工业反哺农业、城市支持农村的主要做法

"十五"以来,在县域经济发展实践中,宁国市委市府深切感受到,长期形成的城市(工业)、农村(农业)二元经济格局,客观上造成了宁国市县域经济和乡镇经济反差较大、城乡居民收入增长不平衡等问题。针对这一状况,宁国立足本地实际,借鉴苏浙发达地区先进经验,着力调整城乡经济结构,统筹城乡发展,在缩小城乡差距方面积极探索与实践。

1. 着力构建经济载体

宁国市县域经济的布局多属自发、自然集中,造成布局松散、区域发展存在差异,客观上制约了城乡统筹的有效推进。针对这一状况,宁国着力推进工业向园区集聚、人口向城镇集聚、资源向优势产业集聚、土地向规模经营者集聚,促进区域经济合理布局、相对集中、协调发展,逐步实现经济基地化、基地产业化、产业集群化,初步形成了以宁国省级经济开发区为龙头的河港工业区、以青龙湾生态旅游度假区、板桥自然保护区为核心区域的西部生态旅游区和河千公路沿线工业经济带的"两区一带"发展格局。通过组建一个省级开发区和五个乡镇工业集中区,不断调整和提升经济结构,初步构筑了面向苏浙沪地区,以产业链为黏合的"企业簇群"和"块状特色"。

(1)全面实施开发区大会战,做强统筹城乡发展的龙头。2000年,宁国经济开发区被安徽省委、省政府批准为省级开发区,2001年9月份正式挂牌运行,当时的总体规划面积为6平方公里,其中起步区面积1.37平方公里。2002年开发区实现生产总值18亿元,财政收入不足8000万元。开发区的经济总量和规模较小,难以带动县域经济跨越发展,对统筹城乡发展的支撑作用十分有限。为此,宁国把建好开发区,作为推进统筹城乡发展的重中之重。2004年7月,该市出台了《关于加快省级宁国经济技术开发区建设和发展的决定》,2005年实施了开发区建设大会战,成立了1个高规格的指挥部和土地征用、拆迁安置、项目建设、环境保障等13个工作组,建立了开发区一级财政,同时组建了由市长担任董事长的开发区建设投资公司,加大资本运营力度,建立多元化投资机制。2006年开发区建设投资达到3.6亿元,共征用土地6000余亩,平整工业用地4000余亩。2006年,宁国市委、市政府把重点项目及园区建设作为贯穿"十一五"的三大战役之一,集中人力、财力推进建设,完善提升老区,全面开辟新区,构建了"一区两园"发展格局。目前,宁国经济开发区南山园区总体规划面积为12平方公里,建成区面积达到8平方公里,河沥溪园区总体规划面积达到16平方公里。

自2004年以来,开发区引进招商项目156个,投资总额达到37.2亿元。引进外资项目13个,合同外资1.01亿美元。开发区动工建设项目100个,其中已竣工投产项目53个,固定资产投资总额达到28.3亿元,形成了汽车零部件、电子元器件、新型耐磨材料、复合化肥、新型塑料包装等主导产业。开发区企业总数达到247家,其中规模以上工业企业46家,亿元工业企业8家。2006年,开发区企业完成工业产值40亿元,出口创汇4000万美元,财政收入达到2.3亿元,自2004年以来年均增幅分别达到27.1%、42.3%、24.2%。

(2)加强乡镇工业集中区建设,做大统筹城乡发展的支撑。在宁国市的工业发展史上,乡镇一直是工业企业最初的发源地和发展沃土。20世纪80年代,乡镇企业在宁国迅猛发展,数百家乡镇企业的发展改变了宁国这个皖南山区贫困县的面貌,让一个财政靠补贴、吃粮靠调进的贫困县彻底摆脱了贫困的帽子。进入21世纪,宁国市把发展工业经济作为全市的最强音,从全国的大型水泥企业——海螺集团,到安徽最大的民营企业——中鼎公司,亚洲最大的耐磨材料企业——凤形公司,如此等等的工业企业,它们或坐落在乡镇,或发轫于乡镇,成为宁国市经济发展的主力军、助推器,使宁国一跃而成为安徽县域经济的领头雁、排头兵。

2005 年,宁国市出台了《关于乡镇工业集中区建设与发展的意见》,围绕"两区一带"战略构想,规划建设了 5 个乡镇工业集中区。对乡镇工业集中区的定位是主业突出、专业化生产、社会化协作的开放型特色产业基地。集中区与省级开发区在产业上互补、在发展上相得益彰。在集中区建设资金筹措上,采取多策并举的办法。一是市政府每年预算安排 500 万元引导奖励资金。二是集中区新办企业所缴纳的税收地方留成部分,五年内由市财政全额奖励所在乡镇、街道办事处,集中区的工业项目土地收益金全额安排给所在乡镇、街道办事处,用于集中区基础设施建设。三是允许在集中区"四至"范围内安排不超过工业建设用地面积 10% 的土地作为综合用地,进入市土地交易中心实行招拍挂出让,土地收益金全额安排给所在乡镇、街道办事处,用于集中区基础设施建设。五是引导乡镇组建集中区投资开发公司,搭建融资新平台。同时,稳妥解决集中区用地问题。市国土资源局在下达年度土地使用计划时,优先考虑集中区用地需要。自 2005 年以来,宁国市 5 个乡镇集中区累计完成建设投资近 2 亿元,平整集中区土地 5000 余亩,协议引进企业 136 家。2006 年,集中区实现工业产值 20 亿元,预计到 2010 年,集中区实现工业产值 40 亿元,年均增幅 25%。

(3)加快特色农产品基地建设,做实统筹城乡发展的基础。只有把握好市场的行情和走向,生产符合市场和消费者需求的产品,打造出自己的品牌,才能"拿得出,卖得好",才能真正致富农民。近几年来,宁国立足山区市的特点,充分发挥资源丰富、生态优越的良好条件,在"绿"字上下工夫,在"特"字上做文章,在"加"字上求发展,确立了"优粮扩经,加快发展畜牧业,突出发展林业经济"的总体思路,找准发展农村经济的切入点和突破口,即基地建设规模化、区域经济特色化、主导产业集群化、农特产品标准化、市场营销品牌化。按照"人无我有、人有我多、人多我优"的总体要求,突出发展"三竹一果"(毛竹、元竹、笋用竹、山核桃)为重点的经济林,在山区大力营造绿色银行,共完成人工造林 5 万亩,竹林垦复 10 万亩。同时,还在全市广泛开展全社会办林业的活动,动员社会各界、广大乡村群众积极投资林业建设,并出台了一系列鼓励和发展林业的优惠政策,有力地促进了全市林业经济发展,联办、个体办、股份制式的家庭林场、果园、小庄园纷纷涌现。目前,全市拥有 50 亩以上的农业小庄园 200 多个,加工小区 50 个。形成了东部的早笋、南部的山核桃、中部的板栗、西部的毛竹、名优茶和贯穿市内三条大河两岸的元竹长廊带等特色林产品专业区域,成为农村经济发展的重要载体。

2.着力培育市场主体

当前,制约县域经济发展的一个重要因素是微观基础偏弱、市场竞争力不强。针对这一状况,宁国加快企业产权制度改革,推进两个根本性转变,培育壮大市场主体,提升对外部资源的承载能力。

(1)深化企业改革,创新体制和机制。宁国企业产权制度改革于1995年正式拉开序幕。当时,市国有集体企业有650家(国有企业48家),占企业总数的92%,其中,工业企业502家,商贸流通企业148家。国有集体企业职工1.84万人,总资产45亿元,平均资产负债率接近100%,不少企业资不抵债,成了空壳,职工集访越访频繁。为此,宁国市把围绕"三个到位"(国有集体资产退到位,职工身份改到位,配套改革推到位),加快企业产权制度改革,推进两个根本性转变,作为实现经济软着陆、重筑发展新优势的基础。到2003年年底,宁国市全面完成了国有集体企业改制任务。在改制过程中,坚持打破区域、行业、所有制界限,以企业自愿为前提,以优势企业为核心。一是通过合资嫁接,优化企业产权结构,加速低成本扩张,培育一批大集团、大企业。二是通过改制重组,明晰产权主体,放活企业的经营权。三是通过整体出售,实现企业经营机制的民营化。四是通过挂靠联合,实现企业生产的专业化。五是通过平稳破产,实现企业要素配置的合理化。目前,136家规模以上工业企业中,股份制企业达75%。

(2)培育企业家队伍,增强"造血"功能。在劳动力和资本相对充裕的条件下,造就一支高素质的企业家队伍,加速释放创业力量,增强"造血"功能,是统筹城乡发展的关键环节。宁国地方党委政府研究近邻浙江的"零资源经济"现象:如浙江东阳的横店不临近大城市,但有很大的吸引力,集聚了许多的资产;同样交通不便的浙江乐清的柳市成了全国最大的低压电器制造和集散中心;嘉善县没有一片森林,却成了全国最大的胶合板中心;海宁没有牧场也没有畜牧业,但它是全国最大的皮革制造和批发中心。从中,深深领会到,挖掘发展潜力在于培养出无数的经营主体、无数的具有创造精神的企业家。多年来,宁国始终把企业家队伍的建设作为县域经济发展的重中之重,紧抓不放。早在宁国经济起步之初,就提出了"重水平看业绩不唯文凭,重表现看贡献不唯身份,重开拓看精神不唯年龄,重长处看主流不唯过失",扶持骨干,培育梯队,初步构建了"老、中、青"三代宝塔式的企业家群体。政府与企业之间形成良性互动,政府为企业家创业营造良好环境,确保企业家在经营中不分心、不走神。市政府每年开展"宁国发展功勋"评选活动,市财政拿出100万元,重奖纳税大户和有功人员,通过"政治上给荣誉,社会上给地位,经济上给实惠",极大地激发了企业家投资兴企、干事创业的激情和热情。牢固树立"不求所有,但求所用"的引才观念,开通人才绿色通道,积极引进实用急需人才,中鼎公司建成首家博士后流动工作站。始终抓住干部这一影响经济发展的关键性因素,突出经济建设实绩标准,把基层和经济建设一线作为干部成长的重要基地,通过公开选拔、竞争上岗等方式,将一批懂经济、善管理的高素质人才使用到领导岗位上。早在2001年,宁国市就出台了《关于鼓励提前离岗、辞职和离职锻炼从事经济活动的实施意见》,全市共有上百名干部响应市委、市政府号召,奔赴经济主战场。

　　(3)坚持扶强育小,增强对外部资源承载能力。宁国坚持有限目标,突出区域特色,重新对主导行业进行定性,依托现有的工业基础,突出发展汽车橡胶零部件、耐磨材料、水泥、化肥、电子元器件、塑料包装六大工业主导产业。2006年六大工业主导产业实现总产值100亿元,占全市的80%以上。一是扶优扶强骨干企业,抓好"顶天立地",增强核心竞争力。近年来,宁国几家骨干企业的引资额占全市招商引资的80%以上,之所以会这样,是因为通过多年的扶优扶强,使这些企业具备了一定的自我积累、自我发展能力,搭建了对外部资源的承接平台。目前,安徽省水泥厂、中鼎、凤形、亚新科等十家企业共完成税收5.4亿元,占财政收入的60.7%,有力支撑了县域经济的发展。二是加快发展中小企业,抓好"铺天盖地",促进产业的聚集、壮大。近年来,宁国以六大主导行业的骨干企业为龙头,加快发展专业化分工协作的配套企业,逐步延伸产业链条,形成宝塔式企业群体,构筑一个有效而强大的竞争主体。对内,形成各自成体又相互联系、激烈竞争又密切配合的体制、机制优势;对外,形成适应市场不同层次需求的"准大企业"和共性品牌,增强整体接单能力。这类企业一旦集聚成块,就是一个市场,就会越做越强,形成独特的比较优势。目前,宁国橡胶汽车密封件、耐磨球、灯具电容器产量占全国市场份额的15%、10%和80%。

3. 着力推进农业产业化经营

"三农"始终是县域经济的根,也是统筹城乡发展的基础。近几年来,宁国市不断深化以工业理念抓农业的意识,坚持工业长入农业,培植龙头企业,扩大基地规模,拓展市场空间,带动农民增收,走出了一条既体现时代特色又符合宁国实际的农业产业化路子。

(1)锐意创新,在不断探索中完善思路。中共十一届三中全会以来,宁国市坚持以经济建设为中心,大力实施工业强市战略,强力推进乡镇企业发展,综合经济实力逐步增强,1995年跻身全国百强县市行列。然而进入"九五"以后,国家宏观调控力度的加大,亚洲金融危机的影响,特别是1996年百年未遇的洪涝灾害,使宁国经济进入了艰难的调整适应阶段,工业企业和乡镇企业吸纳农村劳动力的能力明显减弱,粮油等大宗农副产品出现卖难,价格一路走低,农民收入增幅回落,甚至出现下降趋势。全市财政收入连续几年低位徘徊,乡镇干部教师工资很长时间不能按时发放,绝大多数村集体经济几近"空壳",村干部报酬无法兑现,基层干部人心不稳。面对严峻形势,宁国市委、市政府认真分析原因,认为宁国市农业农村经济发展之所以困难重重,主要是因为农业结构层次低。从农业内部看,粮油等效益低的作物占种植业比重达90%以上,畜禽养殖业占农业的比重不到10%;从林业结构看,效益低的用材林比重过大,经济林比重偏小。面对这一状况,宁国及时明确了"优粮扩经,加快发展畜牧业,突出发展林业经济"的思路,即在引导农民发展"两高一优"农业的同时,着力实施畜牧争先进位工程,大力发展比较效益高的畜禽养殖业;根据市场取向,立足资源优势,突出发展以"三竹一果"(毛竹、元竹、笋用竹、山核桃)为重点的经济林,大力推行"多乡一业,数村一品"的专业化生产。通过大力倡导和强力推进,全市粮经比例得到优化调整,畜牧业比重每年上升3个百分点,以山核桃、毛竹、元竹、笋用竹为重点的经济林以每年2万亩以上的速度递增,呈现出特色产品规模化、规模产品特色化的格局。在特色优势产品基地快速发展的同时,宁国根据全国农业发展区域布局,1999年年底提出了"建立面向苏浙沪大中城市的开放型远郊农业格局"的发展战略,即以工业理念发展农业、以产业化经营提升市场竞争力,使宁国农业比较优势逐步发展成为经济竞争优势。2003年宁国又明确了"构建面向苏浙沪地区优质农产品加工供应基地"的发展方向,按照这一发展取向,宁国着力扶持加工型龙头企业,突破加工环节。全市农产品商品加工率达90%以上,综合利用率达80%以上,基本形成山上建基地、山下搞加工、山外拓市场的块状经济格局。与此同时,着力发挥120多家营销公司、8000多农民经纪人和12个专业市场的商贸桥梁作用,加大市场开拓力度,实现了山区经济与都市经济的优势互补。近年来,宁国直接进入苏浙沪市场的农产品交易额占总交易额的50%以上。宁国山里仁公司产品打进上海麦德龙、家乐福、联华等超市,进入世界500强之首的沃尔玛公司连锁经营超市。太阳禽业公司的樱桃谷鸭、五星集团的三黄鸡已覆盖到广东、江苏、浙江、上海等地市场。健宁公司与美国百叶窗协会签订了为期十年的产品包销协议,与沃尔玛公司签订了为期两年、月供货600万美元承销合同。木竹、笋制品、青梅制品等特色产品拓展到日本、韩国、东南亚及欧美等国家和地区。

(2)多策并举,在扶持培育中壮大农产品龙头企业。一是政策上给予优惠。从2000年开始,市委、市政府连续制定了6个1号文件,利用“全国综合体制改革试点县(市)”和“全国山区综合开发示范县(市)”的优势,大胆探索,不断完善加快龙头企业建设的政策体系,重点从土地、税费和奖励等方面对龙头企业发展予以扶持,依靠政策的“杠杆”作用,汇聚发展的优势。二是投入上给予倾斜。市财政每年安排不少于300万元资金用于农业发展,并在支农资金中安排100万元专项用于龙头企业争上项目和扩大规模的资金贴息。注重发挥项目资金的推动作用,先后为10余家龙头企业争取项目资金1.5亿元。同时,加强与金融部门的沟通,改善银企关系,积极向农行和信用联社推介发展前景良好的龙头企业。几年来,农行和信用联社共向龙头企业注入资金5亿元,建行、工行、中行等其他商业银行也看准了农业产业化发展的巨大商机,相继成为龙头企业的融资者。三是环境上给予保障。宁国不断强化“服务是为政之本,环境是第一资源”的意识,为龙头企业发展创造宽松环境。实行了领导联系重点龙头企业制度,做到情感上沟通、生活上关心、工作上支持,在全社会大力弘扬他们的开拓精神和发展业绩,形成关心、激励、保护能人的良好氛围。为搭建龙头企业对接市场的平台,宁国每年在苏浙沪大中城市召开优质农产品推介会,举办“山核桃节”和“元竹节”,对外宣传宁国的龙头企业和农副产品,提高知名度和影响力。对外来投资者,宁国为投资商发放“服务卡”和“绿卡”,授予他们“宁国市荣誉市民”称号,先后引进了绿源、青峰等一批农产品加工企业。目前,全市已基本形成以骨干企业为龙头、中小型私营加工企业为主体、个体加工户为基础的农产品加工体系,呈现本地企业家健康成长、外来投资者扎根落户的喜人态势。目前,宁国市拥有各类农林产品加工企业 503 家,其中国家级龙头企业 1 家,省级龙头企业 9 家,年销售额超亿元龙头企业有 5 家,超千万元企业 18 家。

　　(3)拓宽渠道,在紧密联结中带动增收。在推进农业产业化过程中,宁国不忘把实现好、维护好农民利益放在突出位置,增加农民收入,带动农民致富。目前宁国市农民增收呈现龙头企业带动型、市场营销带动型、专业协会带动型和反哺强化带动型四种类型。一是龙头企业带动型。注重引导龙头企业与农户结成"风险共担、利益共享"的经济利益共同体,以实现产业发展与农民增收的"双赢"目标。国家级龙头企业太阳禽业公司成立以来,累计带动 5000 多户农户养殖樱桃谷鸭,每年固定养殖户 2000 多户,公司保证对养殖户的鸭苗供应、饲料供应、技术服务和成鸭回收,保证每只养殖利润在 1 元钱以上,市场价超过回收价时,返还农户 50% 利润。目前,户均养殖年收入超过 2 万元。全市现有 8.5 万多农民在龙头企业就业,70% 以上的农村劳动力实现了由一产向二、三产业的转移,来自非农产业的收入逐年上升。二是市场营销带动型。随着农特产品在苏浙沪市场的占有率不断上升,加上龙头企业加工能力的增强,实现了资源的就地转化升值,带动了农产品价格的稳步提升。近年来,宁国市山核桃、木材、毛竹、元竹等林产品的市场价格已明显高于周边县市,农民从中获取的经济效益不断增加。三是专业协会带动型。全市围绕茶叶、竹业、山核桃、畜禽等主导产业建立专业协会及专业合作经济组织 31 个,组织化程度和规范化水平稳步提升,对农民增收的带动作用越来越明显。青龙乡茶叶协会自 1998 年成立以来,发挥协会主导作用,减少市场中间环节,每年销售以国优名茶"黄花云尖"为重点的中、高档茶叶 5 万多斤,"黄花云尖"价格由过去平均每斤 100 元提高到 300 元,茶农每户年增收入 1500 元。四是反哺强化带动型。随着产业链条的紧密衔接,龙头企业由于自身发展需要,对农户的反哺强化功能日益增强。五星公司为扩大养殖规模,由公司提供担保,通过信用联社向 600 余户农户发放了 2 万—4 万元不等的小额信用贷款,为农民提供养殖启动资金,解决了部分困难农户想发展缺资金的矛盾。

　　通过加快推进农业结构调整,积极发展极具地方特色的"三竹一果"

（毛竹、元竹、笋用竹、山核桃），并大力发展农产品加工业,宁国农民来自林业的综合收入快速增长。2006 年,全市农民人均来自林业产业的收入达 1800 元以上,占年人均纯收入的近 40%。与此同时,伴随宁国工业特别是乡镇工业的蓬勃发展,大批农民转变为工人,农民收入显著提高,缩小了城乡居民之间的收入差距。自 2001 年至 2006 年,全市农民人均纯收入分别为 2506 元、2648 元、2823 元、3348 元、4046 元、4600 元,年均增长 11%,其中工资性收入所占比重由原来的 44% 增加到 2006 年 57%,农民的消费水平和生活质量也有了显著提高,农村居民恩格尔系数由 2000 年的 48% 下降到 2006 年的 41%,下降 7 个百分点。

4.着力完善农村新机制

制约农村经济发展的因素很多,但在诸多因素中,资源要素配置上的制约是一个重要因素。而这种资源要素的配置,又往往取决于农村综合体制的完善、农民综合素质的提高等诸多方面。近几年来,宁国不断深化农村综合改革,着力培育新型农民,加快建立农村工作新机制,不断增强区域发展的新优势,努力构筑了统筹城乡发展的新平台。

（1）调整优化乡镇行政布局。宁国是山区市,面积大、人口少,地貌复杂,居住分散。区划调整前,乡镇区域平均面积 85.8 平方公里,乡镇平均间隔仅 6 公里,人口密度为 153 人/平方公里。在 13 个建制镇中,平均人口仅为 11987 人,其中人口不足万人的有 5 个。这种小而散的区划布局,致使乡镇间主导产业雷同,资源配置不合理,重复建设严重,制约了市域经济和社会的快速发展。同时也造成机构编制过多、管理成本过高、财政包袱过重。因此,加快乡镇行政区划调整势在必行。2001 年,宁国将原有 29 个乡镇撤并为 16 个乡镇、3 个街道办事处。2006 年,结合农村综合改革,又并为 13 个乡镇、6 个街道办事处。在行政区划调整工作中,宁国以优化全市区域布局为基础,以促进农村经济和小城镇建设为目的,以"构筑人口大镇,建设特色乡镇"为主线,从实际出发,科学规划,因地制宜,扎实推进,为保证全市经济和各项事业持续快速健康发展奠定基础。目前,宁国市重点集镇、市区街道办事处平均人口达到 2 万人左右,除云梯畲族乡和天湖移民街道办事处外,其他乡镇人口都在 1 万人以上。同时,根据全市总体发展规划,围绕橡胶汽车零部件、电容器、耐磨球、水泥、复合肥、农产品加工六大主导行业,对 13 个乡镇、6 个市区街道办事处进行准确定位,形成各具特色的主导行业发展格局。全市现有5个农林乡镇、4个工贸乡镇、3个生态旅游乡镇、2个农贸乡镇、1个移民镇和1个少数民族乡。宁国市在巩固乡镇行政区划调整成果的基础上，结合村支两委换届，开展了撤村并村工作，将原有220个行政村撤并为107个。同时，建立城乡方便快捷的交通网络，逐步缩小城乡之间的"空间差"。近几年来，作为山区市的宁国，围绕"外抓大联网、内抓大配套"，大力发展道路交通，加快完善城乡基础设施，提高城乡之间的空间通达性，通过缩小城乡之间的"时间差"，达到缩小城乡"空间差"的目的。宁国市对所有过境省道相继进行了拓宽改造，实施了村村通油路工程，逐步形成内外衔接、城乡互通、方便快捷的城乡交通网络。公路密度由20世纪90年代初的0.37公里/平方公里提高到现在的0.63公里/平方公里。城市建成区面积由原来的4平方公里拓展到现在的15平方公里，城镇化率由2000年的30.8%提升到现在的38%。

（2）建立健全为农服务新体系。宁国市紧紧抓住全省农村综合改革试点县契机，按照政事分开、事企分开的原则，切实深化农村事业单位改革，建立健全以区域为中心，以乡镇为重点，以村为基础的三级服务网络，着力构建了"执法上收、服务延伸、网络健全、机制优化"的为农服务新体系。在职能划分上，将执法权上收市直涉农部门统一管理，撤销了乡镇水产站、能源站，采取市级直达服务。在区域设置上，立足宁国市产业分布、乡镇经济特点和农民生产经营需求，设置了6个畜牧兽医站（动物卫生监督站）、6个农机中心站以及茶叶（果树）、蚕桑、蔬菜、中药材等服务分站、5个中心广播电视记者站和乡镇农村有线电视网络分公司。根据面向农村经济社会提供公益服务的需求，在每个乡镇、街道办事处统一设立了经济技术服务中心、社会事务服务中心（含计划生育服务所）和林业工作站。通过选派优秀年轻干部和专业技术人员到村任职等方式，在每村设置了一名综治信息员和农技服务员，实现了为农服务的重心下移。在服务载体上，市建立了"行政服务中心"，乡镇设立了"为民服务中心"，各村设立了为民服务代理点，实现为民服务的零距离、全过程。此外，宁国还积极引导并鼓励专业技术人员到农业产业化龙头企业挂职，面对面地提供技术服务，不断增强为农服务的针对性。在人员定岗上，按照"公开、平等、竞争、择优"的原则，实行考试与考核相结合的办法，对全市乡镇事业干部分系统、分专业进行了竞聘上岗，并按照10%的比例予以精简，实现了事业单位人员由身份管理向岗位管理转变。通过本次改革,撤销基层事业单位 37 个,减幅达 48%;精简乡镇事业编制 57 个,其中多渠道分流人员 26 名,减幅达 10%,切实达到了增效的目标。

(3)着力培育新型农民。增加农民收入、提高农民生活水平,是建设新农村的出发点和落脚点。在土地资源十分有限的情况下,农民的最大资源就是其本身——劳动力资源,而这一资源由于城乡门槛,往往不能有效发挥其作用。作为地方政府必须在这方面加强政策引导,积极推进劳动力市场一体化进程,促进农业富余劳动力向城镇和非农产业转移,这既是促进农民增收的重要举措,更是培育新型农民的有效途径。近年来,宁国切实将农村富余劳动力培训摆上十分重要位置,结合本地产业发展的实际需求,全面实施了农村劳动力培训阳光工程、金钥匙行动计划,累计培训农民 1.2 万人,转移农民 1.1 万人。实行农村劳动力就业备案制度,开通城乡互通的劳动力市场网络,建立了外来民工子女的教育支持制度和城乡联动的社会保障制度,不仅保障了进城务工人员的权益,而且切实解决了他们的后顾之忧,使他们真正得迁得出、安得住。宁国现有农村劳动力 19 万人,已有 10.8 万人实现了向二、三产业转移,劳动力无论是市内消化、还是市外转移,始终保持了供不应求的良好态势。在宁国市已经转移的农村劳动力中,具有一定专业技术的有 5 万多人,取得职业资格证书的达 50% 以上,加速推进了劳动力资源向劳动力资本的转化,并成为宁国市招商引资的比较优势。近年来,诸多苏浙客商纷纷来宁投资兴业,一定程度上,就是看中了宁国劳动力的质量优势。

5. 着力改善农村面貌

长期以来,由于农村投入的相对不足,农田水利、道路交通等基础设施欠账较多,农村社会事业条件亟待改善,客观上造成农村面貌的相对落后,成为制约城乡统筹发展的障碍。为此,近年来,宁国切实加大对农业的投入力度,特别是加大了对农村基础设施建设的各项投入,积极发展农村各项社会事业,着力推进城乡发展的一体化。

(1)注重完善农村基础设施。近几年来,宁国结合山区特点,注重以乡村道路建设为突破口,加快完善配套设施,全面促进了农村各项基础设施建设。围绕"外抓大交通,内抓大配套"的思路,先后完成了过境省道改造和县乡道路建设,并积极争取溧黄、绩扬两条过境高速公路建设。与此同时,全面启动了村村通油(水泥)路工程,累计投入 8900 万元,建成村级油(水泥)路 450 公里,并逐步向规模较大的自然村延伸,初步构筑了内外连接、城乡一体、便捷通畅的交通网络。市财政每年安排 200 万元,专项用于农田水利基本设施建设,并拉动社会资本投入水利建设资金达 2000 万元,全市 78 座小型水库全部得到了有效修复,抵御自然灾害的能力不断加强。宁国市地处山区,水含氟、氯及重金属超标等不安全因素严重影响到群众生产生活安全。为此,宁国市积极对上争取,组织实施农村饮水安全工程,解决了 4500 人的用水不安全问题,并力争通过三年的努力,彻底解决全市近 10 万人的用水不安全问题。自 2003 年起,组织实施了农村户用沼气国债项目,建成户用沼气池 4500 余口,并积极争取实施世行贷款生态家园富民工程,现已通过世行专家专项评估,开始全面组织实施。

(2)积极推进村庄环境整治。宁国切实将村庄环境卫生整治作为新农村建设的重要内容,充分发挥群众作用,并积极采取以奖代补,全面推进村庄环境卫生整治。市财政安排了 300 万元,全面启动"十村示范、百村整治"工程,大力推进"五化两改"(硬化、绿化、亮化、洁化、美化、改水、改厕),积极探索新农村建设的经验。一是坚持规划先行。市财政安排 100 万元专项资金,聘请省城乡规划设计院编制完成 30 个村的建设及布点规划。规划编制坚持立足本地实际、遵循农民意愿以及人与自然和谐统一的原则,力求保留农村的优良风俗及风貌,初步确立了生态旅游、效益农业、旧村改造、新型社区等类型,并设计了 10 套新型住宅图样免费供农民选用。二是坚持示范带动。在全市 13 个乡镇 6 个街道办事处和 107 个村中,选定了经济基础好、干部群众积极性高、示范带动作用强的 2 个镇、14 个村作为试点,坚持以点突破,积极探索,进而及时总结经验,整体推进新农村建设各项工作。目前,汪溪落花荡、河办坞村等地新农村建设取得明显成效。三是建立长效机制。学习借鉴外地先进经验,积极探索并建立了"户集村收乡运市处理"的垃圾处置新模式。充分发挥村民理事会作用,鼓励有条件的村组建保洁队伍,引导成立"巾帼服务队"。目前,全市 14 个示范村均建立了不同形式的农村环卫管理长效机制。

(3)推进社会生活文明化进程。为了让全体人民共享改革的成果,同沐公共财政的阳光,逐步使广大农民在就业、教育、医疗、社会保障等各个方面享受到与城市居民同等的待遇,近年来,宁国按照城乡发展一体化要求,加快农村教育布局和结构调整,推进农村中、小学标准化建设,不断加强对城乡教育资源的优化整合,促进了教育事业的均衡发展。大力实施了"支教行动计划",在全市范围内择优录用一批教师分送到农村偏远学校任教。在经费使用上,优先安排农村学校危房改造资金,大力支持农村远程教育工程建设。目前,全市中小学危房改造基本完成,农远工程全部投入使用。加强农村卫生事业建设,坚持实施初级卫生保健。在全省率先推行新型农村合作医疗制度,全市农民参合率达 94.6%,受益面达 80.2%。不断深化卫生体制改革,加大卫生投入,优化卫生资源配置,促进了卫生工作的持续、稳定、健康发展,被评为全国初级卫生保健先进市。宁国市多方筹措 8000 万元,强力推进广播电视村村通工程,力争通过 3—5 年时间的建设,实现村村通有线电视目标,并实现城乡有线电视网络同网、同价。市财政每年安排50 万元专项用于乡镇文化站建设,大力实施"2111"(21 世纪,1 个村 1 个月放 1 场电影)工程,并建成一批省级标准文化站,极大地丰富了广大群众的精神文化生活。切实做好农村社会保障工作。学习借鉴先发地区经验,在逐步提高农民最低生活保障水平的基础上,率先在全省出台了城区被征地农民养老保险制度,有效解决了失地农民的生活保障问题。对于进城务工农民,享受城镇居民同等参保待遇,并享受下岗职工再就业相关优惠政策,不仅促进了农民的加快转移,更切实解决了农民的长远生计。

(三)今后发展思路

宁国在加快县域经济发展的同时,切实找准和谐的支点,全面推进二元结构一元化、城乡发展一体化、社会生活文明化,不断调整优化城乡经济结构,促进了城乡的统筹协调发展。坚持将统筹发展的理念与本地工作的实际结合起来,切实找准和谐的支点,坚定不移地推进各项工作,取得了积极的成效。但不可否认,在某些地方仍存有困难与不足,一是县域经济的总量还不够大,支撑城乡统筹发展的能力不强;二是农民收入还较低,且增长相对缓慢,缩小城乡居民收入的任务还十分艰巨。在加快统筹城乡发展的过程中,宁国市深切感受到今后的发展必须继续坚持以下几个方面:

1. 以思想解放为先导,不断调整完善发展思路

发展的关键是要有一个符合实际的正确思路。宁国存在的所有问题,归根到底是发展滞后的问题,解决问题的根本出路是突破固有模式,以思想

解放追求发展,加快发展。多年以来,围绕宁国的振兴与发展,广大干部群众勇于探索,积极实践,思路越来越明晰、措施越来越完善,有力地带动了各项工作的开展。实践使宁国市委市政府深刻地认识到,科学的决策,正确的发展思路,注重发展思路的连续性,不断充实和完善发展思路,在坚持的基础上与时俱进是宁国振兴的必由之路。

2. 坚持以科学发展观为指导,促进经济发展和社会事业的全面进步

树立科学的发展观就是坚持以人为本,树立全面、协调、可持续的发展观,促进经济社会和人的全面发展,而推进统筹城乡发展是落实科学发展观的重要内容。近年来,宁国在经济和社会发展进程中,就是牢牢把握并始终坚持以科学发展观为指导,在加快县域经济发展的同时,切实加快社会各项事业的全面进步,注重提升当地群众的生活水平,切实满足当地群众的精神需求,这不仅拓宽了城乡统筹发展的面,提升了城乡统筹发展的内涵,更促进了统筹发展的各项工作。

3. 坚决消除城乡之间的体制机制障碍,建立公正透明的政策环境

农民不仅是推进城乡统筹发展的主体,同样也是统筹发展的客体。由于城乡之间的固有体制机制障碍,客观上造成城乡之间的发展不平衡。为此,加快建立城乡平等、公正、公开的政策制度,切实消除城乡之间的体制机制鸿沟,是推进城乡统筹发展的关键。宁国在推进城乡统筹发展的进程中,切实深化农村各项体制改革,不断模糊城市与农村的观念和概念,努力搭建城乡全面合作的桥梁,从根本上促进了城乡的统筹协调发展。

4. 切实加快县域经济发展,不断提高以城带乡的能力

推进城乡统筹发展,就目前而言,很重要的一个方面就是坚持"多予、少取、放活",加大对农村和农民的支持和帮扶力度。为此,切实加快县域经济发展,全面提升以城带乡、以工促农的能力是关键。多年来,宁国在推进城乡统筹发展的进程中,始终坚持以工业为主体,加快经济发展,把不断提升县域综合实力放在各项工作的首位。实践证明,正是由于宁国县域综合经济实力的不断提升,财力支农力度得以不断加大,才真正使工业反哺农业、城市支持农村成为现实举措,成为农村全面发展的有力保障。

5. 切实加快现代农业发展,不断夯实农村经济的基础

城乡统筹发展的重点在农村,难点是农民,关键是发展农村经济、提高农民收入。宁国在推进城乡统筹发展进程中,牢固树立"工业兴市、农业富

民"战略,将农村工作摆在全市经济与社会发展的大盘子里来统筹考虑,将农业摆上与工业同等重要的位置,加快农业结构调整,扶持壮大龙头企业,全面加快现代农业发展,从而夯实了农村经济,从根本上奠定了城乡统筹发展的基础。

6.加快农村的全面协调发展,真正让广大农民享受到发展的成果

当前,城乡的二元结构不仅体现在经济发展、城乡居民收入的差距上,更表现在城乡文明程度、城乡居民整体素质的差异上。为此,加快农村的全面协调发展是一项重要而又艰巨的任务。宁国在推进城乡统筹发展进程中,切实将农村各项社会事业发展摆上十分重要的位置,建立了失地农民保障制度,逐步提高农民最低生活保障水平。全面推行了农村合作医疗制度,着力解决农民看病难的问题。积极开展了"三下乡"等活动,引导广大农民建立健康文明、积极向上的生活新方式。这些举措,不仅促进了农村的全面协调发展,更让广大农民真正享受到发展的成果,全面促进了城乡的统筹协调发展。

六、辽宁凤城:抢抓机遇,多措并举,
全力推进社会主义新农村建设

凤城市位于辽东半岛东部,总面积5513平方公里,辖21个镇区,201个行政村,总人口58万,其中农业人口40.3万,占总人口的70%。拥有耕地面积93万亩,有林面积612万亩。主导产业有粮食、林业、畜牧业、柞蚕、烟草、干鲜果、食用菌、中药材和商品菜等。

中共十六届五中全会作出建设社会主义新农村重大战略决策以来,凤城市委、市政府按照中央提出的"生产发展、生活宽裕、乡风文明、村容整洁、管理民主"的总体要求,坚持以"三个代表"重要思想为指导,以科学发展观为统领,以市场需求为导向,以自然优势为依托,以农民增收为目的,狠抓"四个结合"、"五个强化",即上下结合、内外结合、城乡结合、点面结合;强化党委和政府的主导作用,强化农民的主体作用,强化社会的共建作用,强化城市的带动作用,强化政策的推动作用。全面规划和推进新农村建设。2006年全市农业总产值实现了22.7亿元、增长10%,农民人均纯收入实现4534元、增长11.3%,粮食产量达到26万吨,财政收入进入省10强。

(一)以科学发展为统领,加强新农村建设的领导力度

成立组织,加强领导。为了加强对这项工作的领导,市里成立了由市委书记和市长亲自挂帅的新农村建设领导小组,负责新农村建设的重大决策、政策制定和工作指导。并设立了新农村办公室,负责全市新农村建设工作的协调、宣传工作。办公室下设八个工作组,即现代农业组、镇区经济组、村镇建设组、基础设施组、社会事业组、政策研究组。市直相关部门、各镇区都建立了相应的组织机构,明确各自职责,在全市形成上下联动、齐抓共建的良好态势。

搞好宣传,营造舆论氛围。2005 年 10 月中共十六届五中全会刚刚闭幕,市委书记在村党支部书记培训班上,就以建设社会主义新农村为主题作了专题报告,奏响了建设新农村的号角。电视台、广播电台也相继开辟专栏,高频率、大范围强势宣传,营造大氛围;市里先后五次召开工作会议(包括培训班),对干部分层进行培训,各级领导干部经常深入村组农户进行发动宣传。新农村办公室通过编印简报,对全市新农村建设工作中一些好的经验和典型进行了大力宣传,形成相互促动的良好局面。

抓试点示范,实行典型引路。2006 年 4 月丹东市社会主义新农村建设会议和"百村示范工程"培训班结束后,市政府于 5 月 10 日专门召开了推进新农村建设示范村工作会议,并结合该市实际情况确定大梨树村、陶李村等 32 个村为新农村建设示范村,每个村由市四大班子的一名领导,三到四个市直部门和一个企业进行包扶。会上,32 个示范村与帮扶党政机关、企业共同签署了共建社会主义新农村协议书,明确了各自的责任和义务。2006 年,全市民政、水利、科协、交通、妇联、组织部等包扶 32 个示范村的企事业单位和部门,立足自身优势,结合帮建示范村实际,千方百计为示范村办实事,解难题,各单位捐款捐物折合人民币共计 71 万元,包扶企业捐款捐物折合人民币 90.78 万元,总计达 161.78 万元。为了表彰先进,2006 年年末凤城市委、市政府在推进社会主义新农村工作会议上,表奖了 34 个帮扶单位、9 家企业,并授予荣誉证书,强有力地推进了示范村建设步伐。

制定政策,调动农民积极性。新农村建设的主体是农民,只有充分调动农民的积极性,新农村建设才会扎实有效,稳步推进。为此,市委、市政府制定了"十一五"期间支持新农村建设 39 项优惠政策,在鼓励农民发展生产

方面、在农村交通和网络建设方面、在农民工培训和保障农民权益等方面都做了具体要求。这39项新政策含金量高,可操作性强。之后,市政府又出台了扶助现代农业发展的相关政策,这些优惠政策的制定与实行,不仅给农民带来了实惠,而且也调动了农民的内在积极性,极大地推动了新农村建设工作的开展。

(二)以农民增收为中心,强化新农村建设的产业支撑

"生产发展、生活宽裕"是新农村建设的主要内容。在发展过程中,凤城市紧紧抓住农民增收这个主题,大力实施产业化经营。

加大特色产业基地建设力度。充分发挥各地比较优势,认真做好农产品区域布局规划,突出发展"一镇一业"、"一村一品",走特色化、规模化、品牌化、质量化的路子,集中力量培育主导产业和区域特色产品,逐步形成一户带多户、多户带全村、一村连多村、多村成基地的专业化生产格局。2006年,全市以凤凰城、大堡、红旗等镇区为主的商品果菜生产面积可达到13.9万亩,创产值6亿元左右。目前,鸡冠山镇薛礼村的甜椒、茄子,四台子村的"四位一体"温室生产,草河区黄岭村的西红柿已成为极具特色的蔬菜生产模式,大堡镇三官村的棚菜生产基地,被评为省级现代农业示范基地,并获得以奖代补资金60万元,从而进一步提升了凤城市蔬菜生产水平。全市以凤山、草河、白旗等镇区为主的水果生产基地达到12万亩,可实现产量3.1万吨,实现产值0.45亿元。其中草河区平安村的树莓生产基地、蓝旗镇正白旗村的蓝莓生产基地、凤山区的大梨树万亩果园、白旗镇的"金秋农场"已成为凤城市乃至丹东地区的水果生产典范,尤其是凤山区龙山村吴圣武的富硒寒富苹果生产基地,在国内也居于领先地位。全市以四门子、草河、石城镇等为主的食用菌基地也取得新突破,全年生产量可达到900余万盘,其中草河区的山东沟村还被省里树立为"小蘑菇村"生产典型。全市以凤山、赛马、弟兄山为主的耕地中药材生产面积已达到3万亩,其中五味子生产面积达到2.3万亩,仅大梨树村在周边地区就新发展五味子基地5000亩,使总面积达到1万亩,实现产值3000余万元,最高户收入达到100万元以上,呈现出良好的发展态势。此外,2006年全市在草河区、东汤镇、大兴镇新发展短梗五加近7000亩,使全市山野菜生产面积达到1万亩左右。尽管受禽流感等疫病的影响,畜牧业生产对农民增收拉动作用不大,但目前仍

然完成肉类总产 4.1 万吨,并建立了草河肉牛饲养小区、东汤肉鸡养殖小区、石城绒山羊饲养基地和刘家河生猪养殖小区等 9 个畜牧小区。同时,板栗、烟草、林蛙等特色产业基地也得到稳步发展。2005 年凤城市委、市政府作出了《关于表彰"一村一品"示范村的决定》,16 个村受到了表彰,并发给了证书和奖金。

加快龙头企业建设步伐。为有效提高农民进入市场的组织化程度,延长农业产业链条,促进农民增收,进一步加大了龙头企业的新建和扩建力度,取得了显著效果。其中投资 1400 万元,占地 110 亩的辽宁宝山食品有限公司已经投入生产,年加工板栗达 500 吨,实现产值达 1000 万元;位于石城镇的凤城市天宝羊绒有限公司,已投资近 500 万元,建设厂房 800 平方米,即将投入生产,年加工羊绒能力可达到 30 吨,预计实现产值 2000 万元,创利润 160 万元;总投资 2000 万元,占地 1.2 万平方米的辽丰禽业有限公司(位于通远堡镇林家台村),现已开始肉鸡分割和冷冻生产,预计年加工肉鸡可达 1400 万只,产值可达 2 亿元。同时,总投资 3600 余万元,占地面积 30 亩的丹东君澳食品有限公司新建冻干生产线项目也已开工建设,项目完成后,预计可加工果菜冻干产品 500 吨,进一步提高我市果菜加工水平,提升产品品质。这些项目的实施完成,对推动农业产业发展,促进农民增收,加快新农村建设步伐都起到积极作用。2005 年凤城市委、市政府作出了《关于表彰农业产业龙头企业先进单位的决定》,11 家企业授奖,并发给了证书和奖金。

(三)以农民为主体,激发社会主义新农村建设的内在动力

如何发挥农民的主体作用,事关新农村建设的成效。凤城市在新农村建设工作中,坚持把农民当作真正的建设主体,把工作重点放在充分调动农民的积极性和创造性上,激发社会主义新农村建设的内在动力。

以村庄整治为突破口,增强群众发展信心。凤城市从农民群众最关心、最容易见到的环境整治做起,制定了《凤城市推进新农村建设乡镇(区)环境卫生综合整治活动实施方案》,以"五清四改"、"五通四化"(五清:清垃圾、清污泥、清路障、清柴垛、清破旧房屋。四改:改水、改灶、改厕、改畜栏。五通:通路、通水、通电、通讯、通广播电视。四化:绿化、亮化、净化、美化)为内容,发动群众,全员参与建设美丽家园活动。2006 年全市共建饮水井 80

眼,规划治理重点小流域 10 条,绿化河道 300 公里,完成植树造林 411 万亩,绿化村屯 50 个,建沼气池 1000 个,建秸秆气化站 4 座,环境得到了根本改善。

以"创建美丽新家园活动"为载体,统一群众思想认识。凤城市各镇区根据市新农村办公室制订的活动方案,都成立了创建活动小组,并利用电视、报纸等新闻媒体,向广大农民宣传创建活动的目的、意义、标准及办法,使广大农民群众自觉地参与此项活动中来,自发成立了清洁队伍 50 支。通过此项活动,家家都有新变化,村村都有新气象。

以科技下乡为手段,提高农民素质。凤城市依托产业发展,加大对农民开展农业实用技术培训。2006 年凤城市聘请省、市农业专家 25 位到各镇区授课,授训人数达 9000 多人。同时注重抓好农村劳动力转移培训,培养农民有一技之长。重点在计算机操作、汽车驾驶、维修、采矿、车钳焊工、餐饮服务和家政服务等 6 个专业技能培训 1800 人,转移农村劳动力 1620 人。

以"五同"为契机,帮助农民理清发展思路。凤城市"三讲"教育以来,就开展了"五同"活动(市领导干部与农民同吃、同住、同劳动、同学习、同研究致富项目),2006 年市四大班子领导又进行了为期一周的"五同"活动。他们在详细了解镇村新农村建设各方面情况基础上,帮助农民理清发展思路,研究致富项目,同时对群众最关心、最盼望、最急切的民生问题给予解决或答复。在此期间,为农民办实事 87 件,筹集资金 192.5 万元,帮助群众发展致富项目 15 个,使百姓看到了希望,激发了活力,有力推动了社会主义新农村的建设步伐。

(四)以规划为先导,明确社会主义新农村建设的奋斗目标

建设新农村,必须以规划为先导。凤城市委、市政府坚持先制定科学规划,再逐步实施的原则。

因地制宜,认真制定总体规划。凤城市委、市政府要求村两委会从"生产发展、生活宽裕、乡风文明、村容整洁、管理民主"五个方面,结合各村实际情况,对照《凤城市社会主义新农村建设规划》中确定"初级——中级——较高级——高级"的不同目标和特色产业型、工业主导型、乡风文明型等 11 种不同类型,组织两委会反复认真论证,确定本村到 2010 年能达到的等级标准和建设类型,编制总体规划,然后报镇党委、政府批准,最后在联户代表大会上通过。新农村办公室还将各村规划的主要内容编制成小册子

下发，鞭策督导工作的实施。全市 201 个行政村，到 2010 年规划达到高级村 32 个，较高级村 65 个，中级村 80 个，初级村 24 个。

严格把关，认真制定村屯建设规划。凤城市 201 个行政村大多数都是散乱无序的自然村落，怎样将这些村建成地域特色明显、基础设施配套的新村庄，凤城市委、市政府要求各镇区和村屯建设规划要在市规划局、城建局的指导下制定，并通过民主议定，报市政府批准，然后依法实施。一经批准，任何个人不得擅自更改，严格执行新村镇规划"四个一"（规划一张图、审批一支笔、建设一盘棋、管理一个法）制度，各镇区均设立规划建设管理所，负责村镇规划建设管理，为新农村建设提供及时周到的服务，对不同地区、不同条件编制不同的规划标准，做到规划一步到位，建设分步实施。规划费用市政府负责 20000 元，镇区政府负责 5000 元，村自筹 5000 元。目前，32 个示范村的村屯规划已全部完成，特色农业型的东汤镇陶李村、旅游服务型的凤山区大梨树村、文化建设型的通远堡镇大甸子村、环境整治型的大堡镇保林村、沿途经济带动型的鸡冠山镇四台子村、工业主导型的草河区保卫村已初建规模。尤其是凤山区的大梨树村，2006 年接待游客 40 万人左右，仅此一项就收入达 1600 万元。

（五）以基层组织为核心，提供社会主义新农村建设组织保障

为了支持和促进村级党组织、村民自治组织、集体经济组织增强服务能力，培养能力强、素质高的农村带头人，不断增强新农村建设的组织带动能力，凤城市委采取"三项"措施加强对村级党组织的管理。

出台并实施《凤城市村级干部管理办法》，确保村级干部队伍管理走上制度化、规范化轨道。凤城市委根据《中国共产党农村基层组织工作条例》、《中华人民共和国村民委员会组织法》和《辽宁省村级干部管理若干规定（试行）》等有关规定，结合实际，在充分调查研究的基础上，制定并实施了《全市村级干部管理办法》。《办法》共分 8 章 39 条，对新农村建设中村干部的选拔任用、教育培训、立体考核、报酬确定、监督约束等方面做出了严格的规定。《全市村级干部管理办法》的实施，激发了村级干部工作的积极性，转变了工作作风，为全市村级干部队伍建设提供了依据。

举办村级党组织书记培训班，全面提升农村党组织书记综合素质和农村基层组织建设整体水平。为适应新农村建设的需要，市委利用两周时间，

分两批次对全市201名村级党组织书记进行了封闭培训。培训内容主要包括邓小平理论和"三个代表"重要思想、保持共产党员先进性教育、科学发展观读本、建设社会主义新农村、胡锦涛"6·30"重要讲话、农村党的基层组织建设、执政能力建设以及党组织书记业务知识等。

向新农村建设试点村选派村党组织副书记,进一步加强试点村领导班子执政能力建设和先进性建设。市委从镇(区)后备干部队伍中选派了32名政治素质较好、熟悉农村工作、有较强的事业心和责任感的优秀后备干部到新农村建设试点村任党组织副书记。在为期两年时间里,选派干部要帮助试点村党组织重点抓好新农村建设中党的基层组织和党员队伍建设工作、农村经济发展工作以及精神文明创建工作,确保人民群众生活水平有较大幅度提高。目前,32名选派干部已经深入各示范村开展工作,他们放下架子,扑下身子,走进田间地头,认真了解农民群众的困难、愿望和要求,实实在在地帮助群众解决实际问题,赢得了人民群众信任和支持。

结合村两委会换届,进一步优化基层组织。市委、市政府充分利用村两委会换届这个契机,对村班子进行重新优化,合理调整,通过公开、公平、公正的选举形式,切实把那些政治素质强、发展能力强的"双强"型人才选进村班子,支部书记、村委会主任"一肩挑"达到了75%,进一步加大了村班子的凝聚力和战斗力,为新农村建设提供了坚实的组织保障。

总之,建设社会主义新农村是一项宏大的社会系统工程,在推进过程中,凤城市始终坚持党委是领导,政府是主导,农民是主体,社会各方面力量广泛参与的原则。实践证明,新农村建设急不得、慢不得、快不得,必须因地制宜,科学规划,突出特色,不能急躁、冒进,一蹴而就,必须扎实推进,稳步发展。凤城市在发展中仍存在许多难点问题,要在不断推进过程中加以解决,主要有以下几点:一是农民素质低,思想观念落后,不愿投入资金发展生产,存在"等、靠、要"思想,在行动上缺乏主动性和积极性。二是个别单位和企业对新农村建设重视不够,行动迟缓,有畏难情绪,把包村看做是额外负担,还没有形成良好的全员参与的氛围。围绕"生产发展、生活宽裕、乡风文明、村容整洁、管理民主"20个字,进一步做好以下几方面工作:一是抓好特色产业的落实;二是抓好村容整治工作;三是抓好龙头企业的建设;四是抓好项目的落实,做大做强"三农"工作,在产业结构上动脑筋,在增产增收上下工夫,在农产品商品化上找路子,努力开创凤城市新农村建设工作新局面。计划到 2010 年,生产总值达到 185 亿元,年均收长 10%,全市财政收入达到 16.4 亿元,年均增长 20%。恩格尔系数下降至 42%,单位 GDP 能耗下降 20%,进入全国百强,全省五强市。

七、广东德庆:把握"两个趋向",加快社会主义新农村建设

(一)德庆县基本情况

德庆古称端溪、晋康、康州,位于广东省中西部,地当西江要冲,旧时称"扼广右之门户,缩邕桂贺三江",占通衢之地利,建置历史悠久。汉武帝元鼎六年(公元前 111 年),平南越,开 7 郡,首设端溪县。其后,历史沿革不断变化,至明洪武九年(1376),撤销端溪县,县地直属德庆州,端溪之名从此以德庆代替。

德庆"八山一水一分田",是广东省 50 个山区县之一,全县辖 12 个镇 1 个街道办事处,175 个村委会,总面积 2258 平方公里,总人口 35.9 万人,其中农业人口 28.7 万人(占 80%)。德庆是广东省历史文化名城、广东省双拥模范县、全国文化先进县、全国体育先进县、全国科技进步先进县、全国柑橘产业十强县、中国贡柑之乡、中国果菜无公害十强县。2005 年,德庆在岗职工人均工资达 10550 元,增长 9%;农民人均年纯收入 4910 元,增长 6%。2006 年,全县社会生产总值 32 亿元,比上年增长 12%;县级财政收入 1.6 亿元,比上年增长 23.62%。

(二)德庆县把握"两个趋向"的具体做法

1. 因地制宜,确立德庆"工业反哺农业、城市支持农村"的总体思路

中共十六届四中全会提出"两个趋向"的重要论断,在这新的发展阶段,德庆地方党委政府认识到必须顺应时代的要求,从实际出发,深入实施工业反哺农业、城市支持农村的发展战略,实现以工促农、工农互动,促进城市与农村的协调发展,加快和谐社会的建设。当前德庆县经济社会总体上正处于城乡统筹发展的初级阶段后期,实施工业反哺农业、城市支持农村战略具有深远的现实意义。

为此,德庆县按照中央和省市部署,把握工业反哺农业、城市支持农村趋向,在工业反哺农业、城市支持农村方面做了一些探讨和实践,并根据农

村发展的需要和农民群众改善生产生活条件的要求,确立了工业反哺农业、城市支持农村战略的总体思路是:以胡锦涛总书记提出的"两个趋向"的论断统筹城乡经济和社会的各项工作,坚定不移地实施"工业强县,农业富民,旅游旺财"发展战略,加快城乡产业结构调整,大力发展以工业为重点的县域经济,以工促农,积极推进产业互动;加快农村基础设施建设,积极转移农村富余劳动力;积极利用上级的扶持农业农村发展的政策,充分发挥政府的主导作用,量力而行,优化资源配置,加强政府资源向农村投入,促进公共事业向农村拓展,积极帮助农民解决他们自身难以解决、制约农村发展的问题,促进农村全面发展。

2.扎实推进,加快德庆"工业反哺农业、城市支持农村"发展进程

(1)充分发动,营造支持农村发展浓厚氛围。因势利导,实行党组织牵头,党员干部带头,鼓励和引导党政机关、人民团体和社会各界人士以多种方式支持新农村建设,进一步形成关心支持社会主义新农村建设的浓厚氛围。德庆县强化了县领导挂镇、县直机关单位挂镇、挂村扶贫和领导干部帮扶贫困户的制度,以先进性教育为契机推进"十百千万"干部下基层驻农村活动,全面实施"百局扶百村、千干帮千户"计生帮扶活动,积极选派优秀年轻干部到基层挂职锻炼工作,加快贫困村脱贫致富步伐。各级各部门、各单位把关心支持新农村建设作为义不容辞的责任,充分发挥职能作用,积极为新农村建设搞好发展规划、项目带动、科技信息、公共事业、金融信贷、社会保障等方面的服务,还按照本部门的行政职能落实对农村计生家庭的"奖、优、减、免、补"等优惠政策,切实把事关新农村建设的实事办好、好事办实。充分发挥共青团员、妇女、民兵的生力军作用,发挥工商联及会员企业、民营企业以及经济能人的作用,开展商会、老促会与老区县结对共建和"民企帮村"活动,推动农村经济的发展,提高群众的生产生活水平。据统计,2006年各级挂钩单位、驻村工作组共帮助发展集体经济项目103个,落实扶持资金278万元,为计生奖励对象1101人发放奖励金222.1万元,组织举办农村实用技术培训与咨询活动151次,为当地群众办好事实事2816件,扶持资金315多万元,企业救灾捐款400多万元。

(2)优化农村产业结构,产业互动。统筹城乡发展、实现三大产业互动是实施工业反哺农业、城市支持农村战略的有效做法。德庆县实施"工业强县,农业富民,旅游旺财"发展战略,加快城乡产业结构调整,积极转移农

村富余劳动力,加快经济发展,增强统筹城乡发展的实力,促进农村全面发展。

做大做强优势特色农业主导产业。德庆县把发展传统优质农产品贡柑、砂糖橘作为农业龙头产业来抓,出台了一系列鼓励、规范和引导农民大力发展柑橘产业的措施办法,并切实做好无病毒种苗繁育、标准化生产、品牌塑造、市场营销等产前、产中、产后系列服务,建立了200多个遍布珠三角、长三角、京津、东北、西北、港澳一带等100多个大中城市的贡柑砂糖橘营销网点,特别是2006年成功将德庆贡柑、砂糖橘打造成为享誉全国的“中国柑王”“中国橘王”品牌,强势促进德庆柑橘产业发展和广大农民增收。全县现有4万户农户(占农户总数的七成以上)种植贡柑砂糖橘,总面积达到了20万亩。2006年投产10万亩,总产量达20万吨,销售收入8亿多元,仅此一项全县农民人均收入2500元左右。同时,大力实施“千村千干带头创业致富工程”,发展优质蔬菜种植,推动了德庆县“稻+稻”种植模式向“菜+稻+菜”模式转变,帮助1000名农村青年创业者走上了致富道路,可使全县2/3行政村支书和一半以上村小组长家庭纯收入3年内分别达到5万元和3万元。

大力发展山区特色工业。实现工农互动,做大县级财政蛋糕,是实施工业反哺农业、城市支持农村战略的前提。一是坚持招商引资和技改扩产相结合,扩大工业经济总量,吸纳农村劳动力就业。2003年以来,全县共新上工业项目113个,已投产89个,总投资13.1亿元,全县共投入技改资金4.58亿元,完成了57个项目技改,新增产值5.9亿元,新增税收2823万元,德通、大一、DIC、银龙等骨干企业年年上项目技改,工业经济实现三年翻番。工业的扩大发展,使全县新增就业岗位达2万多个,直接吸纳农村富余劳动力16618人。二是大力发展农副产品深加工。通过农产品加工业的发展进一步促进农业生产结构的调整与优化,促进农业增效、农民增收。一方面,利用德庆拥有100万亩的松脂基地的优势,大力发展松脂深加工。以林产化工企业银龙、DIC公司为龙头,全县已形成了年产6万吨松香、7万吨树脂、5000吨松油醇、3000吨合成樟脑、500吨冰片的生产规模,通过进一步技改扩产,吸引周边地区的松脂到德庆加工,扩大产业集群,预计“十一五”期末林产化工行业规模将扩大到年产7万吨松香、12万吨树脂以及系列加工产品,打造中国林产化工强县;另一方面,大力发展木材深加工。以大一、顺龙公司为龙头,政府积极协调和大力支持,整合县内的木雕家具企业,发展木制品深加工,进一步提升产品档次、品牌,壮大行业规模,使2006年木材加工行业规模扩大到年产30万立方米板材,初步打造了广东最大的木材加工和木雕家具生产基地,带动民间资本投入4000万元,新发展了速生丰产桉基地7万亩。此外,积极组织实施农产品加工转化工程,大力发展南药、木薯、蚕桑等深加工,扩大加工规模,提升加工能力,提高加工业科技含量,加快实现由初级加工向精深加工的转变,带动农产品增值、农民增收。通过农副产品深加工拉动农民增收已成为德庆县农民增收的一大特色,2005年,德庆县松脂平均收购价300元/担(比2004年增加140元/担),为农民增收约4000万元,2006年平均价又创新高,达到340元/担,实现农民收入1.36亿元;蚕茧收购价涨幅达40%,为农民增收1000多万元,南药种植为农民带来收入近1.5亿元。

大力发展特色旅游。在有条件、有优势的乡镇、乡村,打造一批休闲、度假、观光类精品旅游项目,发展农业观光游、休闲生态旅游、乡村游。德庆县全面修复龙母祖庙、三元塔、德庆孔庙等历史文化遗产,实现与旅游结合,开发建设盘龙峡生态旅游景区、金林水乡景区,实施五个景区整合、连线,打造了"广东'龙之旅'——龙母故乡德庆游"旅游品牌专线,发展了武垄村、荔岸村等乡村游线路,德庆旅游成为广东旅游的亮点和热点。同时,成功引入广东南湖国旅参与德庆县旅游业发展,经营盘龙峡和金林水乡景区,目前又将龙母祖庙、三元塔、学宫三景区门票经营权承包给南湖国旅经营,实行强强联合,实现德庆县旅游投资与管理机制从过去的以政府为主转变到了现在的以市场为主,促进了旅游业大投入、大宣传、大发展。经过五年时间的发展,德庆旅游业已初具规模,呈现快速发展态势。2005年,德庆旅游年接待游客量达238万人次,增长15%;旅游总收入5.3亿元,增长16%;"十五"期间,旅游业已发展成为德庆的新兴产业,旅游经济年均增长超过20%,推动全县第三产业年均增长达15.4%。目前全县共有三星级酒店4家,高级宾馆29间,接待床位约计3000个/日,平均出租率88.1%;全县旅游直接或间接从业人员7600多人,约全县总人口的2%,旅游扶贫人口达5600多人(主要是农业人口),旅游经济成了德庆经济新的增长点。

3.完善基础设施,提高农村城镇化水平

推进农村城镇化进程是实施工业反哺农业、城市支持农村战略的关键。

一是积极支持农村基础设施建设。把基础设施建设投入逐步由城市转向农村,扩大建设规模,充实建设内容。第一,狠抓村道硬底化改造。2003—2004年,德庆县共投入8000多万元,完成了全县村道硬底化改造,比省计划提前6年完成了水泥路通到行政村任务。路通财通,农村土地不断升值,山地租价从原来的每亩10多元增加到百元,水田租价从原来的每亩500元增加到千元。第二,狠抓危塌桥梁改造与重建。2005年下半年启动了全县危塌桥梁改造工程,计划投资3000万元,对全县农村年久失修、坍塌以及出现险情的67座危塌桥梁进行全面改造或重建,于2006年年底前全面完成。第三,大力发展农村公交车。加强乡镇客运站场的建设,引入民资参与农村公交客运经营,在全县各镇开通公交车,实现城乡公交一体化。目前所有乡镇及大部分村委会都已开通农村公交车,基本开通行政村公交车,方便农民出行、搞活农村流通。第四,大力建设农田水利设施。2005年下半年启动的农田水利设施建设工程,计划用两年时间对全县37条千亩以上渗漏、淤积严重的主排灌渠和56宗崩塌坏烂、损毁的坡头进行全面整治与修复,提高防洪排涝和抗旱能力,改善生产条件,为农民旱涝保收和持续稳定增收提供保障。目前已完成20条主排灌渠和17座陂头的维修整治,2007年全面完成。同时,采取政府引导扶持的办法,发动农民修复1000亩以下农田水利设施。

二是大力推进农村城镇化进程。切实搞好农村发展规划服务,认真制定完善新农村建设总体规划、农村基础设施建设规划、村庄规划、农村社会事业发展规划等规划,把科学发展观融入新农村建设各项规划之中,充分考虑农村工业化、城镇化的发展趋势,充分体现农村特点,按照循序渐进、节约土地、集约发展、合理布局的原则搞好规划。以园区建设为突破口,突出抓好县城建设,重点发展中心镇,开发了德城工业基地、顺德龙江(德庆)工业园,规划了悦城陶瓷生产基地、莫村塑料生产基地,逐步形成以县城为龙头、中心镇为重点、村镇为基础的小城镇建设体系,引导各类资源向小城镇集中,优化资源配置和产业布局,集聚壮大产业,发挥县城和中心镇的集聚辐射功能。

三是加强农村人居环境治理。根据广东肇庆市委、市政府实施"千村生态文明工程"的部署,德庆县以规划为龙头,以整治人居环境为切入点,以群众看得见摸得着的"五改五有"(改卫生厕入屋、改饮清洁自来水、改建封闭硬底化排污渠、改建硬底化村巷道、改建远离人居猪牛栏,有规划、有垃圾屋、有生态沟、有绿化树、有宣传栏;对部分有条件的大自然村,根据群众意愿,还增加了有篮球场、有小广场、有小公园"三有")为载体,按照"分类指导,扎实推进"的原则,通过向上争取一点、县财政挤一点、县直部门帮扶一点、乡镇拨一点、社会募捐一点、村集体筹一点(采取收回乱占乱建土地投标重建,出租山地、果场、沙场等集体经济项目一次性缴交租金等多种灵活方式筹集资金)"六个一点"的办法筹措资金,并实施"阳光工程",加强资金使用管理与监督,达到了党委政府放心、群众满意;加强宣传发动与示范带动,充分调动广大农民群众的积极性,变"要我建"为"我要建",引导、组织广大农民自觉投身创建生态文明村活动,主动开展义务投工,使他们真正成为创建生态文明村的主体,取得了良好成效。2003 年以来,全县共投入5000 多万元,创建了 514 个生态文明村和 71 个"广东省卫生村"(广东省卫生村数量最多的县);共改厕 13506 户,改水 5589 户,改造破旧危房 3 万平方米,铺设硬底化村巷道 44.09 万平方米,迁建猪牛舍 4087 间,建垃圾屋347 间,修筑排污渠 21.83 万米,整治公共场所 38 万平方米,建设了文化广场 77 个、篮球场 191 个、农民小公园 176 个、宣传栏 307 个,创建工作走在广东省的前列。通过深入开展生态文明村创建活动,不仅营造了生态优美的人居环境,从根本上改变了农村千百年来"脏乱差"的现象,而且逐步培养了广大农民崇尚文明、追求健康美好生活的新风尚,体现了社会主义新农村"村容整洁"、"乡风文明"的要求,深得广大农民群众的拥护。

4. 优化资源配置,促进公共事业向农村拓展

切实改变农业农村在公共资源配置中的不利地位,努力建立城乡公共服务逐步均等的供给制度,促进公共服务向农村拓展。

一是大力推广农业科技。在建立健全农技推广服务体系方面,先后成立了县农技推广中心、畜牧水产技术推广中心、农机化技术推广中心、县柑橘产业发展服务中心和信息中心等,建立和完善镇、村两级农技推广网点,初步形成了以县级中心为核心,镇村农业服务中心、农技推广应用小组为网点的农技推广网络。在大力开展农业科技培训方面,通过邀请上级专家教授前来开设讲座,举办专题技术培训班、大型农科技术交流集市和实施新型农民科技培训工程、农民绿色证书培训工程、组织农民工就业转移培训等,多形式、多渠道宣传推广农业科技,2003 年以来,共开设讲座 42 期,举办各

类培训班、大型科技交流集市等活动 560 多期(次),受教育培训群众达
25.1 万人次。在大力推广因土配方施肥方面,德庆与深圳职业技术学院合
作,对全县耕地的酸碱度等进行监测,然后根据监测结果,指导农民因地施
肥,节约了成本,增加了土地产出率。在充分发挥德庆县信息化六大系统的
作用方面,大力宣传推广农业科技信息,广大农民足不出户就可查询到相关
的农业技术、气象信息和市场信息等。现在,德庆正进一步调整充实县农业
技术推广中心,改制镇级农技服务中心,设立乡镇农业技术服务中心和村级
农业技术服务组,理顺县、镇、村三级农科队伍的编制、财政供给关系,加强
同省、市科研机构合作,加强对主导产业贡柑、砂糖橘的品种改良、提纯复
壮、早迟熟、无核化、高产标准化管理、保鲜等试验攻关及示范推广,通过系
列措施让全县农民都能获得所需要的农科知识,依靠科技力量,提高农业生
产率。

　　二是大力发展农资配送。为了解决目前农资市场不够规范的问题,德
庆以"政府引导,农民参股,企业经营,市场运作,政府监管"的模式成立了
农业配送有限公司,这是广东省首个以科技服务为手段,以农资配送为载
体,结合金融贷款服务,帮助农民掌握柑橘实时栽培技术的农民互助合作组
织。公司根据农时季节需要,请农技专家提出用药施肥管理意见,再按照专
家意见,到声誉好的厂家直接购进肥料农药,然后通过各镇网点配送到农
户,这样既保证农资质量好、价格合理,又促进农技推广,特别是有利于全面
推广贡柑、砂糖橘标准化种植。实施这种不以赢利为目的的农资配送工程,
可使农民买到质优、价廉、放心的化肥农药,防止市场上的假冒、伪劣农资损
农、害农、坑农。2006 年 3 月成立至今,全县农资价格全省最低,比周边地
区降低 10% 左右,仅此一项,全县农民可少支出 1000 万元以上,每个门市
部都由政府安排 3—5 名农技员指导农民科学用肥用药,增效减支也可使农
民减少支出 500 万元以上。同时结合农信贷款服务,可赊销肥药给农民,帮
助农民加大投入加快发展。农资配送深受农民欢迎。

　　三是推进文明农民工程。以"六进村"为载体,培育现代新型农民,为
社会主义新农村建设提供智力人才支撑。在光纤电视进村方面,通过采取
与电信合作的方式,在全省山区县第一个开通了"村村通光纤电视"工程,
使全县 28 万多农民与城镇市民一样都能够收看到 35 套清晰稳定的电视节
目,走在全省山区县的前列。在信息进村方面,建立了 1 个县级、13 个镇级

信息服务中心和 175 个村级信息服务点的农村信息网络,开通了有线电视视频点播和手机短信"农讯通"系统,使农民可以通过电脑上网、电视视频点播、手机短信获得农业科技、农产品供求信息和其他科技信息等。同时积极实施千名农村信息化带头人培训工程,在村委会干部、农村青年创业者、种养大户、流通大户、巾帼英雄等人中培养 1000 名农村信息化带头人,扩大辐射和影响力,加快信息进村入户。在电影进村方面,坚持开展 2131 工程,保证每村每月放一场电影。2006 年县为各乡镇购置了数码投影设备,放映 2100 多场,成为全省首个推广农村 2131 数码电影的县。在送戏进村方面,以县业余艺术团为骨干,坚持不懈送戏下乡,近几年来共送戏下乡 392 场,获得了中宣部、文化部的表彰。在图书进村方面,充分发挥广东流动图书馆德庆分馆的作用,利用每周一时间,到各行政村和自然村开展图书集市活动,送书下乡,并对一些生态文明村赠阅《南方日报》、《西江日报》等报刊。在农科技术进村方面,利用农村圩日,坚持开展"农村科技集市"活动,组织省、市、县科技专家和技术员举办农科技术培训、咨询、讲座等活动。此外,按国家体育局要求启动了农民体育健身工程"村村有"工程,在全县农村已建有 226 个篮球场的基础上,再建 100 个,实现 2007 年平均每村有 2 个篮球场,实现全省首个"村村有"标准的县。通过"六进村",改变了广大农民看电视难、看电影难、看戏难、看书难、看报难、掌握农科技术难等问题,使农民的精神文化生活日益丰富,农民的思想文化素质得到了明显提高。

四是大力推进民心工程,全力解决"一保五难"。在大力实施社会保障工程方面,对全县在册的"五保户"3709 人、低保对象户 2602 户 6159 人全部实现了"应保尽保";对退休和落选村(居)干部实行了养老金统筹保险。对困难复员退伍军人、烈军属进行帮扶,帮助他们发展特色种养业,成功使 200 多人(户)脱贫致富,保证了退伍军人退伍不褪色。在大力实施农村贫困户危房改造工程方面,2004 年仅用 1 年时间,投入 1442.6 万元,完成了全县 566 户贫困户危房改造,比省计划提前了 4 年时间。2005 年,帮助 307 户遭洪水、冰雹袭击倒塌房的群众重建了家园,为回龙水上 20 多户农民建设了居民新村,结束了全县水上居民居无定所的历史。在大力解决看病难问题方面,近几年共投入 2000 多万元,完善了全县的医疗卫生设施;大力治理商业贿赂,降低了市场虚高药价,推出了"平价门诊";不断扩大新型农村合作医疗覆盖面,2005 年年底达到了 63.8%;县政府拨出 100 多万元,为

5243 人次适龄儿童免费接种甲肝疫苗,为 5185 人次群众免费注射狂犬病防疫疫苗。在大力解决饮水难问题方面,共投资近 2000 万元,完成饮水解困工程 9 宗,解决了 3.8 万人饮水难。在大力解决读书难问题,认真落实"两免一减"助学解困政策,持久开展"一个不能少"捐资助学活动,共解决了 4621 名贫困学生"读书难"问题,结束了德庆学子因家贫而读不起书的历史。

(三)积极探讨,把握趋向,推进德庆社会主义新农村建设

德庆县在加快工业反哺农业、城市支持农村和推进社会主义新农村建设方面,虽然取得了较大的成效,但在统筹城乡发展方面目前还存在不少问题和困难,主要有:一是县域经济发展相对滞后,城乡经济发展不够平衡,统筹城乡发展的能力较差。二是工业的主导地位还不够突出,上规模的工业项目不多,工业反哺农业、带动农村的能力还很弱。三是农业产业化水平还不够高,农业龙头企业规模还不够大,对农业农村经济的带动能力不够强。四是农村社会事业发展明显滞后于城市,农村教育、医疗、公共文化设施等方面的网点少、设备差、水平低的问题普遍存在。五是农民的整体素质还不够高,富余劳力大量滞留在农村,制约了工业反哺农业、城市支持农村的进程。

德庆县在现有基础上积极探讨,把握趋向,加快完善体制,加快德庆社会主义新农村建设。

1.建立健全产业互动机制,统筹城乡发展

因地制宜制定和实施产业结构调整规划,以打造三个国家强县为重点,加快经济发展,逐步形成城乡分工合理、区域特色鲜明、生产要素和自然资源优势得以充分发挥的产业空间布局,形成城乡紧密联系的产业互动链条。一是以打造中国林产化工强县为重点,通过加大招商引资力度,新上一批工业项目;抓好现有企业技改扩产,做到骨干企业年年技改扩产,进一步做大做强林产化工、木材加工、风机制造、水泥陶瓷、不锈钢五大支柱产业,实现工业总量三年再翻一番,增强统筹城乡发展的实力。二是进一步完善农业持续增长、农民稳定增收的保障体系,打造中国效益农业强县。充分发挥政府主导作用,完善高效农业保障体系,使千家万户分散性生产者与科技、金融、市场、生产资料等实现有效对接,进一步做大做强优势特色农业主导产

业,确保"十一五"期末,全县柑橘总面积达25万亩以上,全县农民人均柑橘收入5000元以上。通过"千村千干带头致富工程"的示范,建成5万亩亩收入万元的优质蔬菜基地。建设农民人均一亩(柑橘、优质蔬菜)收入万元的高效农业基地。引导企业向农村和农业进行生产性投资,采取"公司+农户",加快工业原材料基地建设,巩固100万亩松脂、70万亩南药基地的发展和建设25万亩速生丰产桉树基地。三是建设中国旅游强县,打造中国休闲度假胜地。通过招商引资5年内投入5亿元以上,加快发展旅游项目和与之配套的第三产业,把德庆打造成中国休闲度假胜地。

2. 建立健全新型农村金融服务体制

农村经济发展离不开金融的支持,金融的发展、效益和安全也必须依赖经济的快速发展。一是加快建立农业保险体系。支持建立以政策性保险为主体的农村保险体系,对商业性保险公司提供的农业保险业务给予政策优惠,增强其支持农业的信心和能力,对逐步发展的柑橘产业给予支持。二是支持地方商业银行和农村信用社发展。加强银政、银企合作,争取股份制金融机构来德庆设立分支机构。充分发挥县农信社支农的职能作用,加强与国家开发银行合作,组织更多资金投向"三农"。引导和鼓励农民、城镇居民、工商企业、民营资本等民间资本投资农村信用社,支持农村信用社拓展新业务,采取让利于农民,加快农业发展的新措施。

3. 建立新型农村商品流通体制

一是要搭建农村商品流通平台,促进农村商业网络发展,建设"万村千乡"农家店,支持大中型流通企业向村镇延伸经营网络,逐步形成以县城为重点、乡镇为骨干、村为基础的农村消费品批发和零售网络。二是大力培育农村新型流通方式。进一步完善德庆县物流服务中心网站建设,实现与商务部的新农村商网链接,帮助企业获取及时有效的产品供求信息、物流信息和车辆信息,提供物流货物库存、待运、在运、已运的全程服务,促进县域经济快速发展。三是推动农村流通体制创新。完善"政府引导,农民参股,企业经营,市场运作,政府监管"的机制,进一步推进农资配送体系的建设,努力构筑农村农业生产资料供应体系。四加快建设农产品国内销售体系和出口体系,加强与各大中城市的合作,通过设点经销、合作经营、代理代销等形式,加强建设贡柑砂糖橘营销网点,并与国内外各大知名物流公司合作,与国际接轨制定贡柑砂糖橘的出口标准,扩大贡柑砂糖橘出口。

4.建立健全农村公共产品供给新机制

一是进一步扩大公共财政覆盖农村的范围。对于农村纯公共产品(即农村基层政府、组织的行政服务,农村公共基础设施、生态环境保护、农业基础设施建设,农业科技进步,农村抗灾减灾、公共卫生、扶贫开发等)不断加大投入,努力促进农业增效、粮食增产和农民增收;对于农村准公共产品(即农村基础教育、医疗救助、社会保障、科技文化等),重新配置现有财政资源,同时采取税收优惠、贴息担保等措施鼓励社会资本进入农村社会发展领域。二是增加农村交通、水利等基础设施建设投入。进一步加大农村基础设施建设的投入,改善贫困乡村水、电、路等生产生活条件,继续抓好农村饮水安全工程建设,确保农村群众基本能够饮上安全自来水,基本完成农村泥砖房改造;要不断扩大交通基础设施建设总量,全面完成全县 18 宗 95.5公里千亩以上排灌渠和 43 宗千亩以上灌溉陂头维修整治,对全县 37 宗机电排灌站实施改造,适时对捍卫千亩以上万亩以下的沿江镇 11 宗堤围进行加高加固,完成 22 宗中小型水库除险加固工程;完成全县 300 人以上自然村村道总里程 150 公里硬底化改造,积极争取省市交通部门的支持,加快县通镇公路改造升级工程。三是进一步完善农村新型合作医疗制度,加大对医疗救助的支持力度,使农民看得起病,用得起药。支持建立农村公共卫生防疫体系,提升农村卫生院医疗水平。四是增加农村科技文化事业投入。充分发挥城镇在科教文卫等方面的优势,辐射和带动农村社会事业发展,加大资金、技术和人才投入,实施"文化信息资源共享工程",建立健全农民科技教育培训体系和科技推广体系。

5.建立健全农村劳动力培训转移机制,促进农业人口有序转移

抓好农村劳动力转移就业是工业支持农业、城市反哺农村的一种主要形式。一是成立工作机构,加强对农村劳动力转移就业工作的领导。二是切实抓好农村青年技能培训和退役士兵免费职业技能培训,开展"订单式"、"定向式"培训,每年转移农民工 8000 人以上(其中培训转移农民工 4000 人以上),引导富余劳动力向非农产业和城镇有序转移,实现"培训一人、输出一人、脱贫一户"的目标。三是加强劳动力市场信息网络建设,提高信息服务水平。四是建立与珠三角密切的劳务协作关系,扩大农村劳动力的就业规模。同时,大力支持农村二次创业,制定优惠的创业政策,鼓励那些已经掌握了一定的劳动技能,拥有了一定的资金、技术、信息和管理方

面优势的德庆外出务工人员,返乡创业;激励农村党员干部带头创业,积极引导扶持种养大户和个体经营者二次创业,培育一批农民创业领头人、农民企业家。

6.建立完善的农村社会保障机制

一是要切实保护农民对承包土地的合法权益。征用农民土地必须遵循依法等价有偿的市场经济规则。对被征用土地的农民要逐步建立养老保险制度,或是参加城镇养老、失业和医疗保险,促进失地农民就业等措施,使他们有稳定的生活来源和基本的生活保障。二是科学核定五保户供养合理的标准,整合社会资源,适当提高五保对象集中供养比率,加大政府对五保供养经费的投入。三是加强计划生育人口保障。以人为本,全面实行农村计划生育家庭奖励扶助制度,特别是要对独女户增加补贴,使农村养老与计划生育这一基本国策有机结合,体现对人性的尊重和人文的关怀。四是加快建立农村特困群体社会救助体系。逐步建立健全农村居民最低生活保障制度和大病救助制度,使农村居民中最需要政府救济的对象真正得到帮助。

八、江西广丰:实施工农互动战略促进城乡统筹发展

(一)广丰县基本情况

广丰县位于江西省东北部,地处赣浙闽三省交界处,东邻浙江省江山市,南连福建省浦城县和武夷山市,西接江西省上饶县、信州区,北毗江西省玉山县,属典型的山区丘陵内陆县。全县辖 23 个乡(镇、街道),国土面积 1377.8 平方公里,人口 77 万人,耕地 26.76 万亩,人均耕地 0.34 亩,素有"七山一水分半田,半分道路和庄园"之称。浙赣铁路(复线)、沪瑞高速、320 国道、上浦国防线交织成便捷的交通网络,距杭州、上海 3—4 个小时车程,是对接长江三角洲的桥头堡,是长珠闽等发达地区的共同腹地。已探明的矿产资源有 30 多种,其中黑滑石贮量居亚洲之首;可开发的水能资源 8.94 万千瓦;森林蓄积量 176 万立方米;白银鹅、白耳黄鸡、紫老红晒烟叶、天桂梨等农副产品品质优良;旅游资源丰富,博山寺、灵鹫寺、六石岩、九仙山、天桂岩等名胜古迹远近闻名,风景秀丽的铜钹山被列为"国家森林公园",有省内一流的月兔休闲广场。县城面积 16.5 平方公里,人口 16 万。

近几年来,广丰县坚持以人为本,大力实施"工农互动"战略,加速推进

工业化、城镇化和农业产业化进程,有力促进了城乡统筹发展,走出了一条
经济社会快速发展、科学发展、和谐发展之路。2006 年,全县实现
GDP88.96 亿元,同比增长 22%;财政收入 8.52 亿元,增长 22%,总量居全
省第六位,其中地方财政收入总量居全省第三位;全社会固定资产投资
27.98 亿元,增长 53.4%;社会消费品零售总额 14.12 亿元,增长 18.6%;城
镇在岗职工平均工资达 16734 元,农民人均纯收入 4457 元,增长 10.5%。
广丰连续三年被评为江西省经济发展综合先进县,并荣获"全国最具投
资潜力中小城市百强县"、"全国中小城市综合实力百强县"称号。被列
入江西省新型农村合作医疗试点县,先后被授予"全国亿万农民健康促
进行动示范县"、"全国残疾人工作先进县",连续三年荣获全省低保工作
先进县。

(二)实施工农互动战略,促进城乡统筹的具体做法

1. 做活统筹文章,健全"工农互动"的机制

广丰县主要抓了"四个统筹"来健全"工农互动"的机制:一是统筹城乡
规划。规划是一个地方发展的龙头和未来,该县按照城市现代化、集镇城市
化、城乡一体化的总体要求,高起点地编制了广丰县城市发展规划和城乡一
体化发展规划,初步构筑了以县城为中心,以洋口、五都、湖丰三个中心集镇
为副中心的城镇建设体系,进一步增强了中心集镇的集聚、辐射和带动能
力。二是统筹城乡产业。始终坚持一、二、三产业协调发展,着力强化农业
的基础地位,提高粮食综合生产能力,培育天桂梨、白耳黄鸡、白银鹅、山羊
等农业主导产业;着力增强工业的带动作用,做大做强食品、IT、纸业、服装、
非矿金属加工等五大支柱产业;着力加快服务业发展,提高城乡居民的消费
水平,使三次产业结构更趋合理。2006 年,三次产业比例已调整为 11.9:
52.0:36.1。三是统筹城乡就业。加快农村富余劳动力转移,把农民外出务
工作为工业带动农业、城市带动农村的有效措施。主要搞好四个优化,即:
优化市场结构,组建了人力资源市场,23 个乡(镇、街道)全部成立了职业介
绍所、劳动力保障事务所、农村劳动力培训学校。"两所一校"与人力资源
市场微机联网,初步形成了城乡一体、统一开放的就业公共服务网络。优化
培训资源,对分散的公办民营、城市农村培训资源进行整合,统一指导监督
规范,各类职业学校达 10 家,每年可培训 2 万余人。优化培训质量,积极实

施阳光工程、青春创业行动、就业助培工程等,开展订单式、定向式培训,搞好就业指导、技能培训、职业技能鉴定"一条龙"服务。优化转移去向,通过加快发展,为农民就地转移创造就业岗位2万多个。同时,注重了富余劳动力向综合条件较为优越地区的转移。目前,广丰年劳务输出近30万人,每年回乡创业的资金都达3亿—4亿元,回乡人士创办的企业已达200余家,其中有155家在广丰工业园区落户,占入园企业总数70%以上。据不完全统计,广丰务工创业人员拥有亿元以上资产的有3—5人,5000万元以上资产的有40多人,1000万元以上资产的有230多人,100万元以上资产的有2000多人。全县涌现出了100多个"挖掘机村"、"夏布村"、"扫帚村"、"草席村"、"头饰村"、"锡铂加工村"等专业村。2006年,全县民营企业纳税达1.71亿元,同比增长27.6%。四是统筹城乡改革。农村税费改革取得了历史性的突破,率先在全省免征农业特产税,全面取消了农业税,大大减轻了农民负担。从2002年下半年开始,对国有工业企业、流通企业着手进行改革,打了一场国企改革攻坚战,除丰华彩印和广厦包装外,基本完成了国有工业企业、商贸流通企业的改制。通过改制,转换了机制,形成了一批新的经济增长极。林业产权制度改革、国有农垦企业改革、县乡财政管理体制改革稳妥推进并取得良好效果。深化机构改革、行政执法体制改革、投融资管理体制改革、行政审批制度改革,行政效率和服务水平明显提高。社会各个领域的改革全面铺开,促进了社会各项事业加快发展。

2. 做强工业经济,夯实"工农互动"的基础

工业经济是县域经济发展的核心和主要增长极,也是推动工农互动的根本所在。目前,广丰县以工业为主导的经济增长格局已经形成,工业化水平达到38.4%,工业对财政的贡献率达到82.4%。广丰县主要从三个方面来做大工业经济:一是建好工业园区。采取"县乡联动、市场运作、多元投入、滚动开发"的园区发展模式,着力在提高园区承载力、产业集聚力上下工夫,严格项目入园条件,优先让科技含量高、创税能力强的工业项目入园,对高污染、高危行业坚决禁止入园。改变以地换项目、以数量论规模的粗放型增长方式,注重提高园区投资强度,提倡建标准厂房和多层厂房,提高土地集约使用效率。截止到2006年12月底,园区基础设施投入累计达7.7亿元,建成区面积达9.8平方公里,入园企业达235家,职工总数达23780人。2006年,园区实现工业增加值26.8亿元,增长42%;销售收入83.5亿

元,增长44.1%;上缴税金5.1亿元,增长34.3%。广丰工业园已成为江西省五强工业园区,成为吸纳就业的主渠道、招商引资的新平台、带动经济快速发展的增长极。二是做大优势企业。选择一批成长型骨干龙头企业,通过资本和品牌运作、技术改造、外资嫁接等途径促其做大做强。加大扶优扶强力度,每年安排工业发展基金1000万元,专项用于新上项目(含技改项目)的贷款贴息、奖励纳税大户。着力做大做强月兔集团,扶持精元电脑、福丰化工、三维纸业、京新药业、台鑫钢铁等一批优势企业迅速成长,促使三胜帽业、天广科技、晶艺电子、精密五金等大项目尽快建成投产。2006年,全县规模以上工业企业总数达97家,其中销售收入过亿元的企业13家,纳税过百万元企业达38家。三是培育产业集群。通过加强产业配套,鼓励引导关联企业、配套产业向优势企业集中,制定了食品、IT、纸业、服装和非矿金属加工等五大支柱产业发展规划,增强产业的集聚度、关联度、知名度,增强产业招商的导向性和针对性。围绕五大支柱产业中的龙头企业,大力引进上下游企业,延伸产业链条,努力形成产业配套,加快产业集聚,推进产业集中、升级和创新,形成产业核心群体和有区域特色的块状经济,基本形成以广丰卷烟厂为龙头的食品工业,以精元电脑为龙头的IT业,以丰华彩印、广厦包装、三维纸业、芦林纸厂为龙头的纸业,以三胜制帽、月兔西服、天广科技为龙头的服装业,以台鑫钢厂、方正非金属矿为龙头的非矿金属加工业。目前,五大支柱产业已汇聚企业111家,改变了过去广丰经济靠"一支烟"支撑的单一经济格局。

3.做美中心集镇,搭建"工农互动"的平台

城镇化是现代化和工业化的重要标志,是解决"三农"问题的关键所在。广丰主要从三个方面来推进城镇化:一是着力推进县城建设。坚持高标准规划城市、高质量建设城市、高水平管理城市、高效能经营城市,加快县城基础设施建设,推出一批精品工程,进一步强化县城功能,搞好城市服务业、金融业和房地产业,做大做强城市经济。"十五"期间,城镇建设资金投入近20亿元,县城建成区面积扩大到17.2平方公里,人口17.6万人,城镇化达到40.9%,县城绿化覆盖率达38%,分别比上年提高2.86和3.2个百分点。广丰投资4亿元建成了上广一级公路、沪昆高速公路广丰连接线、上浦国防公路三条出县快速通道,使广丰与外界的联系和交往更加畅通、便捷。二是着力推进小城镇建设。完成了23个乡(镇、街道)发展规划,重点

建设五都、洋口、湖丰等集镇,不断提升中心集镇的集聚力、辐射力。同时实行"小河有水大河满"的发展思路,乡镇经济快速发展。2006 年,全县乡镇共完成财税收入 2.19 亿元,同比增长 47.9%,财政收入千万元以上乡镇达6 个,有四个乡镇进入"全省百强乡(镇)"行列。乡镇财政高速增长,为民办事的实力明显增强,彻底扭转了过去乡镇经济长期增长乏力、徘徊不前的局面。三是着力推进社会主义新农村建设。按照"生产发展、生活富裕、乡风文明、村容整洁、管理民主"的总体要求和发展新产业、形成新机制、建设新村镇、树立新风尚、培育新农民、创建好班子的工作目标,统筹规划,因地制宜,遵循客观规律,尊重农民意愿,切实做到"村里的事村民知晓,村里的事村民作主,村里的事村民监督,村里的事村民满意"。2006 年,县财政投入新农村建设资金达 1.2 亿元,其中"三农"资金支出 2909 万元,同比增长47.3%;安排村庄整治资金 3657 万元,其中政府投入 1657 万元,完成了 100个村庄环境整治试点建设任务,试点村庄内道路硬化率达 100%。目前,全县共完成农村公路路面硬化 1053 公里,通水泥路行政村 207 个,通村率达92.5%,农村公路建设创造了建设标准、建设速度、政府补助三个"全省第一"。农户改水改厕达 90% 以上、有线电视普及率达 93.8%、电话普及率达79.5%、沼气普及率达 12.4%、太阳能普及率达 8.7%,全部实现了人畜分离,基本杜绝了生活废水、污水横流、乱排。随着农村合作银行的成立,行政服务中心的建设,国家卫生县城、江西省文明县城、江西省园林城市和"平安广丰"的创建,使广丰经济社会发展有了良好的金融、投资和人居创业环境。

4. 做大农业龙头企业,构筑"工农互动"的载体

农业龙头企业是推进农业产业化经营的核心,也是实施工农互动的有效载体。广丰县选择一批投入产出大、发展势头好、具有一定知名度的农业龙头企业加以扶持,并以这些龙头企业为基础,通过市场引导、龙头带动、农民参与、政策扶持、政府服务,将"农民专业合作社 + 公司 + 基地 + 农户"与"公司 + 基地 + 农户"联合体进一步扩大,全面提高农民组织化、农业现代化、农村城镇化水平,促进农业发展、农民增收。全县已建成天桂梨基地 5万亩,白耳黄鸡饲养量达 1200 万羽,规模以上农业企业达 57 家,其中省级龙头企业 3 家、市级龙头企业 9 家,47 项农产品通过绿色食品认证,白耳黄鸡列为国家地理标志产品。农业产业化经营带动了 6.8 万户农户走向市

场、增收致富。为了做大农业龙头企业,广丰县主要是加大了扶持奖励力度。凡农业企业获得中国驰名商标、中国名牌产品等称号的奖励 50 万元;纳税额在 10 万元以上 20 万元以下的,县财政按纳税额 10% 给予奖励;纳税额在 20 万元以上 50 万元以下的,县财政按纳税额 15% 给予奖励;纳税额在 50 万元以上的,县财政按纳税额 20% 给予奖励。此外,对农业龙头企业能带动农户 100 户以上、年销售收入 50 万元以上的产品,获得绿色食品认证的奖励 2 万元;获得有机食品认证的奖励 3 万元。

通过实施工农互动战略,促进城乡统筹发展,广丰社会更加和谐了。(1)注重资源的集约利用,比如在工业园区建设上,该县实行了入园企业"126"标准,即每亩固定资产投资必须在 100 万元以上、绿化率必须达到 20%、建筑密度必须达到 60%,改变了以地换项目、以数量论规模的粗放型增长方式。仅 2006 年就引资 4.6 亿元建设月兔出口加工园、金鑫产业园、寸金产业园三个园中园,建成后可提供标准厂房 36 万平方米。(2)注重生态环境的保护。全县生态公益林面积达 45 万亩,铜钹山被列为国家森林公园。坚持了项目环保前置审批制度,项目环境评估率达 100%。按照循环经济的理念,坚持走资源节约型、环境友好型发展之路,2006 年引进科技型、环保型项目 65 个,丰厦新型建材已被国家发改委列为中国十大节能项目之一。目前丰溪河全段水质都保持在 II 类以上,大气环境质量保持在二级标准以上,噪音控制区达标率在 85% 以上。(3)注重和谐社会的建设。大力发展农村文化卫生事业,加强农村文化和公共卫生服务体系建设,县财政投入 1000 万元完成了 23 个乡镇文化站和卫生院新建、改造工作,乡乡镇镇都建起了敬老院,积极争取和落实好合作医疗配套资金,使更多的农村和农民受益。2006 年,全县新型农村合作医疗参与率达到 85.99%,共有 12.03 万人次享受到了报销补偿,补偿金额达 1758 万元。坚持以人为本,在处理好"三失"(失业、失地、失房农民)问题上下工夫。对失地农民,除按时足额支付征地拆迁费用,每亩给予 3 个城镇户口,并予以每亩每年 600 元补助;同时实施"阳光培训工程",园区推荐就业,现已有 3271 名失业农民工在园区就业,使失地者生活有保障、失房者居住有保障、失业者就业有保障。加强农村生态建设,搞好"三清、三改",做到"四让一规范",即让农民走上平坦路,让农民喝上干净水,让农民用上卫生厕,让农民洗上热水澡,规范建房节约用地。

(三)今后实施工农互动、城乡统筹战略的几点思考

在实施工农互动、促进科学发展中,广丰县认识到与先进发达地区、与兄弟县市相比还有很大的差距,在前进道路上还存在不少困难和问题:一是经济增长方式比较粗放,产业层次不高,高科技项目不多。企业科技创新能力和核心竞争力不强,依赖于资源消耗的粗放型增长方式没有得到明显改观,资源要素制约仍然突出;二是统筹城乡发展步伐不快,农村基础设施及社会事业发展有不少薄弱环节,社会事业基础薄弱,投入不足,与人民群众日益增长的精神文化需求不相适应;三是下岗职工增多,就业和社会保障压力增大,部分群众生活困难;四是政府职能转变步伐不快,地方、部门利益倾向仍有不同程度存在,经济发展软环境建设有待进一步加强,等等。

面对这些困难和问题,下一步,进一步解放思想,加快发展,努力做大总量,提升质量,以工促农,以城带乡,大力推进新型工业化、新型城镇化、经济市场化,大力建设社会主义新农村,确保到 2010 年人均生产总值和财政总收入较 2005 年各翻一番,实现"全面建设小康社会、跻身全国百强县"的宏伟目标。重点是建设"三个广丰":

1. 建设实力广丰

(1)坚定不移地实施以新型工业化为核心的发展战略,力争在 2010 年实现工业总产值达 220 亿元、工业增加值 68 亿元和工业对财政的贡献率达 85% 以上的目标。大力发展园区经济,实施高新技术产业化和传统产业的现代化改造,积极扶持五大产业汇聚企业和销售收入过亿元的重点企业,加快培育一批优势企业集群,力争在 2010 年五大支柱产业销售收入达到 150 亿元。切实转变经济增长的方式,力争到 2010 年单位生产总值能源消耗比 2005 年降低 20%。

(2)积极发展现代农业,大力推动农业产业化;继续推进农业结构调整,抓好龙头企业和合作经济组织建设;继续抓好农村村容村貌的整治,提升农民生活质量;以万人培训计划为抓手,大力培育现代新农民,加速农民向城镇居民的转变,力争到 2010 年有文化、懂技术、会经营的新型农民达 80% 以上,农民人均纯收入达到 6000 元。

(3)围绕在 2010 年城市人口达 20 万,城区面积达 20 平方公里的目标,实施精品城市建设战略。以五大精品片区建设为重点,全面推进旧城改造

和城市建筑风格化改造;以路桥、管网、绿地、文化生活设施等四大体系建设为重点,加快基础设施建设,不断完善城市功能,力争到2010年人均公共绿地达10.53平方米、建成区绿化覆盖率超过41.8%;以二十大城建项目为抓手,大力实施标志性设施建设工程,整体提升城市形象;以开发铜钹山国家森林公园为核心,加快旅游业发展,力争到2010年旅游收入达10.2亿元,通过5—10年的努力,把旅游经济发展成县域经济又一个增长极。

2.建设活力广丰

深入推进全面开放、全民创业,大力发展外源型经济,加快构建面向沿海的产业对接基地、产业配套基地、原材料供应基地和区域性劳务输出基地;深化各项改革,全面完善政策法规、金融服务、信息网络、人力资源、物流服务、贸易服务、产权交易、技术标准和社会保障等九大体系;适度超前搞好交通、能源、信息等重点建设,切实增强广丰的对接功能。力争到2010年,非公有制经济占经济总量的份额达80%以上。以提高自主创新能力为主线,深入实施科教兴县和人才强县战略,进一步强化科技、教育、人才、文化的支撑作用,提高全县经济社会发展的核心竞争力。

3.建设和谐广丰

把生态绿色发展的理念贯穿于生产建设、生活消费的各个方面,坚持在集约利用资源中求发展,在保护生态环境中谋崛起,力争到2010年县城污水处理率达到70%、人均公共绿地面积达10.53%、绿化覆盖率达47%,使发展中的广丰青山常在、绿水长流、资源永续利用。把关注民生作为建设和谐社会的首要任务来抓,从人民群众最关心、最直接、最现实的利益问题入手,着眼实现“四个全覆盖”:城乡困难群众最低生活保障全覆盖,城乡困难群众大病医疗救助全覆盖,城乡义务教育免学杂费和贫困生资助政策全覆盖,到2008年实现农民和缺乏基本医疗保障的城镇居民合作医疗全覆盖,基本建成融各类救助为一体、城乡统筹发展的社会救助体系。健全公共安全预警机制和应急处置机制,建立完善安全生产长效运行机制,全方位推进公共安全体系建设。健全社区平安保障体系,强化社会治安防控机制。实施“信用广丰”建设工程,全面推进政府信用、金融信用、工商信用建设,营造全社会诚实守信的信用环境。为此,该县将从六个方面努力:

第一,努力扩大就业再就业。重点办好四件实事:建立小额担保贷款激励机制,根据新增贷款额度,对金融机构和100%还贷的社区给予适当奖励;免费为有创业愿望和创业条件的各类失业人员提供创业培训和创业指导;建立促进"零就业家庭"就业的长效机制,实行免费培训、免费职业介绍、免收管理、登记、证照费和提供岗位补贴、社保补贴、小额贷款贴息补助的"三免三补"政策;建立健全驻外劳务服务管理机构,为县外出劳务人员提供全方位服务。2007年力争新增城镇就业4400人,新增农村劳动力转移9500人。

第二,努力完善社会保障制度。重点办好六件实事:从2006年7月起企业职工养老保险金标准月人均再增加80元;从2007年起城镇大集体困难企业中未参加养老保险且基本生活保障水平低的退休职工,按月人均200元标准给予生活补助;对国有农林水困难企事业单位中未参加养老保险且基本生活保障水平低的退休职工,给予适当生活补助;采取财政解决一点、土地出让收入安排一点、农民安置补偿费负担一点的办法,开展失地农民就业和社会保险试点,并积极开展商业保险试点;推进非公有制企业、城镇个体工商户、灵活就业人员和破产改制企业职工参加社会养老保险;将城镇农村低保和优抚救济对象全部在媒体发布,接受群众的监督,提高政府救助的公信力。

第三,努力完善社会救助扶贫体系。重点办好六件实事:从2007年起,农村居民最低生活保障月人均补差水平提高到30元;城市低保对象人均补差提高到80元以上;60年代初期精简退职老弱残职工补助标准每人每月提高50元;加强对新建乡(镇、街道)敬老院的管理,确保五保老人供养率达到100%;大力发展慈善事业,进一步改善孤残儿童的生存、生活条件;继续抓好机关单位定点扶贫、干部包户扶贫和光彩事业社会化扶贫。

第四,努力促进教育公平。重点办好六件实事:建立农村义务教育阶段中小学校舍维修改造长效机制;农村小学、初中年生均公用经费均提高20元,分别达到60元、80元;农村和城市义务教育全部实施免学杂费和贫困生免教科书费;对城乡贫困寄宿生生活费给予每人300元的补助;从2007年起,对公办高中的特殊困难家庭学生每人每年补助800元,对职高、中专、技工学校的,特殊困难家庭学生每人每年补助1000元,对本县考取大学的特困家庭学生每人一次性补助5000元;将农民工子女义务教育纳入流入地政府教育发展规划,让进城务工农民子女与城镇居民子女一样就近入学,不得加收借读费等不合理费用。

第五,努力解决看病难、看病贵问题。重点办好 10 件实事:巩固新型农村合作医疗的成果;增加城乡困难群众大病医疗救助资金投入;采取财政补助的办法,建立城镇居民合作医疗保险制度;资助国有困难企业职工参加医疗保险;资助国有农林水困难企事业单位和城镇大集体困难企业退休职工参加城镇居民合作医疗保险;解决企业离休人员医药费单独统筹历年超支问题;改善村卫生所、乡镇卫生院和县级医院业务用房和医疗设备,培训医务人员,提高医疗水平;增加城市社区基本公共卫生服务经费,2007 年城市社区基本公共卫生服务覆盖 95% 以上的街道和城市居民;着力整治药品价格虚高和医药领域商业贿赂,提高对药品、医疗器械的检验监测能力;设立食品抽验、检验专项资金,提高食品安全检测能力。

第六,努力改善群众的生活、生产条件。重点办好九件实事:推进经济适用住房建设,使符合条件的中低收入家庭通过 3—5 年的努力,基本具有买得起 80 平方米左右经济适用住房的能力;进一步完善廉租房制度,以发放租赁住房补贴为主、实物配租和租金核减为辅的形式,帮助更多的城市特困群众解决住房困难;切实改善群众出行条件,优先发展公共交通;加快污水处理厂建设,制定合理的污水处理收费价格;大力发展农村公益事业;加强圩堤除险加固和小型农田水利建设;农村饮用自来水普及率达到 72.6%,无害化厕所建成率达到 86% 以上;改造和硬化农村公路 15.9 公里,通村公路工程的重点转移到养护和管理上;全面完成乡镇文化站建设,丰富农民文化生活。

九、广西武鸣:西部地区如何实行"工业反哺农业,城市支持农村"

(一)武鸣县基本情况

武鸣县位于广西中南部,是广西首府南宁市辖县。县城距南宁市区 32 公里,县域面积 3378 平方公里,辖 13 个镇,198 个村委会、20 个社区居委会。武鸣县历史悠久,全县人口 65 万,其中壮族人口 56 万人,约占总人口的 86%,是壮族聚居最集中的地区之一。壮族文化源远流长,中国壮语以武鸣壮话为标准音,每年举办的"三月三"歌圩活动已成为武鸣县的民族文化品牌。

2006年,全县地区生产总值完成66.9亿元,增长17.04%,首次突破人均GDP10000元大关。其中,第一产业27.05亿元,增长9.3%;第二产业22.40亿元,增长32.29%;第三产业17.45亿元,增长12.72%。全县财政总收入38685万元,增长15.14%。全社会固定资产投资30.07亿元,增长53.15%。社会消费品零售总额17.67亿元,增长16.29%。城镇居民人均可支配收入8798元,增长18.51%。城乡居民储蓄存款余额29.15亿元,增长12.36%。农民人均纯收入3709元,比2005年增加369元。

(二)武鸣县落实"反哺"方针的做法及成效

作为主要传统农业大县,面对统筹城乡发展的艰巨任务,武鸣县深入调研经济社会发展的规律和特点,深刻理解中央支农惠农的政策和方针,增强"工业反哺农业、城市支持农村"的作用力。

1. 以"反哺农业、支持农村"为核心,加快推进工业化、城镇化建设

(1)实施"工业富县"战略,加快工业化步伐。突出招商引资和重点项目建设。"十五"时期,武鸣县通过建立健全招商引资工作目标责任制、项目跟踪制度,以及"县长接待企业日"和"镇长、局长(主任)接待日"等制度,认真做好项目协调工作,着力改善和优化投资软环境,营造良好的亲商、扶商、助商环境。全县共引进花花大世界、德固赛美诗药业、圣康制药、八桂纸业等189个项目,实际利用内资17.28亿元,外资1651万美元,项目涉及农业、基础设施建设、商贸旅游等。"十五"期间,全县累计完成固定资产投资62.43亿元,比"九五"时期累计投资增加31.85亿元;规模以上工业企业由2000年的43家增加到2005年的70家;全县工业增加值达到14.01亿元,比2000年增加4.64亿元,按可比价计算增长46.45%。其中规模以上工业2005年完成工业增加值6.61亿元,比2000年增加4.27亿元,增长1.83倍,年均增长23.15%。

2006年,武鸣县继续大力培植发展规模工业企业力度,全县规模工业企业发展到107家,完成工业总产值31.79亿元,比2005同期增长83.29%,占全部工业总产值的59.78%。伊岭工业集中区建设取得新进展,进驻企业发展到97家,有31家竣工投产,全年完成工业总产值4.32亿元,增长132.9%,成为武鸣县工业发展最具活力的主战场。2006年,全县工业总产值完成53.18亿元,增长41.56%;工业增加值完成19.67亿元,增

长 35.69%,工业对地区生产总值增长的贡献率提高到 51.4%,拉动地区生产总值增长 8.94 个百分点。

(2)加快发展非公经济。"十五"时期,武鸣县非公经济迎来了历史最好发展时期,成为国民经济增长的重要推动力量。外商及港澳台投资企业所占比重由 2000 年的 10.7% 上升到 2005 年的 13.91%,上升了 3.21 个百分点;其他经济类型企业所占比重由 2000 年的 6.16% 上升到 2005 年的 63.08%,上升 56.92 个百分点。随着国有、集体企业改制的不断深入,国有、集体企业的比重不断下降,2005 年国有企业所占比重仅为 14.81%,比 2000 年下降了 25.41 个百分点。集体企业所占比重由 2000 年的 42.92% 下降到 2005 年的 7.12%,下降了 35.8 个百分点。

(3)实施城镇化发展战略,推进城乡一体化。武鸣县紧紧抓住中国—东盟经济园区落户县境内的历史机遇,积极调整县城总体规划和县城城市功能定位,委托广西城乡规划设计院、上海同济城市规划设研究院完成了县城总体规划修编、标营新区和平陆工业集中区控制性详细规划等规划设计项目,确定了"疏解旧城中心区,优化老城功能,积极向南发展行政及工业组团,向东发展文体组团,向北发展科研组团",以香山河、武鸣河为界的倒"Y"形组团式城市结构形态。

"十五"时期,武鸣县全面推进以县城为中心、中心集镇为基础的城镇体系建设,新建了狮子山公园、县城文化中心广场、香山河公园、红岭大道、江滨路,拓宽了宁武岔路口、府城岔路口、太平岔路口等三个县城出城路段,完成了兴武大道、灵源路、东鸣路等街道的美化亮化工程,交通大厦、供水大厦、供电大厦、国土大厦、教师新村等一批标志性建筑相继建成,县城道路面积由 2000 年的 138.5 万平方米扩大到 2005 年的 148.5 万平方米,县城建成区面积由 2000 年的 7.5 平方公里扩大到 2005 年的 12.5 平方公里。县城城市面貌明显改观,分别荣获广西第四、五届市容"南珠杯"竞赛特等奖、县城 A 类特等奖。同时,加大集镇基础设施建设力度,充分发挥各中心集镇的辐射带动作用,引导各类生产要素向城镇集聚,锣圩、双桥等集镇城镇经济不断扩大。2005 年,全县城镇化率达 19.21%。

以营造最佳人居环境为目的,着力加快以县城建设为龙头的城镇化建设步伐。2006 年,武鸣县委、县政府提出了城市建设"1236"工程,决定利用五年的时间,完成 1 条绕城公路建设,全长 16.332 公里,总投资约 2.93 亿元;开发建设以标营飞机场为中心的标营新区和县城一级公路以东、香山河以北的城东新区,完善商住、商业、行政办公、文化休闲等城市复合中心功能,总投资约 2 亿元;实施香山河、西江河、武鸣河 3 条河流县城段两岸景观改造,着力打造浓郁民族文化和水乡园林特色,总投资约 1.5 亿元;对县城香山大道、红岭大道、兴武大道、东鸣路、农坛路、灵源路六条主要街道进行街道改造、绿化美化亮化、立面装饰,形成一街一景,全面提升城市品位,总投资约 2 亿元。

2. 认真落实惠农政策,增强"工业反哺农业、城市支持农村"的作用力

(1)加大惠农力度。2003 年 4 月起在全县范围内开展农村税费改革试点工作,提前一年于 2005 年 1 月 1 日起全面取消农业税,至 2006 年 8 月与税改前 2002 年相比,共减征免征农业税费 2.04 亿元,全县人均减负 379.04元。率先落实了农机补贴政策,2006 年给予农民购置农机补贴 190.57 万元,为种粮农民发放直补资金 232 万元、良种补贴 80 万元。

(2)集中支农资金,优先解决农村最薄弱、农民最急盼的问题。一是加强农村基础设施建设。"十五"时期,武鸣县不断完善以县城为中心的道路交通网络,建设了都南高速公路(武鸣段)、武鸣至里建一级公路,完成了罗波至宾阳思陇三级公路等 17 条乡级道路的新建和改造,全县通车公路里程达 1741 公里,位居广西前列。供电设施得到较大改善,投入 3 亿多元完成了农村电网改造、雷村 220 千伏变电站等供电设施建设。完成 120 个生态文明村、10 万个沼气池建设。农田水利基础设施建设取得新进展,投入资金 13425 万元,建成项目 1020 处(项),完成水库除险加固 38 座、防洪工程 3 处、渠道防渗 416 公里、小型治旱工程 617 处,为农业持续稳定发展打下了良好的基础。二是加快发展农村社会事业。大力实施了农村中小学危房改造建设。2002 年至今,全县累计投入 1.03 亿元,完成 82 个农村中小学校建设项目,新建校舍 16 万平方米;2001 年到 2006 年,累计投入 3736 万元,完成了锣圩镇罗福小学等 6.73 万平方米危房改造。2005 年武鸣县被列为全区新农合第二批试点县(市),稳步推进新型农村合作医疗试点工作,全县参合农民 45.02 万人,参合率达 84.28%,报销金额 1928.8 万元,试点工作位居全区前列。

在一手抓以工促农,一手抓以城带乡的同时,武鸣县注重从长线利益上统筹城乡发展。一是加快农村富余劳动力转移,把农民外出务工作为工业

带动农业、城市带动农村的有效措施。高度重视就业再就业,在广西区率先建立县级劳动力市场。几年来,武鸣县年均组织农村富余劳动力转移就业1万人以上,每年农民外出务工4万人以上,进一步拓宽农民增收渠道。仅2006年,在社会主义新农村建设试点工作的带动下,全县共举办各类适用技术培训班2508期,培训农民达26万人(次)。二是优化就业环境,加快农村社会保障建设。进一步完善了特困户生活救助、五保户供养、城乡居民、农村居民最低生活保障、受灾户补助等社会救助体系。

3. 多措并举,提高"工业反哺农业、城市支持农村"的保障力

反哺支持的外推力要充分发挥效能,必须靠农业农村过硬的内生力、体制机制有效的支持力来承接、作保障。

2005年11月,广西壮族自治区党委、政府将武鸣县确定为全区社会主义新农村建设试点县。武鸣县紧紧抓住大好机遇,以发展农村经济为中心,以基础设施建设为突破口,扎实推进新农村建设,促进农业发展、农民增收和农村繁荣。

在新农村建设试点工作中,武鸣县坚持统筹规划、分步实施、政府引导、农民主体、注重实效的原则,积极探索,建立民办公助、民办捐助、民办商助、公办民助和政府投资等多元化建设资金投入机制,整合了各方面的资金和力量,突出抓好农村道路、水利、生态能源、教育文化、医疗卫生等基础设施和公共设施建设,着力解决农村基础设施建设滞后问题。截止到2007年2月1日,全县已经筹措到资金20515.79万元,占已下达计划总投资的75.32%,累计完成投资19194.58万元。新农村建设项目开工建设2099个,开工率80.67%,其中已完工1430项,完工率55.27%。

(1)强化产业支撑,加快现代农业发展。一是加快农业产业结构调整。培植发展冬种马铃薯、无公害蔬菜、速生丰林、公厂化养鸡等新兴优势产业,水产畜牧业占农林牧渔业总产值的比重达38%,农作物优良品种、养殖优良品种覆盖率分别超过95%和90%。2005年,获得全区"畜牧业十强县"和"渔业十强县"称号。甘蔗、木薯等大宗农作物的种植面积及产量有了较大幅度的提高,秋冬种生产规模不断扩大。二是加快农业产业化经营。全县各类农产品加工企业发展到110家,被评为市级以上龙头企业8家,各类农村合作经济组织发展到140多个。三是加强农业科技示范推广。推广普及水稻免耕抛秧、精准施肥、无公害种养、小区养殖等农业综合技术和先

进种养模式,农产品科技含量和附加值明显提高。四是推进农业科技进步。认真抓好农业科技入户工程,大力实施"三电合一"工程、现代远程教育工程,完善了农业信息网络。2006 年,甘蔗种植面积 33.03 万亩,预计 2006/2007 年度榨季进厂原料蔗为 120 万吨;木薯种植面积 36.9 万亩,预计产量 28.86 万吨(折干);蔬菜种植 49.66 万亩,预计产量 68.64 万吨;水果面积 27.63 万亩,预计产量 27.26 万吨。全县水产品产量达 3.6 万吨,增长 8.17%;全年肉类总产量达到 11.61 万吨,增长 11.12%;农民人均农业产值 7899 元,增长 10.5%;农民人均纯收入 3709 元,增长 10.8%。

(2)加大农村基础设施建设,改善群众生产生活条件。坚持规划先行原则。组建农村道路、农田水利、生态能源、文教体电、卫生医疗等基础设施建设规划工作组,对全县 218 个村(居)委会、1198 个 50 户以上的自然屯进行一次全面的摸底调查,明确了新农村建设的各项具体任务。加大项目建设力度,农村基础设施建设取得明显成效。农村道路方面,通行政村道路已开工建设 98 条,其中已全部完工 43 条 132.4 公里;通自然屯道路已开工 234 条,其中已全部完工 106 条 115.13 公里。水利基础设施建设方面,完成 70 处农村人饮工程的设计、264.26 公里水利渠道防渗硬化(其中民办公助项目是 134.26 公里,1 个流量以上渠道项目是 130 公里)、10 处引水坡坝的维修。生态能源建设方面,500 座沼气池的建设任务已完成。教育基础设施建设方面,县职业技术学校学生宿舍楼、陆斡镇成人技校教室等 7 个项目已全部完工。医疗卫生方面,13 个镇中心卫生院正在建设当中,双桥镇下渌村、府城镇富良村、城厢镇夏黄村等 3 个村的甲级卫生所、计生服务室已完工;已完成 5550 户困难农户家庭卫生厕所补助。广电通信建设方面,已完成大皇后村、杨李村宽带进村工作,有 358 户农户宽带入户。村屯规划方面,已完成 58 个村屯规划设计工作。大力实施"城乡清洁工程"。全县上下积极行动,广大干部群众深入开展"城乡清洁工程",整治市容村貌,共清扫圩亭、主要道路近 3 万平方米,清理卫生死角 200 多处、清运垃圾近 250 吨,进一步改善全县人居环境。

(3)统筹发展农村社会事业,进一步提升农村文明程度。加强乡镇综合文化站建设,落实公益性的镇(街)综合文化站机构人员,改造维修和兴建农村综合文化站,提高文化设施利用率。全县共建有 16 个镇一级文化站,300 多个行政村村(社区)活动场所,在 173 个村屯建立地面卫星接收点,完成207个50户以上自然屯通广播电视的建设,有效解决了5.6万农民群众收听收看广播电视难的问题。同时实施乡镇广播电视网络整合,建立健全全县镇、村、屯广播电视工作长效管理机制,确保村村通建设做到"户户通"、"长期通"。突出壮族特色文化,注重群众的广泛参与,实施新农村建设"663文体工程",包括:县里组织举办好六大盛会,即一年一度的"三月三"歌圩活动、9月新创民歌大赛、"泥土芬芳"文艺汇演(调演)、千人书画比赛、全民健身周活动及四年一次的全县体育运动会;各乡镇负责"6个100",即建立健全100支业余文艺队、100家文体中心户,每年举办100场文艺演出、100场电影晚会、100场篮球比赛、100场棋牌比赛;全县各村委(社区)每个季度组织"3个一场"(即举办一场文艺演出,举办一场电影晚会,开展一场篮球比赛)。通过这些活动,积极引导农民崇尚科学文明新风尚。

(4)强化组织支撑,加强民主政治建设。按照政治坚定、求真务实、开拓创新、廉洁勤政、团结协调的要求,选好配强村级两委领导班子。坚持村民自治,民主管理。新农村建设坚持以"一事一议"方式进行,对项目的申报、筹资方式、项目实施、管理方式、资金管理等工作由村民代表大会、村民会议、组长会议等充分酝酿、讨论表决,全村户代表签字按手印形成决议,由村委组织实施申报、筹资、管理,使民主管理制度彻底落实。搞好村务公开,建立健全民主议事制度,提高农村民主管理水平,让村民真正享有知情权、参与权、管理权和监督权,激发广大农民投身社会主义新农村建设的积极性。深入开展了保持共产党员先进性教育活动,围绕群众普遍关注的热难点问题,每年确定并办好"十件实事",把创建群众满意工程落到了实处。

(三)下一步工作思路

武鸣县作为后发展地区,经济基础较差,三次产业结构不合理,增长方式比较粗放;全县经济运行质量还不够高,整体竞争实力还不够强;工业占地区生产总值比重小,工业项目规模小,工业化水平较低;财源发展不足,历史包袱重,财政收支困难;城镇化水平提高不快,仍处于较低水平等。这些因素很大程度上限制了武鸣仅仅依靠自身力量落实"反哺"方针的空间和力度。

"十一五"时期是武鸣县加快工业化、城镇化进程,产业结构发生重大变化的重要阶段,也是深入贯彻落实"工业反哺农业,城市支持农村"的重要阶段。国家深入实施西部大开发;加快建立中国—东盟自由贸易区,每年在南宁举办中国—东盟博览会,中国—东盟经济园落户武鸣;推进泛珠三角区域合作;首府南宁市加快建设区域性国际化城市步伐,实施"退二进三"战略等为武鸣加快发展提供了良好的外部环境和新的发展机遇;中央、自治区提出建设社会主义新农村将有力地推动武鸣县经济社会持续快速增长;中国—东盟经济园建设的加快,中国与东盟经济合作的进一步加深,将为武鸣县充分发挥区位优势和资源优势,进一步扩大对外开放,推进区域合作,提供良好的平台;行政区划调整,武鸣作为毗邻首府南宁市最近的县份,将进一步增强南宁市的经济辐射,为武鸣承接南宁市产业向外转移和发达地区产业转移提供了机遇,拓宽了发展空间。

根据《武鸣县国民经济和社会发展十一五规划》,未来五年,武鸣县的工作主要是紧紧围绕加快富裕武鸣、文化武鸣、生态武鸣、平安武鸣的建设,努力构建和谐武鸣,把武鸣建设成为环境优美的新兴的现代化工业城市和具有壮族人文特色的首府南宁副中心城市。

建设富裕武鸣。坚持统筹城乡发展,大力推进县域工业化、城镇化、农业产业化进程,保持经济持续协调快速发展,努力创造更加丰富的物质财富,不断提高人民群众的物质文化生活水平,在全区率先实现跨越式发展,全面建设小康社会。

建设文化武鸣。加强思想道德建设,打造壮族文化品牌,丰富群众文化,繁荣文化事业,发展教育科技卫生体育事业,提高公民素质,建设文化大县。

建设生态武鸣。发展循环经济和生态经济,加快资源节约型、环境友好型社会建设,提高生态环境质量,促进经济发展与人口、资源、环境相协调,努力建设生态武鸣。

建设平安武鸣。进一步加强民主法制建设,推进依法治县进程,维护全县社会稳定,保障人民群众生命财产安全。加快完善社会保障体系,认真解决人民群众最关心、最直接、最现实的利益问题,社会各方面利益关系更加协调,社会秩序更加稳定有序。

"十一五"期间,武鸣县国民经济和社会发展主要目标:全县地区生产总值年均增长12%,到2010年,GDP突破100亿元,人均GDP增加800美元,人均财政收入超过1000元;工业增加值比2005年翻一番,全社会固定资产投资年均增长20%,经济总量跃上新台阶;产业结构进一步优化,三次产业结构调整为32∶39∶29,经济运行质量进一步提高;资源利用和生态环境得到新改善,万元生产总值能源消耗比"十五"期末明显降低;工业化、城镇化、农业产业化水平明显提高;社会主义新农村试点工作取得显著成效,农村面貌明显改观;招商引资和对外开放水平进一步提高,逐渐形成一批竞争力较强的优势企业;民主法制建设和精神文明建设取得新进展,社会各项事业全面进步,人口、资源与环境和谐发展;城镇就业岗位持续增加,社会保障体系进一步健全,贫困人口明显减少,城乡居民收入水平和生活质量有新提高,社会治安和安全生产状况进一步好转,构建和谐社会迈出新步伐。

1. 深入实施"工业富县"战略,建设新兴的现代化工业城市

(1)优化工业产业结构,坚定不移走新型工业化道路。紧紧围绕"建设环境优美的新兴的现代化工业城市"的目标定位,牢固树立"工业富县"的思想,按照新型工业化的发展要求,着力对传统产业实施资源整合,加快技术升级,延伸产业链,促进制糖、淀粉、畜禽水产品深加工、果蔬加工、矿产建材、木材、造纸等产业上规模、上水平。积极发展高新技术产业,开发高新技术产品,推动制药、生物工程、精细化工、光电机一体化等新兴产业。加快发展一批"专、精、特、新"的中小企业。重点扶持现有骨干企业,加速形成一批具有自主知名品牌、竞争力强的优势企业群,形成产业集群。力争到2010年,全县县属规模以上工业企业150家以上,销售收入超亿元的企业10家以上。全县实现工业增加值32亿元,工业总产值100亿元左右。

(2)加快工业集中区建设,协调工业发展,提升集约水平。按照"产业体系配套、产业集群、个性发展"的要求,切实抓好伊岭工业集中区的产业规划导向,在城南工业集中区重点布局发展制药、农产品加工、生物工程、光机电一体化等产业,在城西工业集中区布局发展精细化工、燃料酒精、金属材料加工等产业。强化各集中区的功能集约,促进集中区内企业实现基础设施共用、有效资源共享、环境污染共治,不断降低企业的投入成本和运行成本,提高经济效益和竞争力。支持有条件的集镇(农林场)建立工业小区。积极探索建立"政府主导、企业主体、市场化运作"的开发建设机制,鼓励引导民间资金、外资以各种形式参与集中区的开发建设。切实抓好集约用地,推行"有限空间,无限发展"的理念,充分发掘土地价值,提高单位土地的投入产出效益。到2010年,工业集中区工业产值要占全县工业总产值

的60%。

(3)突出项目建设核心地位,不断扩张县域工业总量。紧紧把握国家、自治区"十一五"时期发展导向、重点投资领域,动员和组织各方面力量多渠道宽领域找项目,及时调整充实项目库。千方百计引进一批规模较大的税源型、科技型、环保型项目。用足用活各项优惠政策,积极争取更多的项目列入国家或区、市投资规划,解决项目建设和企业发展资金紧张的问题。强化对固定资产投资和重点工业项目的管理和服务,在政策和用地、用电、用工等资源配置上给予扶持。加强土地储备和集约利用,保障重大工业项目建设用地的需求。

2.统筹城乡发展,努力建设社会主义新农村

(1)扎实推进新农村试点工作,加强农村基础设施和社会事业建设。以创建自治区建设社会主义新农村试点县为契机,按照"生产发展、生活宽裕、乡风文明、村容整洁、管理民主"的要求,立足县情,抓住先机,加大投入,扎实稳步推进新农村建设。加强农村基础设施和公共设施建设,重点加快农村路网建设,"十一五"期间,与周边县通二级路、镇镇通三级路、实现村村通水泥、柏油路,50户以上的村屯全部通四级柏油路,农村道路硬化率达80%以上。加快农村水利设施建设,推进农村小型水利管理体制改革,加强以集中供水为重点的农村饮水安全工程建设和农村改水工作,提高输水能力和水资源利用率,农村自来水普及率要达到75%以上;农田排灌良好率达80%以上、旱涝保收面积达到30万亩以上。严格保护基本农田,搞好土地整理开发,改造中低产田,确保粮食生产安全。积极发展小水电、沼气等农村能源,提高农村电网安全供电能力。强化政府对农村义务教育的保障责任,巩固提升"普九"成果。加强农村公共卫生和基本医疗服务体系建设,完善新型农村合作医疗制度。发展远程教育,实现广播电视"村村通"、农村无线通信"屯屯通"。加强农村精神文明建设,完善镇村文化体育设施,镇镇建有文化中心,村村建有篮球场、成立常年文化宣传队,积极组织开展形式多样的精神文明创建活动,丰富农村群众的精神文化生活,引导农民群众移风易俗,营造积极向上的文明风尚。

(2)加快发展现代农业。加快农业科技进步,调整农业生产结构,优化农业生产布局,引导农民发展高产、优质、高效、生态、安全农业,提高农业综合生产能力。突出抓好粮食、糖料蔗、木薯、蔬菜、水果、速生丰产林、中药

材、香料、花卉苗木、畜牧水产等十大农产品基地建设。重点发展畜牧水产业，力争到2010年养殖业产值在农业总产值中的比重达2/3以上。推进农业产业化经营，大力培育扶持农业产业化龙头企业，扶持和鼓励建设标准化生产基地，力争三年内全县大宗农作物、主要养殖业基地基本实现无公害化生产。推行原产地标识制度，大力实施农业品牌战略，积极培育特色农产品品牌，农产品加工率达40%以上；加大农业机械化和农业科技推广力度，"十一五"内实现农业机械化率80%以上，农业先进适用技术、新品种良种覆盖率均达到98%以上。建立健全农产品市场、农产品质量安全和动植物病虫害防控体系。

（3）加强农村规划建设和管理。按照统一规划、坚持标准、设计科学、量力而行的原则，积极稳妥地抓好村（居）住宅区、道路、供排水、垃圾处理、绿化的综合规划建设。"十一五"期间，生态文明村要占全县村屯的50%以上，生态家园户5万户以上。加强农村基层政权建设，创新组织模式，巩固基层党组织的领导核心地位，提高执政能力。深入开展村民自治示范活动，进一步抓好以村务公开为重点的民主监督体系建设，完善村民自治，提高民主管理水平。加强对农民的职业教育和技能培训，全面提高农民的整体素质，培养有文化、懂技术、会经营的新型农民，使农民成为建设社会主义新农村的主体。

（4）千方百计增加农民收入。增强村级集体经济组织的服务功能，积极培育发展各类农民专业经济合作组织和农产品协会，带动农户进入市场。加强农产品流通、农业装备、农业气象和农业信息化等方面的服务。大力发展劳务经济，加强农村劳动力市场建设，引导农村富余劳动力向非农产业和城镇有序转移；加大扶贫开发力度，因地制宜实行整村推进的扶贫开发方式。对缺乏生存条件的村屯实施易地扶贫，对丧失劳动能力的贫困人口建立救助制度。"十一五"期末，全县农民年人均纯收入达4500元以上。

3. 以重点镇建设为突破口，大力推进城镇化进程

（1）加快建设首府副中心城市。强化服务首府意识，坚持高起点规划、高水平设计、高质量建设、高效能管理，努力把武鸣打造成工业发展的宝地、商贸流通的旺地、休闲娱乐的胜地。进一步完善县城的总体规划，积极向南推进，加快标营新区、平陆工业园区规划建设，连接首府；向西拓展，加快规划建设城西物流中心，连接南宁华侨投资区；积极扩张县城的东面和北面，

不断拉大县城框架,到2010年县城建成区面积达到20平方公里以上。加强城市基础设施建设,全面完成环城公路建设和"城中村"、建设街、解放街等旧城改造,积极规划以一级公路标准改造武鸣至南宁二级路。加快完善县城供排水、供电、垃圾无害化处理等市政公用设施,建立健全城市防灾减灾体系。注重发展理念创新,按照市场机制,高效经营城市。调整优化城市功能布局,突出壮乡特色,建设县体育馆、文化中心等一批较高水平的公共设施和标志性建筑,塑造首府副中心城市新形象。

(2)推进各类城镇协调发展。坚持走多样化的城镇化道路,充分利用自治区加快重点镇建设的政策优势,加快自治区级重点镇双桥镇、锣圩镇的布局规划,加大基础设施和公共设施建设,把双桥镇建设成工业型、旅游型、商贸型城镇,把锣圩镇建设成农产品加工型、商贸物流型城镇,带动其他中心集镇和一般集镇的发展,形成合理的城镇体系。加强城镇市场建设,扩大城镇规模,吸引各类生产要素向城镇集聚。加强对城镇化建设的管理、引导、规范,建立健全与城镇化健康发展相适应的财税、征地、行政管理和公共服务制度,完善户籍和流动人口管理,2010年城镇人口达到28万人,城镇化率达到40%以上。

4.依托区位优势,加快发展第三产业

(1)发展壮大旅游业。树立大旅游、大产业、大市场观念,进一步完善旅游业发展规划。结合自治区"北有桂林、南有南宁"和南宁市环大明山旅游圈建设的构思,遵循生态规律,突出壮族人文特色,建设一批高水平、成规模、特色鲜明、吸引力强的旅游项目,把壮文化融入旅游产业进行经营,全力打造首府——武鸣——大明山的黄金旅游线。加强旅游产品的包装、策划和宣传,树立武鸣旅游品牌形象,努力把武鸣建成集度假、休闲、观光、娱乐于一体的旅游胜地。

(2)加快发展现代服务业。依托市场,积极发展带动作用明显的服务产业。积极推进房地产开发、销售、物业管理的一体化经营,提高房地产行业的附加值。大力发展物流配送、文化、连锁超市经营、社区服务等需求潜力大的产业,鼓励发展法律、会计、资讯等中介服务业,巩固提升居民服务业、餐饮旅馆业等生活服务业。深化服务业体制改革,改善服务业发展环境,完善鼓励消费的政策措施,鼓励居民扩大消费,增强消费的拉动作用。加快"数字武鸣"建设,积极利用现代经营方式和信息技术改造提升传统服务业,加速信息产业化与产业信息化,为工业化、城镇化提供有力支撑。

(3)深入实施"科教兴县"战略。深化科技体制改革,逐步建立以企业投入为主体、政府投入为指导、金融信贷投入为依托、民间资本投入为补充的科技投入机制,大力开发推广科技产品、先进适用技术。继续把教育放在优先发展的位置,高标准普及义务教育,加快普及高中教育,大力发展职业教育和成人教育,促进各级各类教育协调发展。深化教育体制改革,加快整合优化教育资源,积极推进高中教育向县城集聚。加快教育信息化建设,建立健全中小学校信息化管理网络。

(4)大力推进人才强县战略。加强人才培养,提高人才素质,优化人才结构,完善人才工作机制,实施人才培养工程,加强党政人才、企业经营管理人才和专业技术人才三支队伍建设,抓紧培养专业化高技能人才和农村乡土人才。继续深化干部人事制度改革,建立完善人才评价机制、绩效考核机制、选拔使用机制,努力营造适合各类人才干事创业的良好氛围。加大公务员培训和专业技术人员继续教育力度,提高人才队伍素质。

(5)发展文化体育事业和文化产业。深入挖掘壮族文化内涵,积极打造文化品牌。加强基层文化体育建设,进一步完善县、镇、村(社区)文化体育设施。大力开展全民健身活动,积极发展民族特色体育,进一步提高优势竞技体育水平。加强文化市场管理,净化文化市场环境。加强对壮族文化及文物古迹的保护和利用,积极发掘、开发民族民间文化遗产。

(6)大力发展医疗卫生事业。深化医疗卫生体制改革,加大政府对卫生事业的投入力度,完善公共卫生和医疗服务体系。加强乡镇卫生院、村(居)卫生室的基础设施建设,加强农村卫生队伍建设,完善新型农村合作医疗制度,不断提高农村卫生工作水平。健全医疗机构运行机制,强化医疗药品市场监管,合理配置医疗卫生资源。积极开展群众性爱国卫生运动,加强重大疾病、重大传染病和重大疫情的防控工作,提高公共卫生服务水平和突发公共卫生事件应急能力。